역사 속
행정 개혁과 소통

역사 속 행정 개혁과 소통

한국행정연구원 편저

2018년 3월 28일 초판 1쇄 발행

펴낸이 오일주
펴낸곳 도서출판 혜안

등록번호 제22-471호
등록일자 1993년 7월 30일

주소 [04052] 서울시 마포구 와우산로 35길3(서교동) 102호
전화 3141-3711~2 **팩스** 3141-3710
E-Mail hyeanpub@hanmail.net

ISBN 978-89-8494-601-9 03350

값 20,000원

역사 속
행정 개혁과 소통

한국행정연구원 편저

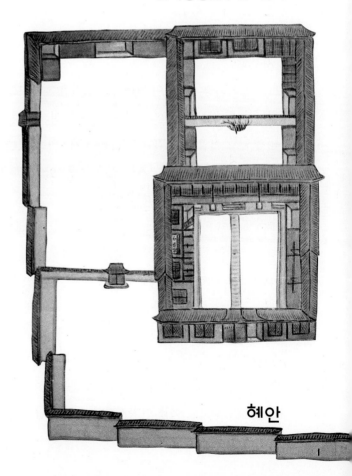

혜안

책장을 넘기며

우리 대한민국은 일제의 강압 통치를 받았을 뿐만 아니라 주권이 회복된 이후에는 동족상잔의 비극마저 겪었습니다. 하지만 지금 대한민국은 정치적으로는 민주주의를 정착시켰으며, 경제적으로도 유례없는 성공을 거둔 국가로 다른 나라의 모범이 되고 있습니다. 행정 제도 면에서도 다른 어떤 나라와 견주어도 손색이 없는 시스템을 갖추었다고 자부할 수 있습니다.

하지만 사회는 끊임없이 변화하고 인간은 항상 보다 나은 삶을 추구합니다. 현재보다 한걸음이라도 더 나은 미래를 추구하기 위해서는 우리가 딛고 서 있는 지점이 어느 곳에 위치하고 있는지, 그리고 우리가 지나온 길이 어떠하였는지를 먼저 살펴보아야 합니다. 이것이 우리가 역사를 찾고 배우는 이유입니다.

우리의 행정 제도도 마찬가지입니다. 우리가 갖춘 행정 제도가 아무리 우수하다고 하여도 사회의 변화에 발맞추어 바꾸어 나갈 수밖에 없습니다. 또한 보다 나은 인간적 삶을 국민들에게 제공하기 위하여 행정 제도를 발전시켜 나가야 합니다. 즉 현재에 안주하지 않고 보다 좋은 방향으로, 보다 발전된 방향으로 개혁이 필요한 것입니다.

우리의 행정 제도는 기본적으로 서구의 행정 제도를 모델로 하여 만들어졌습니다. 하지만 서구식 행정 모델을 받아들였던 나라나 민족이 모두 성공적으로 이를 안착시켰던 것은 아닙니다. 체격이 다른 사람에게 똑같은 크기의 옷을 나누어 준다고 하여 이를 소화할 수는 없는 법입니다. 체격이 같은 사람이라고 하더라도 어떤 사람에게는 세련되게 보이는 옷이 어떤 사람에게는 어색하고 왠지 촌스럽게 보이는 법입니다. 즉 서구식 행정 모델을 받아들였지만, 우리는 우리 역사 속에서 발전시켜온 사회와 문화적 토대 위에서 우리에게 걸 맞는 모습으로 독자적으로 발전시켰던 것입니다. 따라서 현재 우리의 행정 제도를 보다 잘 이해하고 보다 나은 방향으로 바꾸기 위해서는 우리 역사 속의 행정 제도에 대한 이해가 선행되어야 합니다.

이러한 취지에서 2016년에 이어 2017년에도 한국행정연구원은 역사학 전공자 10분을 모시고 '역사가들이 보는 역사속의 행정이야기'를 듣는 자리를 마련하였습니다. 2016년에는 우리나라 역사 속의 이상적인 행정체계의 모습과 행정의 실제 운영상을 살펴보았다면, 2017년에는 '역사 속의 행정 개혁과 소통'을 공통 주제로 설정하였습니다. 역사 속에서 우리 조상들은 어떻게 보다 나은 사회 체제, 보다 나은 국가 제도를 만들어 백성들의 삶을 증진시키려고 노력하였는지를 살펴보려고 하였습니다. 더불어 아무리 개혁 방안이 옳은 것이라고 하더라도, 개혁에 대한 지지와 이해가 없이는 개혁이 성공하거나 소기의 성과를 거둘 수 없는 법입니다. 따라서 개혁을 추진해 나갈 때 이해 당사자들을 비롯한 각계각층의 사람들과 소통하며 개혁의 당위성을 이해시키는 것은 개혁안을 올바르게 작성하는 것만큼 중요하다고 생각하였기 때문입니다.

이 책은 한국행정연구원이 주최한 공개강연회에서 발표된 역사 속의 행정 개혁과 소통에 대한 글 10편을 모은 것입니다. 크게는 정책 소통의 제도화와 소통 방식을 다룬 1부, 정치제도 개혁의 실현과 소통을 다룬 2부, 사회경제 개혁의 추진과 소통을 다룬 3부로 나누어져 있습니다. 고려시대 1편을 제외한 나머지 9편은 모두 조선시대를 다루고 있습니다. 주제는 국왕의 소통 방식부터 지방행정개혁 문제, 북한산성 축성과 관련된 국방개혁 문제, 부동산 문제 등 광범위하고 흥미로운 주제들을 다루고 있습니다.

전문 역사학자들이 쓴 글이라 좀 딱딱하고 어려운 부분들이 있을 수 있습니다. 하지만 역사학자들이 바라본 우리 역사 속의 행정 개혁과 소통은 현재를 살아가는 우리들에게도 여러 시사점을 줄 것이라고 생각됩니다. 특히 행정을 연구하는 사람들, 공직에서 실제 행정을 추진하고 집행해 나가는 분들에게는 조금이라도 도움이 되지 않을까 생각됩니다. 그래서 우리가 추진해가는 개혁이 조금이라도 진전되는 부분이 있다면, 개인적으로도 이러한 프로그램을 마련한 우리 한국행정연구원의 큰 자부심이 되지 않을까 생각합니다.

끝으로 이 책을 품위 있게 편집하여 출간해주신 도서출판 혜안의 관계자분들과, 열성적으로 강연해 주시고 집필에 참여해 주신 한국사 전공자 10분께 진심으로 감사드립니다.

2018년 2월
한국행정연구원 원장 정윤수

글 싣는 차례

글 싣는 차례

【 1부 】

정책 소통의 제도화와 소통 방식

1장

고려 국왕의 소통과 제도화

김 인 호

광운대학교 인제니움학부대학 교수

| 고려시대 국왕에게 소통이 필요했을까 |

고려시대 국왕에게 소통은 중요하고 필요한 일이었을까? 소통이란 인간관계에서 서로의 상황과 사정을 이해하고, 자신의 의견을 정확하게 전달하는 것으로 이루어진다. 사회적 인간은 이 소통을 통해 주변의 인간관계를 지속하고 확장시키면서, 자신의 존재와 생각을 타인들에게 각인시키게 되는 것이다.

정치와 행정과정이 인간을 통해 이루어지기 때문에, 소통은 정치나 통치, 행정 등에서 핵심적 요소 중의 하나였다. 이를 염두에 둔다면 고려시대의 국왕 역시 소통의 문제를 소홀하게 넘기기 어렵다. 그렇지만 소통을 위한 방식을 제도화하는 것은 또 다른 문제이기도 하다. 이를 위해서는 그에 따른 필요성의 제기와 제도화 방식의 연구, 그리고 이를 실현하려는 군주의 의지 등과 상황이 복합적으로 작용되어야 하였다.

사실 군주가 통치력을 발휘하려면 관료나 지배층, 통치를 받는 민

고려 태조 왕건상 현재 북한 소재. 태조 왕건릉 옆에 묻혀 있다가 발굴되었다.

들과 일정한 소통이 필요하였다. 더구나 고려 왕조는 후삼국을 통합하면서 이루어진 왕조였다. 후삼국인 태봉(후고구려), 후백제 등은 원래부터 지역 세력을 기반으로 성립한 국가이다. 지역 세력은 각 지역 내부에서 독립적인 공동체를 구성하고, 이를 자치적으로 운영해 나갔다. 그래서 이들은 스스로를 보호하기 위해 성城을 쌓았고, 지역 내부에서도 서로 간의 협조 내지 복속 관계를 통해 사회적 관계망을 구축해 왔을 것이다.

따라서 행정은 이들 내부에서 통일신라의 행정망과 함께, 과거에 구축되어 온 관례와 관습 등에 의존해서 이루어졌을 것이다. 지역 세력으로 성장한 인물 가운데 지역행정을 담당한 촌주村主층이 많이 있었던 것은 이와 같은 역사적 이유 때문이었다. 그야말로 지역 세력가는 서구 유럽의 봉건 영주와 유사하게 행정과 사법권을 독자적으로 행사하였다.[1]

패권을 두고 경쟁하던 고려와 후백제는 이런 지역 세력가들을 포섭하여 자신의 힘을 넓힐 필요가 있었다. 보다 많은 지역 세력가에 대한 영향력 확보는 통일 전쟁에서 상대방을 누를 수 있는 수단이었다. 고려왕조의 왕건은 후삼국의 견훤보다 이런 인식과 태도에서 더욱 발전되어 있었다.

태조 왕건은 이른바 '중폐비사重幣卑辭' 즉 무거운 예물과 자신을 낮추는 외교적 언사를 통해 지역 세력을 포섭하여 나갔다. '중폐비사'는 이를 상징적으로 나타내는 말이지만, 여기에는 지역 세력과의 적절한 타협과 유인책을 제시했음을 드러내준다. 왕건의 승리는 최후에 군사력의 대결을 통해 이루어지지만, 그 기반에는 지역 세력의 지지와 포섭이 깔려 있었다.

따라서 왕건은 지역 세력을 포섭하는 것에 대해 상응하는 대가와 혜택을 주어야 했던 것이다. 그렇지 않을 경우에 지역 세력의 반란에 직면하기 쉬웠다. 고려왕조가 안고 있는 문제이면서 한계이기도 하였다.

이로 인해 고려왕조는 출발부터 지역 세력과의 소통이 필요하였다. 중앙정부는 지역 세력의 이해관계를 중앙 정치에 반영하고, 이들과의 관계를 유지 발전시킬 수 있는 제도와 방식이 필요하였다. 이를 위해 고려의 중앙정부는 사심관事審官이나 기인其人 등의 제도를 활용하였다. 기인제의 경우는 원래 향리의 자제를 뽑아서 경성京城에 볼모로 삼고, 또한 출신지의 일에 대하여 고문에 대비토록 하는 것이라고 《고려사》에 설명되고 있다. 하지만 《고려사》에서 이야기하는 것은 보다 후대의 사정을 설명하는 것으로 보인다.[2]

당시 중앙행정력이 미치지 못하는 상황에서 기인은 일종의 인질이긴 하지만, 지역 세력이 약해서 보냈던 것만은 아니다. 수도인 개경에 보낸 기인은 충성에 대한 보증이면서, 새롭게 만들어진 왕조의 국가 지배층으로 흡수하기 위한 목적이 있었다. 이 점은 지역 인재를 판별하고, 이들과 중앙정부를 연결하는 역할을 했던 사심관의 역할도 비슷하였다.

하지만 소통은 인적인 관계를 맺는다고 끝나지 않는다. 정치적이고 행정적 소통은 군주, 중앙정부의 참여자와 지역 세력 간의 의견 교환과 이해관계를 조절할 수 있는 제도적 장치를 요구한다.

특히 왕조 건립 이후 정권이 안정되고 지역 세력이 중앙정치무대에서 활동하게 되었다. 지역 세력은 중앙관료로 변신하면서 후대로 갈수록 중앙귀족으로 변화하게 된다. 국왕은 중앙귀족과의 관계를 통해 통치에 따른 권위를 확보하고 정치적 안정을 꾀해야 했던 것이다. 그에 따라 고려왕조는 소통을 위한 중앙행정부 내에서의 정치적 제도화가 더욱 필요하게 되었다. 더구나 중앙정부의 힘이 커져갈수록 처리해야 할 행정의 분량은 많아졌고, 중앙기구 사이와 지역과의 행정적 소통 역시 중요하게 되었다.

우선 중요한 과제는 중앙정부 내에서 군주를 정점으로 하여 귀족, 관료간의 정치적 소통이었다. 이 정치적 소통은 국왕 및 왕실과 관료 및 중앙지배층들의 의견을 반영하고, 상호 조절하는 것으로 이루어진다. 중국에서는 일찍부터 이를 위해 언관言官을 활용하였다.

중앙집권국가가 일찍부터 발달한 중국에서는 언관을 포함한 대간 제도가 마련되었다. 즉 진·한秦漢제국 시절부터 언관은 언론을 담당했는데, 당시 관제 중에서 산기散騎와 간대부諫大夫가 이를 맡았다.[3] 이를 통해 관료집단은 자신들의 견해를 제도적으로 표출할 수 있었던 것이다.

그런데 우리의 경우에 이러한 언관은 통일신라시대까지 제도적으로나 실질적으로 크게 발전하지 않았다. 그 원인은 정치가 귀족 내부의 합의를 통해 이루어지는 방식으로 이루어진 것에 있었다.

하지만 고려왕조는 이와 달리 언관 등을 통해 국왕에게 간언의 필요성이 생긴다. 특히 지역의 자율적 성격이 강한 고려왕조의 경우에 언관의 존재는 중앙집권화 과정에서 반드시 필요한 사안이었다. 필요한 이유는 중앙집권화의 과정을 거친 후에 이루어지는 정책과 행정과

정에서 정치적 견제와 균형이 있어야 하기 때문이다. 이 역할이 언론과 대간이라는 제도적 장치로 이루어질 수 있었다. 그리고 언관은 정치세력이나 부서 간의 견제와 균형 이외에도 정치사회적 문제를 제안하고 이를 여론화하는 과정에서 필수적이었다. 이것이 고려왕조 내에서의 소통의 필요성이었다.

이 경우에 국왕은 정책의 최종결정자로서의 역할이 부각될 수밖에 없다. 즉 국왕의 역할은 자신의 정치적 권위를 어떻게 확보하는가의 문제와 관련이 깊었다. 정치적 권위 없이 국왕은 정책과 행정의 권위를 부여받을 수 없으며, 무엇보다 이해관계가 다른 관료, 왕실, 귀족 내부의 이해관계를 조정할 능력을 상실한다. 지역 세력들의 연합으로 구성된 고려왕조에서 국왕의 역할은 간단치 않았던 것이다.

따라서 고려왕실은 고려국왕의 신비화와 이를 통한 권위 확보를 위해 노력하였다. 왕실 스스로의 신격화가 군주의 권위에 도움이 된다고 보았기 때문일 것이다. 말하자면 고려왕실은 스스로 서해 용왕의 후손으로 자신을 신격화하였다. 문제는 국왕을 신비한 존재로만 신격화한다면, 논리적으로 국왕을 견제하기 위한 언론이나 소통의 가능성이 줄어들게 된다는 점에 있다. 왜냐하면 국왕의 권위가 신비함에서 오게 되면, 그 자체가 절대적이 되기 때문이다. 절대적인 권위와 존재에 대해서는 도전과 문제제기가 있을 수 없다.

실제로는 고려국왕의 권력이 절대적이 될 수는 없었다. 특히 고려왕조 초기에 국왕 권력은 오히려 취약하였다. 이 때문에라도 왕실은 자신의 존재를 신격화하는 일에 힘을 기울였을 것이다.

하지만 중앙집권화와 유교정치이념이 심화된다면, 그에 따른 국왕의 존재와 위상은 신비로움으로부터 탈각되어야 한다. 유교의 이상적 군주는 신비로운 절대적 존재가 아니라, 도덕적 성스러움을 갖추어야

하기 때문이다. 이 성스러움은 군주의 수신을 통해 이루어지고, 관료나 민과의 소통을 통해 자신의 잘못된 행위를 아는 것으로 뒷받침된다. 결과적으로 집권화가 되어간다면 소통을 위한 제도가 만들어지게 된다는 의미이다. 이처럼 고려왕조는 본격적으로 소통을 위한 제도화가 필요한 역사적인 첫 번째 왕조가 되었다.

| 국왕과의 소통과 제도화 |

군주의 신비화와 귀족 가문　　　고려왕조는 지역 세력을 연합하여 형성한 국가였음은 앞서 말한 바와 같다. 집권화 과정을 겪으면서 지역 세력들은 중앙에 관료로 진출하거나 이후 귀족화되는 과정을 밟는다.[4] 이 과정에서 국왕의 위상을 어떻게 설정할 것인가의 문제가 제기되었다. 이 문제는 태조 왕건이 추구하는 군주상君主像으로부터 나오게 될 것이다.

　원래 태조 왕건은 스스로 천명天命을 받아 국왕의 자리에 올랐다고 표방하였다. 궁예를 축출하는 정변을 연출했던 왕건과 그의 세력들은 자신들의 행동을 정당화할 필요가 있었다. 이를 위해 유교적 천명론을 여기에 이용했던 것이다.

　하지만 유교적 천명을 받았다는 점만으로는 정당성 확보는 부족하다고 여겼을 것이다. 당시 지역 세력이나 일반민은 유교이념을 충분하게 수용한 편이 아니었기에, 그보다 신비화된 힘을 통한 정치적 합리화에 보다 적응되기 쉬웠을 것이라고 여겨진다. 특히 일반민의 경우에는 합리적 사유보다 신앙이나 귀신 등의 신비한 힘의 작용에 보다 익숙했기 때문이다.

더구나 지역 세력의 경우에도 주로 무력이나 자신의 능력을 바탕으로 사회적 지위를 얻었으며, 유교경전이나 문장 짓는 일에 익숙하지 않았다. 물론 공직龔直처럼 견훤의 후백제가 '사치하고 도道가 없다'[5]는 유교 이념에 입각해서 고려에 귀부한 인물도 있었다. 하지만 지역 사회에서는 불교 이외에도 토속신앙 등과 같은 신비한 힘에 의존하려는 경향이 강했다.[6] 따라서 고려왕실은 이를 이용한 정치적 권위의 확보와 신비화가 유리하였다.

태조 왕건이 스스로 준비하여 신비화된 권위를 부여하려 했는지는 현재 분명치 않다. 그렇지만 고려왕실의 경우에 자신의 사회적 위상을 설정하고, 이에 따른 권위를 부여하려 한 점은 분명하다. 이것은 지역

《고려사》 권1, 세가

1부 정책 소통의 제도화와 소통 방식

을 통치하는 주도 세력들도 자신들의 지배를 위해 필요한 일이었다. 더구나 고려왕조가 안정화되고, 집권체제에 대한 정비와 제도화가 이루어질수록 이런 작업은 더욱 요구되었다.

주지하듯이 태조 왕건의 가문은 개경에 기반을 둔 해상세력 출신이었다.[7] 이 점은 왕건의 조상들의 설화에서도 찾아볼 수 있다. 그의 조상 설화는《고려사》세가의 첫대목에 잘 소개되어 있다. 이 조상 설화에 대한 원래 자료는 김관의가 12세기 의종대에 편찬한《편년통록》에 의거한 것이다.

왕건의 조상 설화는 6대조인 호경虎景으로부터 시작된다. 호경은 마을 사람들과 사냥을 갔다가 바위동굴에서 호랑이 덕분에 탈출하여 살아났다. 이후 산신과 결혼한 존재로 등장한다.[8] 이처럼 조상 설화는 시작부터 합리적이지 않고 신비화된 이야기로 점철된다.

그렇지만《편년통록》의 내용이 의종대에 전면적으로 날조되었다고 볼 수는 없다. 아무래도 이런 설화들은 고려 초기부터 일정하게 존재해 왔을 것이다. 다만 김관의가 이런 이야기를 윤색하고 과장했을 수 있다.

이러한 설화는 고려왕실만이 지녔던 것은 아니다. 고려가 지역 세력을 하나로 통합한 이후에는 각 지역을 통치하던 세력들도 왕실처럼 자신의 가문을 높이는 작업을 했을 것이다. 이처럼 조상 설화를 통해 가문을 높이는 방식은 왕실을 모방했다는 뜻이다. 이 작업은 주로 지역 가문이 중앙에서 고위벼슬을 한 이유 등을 설명하기 위한 것이었다. 즉 가문은 조상의 덕德에 의한 것이라는 유형의 설화를 만들어내는 일로 작업이 이루어졌다. 그에 대한 대표적 사례로 들 수 있는 것이 이천利川 서씨徐氏 가문이다. 이 가문은 서목徐穆이 원래 태조 왕건이 남쪽을 정벌할 때 강을 무사히 건네준 공로로 인하여 이후 지역 세력

으로 부상하였다.[9]

그렇지만 그의 가문이 대대로 고위직인 재상을 역임한 이유에 대해서는 다음과 같은 설화로 이야기되고 있다.

이천서씨 가문의 고려조 위인인 서희徐熙 동상 이천 설봉공원 소재

애초에 서필徐弼의 아버지 서신일徐神逸은 시골에 살았는데, 사슴이 도망하여 (그에게) 의탁하므로 서신일이 화살을 뽑고 숨겨주었더니, 사냥꾼이 추격해 왔으나 잡지 못하고 돌아갔다. 꿈에 신인이 나타나 감사하며 말하기를, "사슴은 바로 내 아들입니다. 그대 덕분에 죽지 않았으니, 공의 자손으로 하여금 대대로 고관대작이 되도록 하겠습니다."라고 하였다. 서신일이 80세에 서필을 낳았고, 서필·서희徐熙·서눌이 과연 이어서 재상이 되었다.[10]

이 자료는 서필 가문이 3대에 걸쳐 재상을 배출한 이유에 대해 설명하고 있다. 《고려사》에 실린 이 자료의 원본은 이제현李齊賢이 만든 《역옹패설》이라는 책에 기초한 것이다. 서씨 가문의 서신일이 사슴을 숨겨준 이야기는 현실에서 불가능한 설화적 내용이다. 이를 통해 신비화된 설화가 서씨 가문의 사회적 위상을 설명하는 수단이 되었다.

그리고 이 책에서는 현령縣令 박세통朴世通이 구해준 거북이로 인해 3대에 걸쳐 재상이 될 뻔했던 이야기도 같이 수록되어 있다. 그렇지만

1부 정책 소통의 제도화와 소통 방식

개성 수창궁에서 출토된 용머리龍頭 상

박세통의 손자였던 박함朴瑊은 스스로 주색에 빠져서 재상이 될 수 없었다고 하였다. 3대에 걸쳐서 고위직에 오른다는 구조는 이천 서씨 가문과 같다. 그렇지만 박세통의 가문이 이를 실현하지 못한 것은 후손의 잘못이라는 인간적 요인으로 돌리고 있다.

이처럼 조상 설화는 특정 가문이 귀족으로 된 내력과 이유를 설명하는 수단이 된다. 아마도 이러한 설화는 여러 가문에서 남아 있었겠지만, 현재로는 전해지는 것이 많지 않다. 그럼에도 고려시대 귀족 가문들은 자신의 사회적 지위를 합리화하기 위해 이런 조상 설화 등을 이용했을 가능성이 크다.

귀족 가문의 조상 설화는 고려왕실의 그것과 비교해볼 필요가 있다. 이를 비교해 본다면, 왕실은 용의 직접적인 후손이라는 것이지만, 귀족 가문의 경우에는 영물靈物의 도움을 받는다는 차이가 존재한다. 그렇지만 설화의 목적은 본질적으로 같다. 자기 가문의 지위를 높이고 신비화하여, 사회적 위상을 높이기 위함이다.

그렇지만 고려왕실의 설화는 일반 귀족 가문보다 신비화되어 있었고, 용의 후손이라는 점에서 왕을 상징한다는 확고한 지위를 보여준다. '용'이란 동물이 국왕을 상징한다는 점은 전통사회에서 널리 인정받고 있었기 때문이다. 이처럼 고려왕실은 조상 설화를 통해 스스로를 신비화하였으며, 국왕은 신성한 존재로 여겨지게 되었다.

대간의 필요성과 제도화　고려왕조 초기에 국왕이 신성한 존재를 표방했지만, 당시 '군주'란 엄연히 지배 가문들의 대표자였을 뿐이다. 고려왕조는 지역 세력을 포함한 유력 가문의 연합체로 이루어졌다. 이 때문에 국왕은 각 가문 간의 이익을 조절하고, 국가체제를 정비하여 왕권과 행정체제를 안정시키기 위한 노력을 기울여야 하였다. 국왕과 유력한 가문 간의 소통은 이를 위한 필수적 수단이었다. 하지만 소통은 정치에 참여하는 소수 재상들과의 사이에서만 이루어졌던 것이다. 따라서 우선적으로는 소통을 위한 제도화 장치가 크게 필요치 않았다. 소통은 국왕과 소수 재상의 만남과 대화를 통해 정책에 대한 의견 교환만으로 충분하였기 때문이다.

이를 보여주는 사례가 광종(재위 949~975)과 서필徐弼과의 대화이다.[11] 서필은 광종의 행위에 대해 때로 비판적이었다. 당시 광종이 서필을 포함한 세 사람에게 금그릇을 하사하였다. 이때 서필은 금그릇의 사용이 사치이며, 치란治亂과 관련된다고 광종을 비판하였다.

또한 서필은 광종이 중국 귀화인을 우대하기 위해 관료들의 주택을 빼앗는 행동에 대하여, 자신의 집을 바치는 것으로 해서, 그 행동의 잘못을 깨우쳐 주었다. 광종은 서필의 주장에 화가 났지만, 이후로부터 관료의 주택을 빼앗지는 않게 되었다. 원래 간언은 재상들이 하는 일이었지만, 실제로는 대간臺諫의 역할이었다.

하지만 광종대 당시에 대간의 역할이 체계적이고 활성화되어 있지 않았다. 대간은 왕조 초기에는 사헌대司憲臺 소속이었지만,[12] 사헌대의 경우는 이후 성종대에 제도적으로 체계화될 때까지 특별한 기록이 눈에 띄지 않는다. 이것은 기록의 미비에서 오는 것일 수 있지만, 사실상 소수 재상들과 국왕이 주도하는 고려 초기 정국운영에서 사헌부의 정치적 역할에 큰 의미가 없어서 생긴 현상이었다. 물론 〈광조사진철

대사보월승공탑비〉의 비문을 쓴 이환상李奐相이나, 최언위崔彦撝와 같이 대간의 관직인 '어사대부御史大夫'가 기록에 나타나기도 한다. 하지만 '어사대부'는 실제 사헌대의 관원이 아니었을 것으로 추정되고 있다.[13] 따라서 간관 등을 통한 소통의 제도화는 고려 초기에 이루어지지 않았다.

또한 고려 초기 중앙정계에 참여했던 공신功臣들은 태조 왕건 이후 광종에 이르기까지 계속된 왕위 계승 과정에서 희생되었다. 이러한 극심한 정치 변동은 지배세력 내부에서 안정적인 정치운영에 대한 요구를 불러일으켰다.[14] 특히 문제가 된 국왕은 광종이었다. 광종의 경우에 후일 최승로崔承老가 비판했듯이 '구신舊臣'과 '숙장宿將'을 많이 죽였다. 이 말은 공신들을 상당하게 숙청했다는 뜻이다. 이로 인해 광종의 권력은 강화되었을지 모른다.

하지만 광종에 대한 비판은 이것만이 아니었다. 그는 일반 관료들을 접견하지 않았던 것에 대해서도 비판받았다.

모든 정사는 근심하지 않고 빈료賓僚만 접견하므로 (서로 간에) 시기만이 날로 깊어가고, 군주와 신하 사이의 토의가 날로 막히어 시정득실時政得失에 대하여 감히 말하려는 사람이 없었고, ······ 복과 장수를 구하는 데만 전심하고 다만 기도만을 일삼았습니다. 그리고 한도가 있는 재물을 탕진하면서 끝없는 인연을 만들려는 것이라고 하여, 스스로 군주의 존엄을 상실하면서 사소한 선행을 좋아했습니다.[15]

이 비판은 최승로가 성종(재위 981~997)에게 올린 건의서에 실려 있는 것이다. 여기서 광종이 빈료만 접견한다는 것은 일반 관료와의 소통이 거의 없음을 뜻한다. 이 때문에 정책에 관련된 논의가 중지되었다고 한다. 결국 광종은 본인의 기복祈福과 안녕만을 꾀하였기에 군주의 존엄을 스스로 상실하게 되었다. 말하자면 그는 군주의 역할과 위신을 잃어버렸던 것이다.

광종의 뒤를 이은 경종(재위 975~981)의 경우도 마찬가지였다. 경종은 전적으로 '권호權豪' 즉 권력 있는 세력가들에게 통치를 일임하여 그 폐해가 왕실의 종친들에게 미쳤다. 또한 여색에게 빠졌고 향악鄕樂을 좋아하며, 측근에는 중관中官과 내수內豎뿐이었다는 비판을 받았다.

그래서 이런 문제를 해결할 수 있는 방법은 언관을 활성화하고, 이를 제도화하는 길이었다. 언관의 제도화는 비판과 견제를 통해서 군주의 자의적 통치와 문제를 해결하기 위한 방법이었다. 이 방식은 단순히 유교통치이념에 기반을 지니고 나오게 되는 것 이상으로, 집권체제를 운영할 필수적인 요소였던 것이다.

군주의 행위가 통치의 일반적 원칙과 규범에 벗어나지 않도록 하는 일이 실제 필요하였던 것이다. 군주는 스스로에 대한 규제가 없는 한, 자신의 기호嗜好와 안녕만을 꾀하게 된다. 더구나 측근과 일부 세력에게만 의존할 경우에 이들의 이익이 최우선되며, 국왕의 역할인 사회 세력들의 이해관계를 조절할 수 있는 능력을 갖추지 못하게 될 것이다.

최승로는 소통의 부재를 막기 위해 언관 설치를 제도화하자고 직접 건의하지는 않았다. 하지만 그의 상소문이 성종에 의해 채택되었다. 이후 성종은 내사문하성이란 중앙행정을 처리하는 기구를 설치하고 그 속에 내사사인內史舍人이란 관직을 만들었다.[16] 내사문하성은 고려 왕조 초기에 있던 내의성內議省을 성종이 즉위하여 확대 개편하면서 생겨난 것이다. 이 가운데 소속된 내사사인은 간쟁의 직책을 수행하도록 규정하였다. 결국 간관의 역할을 하는 내사사인의 설치는 최승로의 건의 내용에 기반을 두었다고 볼 수 있다.

고려 의종이 만들었던 화려한 청자기와 정자를 복원한 건물　국립중앙박물관 소재

이후 간관의 직책은 목종(재위 997~1009)과 문종(재위 1046~1083)대에 이르러 더욱 확대되었다. 즉 목종대에는 좌우산기상시左右散騎常侍, 좌우간의대부左右諫議大夫, 좌우보궐左右補闕, 좌우습유左右拾遺로 관직의 숫자를 늘렸다. 그리고 이들의 역할을 보다 체계화시켰던 것이다.

그리고 문종대에는 급사중給事中, 기거주起居注, 기거랑起居郎, 기거사인起居舍人 등을 만들어 대간의 관직 체계를 완비하였다.[17] 이처럼 중앙집권체제의 확립은 대간제의 확대와 정비와 동시에 이루어지고 있었다. 이제 중앙정부에서는 언론과 소통의 문제가 중요시되었다.

측근정치의 문제와 소통　　간관이 제도화되었다고 하지만, 소통이나 행정운영의 문제가 모두 해결된 것은 아니었다. 그 중에서도 측근에 의존하는 정치는 고려 후기까지 계속 문제화되었다. 측근 가운데에도 환관의 경우가 유학자들에게 비판과 주목의 대상이었다.

이런 비판대에 오른 대표적인 군주가 무신정변으로 물러난 의종이 었다. 의종은 무신정변 이전에 정함鄭諴과 같은 환관을 크게 우대하였다. 이로 인하여 정함은 《고려사》의 환자宦者 열전에 첫 번째 대상이 되었을 것이다. 정함은 의종의 유모가 그의 처였으며, 그로 인하여 고려왕조 역사상 처음으로 조관朝官, 즉 일반 관료에 해당하는 벼슬을 받았다. 의종은 개인적으로 정함을 크게 총애하였고, 당시 사람들은 "권력이 내수內豎에게 있다."고 이를 비판하였다.[18] 또한 정함과 같은 환관인 백선연白善淵도 남경南京의 관청 노비 출신으로 의종에게 총애를 받았던 대표적 인물이다.[19]

《고려사》에 이들을 수록한 이유는 의종의 환관 발탁에 대한 문제점을 보여주려고 했기 때문이다. 《고려사》 편찬자들이 말하려고 했던 것은 환관과 같은 측근 총애가 결국 무신정변을 불러오게 된 요인 중의 하나라는 사실이었다.

따라서 고려 후기에도 이 문제는 지속되는 것으로 인식되었다. 주자학이 수용된 이후 군주 수신론이 본격적으로 대두되면서, 측근 의존과 군주의 기호嗜好에 따라 생기는 문제는 이전보다 크게 인식되었다. 그래서 고려 후기 성리학자인 이제현李齊賢은 이를 학문 수련과 결부시켜 해결하려 하였다.

공경하고 삼가는 실상은 덕을 닦는 것보다 좋은 것이 없으며, 덕을 닦는 데 있어 중요한 것은 학문을 하는 것보다 좋은 것이 없습니다. (또한) 덕을 닦는 데 있어 중요한 것은 학문을 하는 것보다 좋은 것이 없습니다. 지금 좨주祭主 전숙몽이 이미 (충목왕의) 스승이 되었으니, 다시 현명한 유학자 두 사람을 가려서 전숙몽과 함께 《효경》, 《논어》, 《맹자》, 《대학》, 《중용》을 강의하게 하여 격물치지格物致知 성의정심誠意正心의 도

고려 후기 대표적 관료였던 이제현李齊賢

를 익히게 하고, 의관자제衣冠子弟(양반의 자식) 중에서 정직, 근후謹厚하고 학문을 좋아하며 예禮를 사랑하는 사람을 10명쯤 선발하여, 시학侍學으로 임명하여 좌우에서 보충하여 이끌게 하며, 사서四書를 익힌 후 육경六經을 차례로 강의하여 밝게 만들어 교만하고 사치하는 것, 음란함이 넘치는 것, 사냥개와 말을 눈과 귀에 접하지 못하게 하여야 합니다. 이리하여 습관이 성품과 함께 완성되면 덕으로 나아감을 스스로도 깨닫지 못하게 되는 것이니, 이것이 더없이 급한 업무입니다.[20]

이제현은 군주가 스스로 여색이나 취미 활동에 빠지지 않고, 학문을 통해 수련하는 방식을 제시하였다. 그는 군주가 익혀야 할 학문으로 주자성리학을 염두에 두었다. 더구나 그는 관료의 자식 가운데 곁에 둘 시학을 선발하여 군주의 학문 탐구를 이끌도록 하였다. 그리고 이제현은 이를 위한 제도적 장치로 군주와 재상이 일정하게 만나는 진대進對라는 형식을 제시하였다. 이 형식은 제도로서 서연書筵이라는 것을 활성화하는 일이었다.[21]

이제현의 구상은 서연, 이후 조선왕조에 들어와서는 경연經筵으로 바뀔 제도를 통해 군주와 신료 사이의 정기적 만남을 실현하려 했던 것이다. 그의 구상은 이전에 환관과 같은 측근에만 의존하던 정치의 틀에서 벗어나려는 시도였다. 즉 서연이나 경연과 같이 군주와 관료

〈중묘조서연관사연도中廟朝書筵官賜宴圖〉(고려대학교박물관 소장)

간의 소통을 제도적 틀 속에서 존속하도록 했던 것이다.

　물론 군주와 신료 간의 소통이 서연, 경연과 같은 제도적 틀 속에서만 존재하지는 않는다. 군주와 신료 간의 행정과 정책 논의는 양자 간의 인간적 긴장이나 대립을 만들 수 있었다. 양측 견해의 차이가 이런 긴장을 낳는 요인이었다.

　예컨대 직문하성直門下省 안직숭安稷崇, 우간의右諫議 이중李仲 등은 최봉심崔逢深이 무과武科 출신인데 금에 파견되는 서장관이 되는 일에 반대하는 의견을 올렸다. 당시 인종(재위 1122~1146)은 이들의 건의를 받아들이지 않았고, 대간들은 사흘 동안이나 궁궐의 합문에 엎드려서 자신들의 의견을 관철시키려 하였다. 《고려사절요》에는 최봉심이 당시 서경파의 대두였던 정지상鄭知常과 친했기 때문이라고 그 원인을 제시하고 있다.[22] 이처럼 양측의 견해가 대립할 때 군주와 신하 사이에 정치적 긴장이 조성될 수 있었다.

그런데 양측의 긴장감은 사적 자리의 소통으로 이를 해소할 수 있었다. 인종보다 앞선 예종(재위 1105~1122)이 남긴 청연각淸讌閣에 대한 기록이 이를 설명해준다.[23] 예종은 1117년(예종 12) 궁궐 안에 있던 청연각에서 잔치를 열었다. 그리고 김인존金仁存에게 청연각에서 열린 잔치의 모습을 기록문으로 남기도록 하였다.[24] 이 기록문에 따르면 이 날 잔치는 송에 파견 나갔던 사신들이 돌아온 것에 대한 사례로 열렸던 것이다. 사신들은 황제가 전해주라는 선물을 가지고 왔고, 예종은 기쁜 마음에 종친과 고위 관료들을 잔치에 불렀다. 참석자들은 술과 음식을 먹고, 쉽게 볼 수 없었던 궁궐 내전의 경치도 구경할 수 있었다.

이 잔치는 군주와 신료간의 기쁨을 공유하는 소통의 장이 되었다. 고려시대 궁궐 내의 잔치가 이때만 있었던 것은 아니었다. 하지만 청연각에서 열린 잔치는 군주와 참석자들 간의 평소의 긴장감을 해소하는 역할을 보여주는 대표적 사례이다. 뿐만 아니라 참석자들은 특별한 잔치에 초청되었다는 심리로 인하여 일종의 특권의식과 자부심을 가지게 하는 역할을 하였다.[25]

물론 모든 군주의 잔치가 이러한 소통의 장으로서의 역할을 하지는 않았다. 의종은 재위 기간 동안 끊임없이 궁궐 밖의 장소에서 잔치를 벌였던 군주이다. 그가 벌인 잔치의 사례는 기록이 많다. 그렇지만 1170년(의종 24) 의종이 화평재和平齋라는 곳에 가서 측근 문신들과 잔치를 벌였던 것이 대표적이다. 당시 이 잔치를 위해 호위하는 무신들은 굶주리고 피곤하게 되었다. 나중에 무신정변의 주역이 되는 정중부鄭仲夫는 당시 불만에 찬 무신들과 함께 이 잔치를 계기로 정변 모의를 하게 되었다.[26] 실제 이 잔치가 무신정변의 계기가 되었는지는 살펴보아야 할 문제이긴 하다. 그렇지만 중요한 것은 잔치를 통해 오히려 무신들의 소외감을 높이고 군주와의 상호 소통을 오히려 부족하게 만들었다는 사실이다.

글로 이루어지는 소통　　한편 군주와 신료 간의 소통에 대한 또 다른 방식이 있었다. 그 방식은 군주와 신료 간의 직접적인 대화가 아닌 글로 소통하는 형태이다. 고려시대 신료가 군주에게 직접 글을 올리는 상주문上奏文의 경우는 다양하게 이루어졌다.[27] 현재 남아 있는 자료에 따르면 이 형식은 장狀, 표表, 주의奏議, 의議 등이다.

고려시대의 대간들이 국왕에게 올리는 대표적 문서는 주로 소疏였다.[28] 흔히 조선시대 상소라고 알려진 유형이기도 하다. 국왕은 이와 같은 상소를 읽은 후에 여기에 반드시 따를 의무가 없었다. 예컨대 지어사대사 이주연李周衍, 중승 임원준任元濬 등이 시정의 폐단에 관해 상소를 하였다. 하지만 당시 국왕인 인종은 그 중에서 단지 두세 가지만 받아들였다.[29]

당시 대간들이 올린 폐단의 내용에 대해서는 기록에 자세하게 나오지 않는다. 분명한 것은 천문기상을 맡은 일관日官의 보고에 따르면 가뭄이 심하여 종묘, 사직과 산천에 기우하기를 기원하자는 제의가 당시에 있었다. 따라서 대간들의 상소는 가뭄에 대한 대책으로 제시된 것이 아닐까 한다. 이러한 자연재해 발생이 있으면, 군주는 스스로 반성하여야 할 필요가 있었다. 이 필요는 유교의 천인감응天人感應적 이념과 사유에 따른 것이다.[30] 천인감응이란 하늘과 인간이 상호 기氣

를 통해 감응한다는 것이다. 하늘은 인간사회의 잘못에 대해 이를 자연재해로 지적한다. 이런 이념으로 인해 재해가 발생하면, 군주는 자신의 통치에 대한 잘못을 반성해야 했던 것이다.

주목해야 할 사실은 당시 대간들의 합의에 의해 국가운영의 문제점을 지적했다는 점이다. 이것이 대간의 임무라는 점에서 당연하지만, 상소의 경우에는 다른 유형으로 이를 다루는 경우가 있었다.

이 유형이 바로 '봉사封事'이다. '봉사'는 주로 군주의 요청에 의해 현재 국가운영의 문제에 대한 관료의 의견과 해결책을 작성한 것이다. 이 봉사는 관료가 단독으로 작성했다는 점에서 일반 상소와도 달랐다. 또한 봉사는 오직 군주만이 볼 수 있게 밀봉된 후에 전달된다는 점에서도 차이가 있었다. 군주는 이를 뜯어본 후에 그의 의견을 채택하여 국정에 반영시킬 수 있었다.

이 '봉사'가 고려시대 이전에도 제도화되어 있었는지는 분명치 않다. 다만 통일신라기에 하나의 사례가 기록상으로 확인된다.

문성대왕이 이를 듣고 상말上末의 시대에 여러 몸으로 나타났다고 이르고 자주 편지를 내려 위문하면서 또한 (선사가) 머물면서 있던 절의 사방 바깥에 살생을 금하는 당幢을 세울 것을 허락하였다. 그리고 사신을 보내 나라를 다스리는 요체를 물으니 선사는 봉사封事 약간 조를 올렸는데 모두 당시 정사의 급한 일이라 왕이 매우 가상히 여겼다. 그가 조정을 도와 이롭게 하고 왕후王侯들이 예를 올린 것 또한 이루 다 말할 수 없다.[31]

이 글에 등장하는 군주는 통일신라기의 문성왕(재위 839~856)이다. 그는 적인선사寂忍禪師인 혜철慧徹을 예우하였고, 그에게 국가운영의 요체를 물어보았다. 이에 대해 혜철은 봉사 몇 개조를 올렸다는 것이다. 혜철은 당나라에 유학하여 서당지장西堂智藏의 선법禪法을 공부한 후에 귀국하였다. 따라서 그가 올린 봉사는 당의 조정에서 하고 있던 방식을 참고했을 수 있다. 그럼에도 이와 같은 '봉사'란 형식이 통일신라기에 일반적으로 시행되었을 것이라고 생각하지 않는다. 왜냐하면 이 기록 이외에는 따로 발견되는 것이 없기 때문이다.

사실 고려시대에 들어와서도 '봉사'란 형식이 처음 등장한 것은 성종 원년(982)이었다. 성종은 즉위

곡성 태안사 적인선사조륜청정탑비

한 후에 관료들의 직제를 개편한 이후 중앙관료 가운데 5품 이상에게 현재 정치의 문제점에 관해 봉사를 올리도록 하였다.[32] 그에 따라 최승로는 과거 국왕에 대한 평가와 함께 시무 28개조를 올렸다. 성종은 이를 받아들여 최승로를 다음해에 문하시랑 평장사라는 고위직에 임명하였다.[33]

'봉사'란 방식이 이때 처음 기록에 등장하였고, 이후로는 하나의 제도처럼 활용되었다. '봉사'는 이후 당대의 문제를 파악하고 해결책을 제시하는 형식으로 널리 활용되었다. 대표적 경우로는 최충헌이 집권한 이후에 올린 '봉사 10조'가 여기에 해당한다. 우리는 이를 통해 무신집권기의 문제점과 함께 이후 정책방향에 대한 일정한 이해를 할 수

1부 정책 소통의 제도화와 소통 방식

있다.[34] 그런 측면에서 앞서 성종이 지향하는 유교통치가 이런 '봉사'란 형식의 상주문이 시작되는 계기였음을 알 수 있다. 이처럼 '봉사'는 군주가 관료들의 의견을 직접 청취하는 중요한 수단이 되었다.

대간의 정책 창출의 기능　군주와 관료 간의 소통에 대한 방식은 다양하게 존재하였다. 하지만 이 소통에 대한 제도화는 중앙집권 국가에서 정책현안을 제시하고, 법제화할 수 있는 대간의 역할을 확대하는 것에서 찾을 수 있다. 이 확대는 정책을 만들어내는 기능에서 찾아야 할 것이다.

사헌부司憲府는 대간의 정책 창출 기능과 관련해 가장 주목해야 할 기관이다. 원래 사헌부는 고려 초기에 사헌대司憲臺, 어사대御史臺 등으로 불리다가, 충선왕에 의해 사헌부라는 이름으로 변화하였다. 이후 공민왕 때 다시 명칭의 변화를 겪게 되었다.[35]

이 사헌부가 정책발의 기관으로 변모한 계기는 이성계에 의한 위화도 회군이다. 1388년(우왕 14) 이성계 일파는 위화도 회군을 통하여 우왕을 대신하여 창왕을 왕위에 올리고, 개혁을 시도하게 된다.

개혁 시도 가운데 대표적인 것이 사전私田 개혁이다. 당시 사전 개혁을 주장했던 기관이 바로 사헌부였다. 사헌부가 과거 정책에 대한 비판과 여론 및 소통을 담당했던 것에서 벗어나는 순간이었다.

사헌부 수장인 대사헌大司憲 조준은 이성계와 일찍부터 관계를 맺고 있었다.[36] 그는 위화도 회군 이후 곧바로 대사헌에 임명되었다. 그런데 조준趙浚이 사헌부의 수장이 된 후로 곧바로 사전 개혁안을 제시하였다. 그 시점은 위화도 회군이 벌어진 지 한 달도 되지 않은 때였다.[37] 이처럼 조준이 빠른 시간 안에 개혁안을 제시했던 것은 이미 대사헌 임명 전부터 개혁방안을 구상한 후에 준비하고 있었기 때문일 것이다.

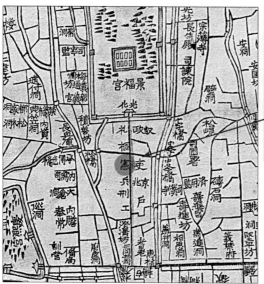

〈수선전도〉 내 사헌부 위치

    조준은 1384년(우왕 10)부터 정계에서 은퇴하여 위화도회군이 일어나기까지 4년 동안 활동하지 않았다. 그는 이 기간 동안에 국가체제운영에 대한 문제점을 해결하기 위한 준비를 하였을 것이다. 그에 따라자기 나름의 개혁방안을 준비하였을 가능성이 높다. 조준은 이런 준비를 바탕으로 위화도 회군 직후부터 사전개혁안을 제시하였을 뿐만아니라, 모두 20여 편에 이르는 방대한 분량의 개혁 상소문을 올렸다.

    이런 방대한 분량의 개혁안은 조준 한 사람만의 구상으로 이루어지지는 않았을 것이다. 물론 중요한 것은 사헌부가 개혁의 중심기관으로 부각되었다는 사실이다. 그리고 이들이 올린 개혁방안은 이후 조선왕조에서 기본적인 법과 정책으로 고착되어 갔다. 즉 사헌부의 개혁안은 대부분 정책으로 실현되었으며, 조선왕조가 처음으로 만든 법전인 《경제육전經濟六典》에 수록되었다.[38] 결국 사헌부는 단순히 언론과비판, 그리고 감찰활동을 넘어서 정책을 만들어내는 기관으로까지 발전했던 것이다. 그에 따라 사헌부 관료들과 국왕 사이의 소통은 이후조선왕조에 들어와 더욱 중요하게 되었다.

1부 정책 소통의 제도화와 소통 방식

| 민본 이념과 소통 |

민본이념 국왕은 어떻게 통치해야 할 것인가? 군주가 민을 통치할 수 있는 바탕은 유교이념에서 찾을 수 있다. 여기에 관해 고려말 정도전鄭道傳의 논리에 이런 측면이 잘 드러나 있다. 정도전은 《조선경국전》의 첫 대목인 〈정보위正寶位〉에서 국왕의 역할에 대해 다음과 같이 설명한다. 즉 인간을 통치하는 군주는 하늘과 땅이 모든 생물을 낳아 기르는 마음을 자신의 마음으로 삼아야 한다는 것이다. 그래서 군주는 차마 하지 못하는 마음의 정치인 '인정仁政'을 해야 한다. 이런 통치를 하면 천하의 모든 사람들이 기뻐해서 군주를 자신의 부모처럼 우러러 보게 된다는 것이다. 그 결과 안락함과 부유함, 그리고 존경과 번영의 즐거움을 누릴 수 있을 것이라고 주장하였다.[39]

정도전의 주장은 《맹자》가 말하는 '어진 통치[仁政]'를 지향해야 한다는 것이다. 그리고 그의 주장은 민본론을 바탕으로 하고 있다. 민본론은 오래된 유교의 정치이념이다. 이 이념은 유교경전인 《서경》에 나오는 '민유방본民惟邦本', 즉 백성이 나라의 근본이라는 구절에 의거한다.

이때의 '민'은 당시 노예 계층을 제외하고, 전쟁과 납세, 부역의 의무를 지고 있는 일반인들을 말한다. 그런 가운데 네 마리의 말이 끄는 전차를 타고 참전했던 사람들이 이른바 '사士'였다. 이 때문에 '사'가 익혀야 할 여섯 가지 기예 가운데 마차를 모는 '어御'가 들어갔을 것이다. 정도전은 민본론의 논리를 군주와 접목시켜, '어진 통치'를 부가하였다. 말하자면 군주가 먼저 '인정'을 해야 하지만, 또한 민들이 군주를 받들어 번영할 수 있게 된다는 주장이다. 군주와 민의 관계에는 바로 민이 통치의 기반이라는 전제가 들어 있었다.

사실 민본이야말로 군주와 민 간의 소통과 관련이 깊다. 그것은 군주가 '하늘의 뜻' 즉 천명天命을 받아 대신 통치하는 존재라는 점에서 찾을 수 있다. 군주는 민을 통치의 바탕으로 삼지만, 이를 위해 하늘의 명령을 받아야 한다.

그런데 천명은 민의 뜻과 통하게 된다. 그 이유는 하늘과 백성이 서로 간에 소통하는 존재라고 보았기 때문이다. 말하자면 하늘은 인간을 떠난 객관적 존재가 아니라 인간을 통해 이해되는 것으로 보았다. 그래서 하늘과 인간은 하나라는 '천인합일天人合一'을 중시하였던 것이다.[40] 이 때문에 민들의 불만은 하늘에 접수되고, 하늘은 이를 시정하라고 군주에게 명령하게 된다. 이 명령은 앞서 보았듯이 자연 재해를 통해 드러나게 된다. 홍수, 가뭄이나 지진 등의 여러 재해는 군주의 통치가 현재 문제가 있다는 하늘의 경고로 이해한다. 왜냐하면 이런 자연재해는 산업의 기반인 농업생산에 치명적인 것들이기 때문이다. 그래서 천명은 백성의 뜻을 군주에게 전달하는 수단이 된다.

이러한 민본에 대한 생각은 고려왕조가 성립된 직후인 태조 왕건 때부터 천명되어 왔다. 왕건은 홍유洪儒·배현경裵玄慶·신숭겸申崇謙 등의 추대로 왕위에 오를 수 있었다. 당시 왕건을 추대한 공신들은 궁예의 통치로 백성들이 도탄에 빠져, 고대 중국에서 주周가 은殷을 무너뜨린 사례를 자신들의 정변에 대한 명분으로 꼽았다.[41]

공신들의 명분은 후일 역사편찬 과정에서 이렇게 채색되었을 가능성이 있지만, 중요한 것은 민에 대한 통치와 유교 이념을 내세웠다는 점이다. 이 때문에 태조 왕건은 집권한 후에 조서를 내려 3년 동안 조세와 부역을 면제해 주도록 하였다. 이 조치는 통일 직후에 이루어진 민심 안정책이었다. 태조 왕건은 민이 통치의 근간이라는 민본론을 염두에 두고 이러한 면세정책을 시행하였음이 분명하다.

그러나 민본이념의 핵심인 '민유방본'이란 말은 이보다 훨씬 뒤에 처음으로 기록에 등장한다. '민유방본은' 고려왕조가 세워진 지 거의 150여 년이 지난 1146년(의종 18)에 처음 기록에 나오고 있다.[42] 의종대 당시에는 토목공사가 많았다. 이 토목공사의 원인은 자신이 추구한 왕권 강화책 때문이었다.

의종이 자신의 왕권을 강화하기 위해 측근으로서의 환관 세력을 키웠음은 앞서 말한 바와 같다. 이 환관들이 권력을 추구하면서 부를 축적하게 되었다. 그 결과 환관들은 사회적 위신과 부를 과시하기 위해 경쟁적으로 화려한 집을 짓는 일에 몰두하였다. 집짓는 일에는 권력을 이용하여 일반민들을 공사에 동원하였다. 이로 인한 사회적 불만이 높아지자, 의종은 민본론을 내세우면서 토목공사를 자제하라는 명령을 내렸다.

그가 내린 명령은 정확하게는 화려한 집을 짓는 일을 자제하라는 것이었다. 하지만 그 자신도 용연사라는 사찰 남쪽에 있던 절벽에 경치가 좋은 곳을 주목하고 있었다. 그래서 의종은 이곳에 연복정延福亭 이란 정자를 지었다.[43] 그런데 연복정을 지은 곳에는 흐르는 물에 배를 띄우기 위해 제방을 막아 호수를 만드는 공사를 하였다. 하지만 지반이 약해 비만 오면 제방이 무너져 내렸고, 이때마다 보수공사를 하였다. 당연히 공사에 동원되는 민들의 고충은 컸다. 그럼에도 의종 자신은 이를 염두에 두지 않았다. 그가 내세운 민본 이념의 허구성을 보여주는 대목이다.

그럼에도 민본 이념은 고려 후기에도 통치이념으로 제시되는 경우가 많았다. 그 결과 정도전은 〈조선경국전〉에서 '백성은 나라의 근본이다. 근본이 튼튼해야 나라가 편안하다民惟邦本 本固邦寧'라는 구절을 인용하면서, 국가를 가진 자는 반드시 먼저 민생을 보호하는 일을 급한 임무로 삼아야 한다고 주장하였다.[44] 민본론은 이렇게 유학적 통치이념의 근간으로 자리 잡아 갔고, 조선왕조에 들어와서는 크게 강조되었다.

민과의 소통   국가통치에 민이 소중하다면, 이들과의 소통은 어떻게 이루어져야 할 것인가의 문제가 생기게 된다. 군주가 하늘로부터 권한을 부여받은 절대적 존재로만 상정된다면, 민과 직접적인 관계와 소통을 할 필요가 없다. 왜냐하면 군주 자신이 신격화된 존재라면, 민은 군주의 명령과 지시만을 이행하는 수동적 존재가 될 뿐이다.

신격화된 군주의 권위를 손상시킬 어떤 행위도 할 수 없다. 그렇지만 민본이념에 따르면 민의 의지는 하늘의 뜻이 될 수 있다. 따라서 민과의 상호 소통이 필요하게 된다. 이 소통은 민의 여론을 수렴하는 것으로 이루어져야 할 것이다. 이를 잘 표현하는 말이 이른바 '하정상달下情上達', 즉 '아랫사람의 정서가 위에 전달된다'는 것이다. 현대 사회에서도 흔히 쓰이는 이 말은 의외로 기록상 잘 확인되지 않는다. 우연의 일치일지 모르지만 이 말이 처음 쓰인 시기가 고려 성종 때였다. 앞서 성종은 즉위한 직후에 관료들에게 '봉사'를 올리도록 하였음을 살펴보았다.

그가 '봉사'를 올리도록 한 것은 이후에 또 다른 사례가 있다. 990년(성종 9) 김심언金審言이 봉사를 올렸고, 성종은 교서를 내려 이 내용을 칭찬하였다.[45] 김심언이 올린 봉사의 핵심은 우선 《설원說苑》이란 중국책에 나오는 6정六正·6사六邪에 대한 설명이다. 이것은 모두 신하의 품행과 관련하여 여섯 가지의 바른 것과 여섯 가지의 잘못된 것들을 말한다.

또한 《한서漢書》에 나오는 자사6조정刺史六條政을 설명하였는데, 이

1부 정책 소통의 제도화와 소통 방식

내용들은 중앙관료와 지방관의 덕목과 행위에 대한 지침이라 할 수 있다. 그 가운데 '하정상달'이란 대목이 처음 기록에 등장한다. 이 말은 당시 간관과 관련된 사헌司憲을 배치하여, 소통의 방법으로 이용하자는 맥락에서 나왔다. 사헌부와 같은 대간의 역할을 강조하고, 이를 통해 소통하자는 주장이었다. 다만 그가 말한 '하정상달'이 민의民意를 전달하려는 것인지, 아니면 관료들의 뜻을 군주에게 전하기 위한 의미인지는 분명치 않다.

실제 군주가 일반민을 만나는 경우는 거의 없었다. 민이 국왕을 볼 수 있는 기회는 기껏해야 효자와 순손順孫(할아버지를 잘 받드는 손자) 등으로 국가의 표창을 받는 것이나, 아니면 노인을 위한 잔치에 초빙되었을 때였다. 국가는 유교이념에 따라 80세 이상의 노인과 효자와 순손, 그리고 과부, 고아 등과 같은 사회적 약자를 위해 잔치를 베풀고 이들에게 물건을 나누어 주었다.[46] 국왕은 이런 잔치에 직접 참여하여 이들을 격려하였다. 일반민은 이런 경우에 그나마 국왕을 볼 수 있었다.

그 외 국가적인 잔치인 팔관회八關會나 연등회燃燈會의 경우에는 보다 많은 일반 사람들이 국왕을 그나마 볼 수 있었을 것이다. 팔관회는 겨울인 음력 11월 15일에 벌어지는 민속신앙과 불교의식이 결합된 국가적 행사였다. 반면에 연등회는 대표적인 불교 행사였으며, 고려시기에는 석가탄신일 이외에도 열렸다. 하지만 일반민은 이런 행사장에서조차 군주의 얼굴을 멀리서나 볼 수 있었다. 따라서 군주와의 소통을 위해 대화를 나눌 수 있는 기회란 원천적으로 있기 어려웠다.

그렇다면 민의民意는 어떤 방식으로 군주에게 전달되었을까? 특히 민의 가운데 현실에 대한 불만과 군주에 대한 비판이 문제가 될 것이다. 예를 들어 의종은 각 지역에 행정실무를 맡은 아전을 파견하였다.

파견 목적은 각 지역의 숙박지인 원우院宇(사찰이 운영하는 숙박시설)와 우역郵驛(역말을 갈아타는 곳)에 있는 시詩를 모두 채집하는 일이었다.[47] 이런 시설에는 관료나 지식인들이 숙박을 하면서 자신의 시를 남기고 가는 일이 많았다. 조선시대에는 이런 시 가운데 일부를 현판懸板에 새겨서 그곳에 걸어두었다.

의종은 이를 통해 당시 유행하던 노래와 민의 실정을 아는 한편, 좋은 문장을 뽑아서 시선집詩選集을 만들려 했다. 그런데 벽에 쓴 시 중에서 다음과 같은 것이 있었다.

> 종일토록 등에 뙤약볕을 받으며 밭을 갈아도 한 말 곡식이 없구나
> 묘당廟堂(조정)에 바꾸어 앉게 한다면 먹을 곡식이야 만곡萬斛이나 될 것이네

이 시는 벼슬을 하지 못한 선비가 지은 것이었다. 현재 농민들이 고생해서 농사를 지어도 정치가 잘못되어 남는 것이 없다는 현실비판을 이 시에 담았다. 그래서 자신이 조정에 있으면 통치를 잘해 민을 풍요롭게 해줄 수 있다는 주장이다.

또한 중앙관료였던 김신윤金莘尹이 역참에 남겨놓은 시에서도,

> 백성을 긁어먹고 웃사람에겐 아첨하는 풍습이 오래되어 온 나라에 가득 속임수만 있네.
> 후한 벼슬 높은 지위는 그리워할지라도 청천백일이야 정말 속이기 어렵네……

라고 하여 군주에 대한 비판을 하였다. 의종은 이 시를 보고 언짢게

생각하였던 것이다. 결국 이런 특별한 경우에야 민의가 군주에게 전달되었다. 의종의 시 수집은 본인의 의도와 달리 일종의 여론 조사가 되어 버렸다. 결국 시의 수집이 의도치 않게 소통작업의 하나가 된 셈이다.

민의 여론이 드러나는 방식은 고려와 조선시대가 크게 다르지 않았다. 민간에서 쓰는 방식은 주로 괘서掛書(글을 써서 벽에 붙여놓은 것, 벽서와 비슷함), 익명서匿名書(이름을 감추고 투서하는 것), 와언訛言(일종의 유언비어), 동요童謠(거리에 떠도는 노래) 등으로 이루어졌다.[48] 그런데 이런 것들은 여론 자체이기도 하지만, 여론을 이끌어내는 수단이 되기도 하였다.

다만 고려시대의 경우에는 벽에 글을 붙여놓는 '괘서'나 '벽서'의 사례는 기록상으로 확인되지 않는다. 그 이유는 기록상의 누락도 있겠지만, 한문을 읽을 수 있는 지식인 계층의 숫자가 적은 탓도 있을 것이다. 또한 익명서의 경우에는 주로 궁궐이나 관청에 밤중에 던져진 글인데, 고발의 성격을 담고 있기에 여론이라고 보기는 어렵다. 익명서는 특정인을 비방하거나, 정치적 변란을 경고해주는 일에 주로 이용되었다. 그래서 민과 직접 관련이 없는 경우가 많았다.

반면 '와언'이나 '동요'는 민의 공포나 의견을 그대로 담고 있었다. 1183년(명종 13)의 경우가 이를 잘 보여준다. 개경의 서쪽에 위치한 지방부터 개경까지 유언비어가 돌았다. 그 내용은 국가에서 하얀 개를 기르는 것을 금지시켰다. 만약 이를 지키지 않으면 기르는 사람을 전부 죽이겠다는 것이다.[49] 당시 하얀 개를 기르던 사람들은 개를 죽이거나, 이를 피하려고 개에게 까만 물을 들였다. 명종은 이런 소동이 커져가자 조서를 내려서 해명하고 이를 금지시켰다.

이런 터무니없는 소문은 사람들을 불안하게 만들었다. 이 소문이 사람들에게 쉽게 먹혔던 것은 당시 사회적 분위기 탓이었다. 1170년(의종 23) 무신정변 발발 이후 무신들은 최고 권력자의 자리를 놓고 서로 간에 혈투를 벌여왔다. 이 과정에서 상당한 문신들이 추방되거나 목숨을 잃기도 하였고, 무신들 내부에서도 숙청이 벌어져 왔다. 이 때문에 지역에서의 농민 등의 반란이 빈발하였다.

또한 무신들 사이의 권력 쟁투는 무력을 동원하여 이루어졌다. 동원된 사람들은 일종의 사병私兵이었다. 사병에 속한 사람들은 국가의 군인인 경우도 있었고, 그 밖에 식객食客처럼 개인적 관계로 고용된 인원들도 많았다. 이런 사람들 중에는 무뢰배無賴輩(의지할 곳이 없는 불량배)나 악소惡小(악당)라고 불린 사람들이 많았다. 이들은 유력한 무신 아래에 들어가 사병이 되기도 하였지만, 거리에서 깡패나 강도짓을 하는 경우도 많았다. 그만큼 치안이 불안정해졌던 것이다. 예를 들어 정국검鄭國儉은 1179년(명종 9) 개경 근처 수정봉水精峯의 도적을 잡아 옥에 가둔 사건이 있었다.[50] 이 수정봉은 길이 어둡고 험난하여 불량배[惡小] 5, 6명이 항상 그곳에 모여서 아름다운 부녀자를 보면 겁탈하고 그 옷과 물건을 빼앗는 일이 많았다. 정국검의 집은 이 수정봉 아래 있었는데, 어느 날 한 부인이 이런 일을 당하는 것을 그가 보았다. 그래서 집안 사람들을 데리고 무력으로 체포에 나섰는데, 이 불량배들은 대장군 이부李富의 조카와 당시 권력가문의 아들 등이었다. 이 때문에 법관이 이들의 청탁으로 얽혀서 제대로 처리하지 못할 뻔하였다. 그렇지만 담당관료 중 한 사람이 고집을 부려 이들을 죽였던 것이다. 이 때문에 당시에 여론이 이를 통쾌하게 여겼다고 한다.

그렇지만 이 경우는 예외였을 것이고, 사람들은 불량배나 반란 등으로 끊임없이 불안감을 느끼고 있었다. 특히 위와 같은 유언비어가 돌기 1년 전에는 충청북도 옥천인 관성管城과 충청남도 서산인 부성

富城에서 민란이 일어났다. 뿐만 아니라 전라도 전주의 기병이던 죽동竹同 등은 반란을 일으켜 무력으로 진압되기도 하였다.[51] 이처럼 터무니없는 유언비어가 퍼질 수 있는 사회적 불안감이 당시에 조성되었던 것이다. 사회적 불안감은 유언비어를 통해 민심의 불안을 가셔왔고, 이것은 정부의 입장에서도 반갑지 않은 일이었다.

이러한 유언비어는 무신의 대표적인 권력자였던 최충헌이 집권하던 시기에도 비슷하게 등장하였다. 1210년(희종 6) 천문 등의 일을 맡던 관료인 태사太史가 요망스러운 소문을 제거하기를 요청한 일이 있었다.[52] 당시 집권자인 최충헌은 개경 활동리濶洞里에 매우 거대한 자신의 저택을 지으려고 하였다. 이 공사로 인해 주변 인가 100여 채가 헐려 나갔다. 저택은 화려하고 웅장하여 대궐과 그 규모와 수준이 비슷하였다. 이 저택 가운데 별당을 짓는 공사 때문에, 사람들의 불평이 심하였다고 한다.

이런 불평의 원인은 노역에 동원된 사람들과 함께, 물자의 징발, 자신의 집을 빼앗긴 사람들의 불만 등과 같은 다양한 요인에서 비롯된 것이었다. 그런데 최충헌이 비밀리에 남녀 아이를 붙잡아 다섯 가지 색깔의 옷을 입혀서 집의 네 모퉁이에 묻어 토목土木의 기운을 누른다는 소문이 퍼졌다.

이 때문에 당시 아이를 가진 사람들은 아이를 깊숙하게 숨기고, 도망치기도 하였다. 그리고 깡패인 무뢰배가 거짓으로 아이를 잡은 후에 뇌물을 받고 놓아주기도 하였다. 이런 불안함과 유괴 사건이 퍼지자 최충헌은 시가에 포고문을 붙였다. 그래서 이런 소문이 말이 되지 않는다는 점을 분명히 하였다. 그리고 아이를 붙잡는 자는 관청에 알려서 그들을 체포하도록 하였던 것이다. 이 역시 사회적 불안감이 가져온 대표적인 괴담과 민심이었다.

이와 비슷한 소문이 후대인 1343년(충혜왕 후4)에도 있었다. 충혜왕은 새로운 궁궐을 짓는 일에 몰두하고 있었고, 그 때문에 어린아이 수십 명을 붙잡아 새 궁궐에 있는 주춧돌 아래 묻으려 한다는 소문이 퍼졌다.[53] 당시 고려인들이 믿던 풍수지리와 음양오행설에 근거하여 벌어진 일이었다. 즉 집을 지어 땅기운을 누르게 되면, 불행한 일이 벌어질 것이라는 믿음에 근거한 것이다.

그러나 근본적 요인은 사회적 불안감이 고조될 때마다 이러한 유언비어에 사람들이 취약해진다는 점에 있었다. 그리고 국가의 입장에서 보면 이것은 사회적 불안요소로 작용하여 통치를 약화시키는 요인이었다. 따라서 정부는 이런 소문이나 여론을 수집하고, 이에 대한 대응이 필요하였다.

민의民意의 반영은 민의 불만과 요구사항을 찾아내는 것부터 시작된다. 민이 국가의 근본이라면 이들의 요구를 정책에 반영하는 일이 필요하였다. 유교적 통치에서 민에 대한 풍속風俗 파악은 이와 같은 측면을 반영시키기 위한 것이다. 이 때문에 조선왕조에 들어와 체계적인 소문이나 유언비어 등의 수집이 이루어질 필요가 있었다. 제도적으로 각종 언론 기관에 소속된 관료들이 이를 맡아하는 것은 물론이고, 신문고申聞鼓와 상소 등의 적극적 활용이 이런 배경으로 이루어졌다.

특히 고려 후기 이후 독서층이 증가하고, 유교의 성리학 이념이 자리 잡게 되면서, 지역 내부의 여론이 중앙 정부에 전달되는 것에 대한 필요성이 더욱 커졌다. 이런 사회적 필요성이 조선왕조 성립 이후 제도화된 체계로 만들어지고, 활용되어 갔던 것이다. 민본론은 조선왕조 이후 단순하게 추상적 이념이 아니라 실질적 제도로 뒷받침되는 중요한 정책이념이 되었다. 그것이 고려와 조선왕조를 구분하는 하나의 지표로 자리매김할 수 있는 요소였던 것이다.

2장
언로 확대를 위한 청요직들의 언론행정 개혁
풍문탄핵과 피혐을 중심으로

송 웅 섭
서울대학교 규장각한국학연구원 책임연구원

| 유교 왕정에서의 '언로'와 '언론'에 대한 이상 |

유교왕정에서는 요임금·순임금 같은 상고시대 성왕聖王들의 정치를
인정仁政과 덕치德治의 표상으로 삼고 있다. 경전 속에 산재한 성왕들
의 치적들을 이상적인 정치 운영 방식으로 표본화시켜, 후대 국왕들이
마땅히 좇아야 할 전범으로 강조하였다. 이를테면 고대의 성왕들은 천
명天命을 받기에 충분한 최고의 덕德을 지는 군주였다거나, 천하는 군
주 혼자 소유한 천하가 아니므로 천하위공天下爲公의 입장에서 공적인
정치 운영을 추구해야 한다거나, 그러한 공적 정치 운영의 시행을 위해
국가 의례儀禮를 준수해야 한다는 등의 요구들을 제기하고 있었다.

성왕이 실천한 이상적인 정치에 대해 되뇔 때마다 으레 강조하는 것
중의 하나가 바로 언론과 관련한 것이었다. 군주가 덕정을 이루기 위
해서는 '언로를 넓게 열어 적극적으로 자신의 허물에 대해 들어야 한
다'는 것이 언론에 대한 유교적 입장이었다. 《서경》에서 요임금과 우
임금이 신료들은 물론 일반 백성의 목소리를 경청하고 있었던 일화를

1부 정책 소통의 제도화와 소통 방식

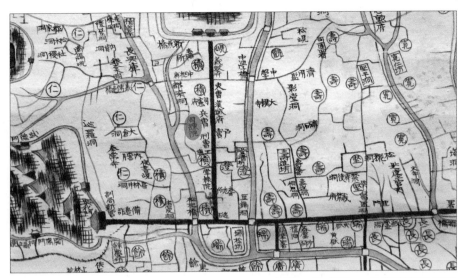
조선시대 6조 및 사간원司諫院의 위치(《한양도漢陽圖》)

적극 강조하면서, 이상적인 정치가 이루어지고 있던 삼대三代는 관료
들로부터 일반 백성들에 이르기까지 모든 사람이 왕의 정치에 대해 간
언을 할 수 있던 시기로 규정하고, 군주가 언로를 널리 열고 언론을
너그럽게 용납하는 것이야말로 인정과 덕치의 실현 여부를 가늠하는
기준이라고 주장하였다.

　언론에 대한 이상을 제도적으로 구현한 것이 바로 대간제臺諫制라
할 수 있다. 대간臺諫이란 언론기관을 지칭하는 것으로서 감찰관 계열
의 대관臺官과 간쟁관 계열의 간관諫官을 합칭한 용어이다. 역사적으로
는 중국 진한 대秦漢代에 어사대부御史大夫와 간의대부諫議大夫의 설치에
서 제도적 시원을 찾고 있다. 한국의 경우 신라 무열왕대 사정부司正府
라는 감찰기구가 확인되고, 고려시대에는 감찰조직으로서의 어사대御
史臺와 간쟁조직으로서의 낭사郎舍로 보다 정연한 형태의 대간제가 갖
춰졌으며, 조선시대에 이르러서는 사헌부司憲府와 사간원司諫院으로 개
편되어 적극적인 언론활동에 임하게 된다.

| 조선 초 언관·언론에 대한 국왕의 제재 |

유교정치이념에 따라 언론기구를 설치하기는 했지만, 그렇다고 대간의 언론 활동이 늘 보장되었던 것은 아니다. 언론은 기본적으로 권력을 견제하고 제한하는 속성을 가졌다. 언론이 활발할수록 왕권은 그만큼 제약되기 마련이었다. 때문에 국왕들은 대간의 활발한 언론 활동을 달가워하지 않았다. 특히 조선 초기와 같이 왕권이 강하게 행사되고 있던 시기에는 대간의 활동에 많은 제재가 따랐다.[1] 적어도 이 같은 기조는 권력구조 상에 커다란 변화가 일어나는 성종대 이전까지는 공통적으로 나타나고 있던 현상이었다. 물론 태종이나 세조 시대에도 대간 언론의 공론으로서의 성격이 강조되기도 했고, 언관들이 언사로 처벌되어서는 안 된다는 원론적인 주장들이 제기되지 않은 것도 아니었지만, 국왕과 대신을 중심으로 한 수직적 위계질서가 강조되던 시기였기 때문에 중하급 직위에 불과한 언관들이 고처를 당하는 일이 많았다.

태조대 세자빈 유씨柳氏 일화는 이러한 분위기를 잘 보여준다. 태조는 어느 날 갑자기 내시 이만李萬의 목을 베고, 세자빈 유씨를 내쫓으라는 명을 내렸다.[2] 전후 사정에 대한 아무런 설명도 없이 이 같은 명이 내려졌다. 내시야 그렇다 치더라도, 세자빈의 폐위는 권력의 향배와 관련해 정국을 요동시킬 수 있는 매우 중요한 사안이 아닐 수 없었다. 그럼에도 태조는 세자빈이 폐위되는 데에 대한 아무런 설명도 없이 일방적으로 이 같은 결정을 통고해 버렸다. 당연히 대간에서 그 경위를 궁금해 할 수밖에 없었고, 이 일과 관련된 사람들을 법사에 내려 국문할 것을 요청하였다. 하지만 태조는 대간의 이 같은 요청에 매우 격노하면서 건의한 사람들을 전부 순군옥巡軍獄에 가두도록 명했다.[3]

太祖大王御眞

태조 이성계의 초상(경기전)

궁중의 소수小豎와 빈잉嬪媵을 내쫓아 처벌하는 것은 내 집안의 사삿일
이므로 외인이 알 바가 아닌데, 지금 대간과 형조에서 이 일을 함부로 논
하게 되매, 반드시 외인이 망령되게 스스로 의심을 내어 전해서 서로 모
여서 의논하게 될 것이니, 다만 이 무리들의 뜻만이 아닐 것이다. 지금 이
무리들을 옥에 가두어 국문하고자 한다.[4]

태조가 대간을 옥에 가둔 이유가 드러난다. 왕실의 사사로운 일을

쓸데없이 드러내어 사람들로 하여금 수군거리게 만든 것에 대한 불만이라고 할 수 있다. 이 문제를 거론한 대간과 형조의 관료들 너머에 어떤 불순한 무리들이 있는 것이 틀림없으므로 국문을 해야겠다는 것이다. 급기야 세자빈 문제를 제기하는 데 참여한 사람들 전원을 처벌하였는데, 무려 11명이나 유배를 보냈고, 6명은 사가로 쫓아냈다. 유배 가지 않은 사람들은 모두 공신의 지위에 있었던 터라 예우 차원에서 감형한 것이었다.[5]

이 사건에서 무엇보다 흥미로운 지점은 태조의 공적 영역에 대한 인식이다. 태조는 왕실의 일은 자기 집안의 사사로운 일이라고 규정하고 있다. 사실 왕실을 공적인 영역으로 인식할 것인지 아니면 사적인 영역으로 이해할 것인지는 명확하게 구분하기 어려운 측면이 있다. 이역시 국왕권과 밀접하게 관련되어 있는 일로서, 왕권이 상대적으로 강한 시기에는 왕실을 공적 영역에 포함시키는 범위가 작고, 왕권이 약한 시기에는 왕실과 관련한 거의 모든 일들이 공적 영역으로 해석되면서 하는 일마다 제재를 당하는 일이 많았다. 하지만 적어도 이 시기는 태조가 세자빈을 내치는 일까지도 자기 집안의 사사로운 일로 규정하면서 신료들이 궁금해 할 필요도 없다고 주장하고 있는 상황이었다. 실제로 당시 승지들조차 태조의 이 같은 진노 앞에서 아무런 말도 하지 못한 채, 겨우 도승지로 하여금 한꺼번에 대간과 형조 관리들을 처벌하면 국체에 손상되는 부분이 많다는 사실을 아뢰고 있는 정도였다. 그나마 그 같은 건의도 수용되지 않은 채 세자빈 문제를 거론한 사람 모두가 처벌 받기에 이른다.[6] 대간의 문제 제기가 정당한 것이었음에도 태조의 진노 앞에 일을 건의한 사람들이 모두 단죄되고 있는 상황을 통해 이 시기 국왕에게 언관들이 어떤 대우를 받고 있었는지를 엿볼 수 있다.

태종대에 이르러 대간이 받는 모욕과 수난은 한층 더 심해진다. 태종은 도평의사사체제를 혁파하고 의정부서사제를 시행했다. 그리고 다시금 의정부서사제를 혁파하고 육조직계제를 단행하였다. 의정부서사제와 육조직계제의 성격은 조금 다르기는 하지만, 태종대 국정 운영방식이 변화해 간 추이를 놓고 볼 때, 모두 국왕의 정무 참여와 결정이 확대되는 과정에서 마련된 제도라고 할 수 있다. 따라서 국왕의 국정 관장범위가 늘어나게 됨에 따라 자연히 대간과 갈등을 빚는 일이 많아졌다.

태종은 대간의 간쟁을 국정 개입으로 인식하며 매우 귀찮아했다. 뿐더러 왕의 권위를 적극적으로 내세우는 가운데 대간의 간쟁이 실효성 없는 자질구레한 일이라고 간주했다. 자연히 대간에 대한 탄압이 많을 수밖에 없었다. 태종대 대간이 곤욕을 당한 일들이 하도 많아서 일일이 거론하기가 어려울 정도이다. 그 가운데 대사헌으로 있던 맹사성이 간언으로 인해 자칫 사형에 처해질 뻔 했던 일화를 소개하도록 하겠다.

태종 8년 12월 목인해睦仁海의 옥사가 일어났다. 이 옥사는 목인해라는 자가 사리에 밝지 못한 평양군平壤君 조대림趙大臨을 꾀어 군사를 일으키게 한 뒤, 이를 반란으로 몰아가려다가 실패하여 모반죄로 처형당한 사건이다. 참고로 조대림은 개국공신 조준의 아들이자 태종의 부마였다. 목인해에 대한 처형이 집행되려 할 때 대사헌 맹사성 등은 목인해와 조대림에 대한 재심문을 통해 사건의 진상을 보다 상세하게 밝혀내야 한다는 이유에서 처형을 늦춰달라고 요구했다. 태종은 일단 맹사성의 요구를 들어주어 대질 심문을 벌였으나 모든 것이 목인해의 조작이었을 뿐 조대림에게는 별다른 죄가 없음이 밝혀졌다.[7] 태종은 대사헌 맹사성 등에게 격노했다. 이유는 조대림에게 혐의가 없음을 알면서도 왕실을 약화시키기 위해 조대림의 추가 심문을 요청했다는 이유에서였다.

임금이 말하기를, "평양군이 본래 꾀한 바가 없는데, 지금 맹사성이 목인해와 수범首犯·종범從犯을 나누려고 하였으니, 모반·대역도 수범·종범을 나누느냐? 대간의 의논이 조대림을 죽여서 번병藩屛을 제거하여 왕실을 약하게 하려고 꾀하려 하였으니, 그 공초에서 '모약왕실謀弱王室'이란 네 글자를 받으라. 만일 승복하지 않거든 모질게 때려 신문하되, 그의 죽음을 아낄 필요가 없다." 하였다. 이에 맹사성·서선·이안유·박안신 등이 매를 견디지 못하여 모두 승복하였다.

한 마디로 대사헌 맹사성 등을 고문하여 왕실을 약화시키려 했다는 자백을 받아내라는 명이라고 할 수 있다. 취조 과정에서 죽어도 상관이 없으니 태종이 원하는 답변을 받아내라는 주문이었던 것이다. 매를 견디지 못한 맹사성 등은 왕실을 약화시키려 했다는 고백을 할 수밖에 없었다. 물론 자백의 대가는 극형에 처해지는 것이었다.[8] 대간의 입장에서는 모반 사건 처리를 보다 확실하게 할 필요가 있었기 때문에 재 심문을 요청했던 것인데, 태종은 이를 자기 편한대로 해석하며 대간을 사형에 처하라고 명령한 것이었다. 병석에 있던 권근이 상소를 올려 태종을 만류했으며, 이숙번 또한 사형을 취소해 달라고 간곡하게 부탁했다. 하륜·성석린·조영무 등도 태종에게 너그러운 처분을 내려 달라고 요청했다.

임금이 말하기를, "사체가 지극히 중하고 내 뜻이 이미 결정되었으니, 가볍게 바꿀 수 없다. 그러나 인주人主가 혼자서만 국가를 다스릴 수 없고,

경들도 어찌 나를 불의에 빠뜨리고자 하겠는가? 경들의 말을 따르겠다. 경들도 왕실이 약해지지 않도록 도모하라." 하니, 하륜 등이 모두 울며 사례하고 물러갔다.[9]

태종은 마지못해 들어주는 척하면서도 왕실이 약해지지 않도록 하라는 말을 잊지 않았다. 이 사건은 태종의 사위 조대림이 어리숙해서 일어난 일이었다. 하지만 태종은 대간의 건의를 왕실모해로 몰고 가신료들을 긴장시키며 손상된 왕실의 권위를 만회하고자 한 것이다. 결국 대사헌 맹사성은 극형을 면하고 장 1백대를 맞고 한주韓州 향교의 노비로 정배되었다.[10] 물론 맹사성은 1년 정도 지난 뒤에 조정에 복귀했지만,[11] 대사헌 맹사성의 일화는 정당한 언론을 제기했음에도 노회한 군주의 정치 운영에 휘둘려 자칫 황천에 갈 뻔했던 일이었다고 할 수 있다.

이 같은 분위기는 세종이라 해서 크게 다르지 않았다. 군신 간의 조화를 꾀했던 세종 역시 언관들을 욕보이는 일이 많았다. 특지로 이조참의에 제수한 인사를 사간원에서 반대하자 사간원 관리들을 의금부에 하옥시킨 뒤 전원을 체직시키는가 하면,[12] 사헌부에서 자신들의 상소를 접수하지 않는다며 승정원을 탄핵했을 때는 사헌부 관리들을 파직하고 좌천시켰다.[13]

> 임금이 승정원에 이르기를, …… 또 들으니, 우리나라 관리가 사헌부에
> 임명되면, 의금부의 옥졸들이 말하기를, '오늘은 비록 사헌부에 앉아 있
> 지만 내일은 반드시 하옥되어서 우리들의 제재를 받으리라'고 한다니,
> 내가 매우 밉게 생각하여, 근래에 사헌부에 작은 잘못이 있더라도 모두
> 덮어 두고 논하지 아니하여 안전을 보존시키고자 하는데, 이 일에 있어
> 서는 내가 부득이하여 심문하게 한 것이니, 의금부로 하여금 나의 뜻을
> 잘 알게 하라.[14]

위 기사는 한원군 조선의 집 터 분쟁과 관련한 송사에서 세종은 대간이 이 안건을 접수조차 하려하지 않았다는 이유로 심문을 명한 뒤, 다소 미안했던지 위로의 말을 전하도록 한 기사이다. 사헌부에 임명된 관원들 가운데 언사로 처벌된 사람들이 점점 늘어나게 되면서, 의금부 옥졸들이 사헌부 관리에 임명된 사람들을 비아냥거린다는 말을 듣고, 한편으로는 대간에 대한 강경한 처분이 갖는 정당성을 강변하면서도 다른 한편으로는 겸연쩍은 마음을 전달하도록 한 것이다. 언제라도 언관들을 심문하도록 지시할 수 있었다는 점에서는 이전과 크게 달라지지 않은 모습이라고 할 수 있지만, 그럼에도 태종의 모습에 비해서는 다소 완화된 태도라고 할 수 있다.

1부 정책 소통의 제도화와 소통 방식

문종과 단종을 거치며 언관들에 대한 군주의 강압적인 태도는 조금 더 누그러졌다. 하지만 세조가 집권하면서 이 같은 완화 기조는 크게 퇴조하고, 다시금 대간을 폭압적으로 대하는 양상이 강화되었다. 세조의 치세 기간 동안에는 대간에서 언론을 제기하는 일 자체가 대폭 줄었다. 대간에서 열을 올려 간쟁하는 경우는 안평대군이나 금성대군 같은 인사들의 처형을 주장할 때처럼, 역모 사건에서 반란을 획책한 인사들의 처벌과 관련한 것이 주를 이루고 있었다. 일종의 어용성 간언이 횡행하고 있었다고 할 수 있다. 물론 그 와중에서도 대신의 비리를 적발하여 탄핵하는 경우도 없지 않았으나, 그럴 경우 언관들이 곤욕을 치르는 경우가 대부분이었다. 좌참찬 김국광의 수뢰 문제를 제기했다가 모욕을 당하는 대간의 일화가 이 같은 사정을 잘 보여주고 있다.

세조 치세 후반에 이르러 사간원 정언 김지金漬는 좌참찬 김국광이 병조판서 시절 뇌물을 받고 관직을 제수한 일과 방납으로 모리한 일이 있음을 아뢰었다. 증거가 없어 아뢰지 못하였는데 최근 누군가가 도성에 김국광의 이 같은 일들에 대해 폭로하는 방을 붙여 그 죄상을 아뢰었던 것이다.

김지가 자세히 아뢰니, 임금이 말하기를, "뇌물을 받았고 대납代納한 것은 모두 핵실覈實하였으나 증거가 없었고, 산예역狻猊驛의 조역助役은 나에게 아뢰어 파하였는데, 네가 어찌 나를 비방하지 않고 김국광을 비방하는가? 또 이 말이 어떤 사람에게서 나왔는가? 네가 홀로 한 말인가?" 하였다. 김지가 대답하기를, "원중院中에서 함께 의논한 것입니다." 하니, 곧 도승지 윤필상에게 명하여 김지의 모자를 벗겨서 끌어내고, 간원의 관리 등을 의금부에 하옥시켰다. 신숙주가 아뢰기를, "김지 등이 근거 없는 말을 가지고 대신의 죄를 청하니, 진실로 죄가 있습니다. 그러나 김국광의 범한 바도 또한 국문할 만합니다." 하였다. 임금이 말하기를, "우활하다. 신숙주도 벌을 줄 만하다." 하고, 관冠을 벗기고 벌주를 돌리게 하였다.[15]

세조는 김국광을 탄핵한 김지의 관을 벗겨 끌어내도록 한 뒤 의금부에 하옥시켰다. 뿐더러 탄핵 내용을 같이 상의한 동료 대간들까지도 하옥시키도록 명하였다. 곁에 있던 신숙주가 김국광의 죄상을 확인할 필요가 있다고 했다가 그 역시 우활하다는 핀잔과 함께 벌주를 마셔야 했다. 정당한 탄핵임에도 왕이 아끼는 신하라는 이유로 언관들이 모욕을 당한 사례라 할 수 있다.

세조가 자신보다 더 공론을 두려워한다는 이유로 예문관원 김종련을 내수사 노비로 정속시킨 일은 조선 초기의 언론이 처해 있던 사정을 보여 주는 좋은 사례라고 할 수 있다. 세조는 예문관 유신儒臣에게 논어를 강하도록 했는데, 김종련이 나와 논하는 가운데 말이 주자朱子의 태극설太極說에 미치게 되었다. 이때 김종련은 자신은 주자의 말 중에 틀린 부분이 많다고 생각하는데, 천하의 공론이 두려워 감히 말을 하지 못한다고 세조에게 말하였다. 세조는 자신 앞에서 공론을 두려워 한다는 김종련의 발언에 기분이 상해 공론을 두려워하는 이유가 무엇인지, 또 공론이 무엇을 말하는 것인지 등을 집요하게 묻기 시작했다. 당황한 김종련은 변명을 했지만 이미 화가 난 세조의 마음을 만족시킬 만한 답변이 되기에는 역부족이었다. 급기야 세조는 김종련을 의금부에 내려 심문하도록 했고 압슬형을 가하도록 했다.[16]

말실수로 호된 문초를 당했던 김종련의 이후 상황은 점점 악화되어 최악으로 치달았다. 자신은 물론 자식들까지도 내수사의 종으로 정속되었던 것이다.[17] 뿐더러 세조의 처분이 내려진 그 즉시 내수사로 나와 노비로서 담당해야 할 일들을 하지 않았다는 이유로 마침내 참형에 처해지게 된다.[18] 예문관 관원이라는 당시 촉망받는 지위에 있던 문신 관료가 세조에게 망대했다는 이유로 끝내 참형에 처해졌던 것이다. 언론이 탄압을 받은 극단적인 사례라고 할 수 있으나, 조선 초기 강력한 왕권을 행사하는 군주 휘하에서의 열악한 언론 환경을 보여주는 좋은 사례라고 할 수 있다.

| 왕권의 상대화와 권력구조의 변동 |

조선 초 국왕들로부터 많은 제재를 당했던 대간의 언론은 성종의 즉위를 계기로 커다란 전환을 맞게 된다. 사실 성종대는 왕권이 상대화되고 공신권력은 퇴조하면서 권력구조 상에 커다란 변화가 일어나고 있던 시기이다. 세조 사후 18세의 나이로 왕위에 오른 예종은 부왕 세조와 마찬가지로 강력한 왕권 행사를 희망했다. 하지만 그 짧은 재위기간 동안 '남이의 모반 사건'과 '민수의 사옥史獄'이 일어나는 것을 통해 알 수 있듯이, 왕권 행사와 관련한 예종의 바램은 온전하게 이루어지기가 어려웠다. 신왕新王으로서의 국정 경험의 부족에서 오는 한계도 있었지만, 비대해진 공신들을 제어하는 것이 생각만큼 쉽지 않았다. 계유정난으로 집권한 수양대군이 수차례 공신 책봉을 통해 소수의 핵심 인사들과 밀월 관계를 유지해 나가며 강력한 왕권을 행사하고 있었던 방식은, 적어도 그의 후손들이 활용하기에는 많은 난관이 있는 모델이었다.

한편 예종은 불과 1년 2개월의 짧은 재위 기간 끝에 사망하고 만다. 그리고 예종의 뒤를 이어 왕위에 오르는 사람은 아들 '제안대군'이 아

〈호조낭관계회도戶曹郎官契會圖〉 (1550, 국립중앙박물관 조장)

닌 조카 '잘산군(성종)'이었다. 제안대군의 나이가 4세에 불과했기 때문에 그보다 나이가 많은 13세의 '잘산군'이 왕위에 올랐던 것이다. 잘산군은 일찍 사망한 세조의 맏아들 의경세자의 차남이었다. 장남 월산대군은 그보다 4살 위였지만 병약한 기질이어서 후보에서 배제되었다. 세조비 정희왕후는 왕실의 최고 어른으로서 안정적인 국정을 위해 예법에는 벗어나지만 현실적인 고려 끝에 불가피한 선택을 했던 것으로 보인다.

성종의 즉위는 왕권에 있어 많은 변화를 야기했다. 무엇보다 성종은 나이가 어렸기 때문에 어린 성종을 보호하기 위한 조처들이 취해졌다. 조선왕조 최초의 수렴청정이 단행되었고, 세조 말 세자의 보필을 위해 처음으로 선을 보인 원상제가 보다 강화된 형태로 시행되었다. 어린 성종을 위한 불가피한 조처이긴 했지만, 그럼에도 성종과 같이 보호를 받으며 통치에 임하는 국왕은 조선의 신료들에게는 매우 생경한 모습이 아닐 수 없었다. 어떤 측면에서는 계유정난 이전의 단종을 연상케 하는 기시감마저 들기도 했다.

어린 나이에 택현擇賢의 방식으로 왕위에 올랐던 성종은 대비와 원상들의 보호를 받고 있던 상황이었기 때문에, 세조와 같은 전제권력을 행사하기가 어려웠다. 오히려 경연經筵을 통해 국왕으로서 갖추어야 할 덕목들을 쌓아가면서 자신을 왕으로 선택한 것이 잘못된 결정이 아님을 증명해 내야 하는 상황이었다. 성종이 무려 8,700여 회도 넘게 경연에 참여하면서[19] 호학군주好學君主로서의 면모를 발휘하였던 것은, 학문에 대한 열정에서 출발한 것이기는 했지만, 이면에는 택현 군주擇賢君主라는 부담을 상쇄시키기 위한 노력의 일환이기도 했다.

장기적인 관점에서 성종의 이 같은 위상은 법과 제도에 입각한 국정 운영이 한층 더 강화되는 결과를 초래했다. 또한 관료조직 내에서의 국왕의 위치 설정에 있어서도 세조처럼 초월적인 자리에 위치하기 위해 노력하기보다, 공적 제도와 질서의 핵심부에 국왕의 위치를 설정하여, 보다 많은 신료들로부터 지지를 얻게 되는 방향으로 흘러가고 있었다. 성종은 비록 세조와 같은 카리스마를 갖지는 못했지만, 그 같은 위상을 확립하는 데 필요로 했던 불필요한 비용 역시 치르지 않았다. 성종대의 국정은 오히려 세조의 치세 보다 훨씬 더 안정적이었다.

한명회와 신숙주 같은 공신들은 즉위 초반에는 원상제 시행뿐만 아니라 좌리공신 책봉에도 참여하는 등 세조대 이래의 영향력을 유지하고 있었다. 오히려 성종 초반이라는 시기만 놓고 보면 이들의 권력은 계유정난 이래 최고 정점에 오른 시기라고도 할 수 있다. 하지만 공신들의 권력이 계속적으로 유지되기에는 근본적인 한계가 있었다. 우선 노령화에 따른 주축 인사들 대부분이 차례로 사망해 갔다. 신숙주·홍윤성 등은 성종 7년 친정을 시작하기 전에 이미 사망했고, 조석문·정인지·김질 등도 성종 10년 무렵에 사망했다. 정난공신의 주축 인사들 가운데 가장 오래 생존한 사람은 정창손과 한명회였는데 이들은 성종 18년에 사망했다. 세조의 즉위를 도왔던 공신들의 권력은 세월의 무게 앞에서 자연스럽게 퇴조하고 있었던 것이다.

다음으로 신왕과의 관계 조정 속에서 공신들은 점차 영향력을 잃어 갔다. 세조가 공신들을 필요로 했던 것만큼 성종이 공신들을 필요로 하지 않았던 것이다. 세조의 권력은 특권 그룹으로서의 공신들을 온존시키는 가운데 권력의 집중을 이룰 수 있었다. 때문에 공신들이 수많은 불법들을 저지르고 있었음에도 이들을 버릴 수가 없었던 것이다.

이에 비해 성종은 즉위 초반 공신들이 자신의 울타리가 되어 주고 있었지만, 한편으로는 청요직을 거치며 성장해 가는 신세대 관료들의 지지를 받고 있었기 때문에 공신에 대한 지나친 의존이 필요하지 않았다. 더구나 성종은 경연에 적극적으로 참여하고 시문과 경학에도 조예가 깊은 인사였던지라, 자연스럽게 학문에 능한 관료들과 깊이 있는 신뢰 관계를 형성할 수 있었다. 따라서 세조대와 달리 성종대는 반란 사건이 일어나지도 공신을 추가로 책봉해야 할 필요도 없게 되었다. 이 같은 흐름 속에서 공신들은 오히려 대간의 탄핵으로부터 성종의 보호를 받아야 하는 원로대신으로서 퇴조하고 있었다. 세조대 치성했던 특권 그룹으로서의 공신권력은 역사의 뒤안길로 사라져 가는 가운데, 정상적인 관료제 운영이 그 자리를 메워가고 있었다고 할 수 있다.

성종시대 정치에서 나타나고 있던 또 다른 특징적인 면모는 언론의 활성화와 함께 청요직들의 영향력이 비약적으로 확대되고 있었다는 점이다.[20] 국왕의 왕권 행사에서 전제적 성향이 대폭 축소되고 공신들의 권력 역시 크게 약화되는 상황에서, 상대적으로 청요직들의 영향력은 강화되어 갔다. 청요직이란 홍문관·사간원·사헌부·예문관 등의 당하관 관직들로서, 당상관으로 오르는 과정에서 엘리트 관료들이 으레 거치기 마련이었던 핵심 관직들을 가리킨다.[21] 성종대 이전의 청요직들은 국왕과 대신들의 공고한 결합 속에 독자적인 영역을 형성하지 못한 채, 당상관에 오르는 계제로서의 속성이 강했다. 출중한 문한 능력을 소유하고 문지가 높은 집안 출신의 인사들이 주축을 이루고 있었지만, 관료 조직 내에서 독립적인 영역을 구축하지 못하고 국왕과 대신들에 예속된 가운데, 차기 재상군으로 착실하게 성장해 가고 있던 모범생으로 기능하고 있었다.

하지만 세조 사후 신왕과 유주가 연이어 등장하여 왕권이 상대화되고 공신 권력이 퇴조함에 따라, 청요직들은 새로운 국왕과 새로운 관계를 맺어 가면서 이전에 누리지 못했던 영향력을 행사할 수 있었다. 특히 이전까지 카리스마 강한 국왕에 의해 모욕을 당하기 일쑤였던 대간들은 이전의 수모를 만회하기라도 하듯 강직한 언사를 적극적으로 제기하였다. 불사佛事를 일으키는 왕실을 비판하는가 하면, 뇌물을 받은 재상들을 풍문만으로도 탄핵했다. 대간으로서 주어지는 언론 기회를 활용해 나가면서도, 경연의 자리를 간쟁의 또 다른 무대로 적극 이용하면서 거의 폭증에 가깝게 언론 횟수를 늘려가고 있었다. 이 과정에서 청요직들은 관료조직 내의 위계에 굴복하기보다 도학과 같은 보편적 가치에.기대어 국왕과 대신의 불법과 비리에 맞섰다. 또한 청요직들 사이의 횡적 연대감의 확장을 위해서도 노력하고 있었다. 언사를 펼치는 과정에서 동료가 처벌을 받으면 연대책임을 지려 했고, 반대로 언론에 적극적으로 참여하지 않는 동료들에 대해서는 청요직 그룹에서 배제시키는 방법을 통해 적극적인 동참을 유도했다. 이 같은 언관들의 유대감은 왕과 대신을 향해 맞설 수 있는 '士氣'의 배양에 매우 유용했다. 결국 청요직들은 국왕과 공신 등이 국정 운영에 독점력을 발휘하지 못하고 또 공적 기준에 입각한 관료제 운영이 활성화되는 상황에서, 긴밀한 연대 체제를 구축해 나가며 정치적 영향력을 키워가고 있었던 것이다.

| 청요직들의 언론행정 개혁 |

풍문탄핵風聞彈劾의 확대와 언근불문言根不問에 대한 요구   성종의 즉위 직후부터 언론 환경이 크게 개선되고 있었다. 비록 어린 군주를 보필하는 대비와 공신들이 권력을 장악하고 있기는 했지만, 세조와 같은 무소불위한 권력을 휘두르는 군주의 부재 자체가 언론 활동에 새

로운 전기를 가져다주었다. 이러한 상황에서 대간은 풍문탄핵을 통해서 언론의 기회를 늘려가고 탄핵 대상도 확대시켜 나가고자 했다.[22] 풍문탄핵이란 말 그대로 풍문에 근거해 탄핵하는 일을 말한다. 전근대라는 시대적 한계 속에서 명확한 물증을 확보한 뒤에 피의자를 탄핵하는 일이란 애초부터 불가능에 가까운 일이었다. 근거에 입각한 탄핵이라고 해봤자 해당 사안과 관련한 증인의 증언을 제시하는 정도였다. 이 같은 상황에서 대간의 탄핵은 자연히 풍문에 기댈 수밖에 없는 속성이 있었다.

하지만, 일단 풍문탄핵이 허용되면 하급 관료에서부터 대신에 이르기까지 탄핵을 받는 사람이 늘 수밖에 없었다. 반면에 탄핵을 제기하는 대간의 영향력은 강해지기 마련이었다. 따라서 국왕과 대신들은 대간의 풍문탄핵을 규제하고자 했다. 다만, 도덕정치를 선도해야 하는 공적 지위에 있는 관료들이었기에, 또 건강한 관료조직 문화를 이루어 나가기 위해 부분적으로 풍문탄핵을 허용하고 있었다. 대체로 조선 초기 풍문탄핵이 허용되고 있었던 대상은 외방 수령들에 국한되었다. 민본이념을 추구하는 입장에서 궁벽한 향촌의 백성들에 대한 가혹한 수탈을 방지하는 차원에서 수령에 한하여 풍문탄핵을 허용하였다.

사간원에서 상소하기를 …… "수령이 된 자가 스스로 이르기를, '부민部民이 수령을 고소하는 것은 이미 금령에 있다'고 하여, 불법을 방자히 행하기를 기탄함이 다시없으되, 또한 백성을 학대하고 옥사를 팔아서 재물을 거두어 축적하고, 누에를 쳐서 재물을 늘리기까지 하여 하지 아니하는 바가 없으며, 혹은 이웃 고을의 수령과 서로 뇌물을 주고, 심한 자는 갈린 뒤에 관의 여러 물건을 공공연하게 싣고 옵니다. 백성을 사랑하

황희가 지은 반구정(파주시)

고 기르는 임명을 띠고서 도리어 부자가 되는 계제로 삼는 자가 종종 있으니, 이를 금하지 아니하면 폐가 말할 수 없을 것입니다. 풍문으로 탄핵하는 법이 비록 있으나, 지방 고을의 일을 자세히 듣기 어려운 형세이오니, 어찌 그물에 빠지는 고기가 없겠습니까! …… 엎드려 바라옵건대, 조정 관리 중에 청렴하고 꿋꿋한 사람을 택하여 불시에 내어 보내어 주·군을 살피게 하고, 여염에 나들면서 무릇 수령의 일체 탐오한 일들을 찾아 묻고 적발하여 그 실상을 알게 되거든, 형률에 의해 죄를 과하여 혹 용서함이 없게 하면 장리臟吏를 거

황희의 초상

1부 정책 소통의 제도화와 소통 방식

의 징계할 수 있으며, 감히 그 사나움을 베풀지 못할 것입니다."[23]

시정을 논하는 사간원의 상소 가운데 백성을 침탈하는 수령들을 적발하고 이를 금지시키는 방법에 대해 논하는 내용이다. 국초부터 부민고소금지법을 제정하여 백성들이 함부로 수령의 불법을 고발하지 못하는 상황과, 이러한 문제점을 감안하여 지방 수령의 경우 풍문에 입각한 탄핵을 허용하고 있지만, 실효성이 크지 않다는 주장이다. 따라서 이 같은 문제점을 해결하는 방편으로 청렴하고 강직한 관리를 지방에 자주 파견하여 지역 사정을 살피고, 탐오한 수령의 경우 대간으로 하여금 탄핵하도록 하여 수령의 백성 침탈을 방지하자고 제안하고 있다. 이 기사를 통해 적어도 외방 수령에 있어서는 풍문탄핵을 허용하고 있었음을 알 수 있다.

외방 수령에게 풍문탄핵을 허용하고 있던 것과는 달리, 풍문만을 가지고 경관京官의 뇌물 수수 관련 혐의를 탄핵하지는 못하게 했다. 특히 풍문탄핵의 대상이 대신을 향한 경우에는 국왕이 적극적으로 막는 경향이 있었다. 조선 초기의 강력한 집권력은 기본적으로 국왕과 대신들의 공고한 결합 속에 발휘되고 있었기 때문에, 국왕은 대간의 탄핵으로부터 대신들을 보호하고자 하는 의지가 강했다. 대간이 대신들을 함부로 탄핵하지 못하게 할 필요가 있었던 것으로, 일부 대신들의 비리 혐의가 제기되고 있더라도 국왕이 이를 무마시키는 경우가 많았다. 따라서 대간이 풍문을 통해 대신을 탄핵하는 경우는 더더욱 금지하고 있었던 것이다.

조연趙憐의 소장에서 말하기를, "'박용이 그의 아내 복덕卜德으로 하여금 세가勢家 집에 가서 편지를 받아 오게 했다'고 하였습니다. 본부(사헌부)

에서 박용의 아들 박천기朴天己를 잡아다가 물으니, '아버지가 좌의정 황
희에게 말 한 필을 뇌물로 주고, 또 잔치를 베풀어 대접하고 편지를 받
아 왔으며, 또 대제학 오승·도총제 권희달에게 각각 말 한 필씩 뇌물로
주었고, 도총제 이순몽에게도 소 한 마리를 주었다'고 하였습니다. 그런
까닭에 본부에서 황희를 탄핵하였더니, 곧 거론하지 말라고 명하시므로
신 등은 매우 혐의쩍어 합니다."²⁴

황희에게 직임에 나오도록 명하니, 황희가 아뢰기를, "박용의 말馬과 술
대접을 받고 편지를 써 주었다는 것은 다 신이 한 일이 아닙니다. 그런데
사헌부에서 이를 탄핵하였으며, 전하께서는 사면 전의 일이라고 하여 거
론하지 말라고 명하셨습니다. 신이 불초한 몸으로 외람되게 수상의 직
위에 있어서, 온 나라가 모두 바라보고 있는데, 이와 같이 몸을 더럽히는
오명을 얻었으니, 전하께서 비록 묻지 말라고 명하였으나, 신이 어찌 능
히 심장을 드러내어 집마다 가서 타이르고 호戶마다 가서 이해시킬 수
있겠습니까. 이제 만약 다시 변명하지 않는다면 세상의 여론이 어찌 허위
와 진실을 구분해 알겠습니까. 청컨대 유사에 나아가서 변명하고 대질
하게 하소서." 하고 두세 번 청하며 눈물을 흘리기에 이르니, 임금이 말
하기를, "경이 만약 변명하고자 한다면 복덕卜德을 불러다가 초사招辭를
한번 받는 것이 좋겠다." 하고, 즉시 사헌부에 복덕을 잡아다가 국문하
라고 명하였다.²⁵

첫 번째 사료는 황희의 뇌물수수 혐의가 제기되었던 맥락을 설명하
고 있는 기사이고, 두 번째 사료는 사헌부의 탄핵을 받은 황희가 세
종에게 자신의 결백을 아뢰는 기사이다. 사실 이 사건은 엉뚱한 곳에
서 불거져 나왔다. 임진현臨津縣의 현감 이근완李根完의 수령으로서의

1부 정책 소통의 제도화와 소통 방식

부적절한 처사를 논하는 가운데, 예상치도 못한 황희와 연관된 일이 폭로되었던 것이다. 인수부仁壽府 판관判官 조연趙憐은 동파역東坡驛 역리驛吏 박용朴龍에게 모욕을 당하자, 현감 이근완李根完에게 박용에 대한 치죄를 요구했다. 하지만 이근완은 박용이 친분 있는 재상들이 많은 자라며 어려워했고, 동시에 박용으로 하여금 이 일을 무마시키기 위해 권세 있는 재상의 편지를 가져오라고 요구했다. 이에 박용은 아내 복덕卜德으로 하여금 재상의 편지를 얻어오게 했는데, 그게 바로 황희의 편지였다는 것이다.

당시 사헌부에서는 박용의 아들 박천기朴天己를 잡아다 문초했는데, 황희에게 말 한 필을 주고 잔치를 열어 주었다는 진술을 확보하였다. 황희 외의 높은 벼슬아치들에게도 뇌물을 전했다는 진술도 얻었다. 이에 사헌부에서 이 같은 진술에 기초해 황희를 탄핵했던 것인데, 세종은 사헌부로 하여금 탄핵하지 말도록 명하고, 황희에게 편지를 얻었다는 복덕을 잡아다가 진위 여부를 확인하도록 했다. 물론 황희가 자신의 무죄를 주장하며 세종에게 억울함을 호소하였음은 위의 사료를 통해 살펴본 바이다.

한두 차례 더 황희가 자신의 억울함을 아뢰는 상소를 올렸다. 황희에게 뇌물을 바치고 편지를 얻었다고 진술한 복덕과 박천기는 의금부에 하옥되어 국문을 받는 가운데, 급기야 사헌부에서 자신들에게 강요하여 거짓 진술을 했노라고 진술했다.[26] 이 사건은 결국 황희의 무죄 평결로 마무리 되었고 황희를 탄핵한 대간은 좌천되었다. 하지만 사관은 이 사건에 대한 논평에서 황희의 평소 품행을 언급하며 그의 인품을 부정적으로 평가하였다. 동시에 황희가 뇌물을 수수했을 것이라고 언급하면서 그 이유를 다음과 같이 추정했다.

박용의 아내가 말을 뇌물로 주고 잔치를 베풀었다는 일은 본래 허언이 아니다. 임금이 대신을 중히 여기는 까닭에 의금부가 임금의 뜻을 받들어 추국한 것이고, 대원臺員들이 거짓 복죄服罪한 것이다. 임금이 옳고 그른 것을 밝게 알고 있었으므로 또한 대원들을 죄주지 않고, 혹은 좌천시키고 혹은 고쳐 임명하기도 하였다. 만약 정말로 박천기가 공술하지도 아니한 말을 강제로 〈헌부에서〉 초사를 받았다면 대원의 죄가 이 정도에 그쳤겠는가![27]

세종이 평소 대신을 중히 여기는 것을 알고 있는 의금부에서 이 사건을 세종의 뜻에 부합하는 방향으로 몰아갔다는 것이다. 하지만 세종 역시 황희의 수뢰를 어느 정도 인지하고 있어 형식적으로는 사헌부 관리들을 처벌하는 모양새를 취해 황희의 체면을 살려주었지만, 대간을 잠시 좌천시키는 정도의 처벌에 그치고 말았다는 것이다. 여기서 황희의 수뢰 여부가 사실인지를 굳이 논할 필요는 없을 것이다. 다만, 이 사례를 통해 확인할 수 있는 사실은 당시 관행으로는 증인의 구체적인 증언이 있는 명백한 사안 임에도, 세종은 이를 뜬소문(풍문)으로 치부하며 대신을 보호하고자 했다는 점이다. 군주가 대신을 어떻게 우대하고 있었는지를 알 수 있음과 동시에, 대신을 향한 풍문탄핵이 얼마나 어려운 것인지를 확인할 수 있는 일화라고 할 수 있다.

조선 초의 이 같은 분위기는 성종대로 접어들며 크게 바뀌고 있었다. 유주 성종의 즉위 이후 관료 조직은 내부의 권력관계에 있어서 미묘한 균열이 싹트기 시작했다. 군주와 대신을 중심으로 긴박되어 있던 관료 사회에 서서히 틈이 벌어지고 있었던 것인데, 그 같은 균열은 대간을 위시한 청요직들에 의해 생기고 있었다. 성종의 즉위 이후 대간의 활동 반경은 이전에 비해 크게 확대되었다. 세조의 폭압적인 분위기에 눌려 간쟁 자체가 부담스러웠던 대간은, 성종의 즉위를 계기로 그 같은 부담이 완화됨에 따라 자연스럽게 간쟁을 늘려갔다.

사헌부 집의 손순효 등이 와서 아뢰기를, "신 등이 어제 불경佛經을 사오는 일이 불가하다고 논하였으나, 윤허를 받지 못하였습니다. 신 등이 되풀이하여 생각해 보니 즉위하신 초기에 먼저 불경을 구한다면 중국에서 어떠하다고 하겠습니까?" 하니 대왕대비가 전지하기를, "세조 조에는 (이 같은 사안에) 감히 간쟁하지도 못하였을 뿐만 아니라, 혹은 불경을 읽는 것을 듣겠다고 원하는 자도 있었는데, 지금 어찌하여 이와 같이 혹심하게 간하는 것인가?" 하였다.[28]

대비가 명明에서 불경을 구입해 오려 할 때 사헌부에서 이를 비판하는 상소를 올리자, 대비가 분해하면서 발언한 내용이다. 세조의 치세 때에는 수많은 불사佛事가 집행되고 있었음에도 대간에서 감히 간쟁하지조차 못했음은 물론, 경우에 따라서는 불사에 참여하기를 적극적으로 희망하는 자들도 있었는데, 세조 사후 어린 임금이 즉위하여 자신이 수렴청정을 하게 되자 불경의 구입조차 못하게 막는다는 불평이다. 대비의 이 같은 불만을 통해 언론 환경이 크게 바뀌었음을 짐작할 수 있다.

언론 환경이 개선되는 와중에 대간은 그동안 금기시 되어 왔던 경관에 대한 풍문탄핵을 시도하였다. 성종 1년 성임이 이조판서로 재직하는 동안 집을 뇌물로 받고 수령을 임명한 일이 있다는 이유로 그에 대한 치죄를 요청했다.[29] 성종 2년에는 흥원군 오백창이 경상도 관찰사를 역임하는 동안 표피를 뇌물로 받은 일이 있다며 그의 파면을 요구했다.[30] 같은 해 대간에서는 좌의정 김국광의 체직을 요청했는데, 그의 동생 김겸광과 사위 이한의 수뢰로 탄핵을 시작했지만, 결국 세조 시절의 뇌물 수수 문제까지도 언급하면서 그의 파직을 요청하였다.[31] 성종 7년에는 풍문탄핵의 필요성을 적극적으로 제기하는 가운데 이를 공식화시켜 줄 것을 요구하기까지 했다.[32] 또한 성종 8년에는 남원군 양성지가 이조판서로 재임하는 동안 많은 뇌물을 받았다는 소문이 파다했다며 그를 탄핵하였다.

> 사헌부 장령 김제신金悌臣이 차자箚子를 올리기를, …… "지금 양성지를 본부의 대사헌으로 삼았으나, 가만히 보건대, 양성지는 본래 조행이 없고 오로지 재화만을 탐하였으므로 일찍이 이조판서가 되었을 때 그 문전이 저자와 같아서 자못 보궤불식簠簋不飾의 비난이 있었습니다. 그때 사람들이 오마판서五馬判書라고 그를 지목하기에 이르렀습니다. 또 '자리 안에 능단이 있다席裏有段'라든가, '말발굽에 편자를 더한다馬蹄加鐵'라는 말이 있었는데, 오마라고 이르는 것은 그가 받은 뇌물을 헤아린다면 다섯 마리라는 것이며, '자리 안에 능단이 있다'라는 것은 자리로써 능단을 싸서 받아들였다는 것이며, '말발굽에 편자를 더한다'라는 것은 그 쇠붙이를 말발굽에 덧붙여 뇌물로 주었다는 것입니다. 양성지의 더러운 소문이 이와 같았으니, 그에게 규찰하는 지위를 더하여 여러 사람들에게 어찌 보일 수가 있겠습니까? 양성지의 한 짓을 비록 목격하지는 아니하였지만, 그러나 사람들 입에 퍼진 소문은 이와 같으니, 양성지가 능히 하늘을 우러러보나 땅을 굽어보나 부끄러움이 없이 탐오하는 무리들을 탄핵하여 들춰낼 수가 있겠으며, 그가 능히 사람들로 하여금 풍헌의 탄핵을 듣고서 간담이 떨어지게 할 수 있겠습니까? 그 사람이 이와 같으므로 청류淸流의 논의가 부끄럽게 여기니, 빨리 파면시켜서 대간의 기강을 떨치게 하지 아니할 수가 없습니다." 하였다.[33]

1부 정책 소통의 제도화와 소통 방식

양성지의 신도비(왼쪽)와 묘(오른쪽)　김포시 양촌면 황금로 23번길 30-32에 있다.

　　양성지가 대사헌에 제수되자 사헌부 관료들과 사간원 관료들이 양
성지가 풍헌을 관장하는 직책에 어울리지 않다는 이유에서 그의 체직
을 요청했는데, 평소 그가 많은 뇌물을 받았다는 추문이 횡행한 인사
이기 때문이라는 것이 그 이유였다.

　　이에 대해 양성지는 즉각 반발했다. 이미 시간이 한참 지난 세조대
의 풍문이라며 자신의 대사헌직 제수를 거부하고 있는 대간들을 향
해 불만을 토로했다. 양성지는 그 같은 언근言根, 즉 소문의 출처가 어
디인지를 밝혀줄 것을 성종에게 요청했다.[34] 양성지의 언근 확인 요청
으로 조정에서는 언근 확인 문제와 함께 풍문탄핵의 허가 여부에 대
한 논의가 진행되었다. 정창손은 풍문을 가지고 대신을 탄핵하면 말
류의 폐단이 생김은 물론 사사로운 원한으로 서로 비방하게 될 것이
라며 언근을 확인하여 풍문탄핵의 풍조를 막아야 한다고 주장했다.[35]
한명회 역시 풍문탄핵이 허용되면 대신들이 평안하지 못할 것이라며
반대했다.[36]

　　성종은 이러한 대신들의 주장에 적절한 타협점을 찾고자 했다. 우

양성지를 배향한 대포서원 김포시 양촌면 대포리

선 양성지의 추문과 관련해서는 대간을 국문하여 언근을 확인하는
일에 대해서는 반대를 했다. 대간에게 말의 출처를 묻는다면 대간에
서 언책을 맡은 책임을 다하지 못할 것이라는 것이 반대 이유였다. 동
시에 성종은 양성지를 보다 좋은 관직에 제수하여 그의 명예를 살려
주면서도 대간에 대해서도 그 허물을 묻지 않는다는 의견을 제시하였
다.[37] 정창손이 태종조의 고사를 들어 성종의 그 같은 의견을 완곡하
게 거부했음에도 성종은 자신의 입장을 굽히지 않았다.

정창손 등이 다시 아뢰기를, "전조前朝의 말엽에 풍문으로써 탄핵하기를
좋아하고 사실인지 거짓인지를 가리지 아니하였는데, 태종께서 이러한
폐단을 단호히 개혁하였습니다. 지금 만약 묻지 않는다면 어찌 국가에서
정치하는 체모가 서겠습니까?" 하니, 전지하기를, "경 등이 비록 불가하
다고 하지만, 내가 하는 말도 또한 어찌 정치를 하는 체모가 아니겠는

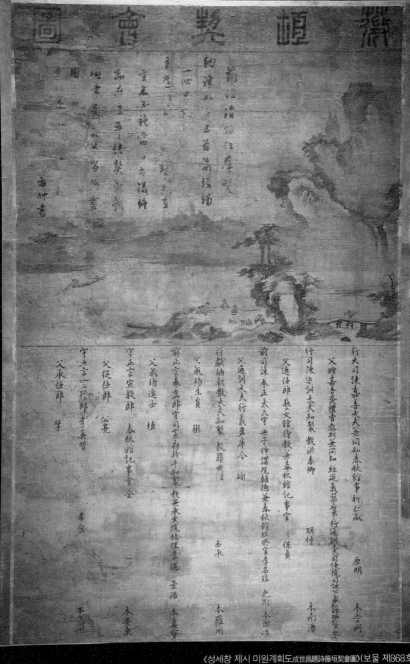

가? 양성지에게 보다 좋은 관직을 제수하고 대간을 교체하지 않는다면 양성지는 탐오한 이름을 면할 것이요, 언로도 또한 막히지 아니할 것이다." 하였다.[38]

대신을 존중해주면서도 언로 역시 보호하겠다는 성종의 의중이 잘 드러난 기사라 할 수 있다. 양성지 탄핵건 이후 여전히 풍문탄핵에 대한 허락이 공식화 된 것은 아니었지만, 성종이 언로를 보호하기 위한 세심한 배려에 힘입어 대간의 언론 활동은 보다 힘을 얻을 수 있었다. 하지만 치세 중반을 넘어서며 청요직들의 영향력이 너무 커지자, 성종 역시 언론을 견제하고자 하는 취지에서 언근을 확인하고자 하는 일이 늘었다. 그럼에도 대간에서는 '언근불문'의 기치를 내세우며 풍문에 입각한 탄핵 활동을 통해 언로를 확대시켜 나가기 위한 노력을 포기하지 않았다.

피혐避嫌의 활성화　　청요직들이 풍문탄핵을 통해 탄핵 기회 및 대상의 확대를 꾀하고 있었다면, 피혐을 통해서는 대간 언론 자체의 영향력을 증대시킴은 물론, 청요직 인사권에 있어서도 일부의 권리를 확보해 나갔다.

피혐이란 자신에게 드리워진 혐의를 인정하지 않는다는 입장에서 해당 사안에 대한 처분이 내려질 때까지 준 사직 상태에 들어갈 것을 요청하는 행위라 할 수 있다.[39] 예를 들어 어떤 관료에게 뇌물 수수 혐의가 제기될 경우 해당 인사는 국왕에게 피혐을 요청하면서 자신의 결백을 드러내고자 했던 일이 대표적인 피혐 사례라 할 수 있다. 대체로 피혐은 도덕적 정치문화의 일환에서 등장하고 있던 현상으로, 대신이나 대간 모두 피혐을 요청할 수 있었다. 하지만 조선 초기 국왕과 대신들의 결속력이 매우 높고 대간에 대한 견제가 강했던 분위기 속에서, 피혐은 상대적으로 많이 제기되지 않았다. 대신에 대한 대간의 탄핵이 용이하지 않았고, 국왕의 대간에 대한 제재가 많은 가운데 대간에서 피혐을 적극적으로 행사하는 데 어려움이 있었다. 이에 비해 조선 후기에 이르러서는 지나치게 잦은 피혐과 그에 따른 사직으로, 인사행정에 심각한 폐단을 야기하기도 했다.[40]

성종대 청요직들의 영향력이 강화되고 대간의 언론 활동 역시 활발해지는 상황에서, 대간은 피혐을 언론 활성화의 방편으로 활용하고 있었다. 대부분의 피혐이 대간에서 제기된다고 해도 과언이 아닐 정도로 대간의 피혐이 폭증했다. 성종대 이전 피혐이 가장 많이 제기된 시기는 세종대로서 50회 정도였으나, 성종대는 무려 310회나 피혐이 제기되었다. 세종과 성종의 즉위 기간이 각각 32년과 25년이었음을 감안하면, 성종대의 피혐이 폭증에 가깝다는 지적은 그리 과장된 말이 아님을 알 수 있다.[41]

대간의 적극적인 피혐은 기본적으로 대간은 일반 관원과는 다르다는 '대간비상원臺諫非常員'의 입장에서 제기되는 것이었다. 대간은 다른 사람의 허물을 지적하는 직책에 있었던 만큼 모든 사안에서 철저하게 시비를 가려 의견을 제기해야 하며, 동시에 대간 개개인의 도덕성도 그만큼 청렴하게 유지해야 한다는 입장이라고 할 수 있다. 따라서 대간이 피혐을 제기하는 경우는 일반 관료에 비해 더 세분화되기 마련이었다. 즉 대간은 일반 관료들처럼 자신에 대해 어떤 혐의가 제기되거나 인사·탄핵 대상과 상피 관계에 있는 경우 피혐을 요청하였다. 여기에 더해 자신들이 제기한 간쟁이 국왕이나 대신들로부터 논박을 받을 경우에도 피혐을 요청했다. 또한 대간으로서 유지해야 하는 체면에 손상을 입었다고 판단될 경우에도 피혐을 제기했으며, 동료 대간들과 의견 충돌이 발생해 합의에 이르지 못할 경우에도 피혐을 요청하고 있었다.

앞에서 지적했듯이 유교 왕정의 언론에 대한 이상을 제도적으로 구현한 것이 대간제도였다. 따라서 대간의 언론은 단순히 하나의 그럴듯한 의견이 아니라 온 천하 사람들의 목소리를 대변하면서도 천리天理에도 부합하는 공론公論이어야 했다. 실제로 대간의 주장이 천하 사람들의 여론을 모은 것이어서도 또 천리에 완전하게 부합해서도 아니었다. 천하 사람들의 여망과 천리에 대한 지향 속에 공公의 가치를 최대한도로 담보해 내고자 하는 취지에서 자신들의 주장을 공론에 비견하고 있었던 것이다. 따라서 천하·천리의 공론인 대간 언론이 다른 논리에 의해 논박을 받거나 그 같은 공론을 제기하는 대간이 모욕을 받게 될 경우, 마땅히 피혐을 통해 자신들의 언론이 천하·천리의 공론이라는 사실을 부각시키고, 그에 합당한 대우를 요구하고 있었던 것이다.

그렇기 때문에 대간 내부의 의견이 나누어질 경우 대간은 한층 더 강렬하게 피혐을 통해 의견을 하나로 통일할 필요가 있었다. 이 경우에 있어서는 국왕의 만류에도 불구하고 피혐을 통해 끝까지 체직되기를 고집하였는데, 공론이 둘일 수 없다는 현실적인 고려가 반영된 것이다. 대간 내부의 한 두 사람의 소수 의견에 대해서도 그 나름대로 존중될 필요가 있다는 분위기가 전혀 없었던 것은 아니었다. 하지만 언론이 활성화되며 공론으로서의 대간 언론의 위상이 강화될수록, 언관들 내부에서 의견을 통일하여 공론으로서의 모양새를 갖추어 나가는 것에 대한 부담 역시 커지고 있었다. 따라서 대간 내부에 의견을 달리하는 사람들은 국왕에게 피혐을 요청해 다른 부서로 체직되기 마련이었다. 한편, 경우에 따라서는 다수 의견에 해당하는 인사들이 피혐

1부 정책 소통의 제도화와 소통 방식

을 요청해 체직되기도 했다. 권신에 대한 탄핵이나 시비가 명확한 사안에서 소수 의견을 가진 쪽이 자신들의 주장을 굽히지 않을 경우, 다수 의견을 갖고 있더라도 피혐을 요청해 체직되는 경우가 있었다.

동료들 가운데 같은 의견을 제기하다가 처벌을 받게 될 때에도 그들의 주장을 지지한다는 차원에서 피혐을 제기하였다. 대간의 언론은 공론이기에 공론을 제기하다가 처벌을 당하는 인사가 있을 경우, 다른 대간들도 자신들의 입장도 처벌 받은 사람과 같다며 피혐을 제기하였다. 한편 대간은 자신들의 주장이 받아들여지지 않을 때 집단적으로 피혐을 요청하였다. 국가의 중대한 현안과 관련해서는 피혐을 통해 보다 강력하게 자신들의 입장을 제기하고 있었던 것이다.

대간의 피혐은 결과적으로는 군주의 인사권을 제한하는 속성이 있었다. 성종대까지만 하더라도 피혐이 제기되면 군주가 처분을 내려 사직을 만류하는 것이 일반적이었다. 대간의 피혐은 대간의 주장이 갖는 정당성을 한 번 더 환기시키는 수단으로 활용되는 측면이 강했다. 하지만, 대간끼리 의견이 갈릴 경우나 그 과정에서 동료 대간에게 모욕을 받았다고 판단될 경우, 대간은 국왕의 취직 처분에도 끝까지 체직을 고집했다. 국왕은 이 같은 추세를 막으려고 노력했으나 대간의 강력한 반발에 부딪쳐 결국 이를 허용하게 되었다. 피혐 사례에 국한된 것이기는 하지만 대간 스스로가 자신들의 체직을 결정할 수 있는 영역이 생겼던 것이고, 이는 군주의 임면권 가운데 일부가 훼손되었음을 의미하는 것이었다. 더욱이 명종대 이후에는 처치의 주체가 군주에서 삼사로 바뀌게 되어 일단 피혐을 요청한 대간은 으레 다른 관서로 체직되는 것이 일반화되었다. 조선 후기 피혐으로 인사행정에 문제가 크게 발생하고 있었던 것은 이 같은 추세가 만연됨에 따라 나타나고 있던 현상이었다.

대간의 피혐이 크게 증가하자 국왕은 매우 곤혹스러워 했다. 전체적인 측면에서 보자면 피혐은 군주의 인사권을 제한하고, 시비판별이라는 명분하에 국왕의 명을 거부하는 속성을 갖고 있었기 때문이다.

① 너희들이 남의 논박을 입어 아무리 마음이 편하지 못하다 하더라도 내가 그 옳고 그름을 분변하여 윤허하지 아니하였는데, 어찌하여 굳이 사양하는가?[42]

② 나라의 임금이 한 번 대간의 옳고 그름을 논하였다고 하여 대간이 피혐을 청하면 그 직무를 맡을 자 누가 있겠는가?[43]

③ 요즈음 대간을 보건대, 예전과 같지 아니한 듯하다. 조금만 맞지 않으면 서로 인혐하고 혹은 임금에게 말을 올려서 윤허를 얻지 못하면 그 직책을 완수하지 못한다고 하여 문득 사직하니 …… 대간을 자주 바꾸면 조정의 사체가 심히 불안정하다.[44]

④ 말을 하다가 들어주지 않으면 그 직사를 해임하도록 청하는 것이 어느 법에 있으며, 역대에도 그런 것이 있었는가? …… 이 풍습은 자라게 할 수 없다.[45]

피혐을 자주 행하는 대간을 향한 성종의 불만이 표출된 사례들이다. 다른 사람의 논박을 받았다고 피혐하는 경우(①), 국왕이 대간의 요구에 대한 시비를 논했다고 피혐한 경우(②), 대간 동료들끼리 의견이 맞지 않아 피혐한 경우(③), 대간의 의견을 수용하지 않았다고 피혐하는 경우(④)에 대해 성종이 매우 불편한 마음을 드러내고 있는 기사이다. 그리고 이러한 불편한 입장은 대신들이라고 해서 별반 다를 것이 없었다.

⑤ 한 사람이 피혐한다고 해서 체직시키고 또 한 사람이 피혐한다고 해서 이를 체직시키면 조정이 언제 편안하고 조용하겠습니까?[46]

⑥ 근일에 인혐(피혐)이 너무 지나쳐서 대간이 자주 바뀌니, 일이 안정되지 아니할 뿐만 아니라 사람을 얻기 또한 어렵습니다.[47]

활발한 대간의 피혐에 대해 조정이 조용할 날이 없다든지, 일이 안정되지 않으며 체직 후에 대체할 사람을 얻기가 어렵다든지 하는 대신들의 불평이 제기된 기사이다. 대신들 역시 유례가 없을 정도로 빈번하게 요청되는 대간의 피혐이 못마땅했던 것이다. 뿐만 아니라 결과적으로는 대간이 피혐을 활용하여 대신들의 입장과 다른 주장을 전개해 나가는 수단으로 이용하고 있는 것에 대해서도 비판하는 것이었다고 할 수 있다.

하지만 국왕과 대신들의 불만 제기에도 불구하고 대간에서는 피혐을 활용한 언론 활동을 포기하지 않았다. 언로의 확대와 다양한 언론의 제기, 이에 대한 군주의 용납 등으로 상징되는 언론에 대한 이상을 강조하면서, 보다 적극적으로 피혐을 활용해 나가고 있었다. 따라서 대간의 피혐이 증가함에 따라 조정에서는 국정 운영과 정책 집행에 있어서 시비 문제에 민감해지면서 무엇에 근거해서 시비가 결정되어야 하는지에 대해서 더 많은 관심을 기울이게 되었다. 다시 말해서 대간은 피혐을 통해 시비를 보다 분명하기 가려 언론의 위상을 높이는 한편, 대간 내부의 의견을 통일시키거나 부적격자의 대간 임명을 거부할 수 있는 수단으로 활용하면서 언론이 갖는 영향력을 향상시켜 나갔던 것이다.

유교왕정의 이상적인 언론관은 군주가 언로를 최대한 넓게 개방하여 일반 백성들로부터 관료들에 이르기까지 다양한 의견을 듣도록 하는 것이었다. 하지만 언론의 활성화는 왕권을 제약하는 속성을 갖고 있었기 때문에 이 같은 이상은 현실 정치에서 제한적으로 시행되기 마련이었다. 특히 국왕과 대신들의 공고한 결합에 기초해 강력한 왕권을 행사하고 있던 조선 초기에 있어서는 국왕이 언론에 제약을 두는 일이 많았다. 언관들 역시 직무를 담당하다가 하옥되어 국문을 받거나 좌천되고 유배형을 받기 일쑤였다.

세조대 이후 군주권에 많은 변화가 발생하면서 이 같은 기조는 크게 바뀌어 갔다. 특히 어린 성종이 즉위하여 유교적 이상을 추구해 나가는 상황에서 조선의 언론은 이제까지와는 사뭇 다른 양상으로 발전해 갔다. 그리고 이 같은 변화를 주도했던 것은 바로 청요직들이었다. 뛰어난 문한 능력과 명망 있는 가문 출신들로 구성된 엘리트 청요직들은 성종대 이후 왕권이 상대화되고 공신권력이 퇴조하는 상황에서, 관료조직 내에 독자적인 영역을 구축해 나갔다. 청요직들의 영향력 신장은 언론행정의 일환이라 할 수 있는 언론관행의 구축을 통해서 이루어지고 있었는데, 풍문탄핵의 확대와 피혐의 활성화가 그 가운데 하나이다.

대간에서는 지방 수령들에게만 허용되고 있던 풍문탄핵을 조정 대신들에게까지도 제기하고 있었다. 대간 언론의 위상을 높이는 차원에서 피혐 또한 적극적으로 활용하고 있었다. 심지어 피혐을 통해 군주의 임면권 일부를 침해하기도 했다. 물론 이 같은 노력이 기울여지는 과정에서 문제가 전혀 없는 것은 아니었다. 풍문탄핵에 대해 언근 확인을 요청하는 반발에 직면하는가 하면, 활발한 대간의 피혐에 대해 그것을 폐해로 규정하며 금지시키고자 하는 군주와 대신들의 압력도 받았다.

하지만 대간을 위시한 청요직들은 도덕적 권위에 기대어 이 같은 난관을 헤쳐 나갔다. 청요직들은 유교적 이상의 추구 속에 풍문탄핵이나 피혐과 같은 언론관행을 구축해 나가며 활발하면서도 지속적으로 제기될 수 있는 언론환경을 조성해 나갔다. 그리고 이 같은 언론의 활성화는 장기적인 측면에서는 관직이 없는 사대부들에도 언론의 기회를 제공하고 있었다는 점에서 언로 확대에 기여하는 바가 컸다. 조선 사회에서 대간과 청요직들이 유교적 이상의 확대에 일종의 전위부대로서의 역할을 담당했다고 할 수 있다.

한편 청요직들의 영향력 신장과 언론의 활성화가 갖는 보다 본질적인 의미는 왕권을 도덕적 권위와의 대비 속에서 상대화시키며 공적 정치 운영의 기초를 마련했다는 데 있다. 즉, 청요직들이 공론으로 표방되는 언론을 매개로 '도덕적 권위'를 전유專有해 나가며 국정 현안에 대한 시비 분별의 주도권을 장악하게 됨에 따라, 왕권은 도덕적 권위에 위배되지 않는 범위 내에서 행사될 때 그 정당성이 용인될 수 있다는 분위기가 조성되어 갔고, 국왕은 사안마다 대간과의 시비 분간을 통해 정책 집행의 정당성을 확보해야 하는 부담을 갖게 되었다. 도덕의 권위가 군주의 권위 위에 있다는 이른바 '도고우군道高于君'의 기치가 현실 정치 무대에서 실질적인 힘을 발휘하게 되면서, 유교적·보편적 가치로 수렴되는 공적 가치에 대한 추구가 군주의 명령을 무조건적으로 순종하는 것보다 더 의미 있는 일이라는 인식이 조선 사회 전반으로 확장되어 갔다. 그런 측면에서 풍문탄핵이나 피혐과 같은 언론관행의 정착은 단순히 언로의 확대라는 의미에 그치지 않고, 궁극

적으로는 조선의 국정 운영이 공적인 기준에 입각한 도덕적 정치문
화 속에 이루어질 수 있도록 하는 데 일조하는 것이었다고도 할 수
있겠다.

3장

국왕 영조의 소통 방식, 임문臨門

이 근 호
명지대학교 객원교수

| 머리말 |

조선 후기 국왕은 여러 가지 방법과 목적으로 백성들과 접촉하였다. 백성들은 국왕의 행차가 쉬는 곳에서 기다리고 있다가 상언上言을 올리거나 쟁을 두드려 호소하는 격쟁擊錚이라는 방법으로 의견을 전달하였다. 승정원에서 담당하는 상언 제도와 형조에서 담당하는 격쟁 제도를 활성화하여, 일반 백성의 고통인 민은民隱을 직접 국왕에게 제소할 수 있게 한 것이었다. 한편 영조英祖(1694~1776, 재위 1724~1776) 재위 시기에 주목되는 것은 궁궐문 밖으로 나와 특정한 정책 결정 과정에서 백성들의 의견을 청취하는 소통의 방식을 택했다는 점이다. 대단히 고무적인 일이었다. 그 만남의 계층도 다양하였다.

지금까지 조선 후기 국왕의 대민 접촉에 대해서는 다양한 부분에서 주목을 받았다. 한상권은 18세기, 특히 정조대에 제출된 상언과 격쟁을 대상으로 대민 접촉이 활발하게 하였음을 규명하였다. 이에 따르면, 17·18세기 상언과 격쟁은 계속 확대되었으며, 정조대에 이르면 종전까지 궐내격쟁闕內擊錚이 중심이었던 상황에서 국왕 거둥 시에 행해지는 위외격쟁衛外擊錚이나 가전상언駕前上言이 통용되기 시작하였으며, 격쟁과 상언의 소재도 확장되었음을 언급하였다. 이 같은 상언과 격쟁의 확대는 민의民意 수렴을 통해 사회를 이끌려고 한 정조의 국정 운영 방식이며, "무단적武斷的 전제성專制性"이 아닌 "유교적儒敎的 합리성合理性"을 통해 왕권을 강화하려는 시도였음을 지적하였다.[1]

하라 다케시原武史는 도쿠가와 막부 시기에 나타난 '일군만민론一君萬民論'을 내세워, 조선조 18세기에 활발하게 전개된 직소直訴 문제를 검토한 바 있다. '일군만민론'이란 권력을 천황으로 집중시키는 한편 중간 세력을 배제하여, 종전 군君-신臣-민民의 통치구조를 군-민의 구조로 체계화하는 것을 말하는데, 조선에서는 18세기에 하나의 통치 이념으로 자리잡고, 이를 바탕으로 다양한 직소 제도가 발달하였음을 규명하였다.[2] 이 밖에도 김백철은 영조대 대민관對民觀이 시혜적인 애민愛民 의식에서 군주와 백성이 상보적인 '군민상의君民相依' 단계로까지 변화하였다고 하면서, 다양한 형태로 이루어진 순문詢問을 검토한 바 있다. 특히 임문순문臨門詢問을 영조대 새롭게 등장한 방식으로 지적한 바 있다.[3] 김문식은 18세기 국왕의 다양한 소통 방식을 궁궐 안에서 머물며 주로 신료들과 소통하는 방식인 어찰御札·책문策問·구언求言과 궁궐 밖으로 나가 백성들과 직접 접촉하면서 여론을 파악하는 방식인 순문詢問, 상언과 격쟁 등으로 구분하고, 이를 개괄하여 국왕의 소통 방식을 천착하였다.[4]

다음에서는 이상의 연구 성과를 참고하면서, 영조대에 국왕이 선택한 소통 방식의 하나인 임문臨門에 대해서 살펴보고자 한다. 이는 "궁궐문"이라는 상징성에 주목한 것이다. '문門'은 2개의 호戶를 상형화한 것으로, 사람이 출입하는 곳이지만 이는 구역을 구별하는 의미도 있다.[5] 그런 면에서 궁궐문은 최고 지존이 머무는 공간과 그렇지 않은 공간을 구별하는, 이른바 성속聖俗이 구분되는 곳이다. 조선시대 국왕의 궁궐 밖 출입은 정기적으로는 국가적인 제사 때나 혹은 왕실과 관련된 행사, 혹은 선대왕이나 왕비의 능 행차를 비롯해 비정기적으로는 사신 접견 등으로 극히 제한되었다. 따라서 주로 궁궐 안에서 생활하는 국왕이 일반 백성을 접촉하는 경우는 많지 않았다. 그러나 영조대에 이르면서 국왕이 궁궐문 밖으로 나와 백성들과 접촉하며 그들의 목소리를 듣고 있었다. 이는 이전 시기에는 볼 수 없는 광경이었다. 어찌 보면 성속의 구분이 없어지는 순간이었다. 그렇다면 영조는 왜 이같은 파격적인 조치를 취했을까? 아래에서는 이에 대한 대답을 구하고자 한다. 이를 위해 먼저 영조가 궁궐문 밖으로 나가 백성들을 만나게 된 배경으로 영조대의 대민의식對民意識을 살피고, 이어 임문의 추이와 만난 사람 등을 분석하고자 한다.

| 영조대의 대민의식對民意識[6] |

영조 재위 시기에는 서얼庶孽의 허통許通을 비롯해 공노비公奴婢 문제를 해결하는 등 신분제와 관련해서 다양한 변통이 추진되었다. 주목되는 것은 신분제에 대한 변통을 추진하면서, "하늘과 사람은 하나이고, 해와 달의 비침은 이미 잘잘못을 가리지 않는다"[7]라든지 "사람의 재능 여부가 사서士庶에 관계되겠는가?"[8]라든지 하는 발언이다. 이 발언은 일반적인 것이기는 하지만 영조대를 포함한 18세기에 동포同胞라는 용어가 자주 등장하는 것과[9] 관련시켜 본다면 상투적인 것으로 이해할 수는 없다.

1부 정책 소통의 제도화와 소통 방식

'동포同胞'라는 용어는 중국 북송대의 이학자인 장재張載(1020~1077) 가 《서명西銘》에서 "백성은 나의 동포이니 그 무리들과 나는 함께 한 다民吾同胞 物吾與也"[10]라며 정립된 개념으로 보인다.[11] 역사상 동포라는 용어가 처음 등장한 시기는 중국 한나라 때로, 동방삭東方朔에 의해서 동포라는 용어가 처음으로 사용되었다.[12] 그러나 그것이 하나의 논리 적 체계로 등장한 것은 북송대 장재의 《서명》에 의해서였다. 《서명》에 서 중요하게 제시된 개념은 두 가지로, '이치는 하나인데 분의가 각각 다르다理一分殊'와 '민포물여民胞物與'("백성은 나의 동포이니 그 무리들과 나는 함께 한다民吾同胞 物吾與也")이다. '이일분수'는 통합성統合性(integrative)을 뜻하는 '이일理一'과 규정성(regulative)을 뜻하는 '분수分殊'를 포괄하는 개념으로, 이들 두 개념은 서로 상충되기보다는 인간 세계에서 화합 하면서 강제적인 법령보다는 윤리나 도덕 등이 우세하게 발휘되어야 한다는 것을 강조한 개념이다.

'이일분수'와 일맥상통하는 개념이 '민포물여'이다. '민포물여'는 정 치에서 '민'의 주체성을 강조하는 개념으로, 이는 북송 당시 과거제도 개혁 등으로 인해 '민'도 '사士'가 될 수 있었던 역사적 상황이 전제된 것이었다. 군주제 국가에서 정책 수립 시 '민'은 중요한 고려 대상이 되 어야 함을 말하는 것임과 동시에 '민'에는 '사'도 포함되는 관계를 역 시 전제한 것이었다. '사士'의 책임감을 강조하면서도, '사'와 '민'은 '불 가분의 이익공동체'임을 명시하였다.[13] 결국 《서명》에서 장재가 강조 한 이른바 동포론은 만물일체萬物一體에 입각해 사람은 모두 천지에 의해서 태어나며, 또 만물 역시 그렇다고 하였다. 그러므로 천지를 부 모에다 비교하면 모든 사람은 다 동포나 마찬가지로, 만물이 비록 사람과 같지 않더라도 천지를 근본으로 삼는 것은 같기에 짝으로 본 것이다.

이 같은 장재의 동포론은 조선 전기부터 그 용례가 확인되나, 체계적인 논리를 가지고 전개되기보다는 국왕이 위민爲民을 강조하는 차원에서 거론되었을 뿐이었다.[14] 이후 성리서性理書가 수입되고 이에 대한 이해가 심화되는 과정에서 동포론에 대한 이해도 수반되었다. 16세기 중반 이언적李彦迪(1491~1553)은 1539년(중종 34)에 올린 〈일강십목소一綱十目疏〉에서 "전하께서는 만물을 살리는 마음을 본받으시고, 동포라는 의리를 생각하시어 어진 마음으로 백성들을 어여쁘게 여겨서 공경하는 마음으로 형벌을 삼가소서."[15]라고 권한 바 있다. 이언적은 동포론에 따라서, 당초 인간을 욕망의 소유자라는 관점으로 보면서도 타인을 배려하고 그의 불행에 고통스러워하는 심성을 더욱 본질적이고 근원적인 차원이라고 보았다. 이 같은 심성의 세계를 가진 인간이기에 공정한 분배의 사회도 가능하다고 보았다.[16]

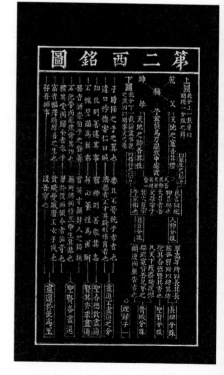

이황의 《성학십도》 중 2도 〈서명도〉

이후 이황李滉(1501~1570)은 군주의 심학心學을 강조하는 차원에서 《성학십도聖學十圖》의 제2도에 〈서명도西銘圖〉를 삽입하면서 성학의 조건으로 동포론을 강조하였다. 성학은 제왕학帝王學으로, 동포론을 제왕학의 일부로 말한 것이다.

건乾을 아버지라 일컫고, 곤坤을 어머니라 일컫으니, 나는 여기에 미세한 존재로 그 가운데 섞여 있다. 그러므로 천지에 가득 차 있는 것은 나의 몸이 되었고 천지를 이끄는 것은 나의 성性이 되었다. 백성은 나의 동포요,

1부 정책 소통의 제도화와 소통 방식

만물은 나와 함께 있는 것이며, 대군大君은 내 부모의 종자宗子요, 대신大臣은 종자의 가상家相이다. 나이 많은 사람을 높이는 것은 어른을 어른으로 섬기는 것이요, 외롭고 약한 이를 자애하는 것은 어린이를 어린이로 대하는 것이다. 성인은 천지와 덕을 합한 자요, 현인은 빼어난 자이며, 무릇 천하의 병들고 잔약한 사람들과 아비 없는 자식, 자식 없는 아비, 그리고 홀아비와 과부들은 모두 나의 형제 가운데 심한 환난을 당하여도 하소연할 곳이 없는 자이다. 이것을 보존하는 것은 자식으로서 공경함이요, 즐거워하고 근심하지 않는 것은 효孝에 순純한 것이다. 어기는 것을 패덕悖德이라 하고, 인仁을 해치는 것을 적賊이라 하며, 악한 일을 하는 자는 못난 사람이요, 형체가 생긴 대로 올바르게 행동하는 자가 오로지 부모를 닮은 자이다.[17]

이후에도 동포론은 위민의 상징적인 이념으로 제기되었는데, 17세기에는 대개 '이일분수' 가운데 '분수'에 초점이 두어져 언급되었다. 일례로 17세기 후반 노론의 대표적 학자인 권상하權尙夏(1641~1721)는 문인들 가운데 동포론이 겸애兼愛로 흐를 수도 있을 것이라 의구심을 표하면서 질문하자,[18] 이천伊川 정이程頤의 말을 인용하여 대답하기를 "다른 사람의 밥을 먹으면 자네가 배부를 수 있느냐 하였으니 분수처分殊處를 설명한 것이 명백하다."라고 하였다. 이는 유가에서 말하는 별애別愛이며, 주자가 강조하는 사회적 '분分'이었다.[19]

한편 숙종대 이후 국왕들은 여러 차례 동포론을 강조하였으며, 영조 역시 예외가 아니다. 영조는 1759년(영조 35) 5월 《근사록》을 강하는 자리에서 아래와 같이 발언하였다.

임금이 함인정涵仁亭에 나아가 소대召對하고 《근사록近思錄》을 강하였다.

임금이 서명西銘에 '백성은 우리 동포同胞다'라는 뜻으로 인하여 하교하기를, "아! 지금 모년暮年에 법강法講에서 《중용中庸》·《대학大學》을 강하고 소대召對에서 《심경心經》과 《근사록近思錄》을 강하여 순환하며 그치지 아니하였다. 아! 〈학문을〉 넓히지 않은 것은 아니나 스스로 부끄럽기만 하다. 오늘의 강론講論에서 이윤伊尹의 '한 사람도 그 살길을 얻지 못하면 이는 나의 허물이다'라고 한 말과 장자張子의 '고孤·독獨·환鰥·과寡도 모두 나의 형제兄弟다'라고 한 것은 진실로 절실한 말이다. 아! 종자宗子가 되어 그 거꾸러져 호소呼訴할 데 없는 자의 불쌍한 정경을 알지 못한다면 어찌 임금이라고 이르겠으며, 종상宗相이 되고서도 또한 그 거꾸러져 가는 자를 구제하지 못한다면 또한 어찌 정승이라고 이르겠느냐? 아! 종상이 부지런하지 않은 것이 아니건마는 종자가 날마다 게으르다면 이 또한 어찌 시대를 보전하는 도리이겠느냐? 지금 이 편編을 강하고서 나도 모르게 부끄럽고 송구스럽다. 어찌 한갓 종자와 종상뿐이겠느냐? 도신道臣에 있어서는 한 도道를 보살피니 또한 이러한 뜻을 가져야 할 것이요, 수령守令에 있어서는 한 고을을 보살피니 또한 이러한 뜻을 가져야 할 것이다. 안으로 고굉股肱의 신하와 밖으로 방백·자목字牧의 관원이 항상 백성은 나의 동포요 만물은 나와 함께 한다는 뜻을 가진다면 우리 백성들은 거의 잘 다스릴 것이다." 하였다.[20]

자신을 종자宗子로, 대신을 종상宗相으로 지칭하면서 군주 자신을 비롯해 조정의 대소신료와 지방관들은 《서명》에 제시된 동포의 뜻을 새겨 동인협공同寅協恭(모두 공경한다)해서 '위민'정치를 할 것을 강조하였다. 영조는 이뿐만 아니고 기회 있을 때마다 동포론을 강조하였다. 영조의 이러한 동포론은 '분分'을 강조하는 당시 양반층의 그것과는 다른 인식이었다. 영조는 균역법 제정 과정에서 유생들에게, 유생으로

영조 어진

대변되는 당시 지배신분에게는 신분에 따른 피차가 있을 수 있으나 자신에게는 삼공三公이나 사士 모두 적자赤子에 해당되므로, 역役을 고르게 해야 한다고 하였다.[21] 적자赤子란 갓난아이를 의미하는데,《서경書經》〈강고康誥〉에 등장하는 "갓난아이를 보호하듯이 하면 백성이 편안하다若保赤子 惟民其康乂"에서 유래한 것이다. 적자라는 표현은 조선시대 국왕이 '민'을 바라보는 인식의 기저임은 물론이지만 숙종대 이후에는 적자라는 표현과 함께 동포라는 표현이 자주 등장한 점을 주목할 필요가 있다.

영조의 동포론과 같은 지적은 남인 출신 탕평파인 오광운에게서도 찾아진다. 오광운은 공부를 시작하는 자들에게 경계하기를, 학자學者는 반드시《서명》을 읽어서 천덕天德은 만물에 보편적이라는 사실을 알아서 당사黨私를 벗어나야 한다고 하였다. 오광운이 만물의 보편성을 관철하기 위해 주장한 것이 양역변통론에서 호전론戶錢論이었다. 양민의 괴로움을 없애고 대동의 정치를 시행하기 위해서는 사대부들에게도 호전을 징수하여야 한다는 것이다.[22]

결국 영조대 강조되던 동포론은 천하 인민의 보편성을 강조한 개념으로 이해되며, 그것이 정조에게 계승되었다. 정조가 군주를 북극성에 비견하면서 신하들인 사대부 관료들은 백성과 함께 그 주위를 도는 뭇별들로 표현하거나, "군주가 밝은 달[明月]이라면 신민들은 모두 밝은 달빛이 비추이는 만 갈래의 시내[萬川]"라는 표현을[23] 한 것은 이에 영향 받은 것으로 생각된다. 이러한 표현들은 17세기 사림정치士林政治 시기 정치와 사회를 주도하던 사림들의 주도적 위치를 약화시키는 논리였으며, 사림이 주도하는 정치를 부정하는 방향으로 나아갔다.[24]

국왕을 비롯한 지배층 일부의 '동포'에 대한 강조는 민에 대한 진일보한 인식으로 보아도 무방할 것으로 생각된다. 여기서 진일보라는 의미가 민의 능동성을 의미하는 것은 아니다. 아직까지 적자赤子나 우민愚民의 관념 속에서 민을 바라보고 있기 때문이다. 다만 사대부들과 민을 동일선상에서 파악하였다는 점에서 민을 바라보는 관점이 다소 변화한 것은 아닐까 하는 점이다. 그리고 그러한 변화가 활발한 대민 접촉으로 나타났다.

| 임문臨門의 시기적 추이 |

영조의 임문은 1744년(영조 20) 9월 9일 경덕궁慶德宮(후일의 경희궁) 흥화 문 앞에서 서울 백성들을 만나면서 시작되었다. 당일 영조는 세자를 대동하고 경덕궁에서 창덕궁으로 이동하여 선왕의 어진御眞을 모신 선원전璿源殿을 참배하고, 이어 기로소耆老所에 들렀다가 자신의 생모 인 숙빈 최씨의 사당 육상묘毓祥廟(후일 육상궁으로 개칭)에 참배한 뒤 광 화문을 거쳐 흥화문으로 돌아오는 일정을 소화하였다. 이 일정 중 광 화문을 거쳐 흥화문에 도착해서는 서울 사람들의 상언을 받도록 지 시하였다.[25] 이 날의 행차는 영조가 기로소에 들어가는 것을 기념한 행 차로, 선대왕의 어진이나 생모의 사당을 먼저 들른 뒤에 환궁한 것이 다. 기로소는 70세 이상 연로한 고위 문신들을 예우하기 위한 목적으 로 관서로, 국왕도 여기에 들어가면서 권위가 더해졌다. 조선의 태조 가 60세에 기로소에 들어가면서 시작되었고, 조선 후기 숙종도 기로 소에 들어갔다. 영조는 선왕의 뒤를 이어 기로소에 들어간 것이다.[26] 이 과정에서 영조는 육상묘를 참배한 뒤에 연추문계延秋門契에 이르러 서는 80~90세에 해당하는 노인들을 면담하였고, 81세의 김세기金世琦, 79세의 김세찬金世贊과 김순겸金舜謙 등을 만났으며, 이어 이를 기념해

경희궁 흥화문

서 이들에게 자급資級을 주었다.[27]

이후 1749년(영조 25) 8월 6일 영조는 창경궁 홍화문에 나갔다. 이 날의 만남은 굶주린 백성들에게 진휼賑恤을 행하기 위한 것이었다.

내가 임어한 지 여러 해가 되었는데도 덕德이 백성들에게 미친 것이 없는 지라, 문왕의 정사에 의거하여 사민을 궐문 아래로 불러오게 하고 세자 와 더불어 궐문에 나아가서 위로해 주려고 한다.[28]

즉 스스로 백성들을 위한 정책이 미흡했음을 말하면서 세자와 함께 임금의 덕을 백성들에게 직접 전달하기 위한 것이다. 이 자리에는 세자 가 함께 했는데, 세자와 함께 나아간다는 것은 중요한 의미를 지니는 것으로, 차세대 왕위 계승권자로 하여금 민본의식을 각성하게 하는 계기로 삼고자 했음을 알 수 있다.

1부 정책 소통의 제도화와 소통 방식

경희궁 복원 모형(서울역사박물관)

　이 날의 만남이 계기가 되어 영조는 이른바 '임문휼민의臨門恤民儀'를
제정하였다. '임문휼민의'란 '문에 나아가 백성을 구휼하는 의식'을 말
한다. 여기서 문은 창경궁의 정문인 홍화문이다. '임문휼민의'를 순서
대로 정리하면 아래와 같다.

① 세자가 먼저 홍화문弘化門 안 막차幕次로 나아가고 임금이 이어
　 소여小輿로 홍화문 안에 나아가서 동쪽 사닥다리로 올라 누樓로
　 나아간다.
② 수행하는 승지와 사관은 서쪽 사닥다리로 올라 누로 나아가고
　 영상과 좌상도 일례一例로 입시한다. 시위侍衛는 다만 병조兵曹와
　 총부摠府에 입직入直한 인원으로 하되, 당상과 낭청은 누로 오르고
　 나머지는 모두 문 안에서 멈추며 삼문三門을 활짝 연다.
③ 세자가 맞이한 뒤에 서쪽 사닥다리로 누에 올라와 시좌侍坐하며,

관원 두 사람이 모시고 올라온다.

④ 한성부의 당상과 낭청은 부관部官을 인솔하고 문 밖에서 차례로 선다.

⑤ 임금이 전좌殿坐한 뒤에 앞뒤에서 사배四拜를 행하고 사민四民은 절하지 않는다.

⑥ 절을 마치면 경조의 당상과 낭청은 좌우로 나누어 서고 한성부 오부五部의 관원은 부차部次대로 사민을 이끌고는 고휼顧恤하는 것을 받는데, 선혜청宣惠廳의 낭관이 상賞을 반사하는 예例에 의하여 쌀을 나누어 준다.

⑦ 나누어 주는 일이 끝나면 통례通禮가 예필禮畢을 청하고 대내大內로 되돌아온다. 이에 세자가 먼저 누에서 내려와 지영하고 뒤를 따라 대내로 돌아온다.

⑧ 사민 가운데 매우 늙은 사람은 지팡이를 허락하고 친경親耕과 친예親刈의 예禮에 의하여 모두 상복常服을 입으며, 시위는 융복戎服으로 한다. 승사와 대신·궁료宮僚와 경조의 당상과 낭청 이하는 모두 시복時服으로 하며, 고취鼓吹·의장儀仗·협연夾輦은 제외한다. 단지 입직군入直軍만으로 궐문闕門을 파수把守하고 궐문 밖에 문을 만들지 않는다. 다만 집춘영集春營·광지영廣智營·신영新營·훈어訓御의 보군步軍 각각 1초哨로써 문 밖에 분립分立케 하고 산선繖扇은 누 아래에 정지하게 한다. 사민 가운데 사부士夫의 과녀寡女 및 그 밖에 친히 나오지 못할 사람은 모두 대신 받게 한다.[29]

이런 의식은 선비와 일반 백성을 모두 대상으로 하되 선비들의 경우에는 직접 나오지 말고 소유한 노비들이 대신하게 하였다. 그리고 실제로 이 의식이 제정된 뒤 8월 15일에는 홍화문에 나아가 의식을 구

창경궁 전경 앞에 보이는 문이 홍화문이다.

현하였다. 이날 의식대로 임금이 왕세자를 대동하고 홍화문의 누樓에
나아가 백성들에게 진휼을 시행하였다. 파리한 늙은이를 보면 부지扶
持하여 오가게 하고 전대가 없는 것을 보면 빈 섬을 나누어 주게 하였
으며, 떠돌이로 걸식하는 자를 보고 말하기를, "비록 사민四民 밖의 사
람이라 하더라도 동일한 나의 백성이다."라고 하며 관리들에게 쌀을
주게 하였다. 이어 다음과 같이 하교하였다.

"천명天命의 거취와 민심民心의 향배는 오로지 이 백성을 구제하고 구제
하지 못하는 데에 연유될 것인데, 백성을 사랑하지 아니하고 백성을 구
제하지 아니하면 민심은 원망할 것이요 천명도 떠날 것이니, 비록 임금이
자리에 있다고 하더라도 곧 독부獨夫일 뿐이다. 생각이 여기에 미치매 어
찌 위태롭지 않겠는가? 특별히 원량元良(즉 세자)으로 하여금 시좌케 한
뜻은 항상 생각을 여기에 두어 나의 부덕함을 본뜨지 말고 문왕文王이

사민에게 은혜를 먼저 한 것을 좋아서 중외中外의 곤궁한 백성으로 하여
금 모두 성세盛世의 가운데로 모이게 하려는 것이니, 대소大小 신료들도
또한 한때의 글로 나의 원량을 인도하지 말고 한결같은 마음으로 공경
하고 협찬하여 나의 백성을 구제하면, 오르락내리락하시는 선왕의 혼령
도 반드시 기뻐하실 것이며 나 또한 자식이 있고 신하가 있다고 역대 선
왕께 절하고 아뢸 것이니, 모름지기 공경히 본받기 바란다. 왕자王者의
시정施政이란 가까운 곳에서부터 먼 곳에까지 미치게 하는 법이니, 양도
兩都와 팔도八道의 수신守臣은 각각 사민을 초기하여 진휼을 시행한 뒤에
계문啓聞할 것이며 수령守令들에게 신칙하여 보민保民을 제일 먼저 할 일
로 삼도록 하라." 하였다.[30]

〈그림 1〉 영조의 임문 추이

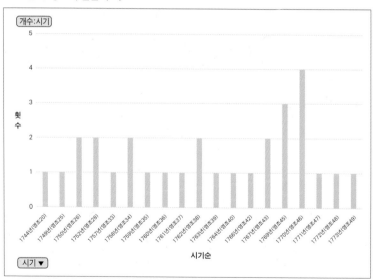

이어서 8월 28일에는 임금이 직접 지은 임문휼사민臨門恤四民의 30운
韻의 칠언고시七言古詩를 내리고 이를 홍화문弘化門에 게시하라고 명하

였다.

영조대에 이루어진 임문의 추이는 앞의 〈그림 1〉과 같다.

이 표에서 일단 주목되는 것은 임문이 영조 즉위 이후 20여 년이 경과한 뒤에 이루어진다는 점이다. 이는 이 시기를 전후해서 일단의 정치적 안정이 이루어졌다는 점에서 그 배경을 살필 수가 있다. 주지하듯이 영조는 왕위에 오르는 과정이 지난하였다. 선대왕인 숙종대 말년경에 진행된 이른바 '신하들이 임금을 선택한다'는 택군擇君說을 둘러싸고 빚어진 정치적 혼란 상황의 중심에 있었기 때문이다.

경종 즉위 이후 정치적 혼란은 더욱 영조의 지위를 불안하게 하였다. 즉 경종 즉위 후 노론측에서는 경종의 미령함을 이유로 후계자를 선택하자고 요구하였고, 그 결과로 연잉군(후일의 영조)이 왕세제로 책봉되었다. 노론측에서는 한 걸음 더 나아가 왕세제의 대리청정을 요구하였다. 그러나 노론측의 이런 기도는 소론측의 반격으로 결국 무위로 돌아갔다. 전기를 마련하게 된 것은 1722년(경종 2) 목호룡睦虎龍의 고변을 통해 노론측의 정권 장악 획책이 만천하에 드러나며 많은 수의 노론 계열 인사들이 화를 당한 임인옥사壬寅獄事였다. 이 과정에서 당시 왕세제였던 연잉군도 노론측에 가담했다는 발언이 제기되면서 그 지위가 더욱 불안해졌다.

그러나 재위 4년 만에 경종이 승하하고 왕위를 계승한 영조는 즉위 이후 선대왕인 숙종이 취한 환국換局을 실험하였다. 1725년(영조 1) 노론 세력을 대거 불러들이고 소론 세력을 축출한 것이다. 그러나 이것이 오히려 정국의 경색을 불러왔다. 심지어는 무신란戊申亂(혹은 이인좌의난)이 발생하였다. 영조는 이 같은 정국의 경색을 타개하기 위한 대안으로 탕평책을 본격적으로 추진하였다. 그러면서 앞선 경종대에 자신에게 주어진 혐의를 벗기 위해 당대의 노론과 소론, 남인 등 각 정치세력과 정치적 타협을 시도하였다. 1740년(영조 16) 경신처분庚申處分으로 판정이 이루어졌고 1741년(영조 17) 어제대훈御製大訓으로 공포되었다.[31] 제한적이기는 하지만 이로써 임인옥사가 무고로 발생한 것으로 판정하였다. 일단의 정치적 타협이 이루어지며 이 시기 이후 영조는 자신감을 가지고 국정운영을 추진하였다.

이런 자신감은 여러 곳에서 산견되는데, 일례로 1750년(영조 26) 1월 성균관에 사람을 보내 확인해보니 "글 읽는 소리가 난다고 하였으니 신칙한 전교를 잘 받들었다고 할 만 하다."[32]고 한 바 있다. 국왕의 명령이 제대로 준수되고 있음을 밝힌 부분으로 국정운영에 대한 자신감의 발로였다. 또한 1749년(영조 25) 세자에게 대리청정을 시키면서 "국체國體가 원만해지고 기강이 바르게 되었으므로 내가 할일을 해야겠다."고 하는 등 여러 부분에서 자신감을 보여주는 사례가 눈에 자주 띈다. 그런데 이런 자신감과는 별도로 문제가 된 것이, 즉위 이후 정치의리의 조정에 치우치다 보니 이렇다하게 내세울만한 업적이 없어 영조는 내심 초조함을 보이기도 하였다. 이에 그는 균역법의 제정에 앞서 1749년(영조 25) 9월 김재로가 면직[33]된 이후 영의정이 궐석이 되자 1750년(영조 26) 3월 양역변통에 관심이 많던 조현명을 복상卜相함[34]으로써 이를 주도하게 하였다.

그리고는 같은 해 5월 17일에 양역문제를 제기하였으나, 결론이 없자 이틀 후인 5월 19일에 창경궁 홍화문에서 사士·서인庶人을 불러놓고 이 문제를 논의하였다.[35] 종전에는 찾기 힘든 국정운영방식을 동원하여 대민접촉을 시도했던 것은 결국 명분 축적 과정이라 하겠다. 즉 조정에서 양역변통을 둘러싸고 논란이 계속되면서도 뚜렷한 성과가 없자 대민접촉을 통해 여론의 도움을 받아 정책을 결정하기 위한 것이었다. 이런 대민접촉을 가능하게 했던 저변에는 물론 민의 성장이 내재되었

광화문과 경복궁 전경

으며, 이에 따라 집권세력의 인식 변화가 수반된 것이라 하겠다.

영조의 임문은 〈그림 1〉에서 보듯이 빈번하게 추진되었다. 영조는 재위 기간 동안 약 30여 차례 정도를 궁궐문 밖으로 나왔다. 먼저 임문이 이루어진 장소는 주로 국왕이 현재 거처하고 있는 시어소時御所의 정문이었다. 조선 후기 궁궐은 동궐東闕이라 통칭되던 창덕궁과 창경궁이 정궁正宮 역할을 하였다. 그리고 이궁離宮이라 명명되는 경희궁(경덕궁으로 불리다가 1760년 경희궁으로 개칭됨)이 주로 활용되었는데, 국왕은 이들 궁궐을 오가며 국정을 운영하였다. 영조는 경희궁의 정문인 흥화문興化門을 비롯해 창덕궁의 정문인 돈화문敦化門, 창경궁의 정문인 홍화문 등에서 주로 임문하여 백성들을 만났다. 이밖에 특이하게도 1752년 12월과 1770년 4월에는 이미 상당부분 불에 타 복원되지 않은 경복궁의 정문인 광화문光化門에 나아가 백성들을 만났다.

주지하는 바와 같이 경복궁은 임진왜란의 와중에서 전소되었고, 전쟁이 종식된 이후 중건이 논의되었으나 성과를 거두지 못한 채 유지遺址의 상태로 존재하였다. 다만, 이곳에 내시와 경복궁위장景福宮衛將을 배치하여 관리하는 정도였다. 이후 한두 차례 더 중건 논의가 있었으나 성과를 거두지 못하였으며, 영조대까지만 해도 일부 터만 남아 있는 상태였다. 그럼에도 영조가 광화문에 친림해서 백성들을 만나게 된 것은 "장소에 대해 집단적으로 공유하는 장소성場所性"에 주목한 정치의 일환이었다. 이른바 '장소의 정치'라고 할 수 있다.

영조의 경복궁 거둥은 선왕들을 기념하거나 특정한 행사를 추진하기 위한 명분으로 이루어지는 경우가 많았으며, 어느 경우에는 이들 요소가 복합적으로 결합하여 이루어지는 경우도 있었다. 예를 들어 1747년(영조 23) 9월 19일 거둥은 1746년(병인년)이 간지상으로 중종이 반정으로 즉위하고, 선조가 역시 즉위한 해(선조가 즉위한 해는 정묘년이고, 병인년은 명종 21년임. 아마도 뭉뚱그려 언급한 것으로 보임)였음을 강조하면서, 태조와 중종, 선조가 근정문에서 즉위한 것을 기념해 과거 시험의 일종인 정시庭試를 거행하였다.[36] 특히 이때 영조는 대왕대비가 하사한 선조의 어대御帶를 착용하고 거둥하여 선대왕을 추모하였다. 1756년(영조 32) 1월 1일 신하들이 영조에게 존호尊號를 올리는 행사가 있었는데, 이때도 영조는 경복궁에 거둥해서 존호를 받았다. 1756년 1월 창덕궁 인정전에서 출발해 경복궁 근정전으로까지 이어지는 행사는 을해옥사乙亥獄事라는 사건을 둘러싼 정치적 갈등을 해소하고 화합의 차원에서 이를 대외적으로 보여주며, 국왕에게 권위를 높여주는 존호를 올리는 의식이었다. 영조는 경복궁의 장소성에 주목하고, 이곳을 빈번하게 거둥하였다.

영조는 1747년(영조 23) 9월에도 경복궁에 거둥하여 정시에 친림한 바 있다. 이때 이유수李惟秀 등 15명을 뽑았다. 정시 행사가 끝난 뒤 영조는 다음과 같은 한 구절의 시를 지어 내렸다.

창업과 중흥은 만세의 법이요   創業中興萬世法
청룡과 백호가 걸터앉은 한양성이다   龍蹲虎踞漢陽城

경복궁이 창업과 중흥의 사적인 점을 강조한 것으로, 조선 후기에 선조는 중흥주中興主로 평가되는 국왕으로, 근정전의 옛터에서 영조는 창업과 중흥의 군주를 계승하고 있음을 각인시킨 것이다.[37]

영조는 이어서 승지에게 하교하여, 구궐舊闕에 찾아와 옛날을 추억하니 슬픈 마음이 배가 된다고 하면서 태조가 창업 후 백성에 은택을 베풀었고, 열성조가 애민愛民과 휼민恤民의 정치를 시행했음을 강조하였다. 그러면서 자신은 왕위에 오른 지 20여 년이 지났음에도 불구하고 백성에게 돌아가는 혜택이 하나도 없고, 사람을 감화시킨 일이 하나도 없어서 마음속으로 부끄러웠는데 이제 구궐에 오니 그 마음이 배가 되었다며 중종조의 고사에 따라 도하都下 서민 중 90세 이상이 되는 사람에게 특별히 쌀과 비단을 하사하라고 지시하였다. 이렇게 경복궁의 거둥을 통해서 영조는 본인의 위상을 제고하는 동시에 왕조의 정치를 돌아보는 계기가 되었던 것이다.[38] 1757년과 1770년 광화문에서 행한 만남 역시 광화문이 가지고 있는 상징성에 주목한 것이었다.

앞의 〈그림 1〉에서 보듯이 임문이 이루어지지 않은 해도 있으나, 대개는 1년에 1회 정도에 그치던 것이 1750년에는 경희궁에 있으면서 홍화문에서 2차례 백성들을 만났다. 1758년에는 창경궁에 있으면서 역시 2차례 만남의 시간을 가졌고, 1762년에도 경희궁 홍화문에서 역시 2회의 만남을 가졌다. 1766년 1회에 그치던 만남이 1767년에는 2회,

1769년 3회, 1770년 4회 등 만남이 증가하였다. 이 중 1762년에는 1월 4일과 5월 24일 두 차례 만남이 진행되었다. 1월 4일에는 사궁민四窮民이라고 하는 환·과·고·독鰥寡孤獨(늙어서 아내 없는 사람, 늙어서 남편 없는 사람, 어려서 어버이 없는 사람, 늙어서 자식 없는 사람)을 만나 쌀과 베를 하사하기 위한 것이었다. 5월 24일 영조는 홍화문에서 서울의 시전상인을 만나 내수사內需司와 사궁四宮(명례궁·수진궁·어의궁·용동궁)에서 상인들에게 진 빚이 있음을 말하고, 억울한 일을 개진하게 하였다. 특히 이 날의 만남은 사도세자와 관련된 것이어서 주목된다.

만남이 있기 이틀 전 나경언羅景彦이라는 인물이 내시들이 반역을 모의한다고 했다가 체포되어 심문을 위한 국청鞠廳이 설치되었다. 그런데 심문을 받는 자리에서 나경언이 옷소매에서 흉서凶書를 꺼내어 제출하였다. 이 흉서는 주로 사도세자의 비행을 고발한 내용이었는데, 그 중 사도세자가 병이 심해져 천한 액례掖隷들과 연회를 열거나 상을 내리면서 그 비용 충당을 위해 내수사內需司나 내시들이 시전상인들에게 외상 명목으로 물건을 강제로 가졌다 썼다는 내용이 있었다. 이에 5월 24일 시전상인과의 만남이 이루어졌고, 빚을 처리하기 위한 조치가 취해졌다.

이후에도 1767년에는 4월과 12월 2차례 만남이 이루어졌다. 1769년에는 1월 7일과 1월 14일, 7월 15일 3차례 만남이 이루어졌다. 1월 7일 만남은 이미 2일 전인 1월 5일에 결정되었다. 1월 5일 국왕은 문신 인사를 주관하는 이조吏曹에 인사 행정을 지시하였는데, 이조판서 신회申晦와 참판 정존겸鄭存謙, 참의 홍지해洪趾海 등이 병을 핑계로 나오지 않았다. 이에 영조는 신회 등의 관직을 박탈하라고 하면서, "기강이 날로 실추되고 국세國勢가 날로 위태로워지며 민생이 날로 곤궁해진다"[39]라며, 홍화문에 친림하겠다고 선언하였다. 그리고 2일 뒤 실제 만남이 이루어진 것이다. 7월 15일 만남은 국왕이 경희궁 숭정전崇政殿에서 백관들로부터 하례를 받은 뒤 문신과 유생들을 대상으로 제술製述이라는 시험을 치르고서 이루어진 만남이었다.[40] 이때의 하례는 국왕이 병에서 회복된 것을 기념한 것이었다.

1770년에는 1월 1일과 1월 2일, 그리고 4월 5일과 윤5월 3일 등 4차례 만남이 이루어졌다. 4차례 모임 중 3차례는 경희궁 흥화문에서 이루어진 반면 4월 5일의 만남은 경복궁 광화문 앞에서 이루어졌다. 이중 4월 5일의 만남은 앞서 있었던 한유韓愈의 상소로 인한 정국의 혼란을 수습하는 과정에서 이루어진 것이었다. 즉 1770년 청주 사람 한유가 도끼를 들고 궐문 밖에서 홍봉한洪鳳漢을 참수하라는 상소를 올렸다.[41] 홍봉한은 사도세자의 장인이자 국왕의 사돈으로, 척신들을 주도하던 인물이었다. 한유는 다시 상소를 올려 국왕의 주도하에 문묘文廟에 배향된 박세채朴世采의 출향黜享까지 요구하였다. 국왕 영조가 주도하여 자신이 추진한 탕평책의 이론적 기반을 제공한 박세채를 문묘에 배향한 것인데, 한유가 이의 출향을 요구한 것이다. 영조는 한유의 상소를 자신이 추진한 탕평에 대한 정면 도전으로 생각하고 사형에 처하였다.[42] 4월 5일의 만남은 이를 어느 정도 수습하면서 국면의 전환을 시도하기 위한 만남이었다고 하겠다.

이상에서 살펴본 바와 같이 국왕 영조는 시어소의 정문 혹은 왕조의 상징인 광화문 등지에서 여러 차례 백성들과 만남을 가졌다. 그 만남은 주로 백성들의 어려움을 듣기 위한 것이었으나, 때로는 정치적 상황의 돌파용으로 이를 활용하고 있어 주목된다.

| 임문臨門을 통한 소통 |

영조가 궁궐문의 임문을 통해 만난 계층은 다양하다. 1744년 한성부 백성과의 만남을 시작한 뒤에 각 시기별로 만난 대상자를 정리하면 아래와 같다.

〈표 1〉 영조 재위 시기 임문(臨門) 때의 대상 계층

시 기	궁 궐	문	대 상
1744.09.09	경희궁	흥화문	한성부 백성
1749.08.06	창경궁	홍화문	한성부 백성(恤民)
1750.05.19	창경궁	홍화문	7개 시전상인
1750.07.03	창경궁	홍화문	대소신료, 선비, 서민
1752.12.15	경복궁	광화문	부로(父老)
1752.12.19	창덕궁	선화문	공인(貢人), 시전상인
1757.01.28	창경궁	홍화문	유민(流民)
1758.03.10	창덕궁	돈화문	시전상인
1758.09.16	창경궁	홍화문	한성부 오부 노인
1759.07.03	창덕궁	돈화문	경기 농민
1760.10.22	경희궁	흥화문	유민(流民)
1761.08.22	경희궁	흥화문	시전상인
1762.01.04	경희궁	흥화문	사궁민(四窮民, 鰥寡孤獨)
1762.05.24	경희궁	흥화문	시전상인
1763.06.20	경희궁	흥화문	한성부민
1764.04.26	경희궁	흥화문	사민(士民)
1766.09.03	경희궁	흥화문	사민(四民)
1767.04.26	경희궁	흥화문	제주 표류민
1767.12.23	경희궁	흥화문	사민(四民)
1769.01.07	경희궁	흥화문	사민, 공인·시전상인
1769.01.14	경희궁	흥화문	향군(鄕軍)
1769.07.15	경희궁	흥화문	백성
1770.01.01	경희궁	흥화문	향리
1770.01.02	경희궁	흥화문	한성부민, 걸인
1770.04.05	경복궁	광화문	유생 수천명
1770.윤5.03	경희궁	흥화문	군인
1771.01.04	경희궁	흥화문	사민(四民)
1772.05.28	경희궁	흥화문	사·서인(士·庶人)
1773.01.10	경희궁	흥화문	백성

창덕궁 선화문(《동궐도》 부분)

　앞의 〈표 1〉에 따르면, 영조가 임문에서 만난 계층은 한성부의 백성과 시전상인이 중심이다. 임문한 자리에서 국왕과 만난 백성들은 자신들이 느끼는 생활 속의 고통이나 민폐를 언급함으로써 문제 해결을 확답받기도 하였다. 1752년(영조 28) 12월 19일 신시申時(오후 3~5시) 창덕궁 선화문에 임시로 자리가 만들어지고 국왕이 자리하였다. 이 자리는 국왕 영조가 공인貢人과 시전상인을 만나기 위해 만들어진 자리로, 영의정 이종성, 우의정 김상로, 병조판서 김상성 등 많은 관리들이 동석하였다. 모임이 시작되면서 국왕은 공인과 시전상인의 참석 여부를 확인하였는데, 마침 공인들이 도착하지 않았다.

　그리하여 잠시 다른 국정이 논의되다가 공인들이 도착하였다는 어영대장 홍봉한의 보고를 받은 영조는 평시서 관원들에게 그들을 데리고 들어오도록 하고는 미리 나무로 만들어 설치한 벽도 허물도록 하였다. 공인과 시전상인들이 들어오자 영조는, "너희들이 느끼는 병폐와 고통을 말하라"라고 하면서 만일 오늘 다 말하지 않으면 앞으로는 더 이상 이런 기회가 없을 것임을 강조하였다.

이날 공인과 시전상인의 면담은 시전상인의 발언으로부터 시작되었다. 먼저 입전立廛(선전이라고 함) 상인은 당시 사치를 금하기 위해 문단紋緞 사용을 금지한 것과 관련해, 문단을 금하기 이전에 자신들이 보유하고 있던 문단에 대해서는 법 적용이 이루어지지 않기를 요청하였다. 영조는 이를 호조에 지시해서 변통하도록 하겠다고 답변하였다. 이어 백목전白木廛 상인들의 발언이 이어졌는데, 이들은 자신들의 전포에는 커다란 폐단은 없다고 하면서 당시 군영의 군사들이 행하던 난전亂廛으로 인한 폐단을 언급하였다. 이를 들은 영조는 백목전 상인의 발언이 지극히 우직하다고 하면서 승지로 하여금 성명을 묻도록 하였다. 백목전 상인의 이름은 홍종석으로, 영조는 병조에 명해 그에게 소임을 주도록 하였다.

이어 은전銀廛을 비롯해 면주전綿紬廛, 지전紙廛, 내어물전內魚物廛, 생선전生鮮廛 등 상인들의 발언이 계속되었으며, 각 시전상인들의 말을 들은 영조는 바로 그 자리에서 사안에 따라 해당 부서에 지시하였다. 그리고는 발언자 가운데 일부는 앞서 홍종석의 예처럼 소임을 주도록 하였는데, 상전床廛 상인 최창덕崔昌德은 호위대장청의 소임을 주도록 하였고, 잡곡전의 서세운徐世雲은 어영대장의 집사로 삼도록 지시하였다. 시전상인에 이어 공인들의 진술이 이어졌는데, 제용감공인, 예빈서공인, 장흥고공인, 장목전공인, 공공내감공인 등의 순서로 발언이 이어졌다. 사실 이날의 모임은 국왕 영조가 평소 커다란 문제로 인식하던 공인과 시전상인들의 민폐를 듣고 해결하기 위해 마련된 자리로, 특히 이 시기 이후에는 국왕은 자주 공인 등을 면담하면서 그들이 느끼는 문제를 해결하고자 하였다.[43]

이외에도 1750년 7월 3일에는 일반 백성들뿐만 아니고 대소 신료와 선비들까지도 같이 한 자리가 있었다. 영조는 이런 민본의식의 기저에서, 정책 결정 과정에서 백성들의 소리를 청취하여 주목된다. 바로 균역법의 제정 과정에서 나타난 일이다. 1750년 7월 3일 진시(오전 7시~9시)에 국왕 영조가 홍화문에 나섰다. 이때 영의정 조현명, 좌의정 김약로, 우의정 정우량을 비롯해 6승지 등 당대 고위 관원들이 모두 수행하였다. 뿐만 아니라 성균관 유생 80여 인을 비롯해 도성의 방민坊民이 이 자리에 나왔다. 이 자리는 국왕 영조가 양역 문제의 해법을 찾기 위해 앞서 몇 차례 했던 것에 이어서 관리들과 선비 및 일반 백성들을 만나기 위해 마련된 것이었다. 참석자들을 확인한 영조는 강한 어조로 양역 문제로 인해 도탄에 빠진 백성을 더 이상 이대로 보고 있을 수 없음을 강조하고는 그동안 논의되었던 양역변통론 가운데 유포론游布論과 구전론口錢論은 시행할 수 없다고 하면서 호포론戶布論(호전론이라고 함)과 결포론結布論을 가지고 논의할 것을 전교하였다. 그리고 혹시 이를 일반 백성들이 알아듣지 못할 것을 우려해서 성균관 유생을 불러서 이를 전달하도록 하였다. 여기서 유포론이란 그동안 양역 징수 대상에서 제외되었던 한유자閒遊者를 대상으로 징포하겠다는 논의이고, 구전론은 신분에 구애됨이 없이 모든 사람에게 포를 징수하자는 논의이며, 호포론은 가호家戶를 단위로 징포하자는 것이고, 결포론은 토지를 단위로 징포하는 논의였다. 사실 이러한 논의들은 이미 숙종대부터 논의가 제기되었으나 그동안 역役이 징수대상에서 제외되었던 양반들의 반대로 시행되지 못하였다. 그러면서 양역 문제는 점점 더 수렁에 빠져들게 되었다. 이에 영조는 특단의 대책이 필요함을 강조하면서 이날 모임을 주도하였다.

자신의 의견을 피력한 영조는 이어 재상들을 시작으로, 유생과 방민으로 이어지면서 각자의 의견을 개진하도록 하였다. 이때 어떤 사람은 호포론과 결포론이 모두 불편하다고 하거나, 어떤 사람은 호포론이, 또 어떤 사람은 결포론이 좋겠다는 의견을 속속 제출하였다. 오전에 시작된 이날 만남은 석양이 내릴 때까지 지속되었으나 의견이 좀처럼 모아지지 않았다. 그렇게 설왕설래하는 사이, 예조판서 신만은 혹시 국왕의 건강이 나빠질까 걱정된다고 하였으나, 영조는 이에 아랑곳하지 않고 좋은 대책을 얻은 연후에 파할 것임을 천명하였다. 그리고는 이어서 영조는 다음과 같이 하교하였다.

백관이 반드시 글로 품은 바를 진달할 필요가 없다. 호전이 편하다고 생각하는 자는 북쪽 마당에 서고, 불편하다고 생각하는 자는 남쪽에 서라.

그러자 신료들 모두가 북쪽에는 서지 않고 남쪽에 섰다. 이어서 영조는 다시 하교하기를,

결포가 편하다고 생각하는 자는 북쪽에 서고, 불편하다고 생각하는 자는 남쪽에 서라.

라고 지시하였다. 그러자 대부분이 남쪽에 섰고, 북쪽에는 10여 인 정도가 섰다. 영조는 특별히 북쪽에 선 자들의 명단을 적어서 보고하라고 지시하였다. 호포나 결포의 시행에 대한 반발을 충분히 짐작케 하는 대목이다. 결국 이날의 만남에서 어떤 특정 의견이 결정되지는 못하고, 끝에는 신하들에게 5일내 방안을 강구해서 진달하라는 것을 지시하는 것으로 일단락되었다.

1757년에는 1월 28일에는 강원도 회양과 금성金城에 살고 있던 유민流民을 만났다.[44] 창경궁 홍화문에서 영조는 "굶주려 누르스름한 얼

굴빛과 갈가리 헤진 옷을 입은 몰골"을 하고 지방에서 떠돌다 서울로 올라온 유민을 만나서는 참담한 실정을 토로하기도 하였다. 그리고 세자에게 백성을 우선하라고[以民爲先] 경계한 바 있다. 당시 강원도 영동 지역은 큰 흉년이 들어 백성들이 사방에 흩어지자 조정에서 관동안집사關東安集使라는 명목을 띠고 관원을 파견하여 백성들을 위로하고 세곡을 탕감하는 조치를 취했던 것이다.[45] 그리고 이 중에 서울로 올라온 회양과 금성 지역의 백성들과 만난 것이다. 이들과의 만남에서 영조는 신역身役을 면제해주고 함경도의 곡식 3천 석을 회양 등지에 보내겠다고 하며 돌아가기를 원하자, 백성들 모두 이에 화답하였으며 관동안집사 구윤명에게 인솔하도록 하였다.

이밖에도 앞서 언급한 사궁민을 비롯해 1767년 4월 26일에는 중국 해안으로 표류했다가 돌아온 백성 27명과 만남을 가졌다. 이들은 제주와 전주 지역 출신으로 중국 복건성의 바닷가에 표류했다가 돌아온 사람들이다. 만남의 자리에서 영조는 표류민들의 성명 및 표류해 올 때의 노정을 물었다. 표류민들의 보고에 따르면, 이들은 중국 복건성에 이른 뒤 북경을 거쳐 조선으로 귀환하였다. 이들과의 면담을 마친 영조는 표류민들 1명당 무명 1필과 쌀 5두씩을 주도록 지시하였고, 표류민 가운데 사망한 전주 출신 김삼택金三澤에게 다른 사람과 마찬가지로 무명과 쌀을 지급하는 것은 물론 처자에게도 함께 지급하도록 하였다.[46]

| 맺음말 |

이상에서 영조대 대민 소통의 방법으로 시행된 임문臨門을 통한 국왕

의 소통 방식을 살펴보았다. 영조대 임문이라는 소통 방식이 시행되게 된 것은 대민의식對民意識의 변화가 주요한 배경이다. 이른바 동포론同胞論이 적극적으로 개진된 것으로, 동포론은 이미 조선 전기부터 제기되기는 하였으나, 특히 숙종대 이후 국왕들에 의해서 본격적으로 제기되었다. 영조는 동포론을 내세우며 위민爲民정치를 강조하였다. 동포론은 천하 인민의 보편성을 강조한 개념으로, '분分'을 강조하는 양반층의 인식과는 다른 것이었다.

영조대 임문은 1744년 9월 경덕궁 홍화문 앞에서 백성들을 만나며 시작되었다. 이전 시기의 정치적 혼란이 어느 정도 수습된 뒤, 정치적 안정을 바탕으로 국왕 영조는 국정 운영에 자신감을 가지고 임문을 추진한 것이다. 영조는 시어소의 정문 혹은 왕조의 상징인 광화문 등지에서 여러 차례 백성들과 만남을 가졌다. 그 만남은 주로 백성들의 어려움을 듣기 위한 것이었으나, 때로는 정치적 상황의 돌파용으로 이를 활용하였다. 임문을 통해 영조는 한성부의 백성들과 시전상인을 주로 만났다. 이외에도 지방에서 떠돌아다니다가 서울로 들어온 유민流民이나 표류했던 백성들도 만났다. 또한 국가적 주요 정책을 결정하는 과정에서 신료들이나 유생, 그리고 백성들과 함께 만나 이를 결정하는 데 반영하였다. 영조대에 시행된 임문과 같은 대민 소통은 이후 정조대 상언과 격쟁이 더욱 확대되며 백성들의 의견을 청취하였다.

【 2부 】
정치제도 개혁의 실현과 소통

4장

세종의 지방행정 개혁과 부민고소금지법

임 용 한

KJ인문경영연구원 대표

| 구부러진 것을 바로잡으려다가 너무 곧게 편다 |

'부민고소금지법'이란 지방민이 수령을 고발하는 것을 금지하는 법
이다.[1] 이 법은 고려시대에 시행되다가 조선 건국과 함께 폐지되었다.
1410년(태종 10)에 다시 부민고소금지법이 건의되었지만 부결되었다가
세종 2년 9월에 예조판서 허조 등의 건의를 교서로 반포하면서 법제
화되었다.

　이 역사적인 법의 내용은 다음과 같다.

　　당唐 태종太宗이 말하기를, "요새 종으로서, 상전이 반역한 것을 고발한
　　자가 있는데, 대개 모반한다는 것은 혼자서는 할 수 없는 것이다. 발각
　　되지 아니할 것을 걱정할 것이 무엇이 있기에, 굳이 종의 고발이 필요하
　　겠는가. 이제부터는 종이 상전을 고발하거든 받지도 말고 그대로 목 베
　　라."고 하였으니 이제부터 종이 상전을 고발하는 것은 수리하지 않고 목
　　을 베도록 한다.

또 주문공朱文公(주자)이 효종孝宗에게 말하기를, "원하건대, 폐하께서는 정사를 맡은 벼슬아치거나 옥을 맡은 벼슬아치에게 깊이 일깨워 주소서. 대저 옥사나 송사가 있을 때에는 반드시 먼저 그 족속인가 비속인가, 윗사람인가 아랫사람인가, 어른인가 어린이인가, 가까운 사이인가 먼 사이인가를 따진 뒤에, 그 곡직에 관한 말을 들을 것이니, 만일 아랫사람으로서 웃어른에게 대항하거나, 낮은 자리에 있는 사람으로서 높은 자리에 있는 사람을 능멸히 여기는 것이라면 비록 옳다 하더라도 그 옳은 것을 인정하지 말 것이며, 더욱이 옳지 못한 일이라면 죄를 보통 사람의 경우보다 더 중하게 할 것이라."고 하였다.

전조前朝(고려)의 풍속은 이 뜻을 받아들여, 백성으로 수령을 능멸히 여기거나 반항하면 반드시 이를 몰아냈고, 심지어는 그 집터를 파서 연못으로 만들었다. 이제부터는 속관이나 아전의 무리로서, 그 관官의 관리와 품관品官들을 고발하거나, 아전이나 백성으로 그 고을의 수령과 감사를

세종대왕 동상

고발하는 자가 있으면, 비록 죄의 사실이 있다 하더라도 종사宗社의 안위安危에 관한 것이거나, 불법으로 살인한 것이 아니라면, 위에 있는 사람을 논할 것도 없고, 만약에 사실이 아니라면, 아래에 있는 자의 받는 죄는 보통 사람의 죄보다 더 중하게 처벌한다.[2]

조선 최초의 법전인 《경제육전》은 성종 때 완성한 《경국대전》처럼 조문을 정제하지 않고, 왕의 교지를 그대로 법전에 실었기 때문에 이처럼 좀 장황하다. 그런데 이 교서에서는 고발한 사람을 중하게 처벌한다고만 하

세계 최초의 법전인 〈우르-남무 법전〉

고 형량을 정하지 않았다. 이 문제를 발견하고 2년 후에 장100대, 유형 3천리로 형량을 구체화했다.[3]

1426년(세종 8)에 세종은 《경제육전》의 개정판인 《신속육전》을 간행했는데, 여기에 이 교서가 부민고소금지법으로 수록되었다.[4]

주민이 수령의 비위를 고발할 수 없도록 하는 법을 제정했다는 것은 충격적이다. 이 법의 제정자가 성군으로 알려진 세종이라는 사실은 더더욱 충격적이다. 그러나 세종은 부민고소금지법의 지지자였다. 세종 스스로 자신이 허조의 제안을 대단히 아름답게 여겨 부민고소금지법을 제정했다고 회고했다.[5]

고대부터 중세사회는 신분제 사회였다. 신분제 사회에서 제일 꺼려하는 일이 하극상이다. 동일한 범죄에 대해서 신분에 따라 차별적인 처벌을 하는 관행은 고대 메소포타미아의 법전에서부터 발견된다.[6] 따라서 노비가 주인의 범죄를 고발하지 못하는 법과 관습은 오래 전부터 있었다. 부민고소금지법의 특징은 주인과 노비의 관계를 수령과 지방민의 관계로 확대시킨 것이다.

그러나 중세적 기준에서 보아도 부민고소금지법은 논리적으로 문제가 있다. 지방민 중에는 사대부도 서민도 있는데, 수령과 지방민의 관계를 일괄로 주인과 노비의 관계로 규정한 셈이 된다. 신분의 원칙에 따른다면 수령과 지방민의 관계에서 지방민도 사족과 서민, 천민을 구분해야 정상이다. 이런 위험성 때문에 조선은 수령과 지방민의 관계는 주인과 노비의 관계가 아니라 임금과 신하, 아버지와 아들의 관계와 같다고 재정의했다. 아버지가 죄를 지었다고 해서 아들이 아버지를 고발할 수는 없다는 것이었다.[7]

부민고소금지법을 시행하자 처음에는 반발이 있었다. 다른 사람을 통해 고발하거나 상급기관에 고발할 수가 없으니 수령의 잘못을 적은 대자보를 게시하는 편법을 고안해 냈다. 그러자 세종은 법을 더 강화했다. 1429년(세종 11) 더 강력한 처벌규정이 부가되었다. 대자보를 게시하면 《대명률》에 있는 '수령을 욕한 주민'을 처벌하는 규정에 준해서 처벌하게 했다. 이 처벌은 장100이었다.[8] 또 부민고소를 한번 처벌했는데도 수령에 대한 고발이 이어지면 그 군현의 행정단위를 강등하고, 수령을 파견하지 않고 이웃 군현 수령의 지휘를 받는 속현으로 만들어 버리도록 했다.[9] 1430년 광주목사 신보안이 전 만호 노홍준의 애첩이었던 기녀를 가로챘다. 화가 난 노홍준은 신보안에게 달려들어 구타했다. 노홍준도 사족이었지만, 정부는 부민이 수령을 구타했다는 사안으로 처리해서 광주목을 무주군으로 강등했다.[10]

부민고소금지법을 시행하자 논란이 이어졌다. 그러나 《조선왕조실록》을 보면 정작 부민고소금지법을 두고 이념적인 논쟁이나 반론이 이루어진 적은 없다. 그 논리를 수긍해서가 아니라 현실적으로 논박할 근거가 충분했기 때문이다. 부민고소금지법이 시행되자 수령들이 불법을 두려워하지 않고 공공연히 부정을 행한다는 지적이 이어졌다.

사간원에서 상소했다. "…… 근년 이래 관리들이 염치가 없어지고 뇌물과 횡령을 저지르는 관리가 늘어 국가에 수치가 되고 있습니다. …… 부민고소금지법을 믿고 수령들이 불법을 조금도 거리낌 없이 드러내고 행합니다. 백성을 학대하고 옥사를 팔아서 재물을 거두어 축적하고, 누에를 쳐서 재물을 늘이기까지 못하는 일이 없습니다. 혹은 이웃 고을의 수령과 서로 뇌물을 주고, 심한 자는 갈린 뒤에 관의 여러 물건을 공공연하게 싣고 옵니다. 백성을 사랑하고 기르는 임명을 띠고서 도리어 부자가 되는 계제로 삼는 자가 종종 있으니 이를 방치해서는 안됩니다."[11]

백성들이 수령의 부정을 고발하지 못하게 되자, 수령들의 타락상은 시간이 갈수록 더 심해졌다. 전 한성부윤 권맹손은 국가행정의 모든 비리와 폐단은 수령이 주범이며, 수령이 타락하는 것은 부민고소금지법 때문이라고 호소했다.

폐단은 모두 수령에게서 시작합니다. 수령 중에 부지런하고 근신하는 자는 적고 더럽고 횡포한 자가 많아서 백성이 괴로워하며 아픈 것이 골수에 사무쳤습니다. 그러나 백성들이 감히 입을 열어서 한마디 말도 못하는 것은 부민고소금지법이 중하기 때문입니다.[12]

이런 문제점을 더 먼저 자각했던 사람은 세종이었다. 세종이 부민고소금지법을 '아름다운 취지'라고 자부했던 이유는 이런 문제가 발

2부 정치제도 개혁의 실현과 소통

생할 것을 예상하지 못해서가 아니라 정부의 인사시스템에 대한 자신감 때문이었다. 이 법의 취지를 충분히 이해하고 악용하지 않을 인재를 선정해서 수령으로 파견할 수 있다고 자신했다.[13] 또 수령의 부정을 검증할 감찰제도가 전혀 없지 않았다. 관찰사의 감찰기능에 상당한 기대를 하고 있었고,[14] 사헌부와 사간원의 탄핵제도도 있어서 수령의 부정은 쉽게 감독, 감찰할 수 있다고 기대했다.

그러나 부민고소금지법을 시행하자 예상 이상으로 수령의 부정이 급증했다. 이것은 부정부패의 차원을 넘어서 정치의 본질, 국가행정의 목적과 존재근거에 대한 고민으로 발전하게 된다. 수령 개개인이 부패하거나 백성을 괴롭히는 행위는 일차적으로 개개인의 잘못이다. 국가도 책임이 없지는 않은데, 그런 수령을 사전에 구분하지 못하고 선발, 임명한 인사행정과 감찰제도의 부실과 무능, 책임을 지적할 수 있다.

하지만 정부가 백성의 억울한 사정을 고발도 하지 못하게 하고, 수령의 부정을 방관한다는 것은 전혀 다른 의미이다. 동양 고대의 정치사상은 국가와 권력, 국가행정이 존재하는 이유는 지배층의 권익을 대변하거나 조세와 수탈을 위해서가 아니다. 국가를 외적의 침략에서 보호하고, 국민의 권익을 보호하기 위해서이다. 부민고소금지법은 바로 이 정의를 위협하고 있었다.

세종은 이 사실을 깨닫고 고민하기 시작했다.

아랫사람이 윗사람을 고소하는 것을 금지하면 사람들이 억울하고 원통한 정을 펼 곳이 없다. ……. 억울하고 원통한 정을 펴 주지 않는 것이 어찌 정치하는 도리가 되겠는가?[15]

지신사(도승지) 안숭선도 세종의 생각에 동의했다.

정치하는 도리는 아랫 백성의 심정이 위에 통하게 하는 것입니다.《서경》에 말하기를, "필부필부匹夫匹婦가 그 뜻을 펴지 못하고 자진自盡하게 되면, 남의 임금 된 자는 함께 더불어 그 공을 이룰 사람이 없을 것이다."고 하였습니다. 천하에 어찌 백성이 원통함과 억울함을 호소하는 소송을 수리하지 않는 정치가 있겠습니까.[16]

세종은 부민고소금지법이 정치의 원칙에 위배된다고 판결했다. 이 것은 국가행정의 목적과 사명에 위배된다는 의미도 된다. 그러나 이 판정이 부민고소금지법을 폐지한다는 의미는 아니었다. 세종이 지적한 위반요소는 원통함과 억울함, 구체적으로는 수령의 오결, 오심, 잘 못된 조세 산정과 같은 것이었다.

이 판단에 의해 부민고소금지법이 약간 수정되었다. 백성이 자신이 당한 억울한 일에 한해서 오결, 오심, 행정오류는 고소할 수 있게 하였다. 여기서도 '고발'이 아니라 '고소'라는 점이 중요하다. 세종은 부민고소금지법의 처리를 고민하다가 허조의 명분을 수정해야겠다는 결론에 도달했다. 허조는 수령과 지방민의 관계는 군신의 관계, 부자 관계와 같다고 말하고 이것을 부민고소 금지법의 논거로 삼았다. 세종은 백성과 수령은 대소의 분별은 있지만 군신의 의리가 있다고 보기는 어렵다고 보았다. 그렇다고 해서 지방민이 수령의 잘못을 일일이 고발하는 것은 옳지 않다고 보았다. "수령이 법에 없는 곤장을 쳤다고 해서 백성이 어찌 일일이 다 고소하겠는가?" 그러나 토지나 노비 소송을 오결한다거나 부세부정 같은 억울한 일을 호소하지 못하면 이것은 정치의 본분을 잃는 것이라고 절충하였다.[17]

오랫동안 논의를 하고 여러 가지 절충안을 거론한 다음에 세종은 오결소송 같은 것은 부민고소금지법에 해당하지 않고 국가행정의 본분에 해당하는 것이라고 판결을 내렸다. 단 이 범주 이외의 일이거나 고소 가능 사안도 타인의 고소를 대행해 주는 것은 철저히 금지하였다. 세종은 이런 개정안을 마련해서 《경제육전》의 최종 개정판인 《신찬경제속육전》(1433)에 수록했다.[18] 《경국대전》에도 부민고소금지법이 거의 그대로 계승되었다.[19]

　부민고소금지법은 성군 세종의 이미지와도 직결되는 문제여서 연구자들도 당황하게 했다. 그래서 이 법은 일종의 엄포용으로서 실제는 잘 시행하지 않았다고 하거나 부민고소금지법의 목적은 일반 백성을 억압하려는 것이 아니라 향리들이 백성을 괴롭히는 것을 수령을 통해 억제하려는 것이었다는 해석도 등장했다. 수령이 향리들의 부정부패를 강력하게 단속하자 향리들이 수령을 무고해서 쫓아 버리려는 것을 방지하기 위해 부민고소금지법을 시행했다는 것이다. 즉 부민고소금지법은 어디까지나 군현 내의 부정부패를 억제하고, 백성들을 보호하기 위한 법이라는 것이다.

　그러나 부민고소금지법은 엄격하게 시행되었다. 부민고소금지법을 적용해서 판결하는 사례가 실록에 많지는 않다. 그러나 부민고소금지법을 적용해서 처벌하는 경우가 적다는 자체가 부민고소금지법이 위력을 발휘하고 있다는 증거이다. 당시 관리들의 증언이나 상소도 이런 상황을 증언하고 있다. 향리의 부정부패 억제라는 명분은 부민고소금지법을 시행하는 중요한 명분 중의 하나였다. 그러나 이런 견해는 향리를 지나치게 부패한 집단으로 간주하는 오류가 있다. 이런 견해는 대중적으로 널리 퍼져 있어서 반증하기가 쉽지 않다. 그러나 적어도 조선 건국 당시부터 《경국대전》 편찬기까지 국정 논의를 보면 향리의 부정은 간간이 언급되기는 하지만 지방행정의 성패와 지방민의 행복을 좌우할만한 테마도 아니었고, 그런 비중으로 다루어진 적도 없다. 정부의 관심은 어디까지나 관료, 지방관을 통한 지방행정이었고, 그것이 모든 업적의 처음과 끝이었다.

그러면 부민고소금지법 같이 위험한 법을 강행한, 또는 강행해야만 했던 이유는 무엇이었을까? 형식적 명분은 신분질서였다. 부민고소금지법을 제안하고 열렬히 지지했던 예조판서 허조의 경우는 이것이 명분이 아니라 전부였다. 허조는 국가의 통치는 주민들이 관과 행정명령을 임금과 신하의 관계, 아버지와 아들의 관계로 일치시켰다. 주민들이 이런 윤리관을 마음에 새기고 행동으로 복종할 때 국가는 태평성대를 누리며 사회는 안정된다는 된다는 것이었다.

> 허조가 아뢰었다. "고려가 5백 년을 유지한 것은 오로지 윗사람을 능멸하는 풍습을 끊었기 때문입니다. 부민의 수령에 대한 관계는 아들의 아버지에게와, 신하의 임금에 대한 것과 같아서 절대로 범할 수 없습니다. 만약 그 허물과 악함을 고소하면, 이는 신하와 아들이 임금과 아비의 허물을 들추는 것과 같습니다."[20]

강상의 윤리를 준수해야 하며, 강상의 윤리, 신분질서가 유지될 때 나라가 유지되고 번성할 수 있다는 것은 유가의 정치이념이 제일 중시하고, 지향하는 원리였으므로 누구도 논리적으로 부정하기는 어려웠다.

허조는 세종시대에 활약한 인물 중에서 제일 흥미로운 인물 중 한 명이다. 그는 철저한 원리주의자였고, 유가의 가르침을 곧이곧대로 시행하는 것으로 유명했다. 《용재총화》와 같은 조선 전기의 야사집에는 허조의 일화가 몇 개 전하고 있는데, 대부분이 그의 원칙 일변도의 주장이 빚어낸 에피소드였다. 자식이나 노비가 잘못을 해서 회초리를

허조의 묘비(왼쪽)와 묘(오른쪽) 경기도 파주시 문산읍 이천2리-42에 있다.

때릴 때도 늘 먼저 사당에 가서 고하고 처벌했다. 원칙을 너무 따지기 때문에 젊은 관리들이 제일 싫어한 사람이 허조였고, 항상 《주례》의 제도를 강요한다고 해서 별명이 주공周公(주례의 편찬자)이었다.

그러나 원칙주의자답게 자신도 원칙을 철저히 지켰고, 항상 성실하고 진지하게 업무에 임했기 때문에 세종은 허조를 좋아했다. 세종이 고전이나 원론을 내세워 관료들의 현실론, 오래된 관행과 싸울 때 허조는 든든한 지원자였다. 그러나 반대의 경우는 고통스러웠는데 부민고소법이 그런 경우였다. 세종이 부민고소법의 문제를 발견하고 약간 개정하려고 하자 허조는 절대로 안 된다고 반대했다. 세종이 아무리 보완책이고 합당한 방법이라고 설득해도 막무가내였다. 세종은 논쟁을 포기했고, 허조가 물러가자 지신사(도승지;비서실장) 안숭선을 돌아보며 이렇게 중얼거렸다. "허조는 고집불통이야!"[21]

그러나 정치는 현실이다. 다행히 허조같은 원칙주의자는 극소수였다. 15세기의 국왕과 관리들은 비교적 현실감각도 뛰어났다. 아무리 명분이 좋다고 해도 현실 사회에 도덕적 명분을 그대로 적용할 수는 없고, 그것에만 기대어 통치를 할 수도 없다는 사실을 잘 알고 있었다.

신분제 사회에서 신분질서는 그 무엇보다 중요하지만, 과연 그런 윤리적, 형식적 요인이 전부였을까? 국가 행정이란 기준에서 볼 때 이 법이 지닌 위험성은 논의 단계에서부터 모두가 알고 있었다. 알고 보면 세종도 처음부터 몰랐던 바가 아니었다. 그럼에도 강행을 하다가 국가의 기반, 국가 행정의 사명과 목적의 근본을 위협한다고 판단되자 부분적인 개선을 했다. 이것은 이 법이 국가행정이란 측면에서도 위험을 감수할 만한 중요한 이유가 있었음을 암시한다. 세종은 부민고소금지법의 폐단을 고민하면서 이런 말을 했다.

구부러진 것을 펴려고 하다가 너무 곧게 만드는 것은 아닌가?[22]

세종이 펴고자 했던 구부러진 것은 무엇이었을까? 국가행정의 어떤 목표, 어떤 과제와 관련이 있었기에 정치와 국가행정의 본분을 위협한다고 본인 스스로 판정한 부민고소금지법을 강행했던 것일까? 그렇다면 부민고소금지법의 배후에는 그 못지않은 국가행정의 목표, 사명과 관련된 의도가 있어야 한다.

| 중앙집권화와 국가행정의 과제 |

오늘날 우리 사회는 집권화 보다는 분권화에 미래적 가치를 부여한다. 국가의 권한을 민간에 양도하고 중앙정부의 권한을 지방에 이양해서 지방자치를 강화하는 것을 민주주의 발전과정으로 이해하는 경향이 강하다.

그러나 고려-조선의 교체기에는 그 반대였다. 고려의 부족한 집권화가 14세기의 위기에 고려가 제대로 대처하지 못하고, 왕조의 명운을 조선에 넘긴 이유라고 판단하고 있었다. 고려시대 국가행정제도의 문제점은 두 가지로 집약되었다. 행정조직이 너무 분산, 독립적이었다. 행정, 입법, 사법권이 관서별로 지나치게 자율적으로 할당되고 분산되어 있었다.[23] 산만한 행정기구를 종합적으로 조정, 관리하기 위해서 각 관서들을 장악한 재상들이 회의제로 운영하는 재상기구를 최상위에 설치했다. 재상기구는 고려 전기에는 제 기능을 발휘했지만, 고려 중기 이후로 지배층과 관료군이 확대되고, 사회적으로 이질적인 정치세력이 성장하여 침투하게 되면서 조정기능을 상실했다.

　지방행정으로 가면 수령들이 파견되고는 있었지만, 담당 군현을 제대로 운영할 수 있는 상황이 아니었다. 군현에는 두 개의 세력이 존재했다. 첫째는 중앙정부의 관서나 세력가였다. 군현에 10개의 촌락이 있다면 그 중 3개는 권력가의 통치를 받고, 3개는 왕실이나 관서, 사찰에 속해 있는 것이다. 각 촌락은 자신들의 조세와 공물을 그들에게 바치고, 마을에서 분쟁이 일어나거나 조세액을 조절하는 재판이나 호소도 그들에게 부탁했다.

　둘째 수령의 지휘를 받는 권세가나 관계기관의 지휘를 받는 촌락의 행정은 향리들이 담당했다. 조선시대에도 실무행정은 향리들이 담당했지만, 고려시대의 향리행정과 조선의 향리행정은 실상이 크게 다르다. 한마디로 비유하면 고려의 수령은 군현의 경영자라기보다는 중앙과 지방을 매개하는 연락관, 주재원에 가까웠다. 고위급 수령은 그래도 달랐지만 군현 수령은 사실상 주재원과 큰 차이가 없었다. 군현 단위 수령은 거의가 7~8품이었다. 품외관인 감무가 전체 군현의 1/3 정도를 차지했다. 그러니 임기도 짧고 관사나 수령의 숙소마저 없는 군현도 부지기수였다.

이처럼 국가행정의 편성원리 자체가 분산적이고, 실제 백성과 만나는 행정실무는 향리들에게 맡겨져 있었기 때문에 고려는 국가의 인력과 자원을 총력적으로 동원할 수도, 효율적으로 운용할 수도 없었다. 하나의 예를 들어보자.

1349년(고려 충정왕 1) 충남 한산군의 객사가 무너지고 관아도 낡아서 붕괴 직전이었다. 수령이던 박시용은 향리들을 소집해 관청 건설의 지를 밝혔다. 그러나 향리들은 모두 고개를 저었다. 서천은 바닷가 고을이라 목재를 구하기 힘들다. 군의 백성들 상당수가 권세가의 노비가 되었거나 농장에 소속되어 있어서 세금을 받아 내거나 사역할 인력이 없다는 것이었다. 향리들의 반대에도 박시용은 재건축 의지를 꺾지 않았다. 그는 밤에 낡은 관아건물을 아예 허물어 버리는 배수진을 쳤다. 향리들은 기가 막혔고 화도 치밀었겠지만, 이젠 건축을 하지 않을 수가 없었다.

이때부터 박시용의 수완이 발휘되었다. 그는 관청의 규모를 군의 형편에 맞게 설계하고, 자신이 이익을 탐하지도 않고, 향리들에게도 각자의 지역 형편에 따라 공정하고 알맞게 부담을 맡겼다. 건설이 진행되어 가면서 처음에는 반대하던 향리들도 박시용의 공정함과 능력을 신뢰하게 되었다. 관아와 객사가 완성되자 계획에 없던 수령의 사저와 부대시설, 기물까지 추가로 건축하고 비치하게 되었다. 한산이 고향이던 가정 이곡李穀은 이 소문을 듣고 기억할만한 미담으로 글을 남겼다.[24]

이 이야기에서 재미난 부분은 관아 건축의 비용과 인력 조달을 철저하게 향리에게 의존하고 있다는 것이다. 수령은 향리들에게 비용과 인력의 할당량을 정해 주고 있을 뿐이다. 그런데 이때부터 한 세대가

2부 정치제도 개혁의 실현과 소통

이색과 이곡을 제향한 서천의 문헌서원 전경

지난 이곡의 아들 목은 이색李穡의 시대로 가면 변화가 발생하고 있다. 남원부에 이제현의 손자, 이보림이 부사로 부임했다. 이때는 고려 말기라 재정 상황은 더 열악해지고, 사회혼란도 극심했다. 관청 수선은 고사하고, 경상비용을 대기도 벅찼다. 이보림은 재치가 있어서 재판을 잘하는 것으로 명성이 높았다. 실제로 그의 재판과 관련된 우화같은 이야기가 남아 있을 정도이다. 이보림은 소송을 처리해 주면서 수수료를 받았다. 이 수수료를 모으고, 기타 여러 재원을 활용해서 펀드를 만들었다. 이것을 제용財濟用財라고 명명하고, 향리들 중에서 공정한 사람이 운용을 하고, 지출할 때는 수령에게 보고하고 결재를 받아 지출하게 했다.[25]

　단적인 사례이지만 이것이 고려의 수령과 조선 수령의 차이를 명확하게 보여준다. 박시용과 이보림의 차이는 이보림이 군현의 재정운영에 직접 더 깊숙하게 관여하기 시작했다는 것이다. 박시용 때까지의 수령이 행정적인 권력만을 가진 중앙과 지방의 중개자라면 이보림은 군현의 경영자의 위치에 올라섰다고 할 수 있다.

고려시대에 박시용의 경우는 참신한 사례였고, 이보림의 경우는 혁신적인 사례였다. 양자의 공통점은 아주 드문 성공사례였다는 것이다. 보통은 이런 갈등은 미담이 아니라 악담으로 치달았다. 상부에서는 요구가 내려오고 향리들은 군현의 사정이 명령을 감당할 수 없다고 맞서게 되면 대부분의 수령은 박시용이나 이보림처럼 중재자나 해결자가 아니라 강요자가 될 수밖에 없다. 향리들은 저항하고 강압이 심해지면 도주한다. 때로는 수령을 매수해서 타협점을 찾아보려고 할 것이다. 정부도 이것을 알고 다른 방법을 시도한다. 징세임무를 향리들과 안면이 없는 다른 군현의 수령에게 맡기는 것이다.

타군 수령이 도착하면 대개는 현지 수령보다 가혹하게 일을 처리한다.

지금 순문사와 안렴사가 매번 군사를 징발할 때면 수령들이 자기 고을에 사정을 쏠까 염려하여 남쪽 군의 군사를 징발할 때는 반드시 북군의 수령을 보냅니다. 북군의 수령이 남군에 가면 보고 듣는 것이 생소하기 때문에 (현지의 향리의 인품이나 성격, 현황을 모르므로) 속을까 두려워하며 때리기부터 시작합니다. 반대로 북군의 군사를 징발하라는 통첩이 남군에 이르면 남군의 수령은 바로 옷소매를 떨치고 일어나 북군으로 가서 수레에서 내리기도 전에 형벌부터 주며, 그들의 부모를 가두고 처자를 때립니다.

군사문제만 이렇게 하는 것이 아니라 호구점검, 군수품 운송하는 일에도 가지가지로 징벌하고 독촉하는 것이 끝이 없습니다. 이런 까닭에 두 고을이 서로 원망하여 마침내는 원수가 되어 서로 보복하니 백성들이

2부 정치제도 개혁의 실현과 소통

괴로움을 견딜 수 없어서 호구가 비게 됩니다. 왕의 뜻을 받아서 아래로 유포하고 교화를 선양하는 뜻이 어디에 있습니까?[26]

타군 수령이 가혹하게 행동하는 데는 여러 가지 원인이 있지만, 자신의 이해관계도 걸려 있었다. 한 군현이 부담을 채우지 못하면 인접한 타군에 전가되는 것이 상식이었다. 이곳에서 최대한 징수를 해야 자기 임지의 부담이 적어진다. 타군에서 최대한 상납을 하면 자기 임지의 부담은 없어지고 상납도 원활해진다. 자신의 업무고과는 올라가고, 감액을 구실로 군현에서 상납을 받아 착복하기도 쉬워진다.

국가의 입장에서 보면 이런 방식의 행정운영은 치졸할 뿐만 아니라 국민들을 분열시킴으로써 정치의 목적과 국가행정의 본질을 회의하게 만드는 것이었다. 이런 일을 겪은 주민들은 정부와 행정조직이 국가와 백성을 위해 존재하는 것인가, 행정기관과 관리들을 위해 존재하는 것인가라는 의문을 품게 될 수밖에 없을 것이다. 그 결과가 14세기의 몰락이었다. 고려는 14세기의 거듭된 전란과 비상사태에 제대로 대응할 수 없었고, 권세가의 부정부패를 통제하는 데도 실패했다.

이런 경험을 한 조선의 건국자들은 조선의 국가행정의 목표를 명확하게 설정했다. 분산적인 행정구조를 집권화한다, 집권화를 위해서는 지방행정의 전권을 수령에게 집중시켜야 하며, 이를 토대로 수령이 군현의 경영자가 되어야 한다는 것이었다.

| 수령은 군현의 최고 경영자 |

고려, 조선의 부서와 관직명은 중국의 제도에서 따온 것이 많다. 그러나 '수령'이란 용어는 조선의 독창적인 용어이다. 수령은 문자 그대로 는 '왕의 명령을 받아 이행한다'라는 의미인데, 실제로는 현지에서 왕의 권한을 대행한다는 의미이다. 왕의 대행자이기에 수령은 행정과 사법, 군사, 치안까지 전권을 장악한다. 지방행정문서를 정리할 때는 왕에게만 사용하는 피휘(왕의 이름과 같은 글자를 사용하지 않는 것)를 수령의 이름에도 적용한다.[27] 이것도 중국에서는 볼 수 없는 제도이다. 그만큼 조선이 수령의 권위확보를 중시했다는 증거라고 하겠다.

군현행정은 오직 현지 수령에게 전권을 부여해야 한다는 결심은 '전치기읍專治其邑'이라는 용어로 법제화되었다.[28] '전치기읍'을 제도적으로 뒷받침하기 위해 먼저 수령의 직품을 올렸다. 모든 수령이 최하 6품 이상으로 일괄 조정되었다. 군수는 종4품, 현령은 종5품, 최하직급인 현감이 종6품이었다.

조선시대의 관계는 1품에서 9품까지다. 6품과 7품은 1품계 차이지만 차이가 상당히 크다. 6품 이상은 참상관이라고 하는데 왕이 주최하는 조회에 참여하는 권한을 상징한다. 이것은 7품 이하는 정사에 간여할 수 없는 단순 실무직이라는 의미이다. 그러므로 관직에서 6품 이상의 관직으로 올라서는 것과 그 이하에 머무르는 것은 개개인의 정치적 지위나 대우에 상당한 차이가 있다.

직급 상승에 이어 수령의 업무규정도 바뀌었다. 흔히 조선시대 수령은 관사에서 쉬고 향리들이 모든 일을 다했다고 알려져 있는데 그것은 큰 오류이다. 예를 들면 조선의 주 산업은 농업이다. 수령은 군현의 경영자로서 군현의 산업경영에 심혈을 기울여야 한다. 경제와 산업경영도 책임져야 한다. 고려와 조선은 모두 농본사회였다. 수령은 관내의 농경지가 빠짐없이 효율적으로 관리되고, 경영될 수 있도록 관리하고 감독하는 책임과 권한이 있었다.

평양관찰사 부임도(작자미상)

수령은 주기적으로 관내를 순시하며 농업경영 상황을 점검해야 했다. 만약 경작이 가능한 토지가 경작되지 않고 있으면 향리나 토지 주인을 불러서 처벌하기도 했다. 경작자가 병이 들었거나 이사해서 경작할 사람이 없다고 하면 직권으로 새로운 경작자를 임명할 수 있었다. 의욕이 너무 앞선 사람은 길가에서 오락을 즐기고 있는 농부를 보거나 빈둥거리는 농부를 보면 붙잡아서 매를 치기도 했다.

홍윤성洪允成은 계유반정에서 결정적인 공을 세웠지만, 세조의 총애를 너무 믿고 안하무인의 행동으로 유명했다. 술자리에 불러서 상대가 기절할 때까지 술을 권하는 것으로도 악명이 높았는데, 그러다가 죽은 사람도 있었다. 그 홍윤성이 어느 날 길을 가다가 농부 두 사람이 그늘에서 장기를 두고 있는 것을 보았다.

홍윤성이 한 번은 길가에서 장기 두는 사람을 보고 일하지 않고 논다고 하여 개똥을 먹이고 또 장기알을 씹어 먹게 했는데, 그 사람이 장기알을 삼키지 못하니 매를 쳤다. 그러나 말년에는 자신도 바둑에 심취하여 승려들과 함께 바둑을 두면서 세월을 보냈다.[29]

아무리 홍윤성이라고 해도 아무런 명분도 없이 사람을 처벌할 수는 없다. 그가 장기 두는 사람을 괴롭힐 수 있었던 이유는 전통적으로 수령이나 관원에게는 농부에게 농사를 장려하고 노동을 강권할 수 있는 아버지와 같은 권한과 임무가 부여되어 있었기 때문이었다.

이런 역할은 고려의 지방관에게도 있었다. 하지만 조선시대가 되면 더 적극적이 되고 더 깊숙이 다방면으로 간여한다. 조선의 수령은 마치 농장주처럼 밭갈기, 씨뿌리기, 모내기 같이 농사의 주요 절기마다 순시하면서 제 때에 농사가 진행되고 있는지 점검한다. 심지어는 작물

선정까지도 간여했다. 이 간섭이 너무 심해서 16세기가 되면 지방사족들의 주요 민원이 농사를 우리가 알아서 할 수 있도록 해달라는 것이었다.

흉년이 들면 주민을 구제하는 것도 과거에는 사찰이나 부호에 맡겨놓았던 것을 관청이 일체로 회수했다. 오히려 사적구제를 금지할 정도였다. 고려시대에는 향촌사회에서 벌어지는 웬만한 사건은 향촌의 양반이나 향리들이 재판하고 처벌할 수 있었다. 조선은 이 권한을 수령에게로 대거 수합했다. 이웃 간의 사소한 말다툼이나 분쟁 정도가 아니면 향촌에서 자체적으로 처리하거나 처벌할 수 없었다. 뿐만 아니라 불효, 친척과의 불목, 이웃 간의 불화 등은 삼강오륜에 저촉하는 것으로 간주해서 반드시 수령이 감독하고 처벌해야 하는 중대사로 만들었다.[30] 분쟁과 다툼은 결국 사람 사이에서 벌어지는 것이므로 불목, 불화에 저촉 받지 않는 것이 없었다.

이처럼 군현행정을 수령에게 집중시키고, 수령이 책임을 지도록 하기 위해서는 군현의 실상과 통계, 운영사항을 수령이 정확하게 파악해야 했다. 그래야 향리들을 장악하고, 그들의 변명이나 농간도 파악할 수 있었다. 이것이 '전치기읍'의 목적이자 근거였다.

《경제육전원전》의 조문에 이르기를 수령은 각각 한 고을을 맡아서 호구의 많고 적음과 돈과 곡식을 내고 들이는 것을 모두 두루 알아서 부역을 고르게 함이 곧 그 직무입니다. …… 수령은 일체 자기 고을만 다스리고 다른 고을에 파견나가는 법을 허락하지 않을 것이며 각 고을 수령은 군현의 재정을 홀로 맡아서 책임을 지게 해야 합니다.[31]

조선은 건국과 함께 상기한 제도를 열정적으로 시행했다. 그런데 막상 이런 정책이 시행되자 당장 군현민의 불안감이 폭증했다. 수령이 군현 실상을 파악하고 군현 행정을 전담한다는 것은 기존의 향리들의 권한을 약화시키는 것이었다. 동시에 군현에서 관행적으로 책정되어 있던 모든 조세와 부역, 공물부담을 재조정한다는 의미이기도 했다. 오늘날에도 그렇지만 재조사와 조정은 결국은 증세로 귀결되는 경우가 허다하다. 실제로 조선의 목적도 증세와 국가재정의 확대였다.

조선 정부는 정확한 조사를 통해 조세를 비롯한 모든 행정이 공정하고 합리적으로 집행됨으로써 궁극적으로 군현민에게 이익이 된다고 홍보했을 것이다. 이 말도 거짓은 아니었다. 그러나 향리와 주민, 혹은 그동안 혜택을 누리던 특권자의 입장에서는 불안하거나 불만일 수밖에 없다.

조선은 공정하고 합리적인 조사를 추진하는 방편으로 고려시대에 시행되던 부민고소금지법을 철폐했다. 그 뿐 아니라 빈민이 부자나 향리의 부정도 고발할 수 있게 했다. 사실 부민고소금지법은 단지 지방민이 수령을 고발하지 못한다는 규정이 아니라 신분제상의 윤리에 어긋나는 하극상은 모두 고발할 수 없게 하는 법이었다. 조선은 광범위한 고발금지를 철폐하고, 빈민이 행정상의 불이익 즉 부당한 조세부과나 불공정한 인력징발 등을 당했을 때 관에 나와 고소할 수 있게 했다.[32]

그러나 이 정도로 불만을 억제할 수는 없었다. 우리는 향리라고 하면 자신도 모르게 동일한 집단으로 이해하고 그들이 모두 동일한 이해관계를 지니고 있는 것처럼 생각하곤 한다. 그러나 향리사회는 그렇게 단순하지 않다. 우선 향리라고 해도 그 내부에 신분적 격차가 느껴질 정도로 상당히 다른 계층이 존재했다. 이것은 조선 후기보다 전기에 더 선명했다. 향리의 상위층은 사실상 사족층으로서 15, 16세

2부 정치제도 개혁의 실현과 소통

전라북도 고창의 질청作廳 질청은 관아 아전들의 업무처리 청사이다.

기만 해도 사족층과 향리 상층은 명확하게 구분되지도 않고, 지방사
회의 상류층으로서 혼인으로 연결되기도 했다. 반면 최하급 향리층은
거의 사역인 집단에 가까웠다.

또한 향리는 오늘날의 공무원처럼 전체 주민 중에서 선발한 균질한
직업인이 아니다. 향리가 향리가 되는 이유는 오늘날로 치면 면이나
리, 그 지역의 동족이나 친족집단의 대표나 대행자라는 자격으로 선정
된 것이다. 고로 향리들 간에는 자신의 지역, 친족의 이익을 보호한다
는 의식이 강렬하다. 따라서 군현 내에서도 향리들 간에 이해관계가
상충하고 대립이 격렬하다.

수령이 군현의 호구나 토지, 산물, 특성을 조사하고 지역 간의 분
담액을 재조정한다고 하면 아무리 공정하고 합리적인 조사를 한다
고 해도 지역간의 갈등과 불만이 튀어나오지 않을 수 없다. 향리는 이
불만의 조정자가 아니라 대변자가 된다. 더욱이 수령은 아무리 전치
기읍을 한다고 해도 자신이 실무조사에 동원할 수 있는 사람은 결국
향리뿐이다. 수령이 향리 개개인의 성향, 정직성을 파악하기에는 절대

적인 시간이 부족하다. 그런 상태에서 몇몇 향리들의 조언을 듣고 조사결과를 분석하다 보면 어느 지역에서든 편향적이라는 평가를 피할 수 없을 것이다.

이런 상황은 사실상 19세기 한말까지도 개선되지 않았다. 의욕이 넘치는 수령은 사적으로 믿을만한 사람을 잠행시켜 고을의 분위기를 조사하고 그가 조사한 결과를 향리들의 보고와 맞춰 보는 수법을 사용하는 사례도 있는데,[33] 이런 방법이 조선시대 내내 얼마나 통용되었는지는 알 수 없다.

조선이 '전치기읍'에 착수하자 지역민의 불만이 크게 일어났다. 조사를 진행하는 수령을 무고하고 모함하는 악의적 고발도 늘었다. 사실 이런 불만이 어느 정도였는지는 우리는 알 수 없다. 하지만 수령이 아무리 공정하게 업무를 수행하고, 대부분의 지역민들이 승복했다고 하더라도 불만이 있는 지역과 사람은 발생할 수밖에 없으며, 그 중에는 작은 불이익도 참지 못하거나 고발제도를 악의적으로 사용하는 사람도 반드시 있기 마련이다. 시간이 지날수록 이런 불만과 항의, 무고도 함께 늘었다. 문제는 정부가 악의적 고발과 무고를 분간할 과학적 수단이 전무하고, 여기에 투입할 별도의 행정수단이나 인력이 마땅치 않다는 것이었다. 이런 불만에 일일이 대응할 수도 없고, 무시할 수도 없었다. 진실을 분간하는 것은 더 쉽지 않았다. 정부는 국초부터 추진한 수령의 전치기읍을 지속해야 할 것인가? 중단해야 할 것인가라는 기로에 섰다. 중단은 불가능했다. 고려의 상황으로 돌아갈 수는 없었다. 정부는 극단적인 방법을 선택하게 되는데, 그것이 부민고소금지법이었다.

1410년 사간원에서 부민고소의 허용을 다시 금지로 돌리자는 건의를 하게 된 이유는 윤리적인 이유가 아니라 이런 현실적인 이유 때문

2부 정치제도 개혁의 실현과 소통

이었다. 물론 표면에는 늘 군신의 예, 풍속을 내세우고 있지만, 이 상소조차도 현실적인 이유가 있음을 숨기지 않고 있다.

고자질하는 풍속이 성행하여 사람을 해치려고 익명으로 대자보를 거는 자가 있고, 자신의 분풀이를 하고자 신문고를 치는 자도 있으며, 수령을 참소하는 자가 또한 많아서 벌떼처럼 일어납니다. 대개 수령이란 왕의 명령을 받고 지방에 가서 왕의 정치를 시행하는 임무를 맡은 자입니다. 열 집이 되는 고을에도 오히려 군신의 예가 있으니, 비록 허물이 있다 하더라도 그 백성된 자가 이름을 숨기는 것이 가하고, 풍자하여 일깨워야 합니다. 하물며, 이 나라에 살면서 대부급인 수령을 그르게 여기는 것이겠습니까? 저 토호·향원과 교활한 아전·간사한 백성들이 혹 태장을 맞거나, 혹 부역에 시달리면, 도리어 수령을 사사로운 원수로 삼아 밤낮으로 부지런히 몰래 중상합니다. 국가에서는 그 참소한 말을 가지고 수령은 처벌하고 간사한 백성이 수령을 고소한 죄는 논하지 않으니, 이리하여 아랫사람으로 윗사람을 해치는 풍속이 일어납니다.
…… 수령 중에 사심이 없고 지극히 공정한 자는 호활한 자에게 참소를 당하고, 너무 부드럽고 겁약한 자는 참소를 두려워하여 손을 거두고 있으니, 법과 명령이 행해지지 않고 부역이 고르지 못한 것이 수령의 탓이아니라 진실로 이 때문입니다.[34]

백성의 입장에서 보면 사간원의 상황판단도 옳다고는 볼 수 없다. 오히려 그런 무고는 소수이고 그런 소수 사례를 근거로 백성의 고통을 호도한다고 말할 수도 있다. 그러나 이 시대의 과학기술, 민도, 사회구조를 감안하면 정당하고 공정한 조사란 근본적으로 한계가 있었다.
수령과 향리의 관계를 수령권과 토호세력의 파워게임으로 이해해서는 안된다. 향리는 고려시대부터 수령에게 저항할 수 있는 세력은 아니었다. 수령의 권한이 향리에게 막히는 경우가 실제로 있지만 그 이유는 전혀 다르다. 첫째 중세사회의 본질적 한계이다. 중세의 과학적, 기술적 한계와 낮은 생산성, 삶의 불안정성 때문에 예측과 통계에 한계가 크다. 향리의 중간착취나 농간도 이런 본질적인 한계에 기인하는 것이다. 오늘날 전산화의 도움을 받는 행정과 60, 70년대의 행정을 비교해 보면 현대와 중세의 실정파악에 얼마나 큰 차이가 있었을까를 짐작할 수 있을 것이다.

두 번째로 향리의 권력은 향리 자체의 권력이 아니라 배후에 권세가를 끼고 있는 경우가 보통이다. 어느 군현이든 그 군현출신의 공신, 관료가 있었다. 혼인으로 왕족과 연결된 가문도 있다. 향리들은 그들의 땅과 경작인, 노비를 보호해 주고 이권을 얻었다. 수령이 향리를 제어하기 힘든 것은 이런 배경 때문이었다.[35]

이런 상황에 문제의식을 크게 느낀 국왕이 세종이었다. 고민하던 세종은 이런 부작용조차도 수령의 전치기읍을 강화하고, 궁극적으로 임지의 실정을 정확히 파악하는 것이 근원적인 해결책이라는 결론에 도달한다.

다만 지금까지의 과정으로 볼 때 수령의 전치기읍을 빨리 정착시키기 위해선 더 강력한 제도적 보강이 필요했다. 세종은 이를 위해 두 가지 카드를 꺼낸다. 첫째가 태종 때에 잠깐 거론되었다가 거부되었던 부민고소금지법이었다. 이때 고맙게도 허조가 부민고소금지법을 다시 제안했다. 당시의 관행으로 보면 세종이 사전에 부민고소금지법의 초안을 마련하라고 살짝 언급을 주었을 수도 있다. 허조는 유가정치의 근본이념으로 부민고소금지법의 당위성을 마련해서 올렸다. 세종으로서는 거부할 수 없는 명분으로 포장해 준 허조의 논리가 아름다운 생각이 아닐 수 없었다.

여담이지만 부민고소금지법의 목적과 시대상황에 대한 세종과 허조의 생각에 큰 차이가 있었다. 허조는 예학주의자답게 정신과 마음이 세상을 지배한다고 보는 경향이 강했다. 허조가 어떤 근거로 고려시대의 수령과 향리의 관계가 존경하고 존중하는 관계였다고 보았는지는 알 수 없지만, 허조는 부민고소금지법과 그 법을 수용하는 군현민의 마음가짐이 수령이 존중받고 향리가 복종하는 고려시대의 풍속을 만들어 냈다고 보았다.

그러나 고려의 풍속이 정말 허조의 묘사대로였다고 하더라도 그것은 부민고소금지법 때문이 아니라 고려의 수령이 군현행정의 주도자가 아니라 중앙과 지방의 매개자에 가까웠기 때문이다. 향리들은 자신들의 권한을 보존받고 있으므로 수령과 굳이 트러블을 일으킬 필요가 없었다. 또 고려시대의 수령들은 품계도 낮고 권한도 약한 반면 고려의 향리들은 중앙의 관서나 세력가와 직결되어 있고 그들로부터 직접 명령을 받으므로 부민고소금지법이 커다란 고통이 되지 않았다.

조선에서 부민고소가 문제가 된 것은 수령의 절대권을 강화하려고 했기 때문이다. 향리들은 저항할 수밖에 없었고, 이 과정에서 세종은 수령권 강화, 수령 중심의 행정체제의 구축을 포기하든가 더 강하게 밀어붙여야 했고, 세종은 후자를 선택한 것이다.

부민고소금지법으로도 부족하다는 생각이 든 세종은 수령육기법이라고 불리는 장기 근무제를 꺼내 들었다.[36] 수령이 한 지역에서 오래 근무하면 지방 사정을 훤히 꿰뚫게 될 것이라고 보았다. 조선시대의 관원임기는 보통 3년이었다. 그것도 제대로 채우는 법이 드물었는데, 수령은 2배인 6년을 임기로 한 것이다. 6년을 꽉 채우기 위해 날짜 계산도 개월이 아니라 일수로 하게 했다. 당시만 해도 경관은 대부분

개월수로 임기를 판정했다. 즉 2월 28일에 부임해서 3월 1일이 되면 2달 근무가 되는 것이었다. 그러나 세종은 외관은 날짜수로 계산하도록 했다. 관료들의 불만은 상당했다. 세종 7년 사헌부에서는 관료들의 진언 중 절반이 육기법에 대한 불만이라고 보고했을 정도였다.[37] 수령 임명을 기피하는 관원도 늘었다. 수령 임기가 6년이라 진급도 2배로 느려지기 때문이다. 세종은 굴하지 않고 6품과 4품으로 승진할 때마다 외방에 나가 수령을 역임하지 않으면 진급할 수 없는 규정을 만들어 추가했다. 이제는 승진을 바라는 관료라면 수령 부임을 피할 수 없게 되었다. 약간의 굴곡이 있기는 했지만 세종의 강력한 의지 덕에 육기법은 《경국대전》에 안착했다.

　수령육기법을 거론하는 이유는 세종이 수령을 통한 지방실정의 파악이라는 과제에 얼마나 집중했는가를 말하기 위해서이다. 세종은 향리와 지방민에게만 희생을 강요한 것이 아니라 관료들에게도 강요했다. 물론 지방관 임기 6년이라는 규정이 과연 희생이며 백성의 고통과 맞먹는 희생이냐고 지적할 수는 있다. 그러나 당시인의 관점에서 관원들의 불만이 끓어 넘쳤으며, 그 불만은 아주 오랫동안 지속되었다. 그러나 이 육기법만은 조선 정부도 끝까지 양보하지 않았다.

| 최상의 행정과 최상의 방법을 향한 고민 |

세종은 국가건설기라는 당시의 시대적 사명에서 볼 때 조선이 추진하는 모든 제도개혁이 성공하고 자리를 잡기 위해서는 수령의 임기와 통치를 보장하고 이를 통해 군현의 실상을 파악하고, 그에 기초한 각종 제도와 경영방법을 마련하고 관행으로 정착시키는 것이 우선이라

조선시대 지방관아의 동헌東軒(낙안읍성)

고 결정했다. 이것이 부민고소금지법이라는 극단적 방법을 채택하고 고수한 이유였다.

다만 여기서 부언해야 할 것은 부민고소금지법을 사용했다고 해서 국가의 대의를 위해 백성의 고통은 일방적으로 무시해도 된다라는 결정을 내렸던 것은 아니었다는 것이다. 반대로 관찰사와 어사를 이용한 지속적인 감찰, 과거제와 학교제를 통해 양성하는 관리의 자질향상, 엄격한 고과제도 등을 통해 수령의 부정은 완벽하지는 않아도 심각한 문제가 발생하지 않을 정도로는 통제가 가능하다고 믿었던 것이다. 일종의 도전이자 실험이었다고 할 수 있다.

게다가 조선은 농본사회였다. 비교적 사회구성이 단조롭고, 이해관계도 복잡하지 않다. 가족, 혈연 혹은 지연에 기초한 공동체적 관계도 상당한 힘을 발휘하고 있었다. 즉 사회현상에 대한 예측성, 유사성이 상당히 높았다. 그러므로 주민고발에 의존하지 않아도 군현경영이 잘

못되면 쉽게 드러날 수 있다고 판단했던 것이다.

오히려 현대적 관점에서 우리가 문제 삼아야할 부분은 《경국대전》이후라고 생각된다. 부민고소금지법은 한말까지 생존했으며, 마지막 법전인 《대전회통》에까지 계승되었다. 단 하나 추가된 부분은 《속대전》의 보완조항이다. 백성이 수령의 형장에 맞아 죽은 경우에 한해 격쟁(징을 쳐서 자신의 억울함을 알리는 것)해서 원통함을 호소할 수 있게 했다. 또 생명에 관련되거나 처첩의 분간, 양천 분간 같은 일에 대해서 신문고를 칠 수 있다는 규정이 있다. 이것은 직접 수령을 고발하는 일은 아니지만 수령이 연루될 수 있는 사안이었다. 단 이 경우도 윗사람을 고발할 수 없다는 규정을 형식적으로라도 지키기 위해서 고발자에게 장이나 태형을 가하거나 살짝 가하는 형식을 취하면서 소원을 수리했다.[38]

16세기 이후 수령의 전치기읍과 지방실정 파악이라는 과제는 전기처럼 중요한 위치를 상실했다. 우리가 현대적 기준에서 보면 조선의 토지, 인구, 지방실상의 파악은 여전히 부족한 상태에 있었다. 그러나 어찌보면 그것이 전근대 사회의 한계였다고 보여진다. 사실상 16세기부터 조선은 더 이상 지방의 실상을 파악하고 재정, 제도, 지방행정망을 개선하기 보다는 현재의 데이터를 관행으로 정착시키고, 그 관행을 유지하는 방향으로 나갔다. 사족, 향리의 반발도 크게 줄었는데, 이와 같은 관행의 정착과정에서 국가와 사족, 향리, 민중이 적당한 적정선으로 타협하였기 때문이다. 이런 적절한 타협은 국초의 이상에서 보면 분명히 부족하고, 개혁 효과를 반감시키는 것이었다. 그러나 이 부분을 평가하는 것은 본고의 목적은 아니다. 분명한 사실은 세종이 부민고소금지라는 악법을 강행하면서까지 관철시키려고 했던 목적은 -50%의 성과를 보았든 70%의 성과를 보았든 간에-이제 사라졌다는 것이다.

그러나 조선왕조는 부민고소금지법을 폐지하거나 개선하지 않았다. 이때부터 부민고소금지법은 신분제적 윤리와 수령과 향리, 사족의 절충으로 형성된 관행을 유지하는 현실안주적인 방안으로 사용된다. 특히 17세기 이후 상공업이 발달하면서 조선의 신분제가 해체되기 시작한다. 그러자 정신세계는 오히려 반동적인 성향을 보이게 된다. 양반지식인 사회에서는 주자성리학이 근본주의적 성향을 띠기 시작한다. 이와 함께 사회변화에 대한 반동으로 강상범죄에 대한 처벌이 강화되는데, 부민고소금지법도 강상법으로 인식되어 고수되었다.

이것은 행정담당자들은 어떤 법과 제도이든지 그 법이 태어난 배경과 근본목적을 항상 인식하고 변화하는 환경에 맞추어 점검하는 태도가 필요하다는 교훈을 말해준다. 오늘날 부민고소금지법은 대표적인 악법, 세종의 큰 실수로 이해되기도 하는데, 이런 해석에는 부민고소금지법의 본래의 문제의식을 망각하고 묵수했던 조선 후기의 상황이 큰 영향을 미쳤다고 보여진다.

마지막으로 개혁과 소통이라는 본고의 주제와 맞추어 부민고소금지법을 평가해 보고자 한다. 소통이라는 관점에서 보면 부민고소금지법은 불통의 법이라고 할 수 있다. 그러나 적어도 세종대를 기준으로 하면 부민고소금지법이 불통을 위한 법은 아니었다. 조선은 국초부터 거대한 개혁목표를 세웠고, 이 과정에서 소통의 방법을 고민했다. 이 과정에서 부민고소금지법은 개혁을 추진하는 동력을 얻고, 개혁을 왜곡하는 소통을 개선하려는 의도에서 나온 것이지 소통을 포기하고 일방적인 개혁을 추진하려는 의도는 아니었다.

그리고 부민고소금지법이라는 바람직하지 못한 극단의 방법을 채택한 근본적인 이유는 당시 조선사회의 재정, 산업과 사회구조, 과학기술의 제약이었다는 점도 지적해야 한다. 우리는 미래의 바람직한 제도를 구상하거나 과거의 제도를 비판할 때 의지, 도덕성의 문제로 너무 쉽게 간주하는 경향이 있다. 하지만 세종이 고심 끝에 부민고소금지법을 시행할 수밖에 없었던 가장 큰 이유는 시대의 사회적, 기술적 제약이다.

우리가 조선의 행정제도를 연구할 때는 그 제도가 잘된 것이든, 잘못된 것이든 개선의 여지가 있는 것이든 간에 그 시대의 사회적, 기술적 제약 속에서 검토하고 비판하는 자세가 필요하다. 그래야만이 과거에서 올바른 교훈을 얻고 현재를 분석하고 미래에 대비할 수 있다.

조선이 국가행정망의 강화를 추진하는 데 최대의 제약은 국가 재정의 한계였다. 개혁을 좀 더 민주적이고 소통적인 방식으로 추진하기 위해서는 일단 충분한 관료군과 행정조직을 뒷받침해 줄 수 있는 유급관원이 필요했다. 조선의 재정은 300여 개의 군현에 수령을 파견하고 수령 중심의 행정체제를 마련하는 정도가 최선이었다. 더 이상의 관료군을 증설하거나 포용할 국가적 능력이 부족했다. 이 때문에 16세기가 되면 관료군이 포화상태가 되며 부족한 관직을 두고 정치적 갈등이 격화된다.

이런 상황에서 향리를 유급관원으로 대체하고, 수령직도 분화시켜서 수령에게 집중된 행정, 군사, 사법 기능을 나누어 전문직화하는 것은 엄두도 낼 수 없었다. 결국 지방의 토호인 향리들을 동원해서 군현을 운영할 수밖에 없었다. 게다가 과학적 통계, 수사, 검증 수단은 전무했다. 군현 행정에서 최대의 부정은 결국 재무, 회계 분야인데, 과학적인 검증방식도, 회계를 담당하는 전문인력과 시스템을 구축할 수도 없었다. 이런 체제에서 부민고소는 도저히 공정하게 유지될 수 없었고, 부민고소금지라는 극단적인 방법을 동원하게 된 것이다.

5장

조선 후기 당쟁과 제도 개혁

회니시비와 탕평론

김 용 흠

연세대학교 국학연구원 연구교수

| 회니시비와 당쟁망국론 |

잘 알려진 것처럼 조선 후기에는 '당쟁黨爭'이라고 불리는 정치적 갈등이 격렬하게 전개되었다. 당쟁이 200년 넘게 지속되었으므로, 여기에는 수많은 논쟁점들이 존재하였다. 당시 갈등의 당사자들 또는 그 문인이나 후손들이 자기 당파의 정당성을 주장하는 '당론서黨論書'가 방대한 규모로 전해질 정도이다. 이들 당론서에 보이는 조선 후기의 정치적 시비是非 논쟁 가운데 가장 많은 비중을 차지하고 있는 것이 바로 '회니시비懷尼是非'였다.[1]

회니시비란 17세기 말 송시열宋時烈(1607~1689)과 윤증尹拯(1629~1714) 사이의 갈등에서 비롯된 일련의 정치적 학문적 논쟁을 가리킨다. 당시 송시열이 회덕懷德에 살았고, 윤증이 니산尼山에 살아서 이들 사이의 논쟁을 '회니시비'라고 불렀다. 사제지간이었던 이 두 사람 사이의 논쟁으로 숙종대肅宗代 서인西人이 노론老論과 소론少論으로 분열되고, 이들이 사거한 뒤에도 18세기 영조英祖·정조正祖를 지나서 19세기 철종哲

2부 정치제도 개혁의 실현과 소통

송시열 초상

윤증 초상

宗대까지 그 논쟁이 지속되었다.[2]

흔히 윤증이 자신의 부친인 윤선거尹宣擧(1610~1669)의 묘갈명墓碣銘을 송시열에게 부탁하였는데, 송시열이 묘갈명에서 윤선거를 각박하게 평가하자 윤증이 불만을 품고 스승을 비판하여 회니시비가 일어났다고 알려져 있다. 그렇지만 노론과 소론의 당론서 모두 이것이 단순한 묘갈명 시비가 아니라 보다 깊은 연원이 있다고 주장하였다.[3] 여기에는 병자호란 당시 윤선거의 강화도 행적에 대한 평가, 윤휴尹鑴(1617~1680)에 대한 사문난적斯文亂賊 논란, 북벌론北伐論과 붕당론朋黨論 등에 대한 서로 다른 입장 등 수많은 논점들이 포함되어 있었다.

또한 회니시비 역시 여타의 '당쟁'과 마찬가지로 개인의 권력욕이나 당파적 이해관계에 의해 정치적 모략과 음모가 동원되었다. 19세기 말 조선왕조 국가의 멸망을 눈앞에 두고 뜻있는 지식인들이 당쟁망국론을 제기한 것은 그 때문이었는데, 회니시비 역시 그러한 혐의에서 자유롭지 못한 것이 사실이다.

그렇지만 회니시비에서 오로지 정치권력을 장악하여 당파적 이익을 달성하려는 주장만 있었던 것은 아니었다. 그 안에는 당시의 국가적 위기를 타개하기 위한 정책을 모색하고, 이것을 정치의 중심 문제로 끌어들이려는 지향 또한 존재하였다. 당시의 국가적 위기를 극복하기 위해서는 지배층이었던 양반과 지주의 기득권을 양보하거나 폐지하는 제도개혁이 절실하였는데, 회니시비 안에는 이에 대한 찬반의 입장이 갈려 있었다. 따라서 회니시비와 탕평론의 관련성을 따져보는 것은 중요한 의미를 갖는다.[4] 당쟁망국론은 회니시비의 이러한 측면을 간과하고 있는 문제가 있다.

정치에 대한 이해에서 많은 사람들이 범하는 대표적인 오류 두 가지가 있다. 하나는 정치적 갈등 그 자체를 비판하는 것이고, 다른 하나는 정책에 대한 주의를 소홀히 하는 것이다. 시대의 고금과 장소의 동서를 막론하고 정치적 갈등이란 존재하였다. 오늘날의 민주주의 역시 정치적 대립·갈등을 피할 수 없다. 문제는 갈등 그 자체가 아니라 그 갈등의 내용이 무엇이냐에 있다. 정치인의 권력욕이나 당파적 이해관계를 넘어서 정책 노선에 대한 입장 차이를 섬세하게 분별해 내지 못한다면 정치에 대한 올바른 인식은 불가능해질 것이고, 이로 인해 정치적 허무주의와 무관심이 판을 치게 되면 바람직한 사회 변화는 기대하기 어렵게 될 것이다.[5]

오늘날까지도 회니시비에 대해서는 양비론兩非論이 지배적이다. 윤증이 자기 부친의 명예를 지키기 위해 스승을 비판한 것도 잘못이고, 송시열이 자기 친구인 윤선거 묘갈명을 애매하게 작성한 것도 잘못이라는 평가가 그것이다. 이러한 논리로는 일제日帝가 조선 후기 당쟁을 폄하하면서 내놓은 당파성론을 극복할 수 없을 뿐만 아니라 정치 그 자체를 부정적으로 보는 관점을 벗어나기 어렵다.

회니시비의 저변에 깔려 있는 사상과 정책의 대립을 분명하게 밝혀서 보수와 진보로 규정할 수 있어야만 정치적 허무주의와 무관심을 극복할 수 있다. 이를 위해서는 회니시비를 포함한 당쟁에서 제도 개혁을 둘러싼 입장 차이가 어떻게 반영되어 있는지를 규명하는 것이 관건이 될 것이다.

| 제도 개혁과 사문난적 논란 |

송시열이 쓴 '해동건곤 존주대의' 글씨

회니시비의 연원에 해당하는 송시열과 윤선거 사이의 갈등은 병자호란 이후 조선왕조 국가가 직면한 현실에서 비롯되었다. 양란 이후 조선 후기의 역사는 전후 복구를 위한 노력으로 시작되었다. 왜란의 피해도 만만치 않았지만 호란, 특히 병자호란은 국왕을 비롯한 지배층과 피지배층을 막론하고 심각한 상흔을 남겼다. 전쟁에서 패배한 국왕 인조는 1637년 1월 남한산성에서 내려와 삼전도三田渡에서 청 태종 홍타이지에게 삼배三拜 구고두九叩頭의 치욕적인 의식을 치러야만 했다. 조선을 대표하는 국왕이 오랑캐의 대표자에게 당한 삼전도의 치욕은 이후 조선왕조가 멸망할 때까지 지배층의 뇌리를 떠나지 않는 트라우마가 되었다. 이로 인해 효종孝宗·현종顯宗 연간에는 청나라에게 복수해야 한다는

북벌론이 초미의 정치적 화두로 등장하였다.[6]

송시열과 윤선거는 1633년 같이 소과에 합격하여 성균관에 들어갔다. 이때 송시열은 장원을 하여 학문적 명성이 자자하였지만 뚜렷한 정치적 실천은 보여주지 못하였다. 이에 비해 같은 해 생원·진사시에 모두 합격한 윤선거는 성균관에서 인조가 생부인 정원군定遠君을 원종元宗으로 추존하고 나서 종묘宗廟에 입묘하려는 것을 반대하는 상소를 주도하였다.[7] 그리고 1636년 봄 후금後金이 청淸으로 국호를 바꾸고 황제를 자칭하며 사신을 보내 청나라를 섬기라고 요구하자 윤선거가 성균관 유생들과 함께 청국 사신을 참하라고 주장하는 상소를 주도하여 명성을 떨쳤다.[8]

또한 윤선거 가문의 위세는 송시열의 그것을 압도하였다. 윤선거의 부친 윤황尹煌은 우계牛溪 성혼成渾의 제자이자 사위였다. 성혼은 율곡栗谷 이이李珥와 함께 기호학파畿湖學派를 이끈 성리학자이자 동인東人에 맞서고 있던 서인西人을 이끈 정치 지도자였다. 윤황은 인조대 김상헌金尙憲과 함께 반청 척화론자로서 명성을 떨쳤다.[9]

병자호란이 일어나자 윤황과 송시열은 인조를 호종하여 남한산성으로 들어갔다. 그런데 윤선거는 강화도로 피난하였다가 자신의 친우들은 물론 중부仲父인 윤전尹烇 및 자신의 아내 이씨가 눈앞에서 죽는 고통을 당하였다. 그는 자신이 척화론을 주도하였음에도 불구하고 이처럼 자신과 가문은 물론이고 국가 차원의 재앙을 막지 못한 것을 부끄럽게 여겨 벼슬에 나가지 않고, 재혼도 포기한 채 김집金集 문하에 나가 학문에 몰두하다가 여생을 마치려 하였다.[10]

정축년(1637) 삼전도의 치욕 이후 충청도 지역에는 자의반 타의반 출사를 포기한 유자儒者들이 속속 모여들었다. 이들은 이이·성혼에서 출발된 기호학파의 학통 계승을 표방한 김장생金長生(1548~1631)·김집

金集(1574~1656) 문하에 나아가 학문을 연마하였다. 여기에는 송시열과 윤선거를 비롯하여 송준길宋浚吉(1606~1672), 이유태李惟泰(1607~1684), 유계兪棨(1607~1664), 윤원거尹元擧(1601~1672), 윤문거尹文擧(1606~1672) 등 당대의 서인 학통을 주도하는 학자들이 대거 포함되어 있었다. 이들은 박지계朴知誡(1573~1635) 문인이었던 남인南人 권시權諰(1604~1672), 북인계 남인 윤휴尹鑴(1617~1680) 등과도 당색을 넘어서 학문적으로 긴밀하게 교류하였다.[11]

이들은 같이 학문을 연마하였을 뿐만 아니라 출처出處를 비롯한 예제禮制는 물론 신변잡기의 세세한 부분까지도 때로는 직접 만나서, 아니면 편지를 주고받으면서 토론을 통해서 공동보조를 취하려고 노력하였다. 이들이 바로 조선 후기 성리학性理學을 주도한 호서湖西 산림山林이었는데, 당대에 큰 정치적 영향력을 행사하게 된 것은 반청反淸 척화斥和의 기치를 높이 들고 주자학 의리론義理論의 수호자로 공인받

왔기 때문이었다.

따라서 송시열과 윤선거 등이 북벌 추진 방안을 모색하는 것은 자연스러운 일이었다. 이들의 논의는 대동법大同法·균역법均役法과 같은 제도 개혁이 북벌 추진을 위해서 반드시 필요하다는 것에 대체로 합의하고 있었다. 즉 양반과 지주의 양보가 불가피하다는 것을 인정한 것이었다. 그런데 송시열은 북벌의 의리 자체를 자신의 전매특허인 듯 내세웠지만, 양반과 지주의 기득권을 고수하는 방안 마련에 골몰하였다. 이즈음에 그가 제기한 것이 바로 윤휴에 대한 '사문난적斯文亂賊' 논란이었다.[12]

잘 알려진 것처럼 윤휴는 사서四書·육경六經과 같은 유교 경전에 대한 독자적인 주석을 통해서 주자朱子와는 다른 정치론을 체계화하였다. 그 역시 강렬한 반청 북벌론자였는데, 그는 이를 위해 국가의 각종 제도에 대한 '대경장大更張'의 당위성을 강조하였다. 즉 그 역시 제도 개혁을 통해서 양반제와 지주제의 모순을 제거 내지 약화시켜야만 북벌이 가능하다고 본 것은 윤선거 등과 마찬가지였다.[13]

그런데 송시열은 윤휴의 제도 개혁 주장을 잘 알면서도 그가 주자 주석을 비판한 것만을 부각시켜 '사문난적', 즉 '이단異端'이라고 공격하였다. 이에 대해 윤선거는 윤휴의 경전 주석은 작은 일이니 문제 삼을 일이 아니며, 그의 제도 개혁론을 수용하라고 송시열에게 기회 있을 때마다 요구하였다. 그리고 송시열이 주자학만을 내세우고 독선적으로 정국을 운영하는 것을 비판하고 윤휴 등 남인을 인정하고 등용하라고 분명하게 촉구하였다. 이것은 그가 북벌 추진을 정치의 가장 중요한 문제로 간주하고, 이것을 실현하기 위해서는 붕당을 넘어선 인재 등용이 필요하다는 그의 소신을 천명한 것이었다.[14]

윤선거는 죽기 직전에 송시열에게 자신의 주장을 담은 편지를 썼는

죽림서원 논산시 강경읍 황산리. 1653년 송시열과 윤선거가 윤휴문제로 논쟁한 장소이다.

데, 기회를 놓쳐서 보내지 못하였다. 이것이 이른바 〈기유의서己酉擬書〉였다. 윤선거의 이 편지는 효종~현종 연간 서인 산림 내에서 북벌을 두고 벌어진 입장 차이를 분명하게 보여주었다. 즉 송시열이 주자학 의리론을 내세우면서 북벌의 의리義理만을 수신修身 차원에서 강조한 것에 대해서 윤선거는 북벌을 실질적으로 추진할 수 있는 제도의 변통과 경장을 요구하였다. 이것은 북벌론을 두고 드러난 척화론 진영의 분열이자 서인 산림의 분열이었다.[15]

윤휴의 유교 경전 주석과 대경장, 즉 제도 개혁 주장 가운데 송시열이 문제 삼은 것은 경전 주석이었다. 송시열은 이것을 '이단'으로 규정하고 '사문난적'이라고 공격하였다. 이것은 북벌과 관련된 정책 논쟁을 회피하기 위한 수단이었다. 즉 정치 쟁점을 '정책'에서 '의리'로 치환한 것이었다. 그 저변에는 제도 개혁을 반대하여 당시의 지배층이었던 양반과 지주의 기득권을 고수하려는 의도가 깔려 있었다.[16]

윤선거 묘소 경기도 파주시 탄현면 법흥리에 있다.

| 묘갈명 시비와 〈신유의서〉 |

윤선거가 사거한 뒤 윤증은 묘갈명을 부탁하면서, 박세채朴世采(1631~
1695)가 지은 행장行狀과 함께 윤선거의 주장이 담긴 저작물을 모두
송시열에게 보냈다. 이를 통해 윤선거가 죽기 직전까지 윤휴를 비롯
한 남인들을 비호하고 있었음을 알게 된 송시열은 윤선거의 생애에
대한 총평에서 후배인 박세채의 말로 대신하겠다고 말하여 윤선거에
대한 불만을 소극적으로 표출하였다.[17]

　이에 윤증이 요구한 것은 자신의 부친 윤선거에 대한 평가를 후하
게 해달라고 한 것이 아니었다. 윤선거와 송시열의 40년이 넘는 교우
관계에 비추어 볼 때 송시열이 스스로 윤선거를 평가하지 않고 후배
인 박세채의 말로 대신한 것은 송시열 본인조차도 후대의 비판을 면
할 수 없는 일이라고 보았다. 그래서 윤증은 자기 부친과 어떤 점에서
어떻게 견해가 달랐는지를 분명히 밝혀달라고 요구하였다. 이에 대해
송시열은 윤선거가 윤휴를 비호하였다고 물고 늘어지면서 윤증의 요

2부 정치제도 개혁의 실현과 소통

구를 들어주지 않았다.[18]

이렇게 본다면 세간에서 말하듯이 송시열이 묘갈명에서 윤선거를 직접 비판한 것은 아니며, 송시열이 윤선거를 칭찬하지 않았기 때문에 윤증이 불만을 품은 것도 아니라는 것을 알 수 있다. 윤선거 묘갈명이 문제가 된 이유는 송시열이 정책에 대한 견해 차이를 분명하게 밝혀 달라는 윤증의 요구를 거부하고, 윤휴를 비호한다고 윤선거·윤증을 공격하여, 정책 논쟁을 의리 논쟁으로 치환하려 하였기 때문이었다. 이를 통해서 송시열은, 양반과 지주의 기득권을 양보해서라도 국가의 위기를 극복하려는 지배층 일각의 지향에 제동을 걸려고 하였던 것이다.

회니시비가 조정으로 비화된 것은 1684년 송시열 문인 최신崔愼의 상소에서 시작되었는데, 그 직접적 계기가 된 것이 바로 윤증의 이른바 〈신유의서辛酉擬書〉였다. 이것은 윤증이 스승인 송시열을 비판한 편지였는데, 박세채의 만류로 보내지 못하였다. 그런데 송시열의 손자이자 박세채의 사위인 송순석宋淳錫이 몰래 베껴서 송시열에게 보였다는 문제의 편지이다.[19] 〈신유의서〉가 나온 것은 1681년 여름이었는데, 이때는 윤증과 송시열 사이에서 묘갈명을 둘러싼 시비가 멈춘 이후였다. 그리고 1680년 경신환국으로 서인이 정권을 장악하여 윤휴를 사사賜死하는 등 남인 100여 명을 처벌하고 난 뒤였다.[20]

여기서 윤증은 송시열의 문제점을 '왕패병용王覇並用, 의리쌍행義利雙行'으로 요약하여 제시하였다. 즉 송시열이 주자학과 북벌 대의를 내세우면서 자신과 견해와 입장이 다른 사람들을 배척하고, 실질적으로 자신의 수신에는 힘쓰지 않으면서 '남을 공격하고 이기려는 말'만 끊임없이 반복한다고 지적하였다. 송시열이 자신의 주장을 무조건 주자의 말이라고 내세우면서 복종을 강요하는 것은 '왕패병용'의 결과라고 비판하였으며, 송시열이 평생 북벌 대의를 내세웠지만 그 실질적인 효과는 없이 녹봉과 지위만 융숭해지고 명성만 널리 퍼져서, 명예와 이익을 구하는 수단으로 전락한 것은 '의리쌍행'의 결과라고 비판하였다.[21]

윤증의 이러한 송시열 비판은 당대에 송시열이 누리고 있던 지위와 명성에 치명적인 타격이 될 수 있었다. 또한 당시처럼 주자학 의리론이 횡행하는 현실 속에서는 정치적으로 지극히 위험한 모험이기도 하였다. 그렇지만 이것이 윤선거 묘갈명에 대한 불만 때문이라고 보는 것은 너무 단선적인 이해이고, 윤휴 등 남인에게 아첨하기 위한 것이라고 보는 것은 노론의 당파적 입장에서 나온 것이다.[22] 이것은 윤증이 자기 부친인 윤선거의 북벌론을 계승하여 제도의 변통과 경장이 당시 정치의 가장 중차대한 문제라는 인식에서 나온 것으로 보는 것이 온당할 것이다.

이 〈신유의서〉를 가지고 노론 당인들은 윤증이 '스승을 배반하였다'고 공격하였다. 이것은 숙종대 서인이 노론과 소론으로 분열되는 중요한 계기가 되었다. 훈척을 비롯한 조정의 고관들이 송시열을 일방적으로 비호하였음에도 불구하고, 다수의 관인·유자들이 윤선거와 윤증 편에 선 것은 정책이 정치의 중심 문제가 되어야 한다는 당위성에 공감하는 지식인들이 광범위하게 존재하였음을 입증하는 것이었다.[23]

| 탕평론의 등장과 회니시비 |

윤증의 〈신유의서〉가 언제 송시열에게 전해졌는지는 분명치 않지만 1684년에 최신의 상소가 나온 것을 보면 1681~1684년 사이임은 분명

2부 정치제도 개혁의 실현과 소통

해 보인다. 이때 조정에서는 김석주金錫冑 등 왕실 외척 세력의 정탐정치偵探政治에 대한 비판이 삼사에서 격렬하게 제기되고 있었다. 당시 훈척勳戚은 조정에서 남인을 뿌리 뽑기 위해 고변告變과 기찰譏察을 통한 정탐정치까지 동원하는 것을 마다하지 않았다.[24]

삼사에 포진한 연소 청류淸流들이 훈척의 정탐정치를 비판한 것은 사림정치士林政治의 원칙인 공론정치公論政治를 내세우며 전개되었다. 이로 인해 노론과 소론이라는 명목이 처음 등장하였는데, 경신환국 이후의 이러한 서인의 분열은 비교적 나이어린 언관과 노숙한 정승의 대립이라는 양상으로 전개되었다. 이는 사류士類와 훈척의 대립이라는 측면에서 16세기 전반 사화士禍 당시의 사림파와 훈구파의 대립과 유사한 형태로 인식되기도 하였다.[25]

그런데 당시 사림정치의 상징적 인물로서 서인 산림山林을 대표하고 있던 송시열이 젊은 관료들의 기대를 저버리고 훈척을 지지하였다. 송시열이 사림정치와 공론정치의 원칙을 저버리고 훈척의 공작정치를 긍정한 것은 정국 운영에서 남인을 축출하는 것이 다른 어떤 문제보다도 중요하다는 논리에 근거한 것이었다. 즉 송시열은 소인당인 남인을 내치고 군자당인 서인만으로 정국을 운영하는 것이 주자의 붕당론을 실천하는 유일한 방법이며, 이것이 사림정치와 공론정치의 원칙을 지키는 것보다 중요하다고 본 것이다.[26]

이로 인해 정국이 교착 상태에 빠지자 1683년에 박세채가 송시열에게 윤증을 조정에 불러들이자고 제안하였다. 이에 송시열이 동의하였지만, 윤증은 출사를 거부하였다. 윤증은 당시의 정국을 정상화하기 위해서는 다음과 같은 세 가지가 실현되어야 한다고 보았다. 첫째는 남인들의 원한을 풀어주어야 한다는 것이고, 둘째는 외척들의 전횡을 막아야 한다는 것이고, 셋째는 송시열의 독선과 독주를 막아야 한다

남간정사 대전시 동구 우암사적공원. 송시열이 머물며 공부하던 곳이다.

는 것이었다.[27] 윤증은 이것이 불가능하다면 출사는 무의미한 일이라
고 주장하자 이를 인정한 박세채는 윤증의 주장을 수용하여 이러한
난국을 극복하기 위해 황극탕평론皇極蕩平論을 제기하였다.

박세채의 탕평론은 양란 이후 조선왕조 국가가 처한 대내외적 위기
를 극복하기 위해 새로운 정책과 제도를 모색하고 이를 정치의 중심
문제로 끌어들이려는 관인·유자 일각의 노력의 산물이었다.[28] 이것은
윤선거가 주장한 북벌론의 연장선상에서 나온 것이었으므로 윤증 역
시 동일한 입장이었음은 물론, 당시 소론으로 좌정한 관인·유자들은
모두 이 탕평론을 지지하는 입장이었다.

이처럼 조정에서 탕평론에 동조하는 세력이 확대되자 이를 저지하
기 위해 나온 것이 바로 최신의 윤선거·윤증 비판 상소였다. 최신은
윤증이 〈신유의서〉에서 송시열을 '아비의 원수'로 여기고 '스승을 공
격'한 것이라고 비난하였다. 송시열은 주자학의 정통을 계승하여 '춘

2부 정치제도 개혁의 실현과 소통

윤증 고택 전경 논산시 노성면

추대의春秋大義'를 대표하는 '유림의 종장宗匠'이므로, 그를 공격하는 것
은 제자가 할 짓이 못 된다고 주장하였다. 그리고 윤선거의 강화도
행적이 문제가 있었으며, 윤휴와 절교하지 않았기 때문에 송시열이 묘
갈명을 고쳐달라는 윤증의 청을 들어줄 수 없었다고 송시열의 입장
을 대변하였다.[29]

최신의 상소가 나오자 박세채가 즉각 상소하여 반론하였다. 박세
채는 두 사람 사이의 갈등은 묘갈명 때문이 아니며, 윤증의 송시열 비
판은 이유가 있었고, 제자가 스승을 비판할 수도 있다고 주장하였다.
이로 인해 회니시비가 경연 석상에서 논의되기에 이르렀다. 좌의정 민
정중閔鼎重, 영의정 김수항金壽恒 등 정승들이 윤증이 스승을 비판한 것
은 잘못이라고 비난하여, 윤증을 유현儒賢으로 예우하던 조정의 조치
가 취소되었다.[30]

결국 최신의 상소로 인해 회니시비가 송시열과 윤증, 두 사람의 다

툼이라는 차원을 넘어서 조정의 정치적 갈등으로 비화되었다. 최신의 상소가 나온 시점이 박세채가 탕평론을 주장한 직후인 것을 보면 회니시비는 제도 개혁에 대한 찬반의 연장선상에서 탕평론과 반탕평론이 갈등하는 한 형태였음을 알 수 있다.

송시열과 노론이 윤선거·윤증과 소론을 공격한 것은 모두 주자학 의리론에 바탕을 둔, 개인의 도덕과 의리 차원에서 이루어졌다. 이는 국가의 위기를 타개하기 위한 정책 수립을 정치의 본령으로 삼자는 탕평론을 무력화시키기 위한 것이었고, 양반과 지주의 기득권을 고수하려는 수구의 몸부림이었다. 회니시비는 이처럼 이 시기 진보와 보수가 갈등하는 한 형태이기도 하였다.

| 윤선거의 강화도 행적을 둘러싼 논란 [31] |

최신 상소 단계까지만 하더라도 강화도에서의 윤선거 행적이 논란의 대상이었던 것은 아니었다. 이에 대한 논란이 조정에서 본격화된 것은 윤증이 실록청 담당자들에게 보낸 편지가 그 직접적 계기가 되었다. 1681년 《현종개수실록顯宗改修實錄》 편찬을 담당했던 이사명李師命 등이 정축년 윤선거의 강화도에서의 일에 대해 윤증과 박세채 및 윤선거 문인인 나량좌羅良佐 등에게 물었다. 그래서 윤증이 답서를 써서 나량좌와 박세채에게 보냈는데, 이 편지가 이사명을 통해서 송시열 문인인 이선李選의 손에 들어갔지만 당시에는 별다른 문제 제기가 없었다. 그런데 그 뒤 4년이 지난 1685년에 들어서야 비로소 조정에서 문제가 되었다.[32]

이 편지의 핵심 내용은 다음과 같다.

2부 정치제도 개혁의 실현과 소통

① 윤선거가 강화도에서 죽지 않은 것은 비록 완전한 도리에 비추어 보더라도 조금도 문제가 없었다[雖律以十分道理, 少無可疑].

② 윤선거가 효종 연간에 출사하지 않은 것은 강화도에서의 처신 때문이 아니라 다른 이유가 있었다.

③ 윤선거가 상소문에서 '죽을 죄를 지은 신하[死罪臣]'라고 한 것은 단지 군주의 소명召命을 어긴 것 때문일 뿐이었다.

④ 당시 김상용金尙容과 함께 죽은 권순장權順長·김익겸金益兼 등도 만약 남문에 배치되지 않았다면 반드시 죽어야 할 의리는 없었다[無必死之義].

⑤ 율곡 이이는 젊어서 입산入山한 잘못이 있지만 윤선거는 애초부터 죽어야 할 의리가 없었다[初無可死之義].

즉 자신의 부친 윤선거가 강화도에서 살아 나온 것은 의리에 조금도 어긋난 점이 없었으며, 효종대 윤선거가 강화도의 일을 내세우며 출사를 거부한 것은 개인적으로 치욕을 당했기 때문이 아니라 당대 지식인의 한 사람으로서 국가의 치욕을 막지 못한 것을 반성하는 의미였다고 주장한 것이다. 윤선거가 같이 죽음으로 항거하기로 맹세한 친구인 권순장과 김익겸은 강화도가 청군에게 함락된 뒤 김상용이 자폭할 때 마침 그 자리에 있어서 죽게 된 것이고 윤선거는 그 자리에 없어서 죽지도 못하였다는 것이다.

이것은 결국 윤선거가 강화도에서 아무런 잘못이 없었다는 주장인데, 노론측에서는 이에 크게 반발하였다. 윤선거가 강화도에서 당한 일은 수치스럽고 씻을 수 없는 허물이었는데, 이것을 '완전한 도리'라고 한다면(①) 권순장과 김익겸의 죽음은 도리에 어긋나는 일이 되느냐고 반문하였다. 권순장 등이 죽어야 할 곳에서 죽었는데, 윤선거의

강화성 남문

허물을 덮으려고 '반드시 죽어야 할 의리는 없었다'고 주장(④)하는 것이라고 비난하였다.

강화도에서의 일이 잘못이라는 것을 윤선거 자신이 잘 알고 있었기 때문에 이를 후회하고 근신하면서 재혼再婚과 출사出仕를 거부하였고, 본인이 이렇게 반성하고 있었기 때문에 당대에 그가 인정을 받았는데, 이제 갑자기 아무런 잘못이 없다고 말하는 것은 세상을 속이는 일이라고 윤증을 비난하였다.[33]

특히 윤선거가 스스로 '죽을 죄를 지은 신하[死罪臣]'라고 말한 것이 강화도에서의 수치스러운 행적 때문이 아니라 효종의 소명召命을 어긴 것을 지칭하는 표현이라고 한 것(③)을 두고는 윤선거가 '죽지 못한 것'을 부끄러워하지 않았을 뿐만 아니라 이후 출사하지 않고 자책自責한 것은 모두 허구였으며, '선으로 허물을 보충하였다[以善補過]'라고 윤선거를 인정해 준 것이 모두 잘못된 일이라는 것을 깨닫고 놀랐

다고 하였다.[34]

노론측에서 이런 공격이 나온 배경은 효종대 윤선거가 조정의 부름을 사양하면서 올린 상소문 때문이었다. 효종대 서인 산림이 조정에 진출하여 윤선거의 출사를 거듭 요구하였는데, 윤선거는 자신의 강화도에서의 행적을 들어서 이것을 거부하였다. 이에 대해 당시 호서 산림이나 조정의 관원들은 물론 효종조차도 지나치다고 보는 것이 일반적이었다. 그럼에도 불구하고 윤선거가 이것을 고집한 것은 자신의 강화도에서의 행적이 지닌 공적 성격을 환기시켜 북벌에 대한 의지와 당위성을 표현하기 위해서였다.[35]

윤증이 윤선거가 출사하지 않은 것은 강화도에서의 행적이 아닌 '다른 이유가 있었다'(②)고 말한 것은 바로 이것을 가리키는 것이었다. 즉 윤선거가 정축년 이후 근신한 행적은 스스로의 개인적인 수치스러운 처신 때문이 아니라 조선인 유자儒者의 한 사람으로서 국가가 오랑캐에게 짓밟히는 것을 막지 못한 것을 반성한다는 공적인 성격을 띠었다고 본 것이다. 따라서 윤선거 스스로도 본인의 강화도에서의 행적이 개인적인 윤리나 절의의 측면에서 문제될 것이 없다고 생각한 것은 윤증이 말한 것과 다름이 없었다.[36]

| 회니시비에서 드러난 보수와 진보[37] |

소론 당인들은 윤증이 말한 '반드시 죽을 의리는 없었다[無必死之義]'는 말(④)을 모두 인정하였다. 즉 권순장과 김익겸은 남문에 배치되어 있었으므로 김상용이 불타 죽을 때 같이 불타 죽은 것이지, 만약 그들이 그곳에 있지 않았다면 역시 반드시 죽어야 할 의리는 없었다는 것이

다. 이 말은 권순장 등의 죽음과 윤선거의 삶을 사세론事勢論, 즉 상황 논리를 통해서 동일 선상에서 이해한 것이었는데,[38] 이것은 중요한 의미가 있었다.

호란 당시 윤황-윤선거 가문은 자타가 공인하는 척화 의리의 상징이었다. 그런데 윤증 단계에 이르러 주화론主和論의 핵심 논리인 사세론事勢論을 긍정하기에 이르렀다는 점이 주목된다. 인조대 주화론자인 이귀李貴와 최명길崔鳴吉 등도 역시 척화론의 핵심 논리인 대명의리론對明義理論, 또는 '중국을 높이고 오랑캐를 물리쳐야 한다'는 당위를 부정한 것이 아니었다. 다만 당시의 현실에 비추어 그것을 고집할 수 없다고 보고, 경권론經權論·사세론事勢論 등을 내세우면서 주화主和의 불가피성을 주장하였을 뿐이었다.[39]

윤증은 당시의 현실인식에 기초하여 척화 의리를 상대화하는 사세론을 긍정하고, 주화론의 주요 구성 요소인 변통론과 붕당 타파론을 공유하였다. 돌이켜 보면 윤황이 변통론을 주장하면서도 이귀 등과 협력하지 못한 것은 현실인식의 불철저함에서 오는 논리적 모순과 비약도 존재하였지만, 한편으로는 불가피한 측면도 없지 않았다. 그것은 당시의 생산력 수준을 반영한 교통·통신의 한계로 인해 소통이 불충분하여 생긴 일이기도 하였기 때문이다. 윤증 단계에서 이들이 점차로 주화론의 논리를 긍정해 가는 과정은 이러한 한계가 극복되어가는 과정으로도 볼 수 있을 것이다. 즉 이것은 관인·유자들 사이에서 당시의 시대적 한계인 봉건성封建性을 극복하고 보수에서 진보로 나아가는 과정이기도 하였던 것이다.[40]

송시열이 가장 두려워하고 근심한 것은 당대 지배층 일각에서 일어나는 바로 이러한 경향성이었다. 이에 대항하여 인조대 척화론의 의리 그 자체를 수호하기 위해 그는 윤휴를 사문난적으로 몰아 배척하고,

2부 정치제도 개혁의 실현과 소통

윤선거·윤증 부자에게 인신 공격을 감행하기에 이르렀다. 그래서 윤선거가 강화도를 빠져 나올 때 '선복宣卜'이라고 이름을 바꾸고 종이 되어 빠져나왔다고 허위 사실을 날조하고, 윤선거 문집에 있는 몇 구절을 뽑아내어 효종을 비난하였다고 몰아갔다.[41] 송시열의 이러한 주장들은 모두 송시열과 제자 사이의 문답이나 증언의 형태로 제시되었다.[42]

송시열은 윤증이 실록청 당사자들에게 보낸 편지의 문제점을 '율곡을 모욕하고 절의를 배척하였다'고 요약하였다. 절의를 배척하였다고 한 것은 윤선거의 강화도 행적이 가진 공적 의미를 인정하지 않는 것이었고, 윤증이 '율곡은 입산한 잘못이 있다'고 말한 것은 자기 부친의 허물을 덮으려고 율곡을 모욕한 것으로 간주하였다.

송시열은 윤선거가 상소문에서 '사죄신'이라고 한 것이 강화도에서의 행적 때문이 아니라 효종의 부름을 거역한 것 때문이라는 것을 윤증의 이 편지를 보고 알았다고 하였는데, 이것 역시 신빙하기 어렵다.[43] 효종대 송시열은 이조판서로서 인사권을 행사하고 있었는데, 그 절친한 친구인 윤선거 상소문의 의미를 파악하지 못했다는 말은 당시의 현실과 너무 동떨어진 말이기 때문이다.

송시열은 윤증과 소론 당인들이 주장한 사세론을 두고, '율곡을 모욕한 유래'라고 말하고, 남인 허적許積이 척화 삼학사三學士를 모함한 것을 답습한 것이라고 비난하였으며, 심지어는 '윤휴가 남긴 재앙'이라고까지 비약하였다. 이들 사실에서 전혀 논리적 연관성을 찾기 어려운데, 윤증이 전개한 사세론을 두고 윤휴가 주자를 모욕하고 헐뜯은 것에서 연유한다고까지 주장한 것은 송시열이 자의적으로 주자를 인용하여 자신의 주장을 합리화하고 있다는 지적을 받기에 딱 들어맞는 장면이었다.[44]

율곡 이이가 젊었을 때 입산한 잘못은 본인이 상소하여 인정한 것인데도, 송시열의 지적이 나온 뒤, 윤증을 비판하는 통문과 상소문이 줄을 잇고 정승들이 조정에서 심각하게 논의하기에 이르렀다.[45] 심지어는 이이가 머리를 깎은 일이 있다고 주장한 사람을 유배보내고,[46] 이이가 머리를 깎았다면 유학자로 인정할 수 없다는 주장까지 나왔다.

윤증이 진심으로 송시열의 문제점을 지적한 것을 두고 '스승을 배반하였다'고 하고, 율곡이 입산한 잘못이 있다는 사실을 말한 것을 두고 '율곡을 모욕하였다'고 하였다. 강화도의 일을 잊지 말고 그것을 극복하려고 노력하자는 윤선거 주장을 '절의를 손상하고, 효종을 모함했다'고 몰아가고, 북벌을 위한 제도 개혁을 추진하자고 주장하였는데, '사문난적인 윤휴를 편들었다'고 공격한 것이 회니시비였다. 노론측 주장대로라면 제자는 스승을 절대로 비판할 수 없고, 율곡이 입산하여 삭발했다면 그의 학문은 무의미하며, 패전국 신민은 죽음으로써만이 그 절개를 지킬 수 있다는 것이었다. 이에 대해 소론측에서는 스승의 잘못이 있다면 비판하는 것이 진정한 제자의 도리이고, 율곡의 학문이 훌륭한 것은 그의 입산 여부와는 관계가 없으며, 패전국 신민이라도 상황에 따라서 죽고 사는 것이 결정되므로 이것은 절개와 무관하다는 것이었다.

송시열과 노론이 윤선거·윤증과 소론을 공격한 것은 모두 주자학 의리론에 바탕을 둔, 개인의 도덕과 의리의 차원에서 이루어졌다. 이것은 국가의 위기를 타개하기 위한 정책 수립을 정치의 본령으로 삼자는 탕평론을 무력화시키기 위한 것이었고, 양반과 지주의 기득권을 고수하려는 수구의 몸부림이었다. 따라서 이들이 주장하는 의리는 진정한 의리가 아니라 봉건적이고 수구적인 의리에 불과하였다. 회니시비는 이처럼 이 시기 진보와 보수의 갈등 양상을 반영한 것이기도 하였다.

2부 정치제도 개혁의 실현과 소통

박세당의 《사변록思辨錄》을 비판한 것에서 드러나듯이,[47] 윤증의 학문은 조선 후기 실학 그 자체에 비하면 보수적인 것이었지만, 사세론을 긍정하고 탕평론을 실천해야 한다고 주장한 것은 송시열과 노론 반탕평론자들에 비해 진보적인 측면이었다. 윤선거·윤증을 지지하는 사람들은 '조선 후기 실학'에서 제시한 체계적인 국가개혁론을 주장하지는 못하였지만, 정치는 그러한 방향에서 이루어져야 한다는 것을 인정한 것이었다. 모략과 음모가 난무했던 조선 후기에도 이처럼 진실을 추구하고 정치의 본령을 회복하려는 관인·유자들이 존재했다는 사실을 간과해서는 안 될 것이다. 즉 조선 후기 당쟁의 전형인 회니시비에서도 정책 논쟁이 그 저변에 깔려 있었는데, 당쟁망국론은 바로 이러한 측면을 도외시하였다는 점에 치명적인 약점이 있었다.

| 보수의 자기모순과 미약한 진보[48] |

1689년 기사환국己巳換局으로 남인이 다시 집권한 뒤 송시열은 장희빈의 아들을 원자로 책봉하는 것을 반대하다가 제주도로 유배되었다. 그 유배길에 송시열은 연산連山에 있는 김장생 묘소에 들러 고묘문告廟文을 지어서 윤선거·윤증 부자를 공격하였다. 윤선거가 윤휴의 당이 되어 사문斯文에 해를 끼쳤기 때문에 춘추의리春秋義理에 입각하여 배척하였더니, 그 아들 윤증이 자기를 원수로 여기고 공격하여 나라가 멸망할 지경에 이르렀다는 것이다.

그리고 죽기 직전에는 제자인 권상하權尙夏에게 편지를 보내 윤증이 자기를 죽이려고 모의하였다고까지 말하였다. 이때도 송시열은 독특한 대화식 화법을 동원하여 김장생의 증손인 김만준의 증언을 그 증

돈암서원 충남 논산. 김장생을 제향한 서원이다.

거로 제시하였다. 이러한 송시열의 주장은 기사환국 이후의 사실 전
개와는 동떨어진 왜곡이 아닐 수 없었다.[49]

　그 사실 관계를 떠나서 윤증과 소론 탕평파가 주장하고 실천한 것
은 노론은 물론 남인과도 공존하면서 국가의 위기를 타개하기 위한
정책 마련에 정치적 역량을 집중해야 한다는 것이었으므로, 송시열을
죽이려고 모의할 리가 없었다. 그런데도 송시열이 죽기 직전까지 이처
럼 형세 판단을 그르친 것은 그 자신이 그토록 집착한 주자학 의리론
의 자기 모순에서 비롯된 것으로 보지 않을 수 없다. 그 근원에는 양
반 지주의 기득권을 유지하고 고수하려는 집착이 가로놓여 있었다.
송시열의 이러한 발언은 결국 거짓과 위선에 바탕을 둔 보수의 민낯
을 여지없이 드러낸 것이었다.

　1694년 갑술환국甲戌換局 이후 박세채의 탕평론이 숙종에 의해 수용
되어 탕평책이 추진되다가 노론 반탕평파의 정치 공세에 의해 윤선거
의 문집이 헐리고 윤선거·윤증의 관작官爵이 추탈된 병신처분丙申處分
으로 노론이 권력을 독점함으로써 탕평정치는 중단되었다. 경종대 신

　　　　　　　　　　　　　2부 정치제도 개혁의 실현과 소통

송우암수명유허비 전북 정읍시

송시열의 묘 충북 괴산군 청천면

축년(1721) 환국으로 소론 탕평파가 집권하자 두 사람의 관작과 시호諡號가 복구되었다.

영조는 노론측의 거듭된 공세에도 불구하고 이들에 대한 처분을 번복하지 않았는데, 이는 그의 탕평책의 일환이었다. 정조는 즉위하자 노론을 포용하기 위해 일시적으로 두 사람의 관작을 추탈했다가 홍국영洪國榮이 축출되고 소론 탕평파가 세력을 회복하게 되자 다시 두 사람의 관작을 돌려주었다. 이처럼 두 사람에 대한 처분은 영조·정조대 탕평정치의 방향을 상징하는 사건이 되었다. 이것은 회니시비가 탕평론·탕평책·탕평정치와 밀접한 관련을 맺으면서 전개되었음을 보여준다.[50]

회니시비는 의리 논쟁을 제기하여 정치가 정책 논의에 집중하는 것을 방해한 것이므로 역사 발전에 부정적으로 작용하였다는 점을 인정해야 할 것이다. 18세기에도 송시열을 지지하는 노론 당인들은 강력한 세력을 형성하여 시대적 과제인 탕평책을 추진하는 것을 사사건건 반대하였다. 이들을 포용하기 위해 송시열의 문집을 편찬하여《송

대로사(왼쪽)와 대로사 비(오른쪽) 경기도 여주시청 근처에 있다.

자대전朱子大全》이라고 이름붙이고, 효종 무덤 앞에 '대로사大老祠'라는 사당을 만들어 제사해야 할 정도였다.[51] 물론 이것은 송시열을 추종하는 노론 벽파를 포용하면서 당면한 개혁 정책을 추진하려는 정조 탕평책의 큰 틀에서 나온 것이었다. 그러나 거짓과 위선에 토대하여 기득권을 지키려는 시도가 끈질기게 이어져 결국 정조 탕평책이 좌절되게 만든 것은 조선 후기 당쟁의 부정적 측면을 적나라하게 보여준 것이었다.

대한제국기에 유행한 당쟁망국론은 당쟁의 이러한 부정적 측면 때문에 국가의 멸망을 초래하였다는 인식을 가리킨 것으로 볼 수 있다. 즉 조선 후기 당쟁에서는 의리 논쟁을 일으켜 정책 마련이라는 정치의 본령을 왜곡해온 지난한 과정이 존재했던 것이다. 이것은 조선 후기 사회가 근대로 나아가기 위해서는 극복해야 할 봉건성封建性, 바로 그것이었다. 그렇다면 소론 일각에서 제시한 탕평론은 정치에서 봉건성을 극복하기 위한 노력으로 간주할 수 있다. 그러나 정조 탕평책의 좌절에서 보듯이 그것은 보수의 반발을 제압하고 새로운 사회를 전

노강서원 논산시 광석면 오강마을. 윤증을 제향한 서원이다.

만동묘 충청북도 괴산군. 명나라 신종의 사당으로, 송시열의 유언에 따라 1703년 그 제자들이 창건하였다.

망하기에는 너무도 미약한 것이었다.

　그렇다면 오늘날 현실 정치에서 정책에 대한 주의를 소홀히 하는 것은 정치에서의 봉건성을 극복하지 못한 결과로 보지 않을 수 없다. '인심은 위태롭고[人心惟危], 도심은 미약하다[道心惟微]'는 《서경書經》의 말은 혹시 이러한 현실을 지칭한 것인가? 그렇다면 그것을 극복하기 위해 성인聖人이 제시한 '유정유일惟精惟一 윤집궐중允集厥中'의 의미는 과연 무엇일까? 혹시 오늘날도 보수는 자기모순에 빠져 국가를 위기에 빠트리고 있는데, 진보는 미약하여 제 갈길을 잃고 방황하고 있는 것은 아닌지 모르겠다.

2부 정치제도 개혁의 실현과 소통

6장

영조,《속대전續大典》으로 소통의 매체를 마련하다

정 호 훈

서울대학교 규장각한국학연구원 교수

| 법전은 소통의 근거 |

조선에서 나라를 운영하는 기본적인 근거는 법전이었다. 《국조오례
의》, 《주자가례》와 같은 예서禮書 또한 정치와 사회 활동에 큰 영향을
끼치기도 했지만, 조선 사람들은 이전·호전·예전·병전·형전·공전의 6전
을 갖춘 법전을 바탕으로 제도를 만들고, 정책을 실행하였으며, 사회
적인 변화에 대처했다. 조선 이전에도 국가는 법에 기초하여 운영되었
지만, 구체적인 이름과 체계를 구비한 법전을 바탕으로 하지는 않았
다. 그런 점에서 법전에 기초하여 국가를 운영하는 점은 조선이 갖는
큰 특징이었다.

　법전이 갖추어지면 제도와 법령의 안정성이 확보되고, 원리적으로는
누구나 공정하게 일률적으로 법을 활용하고 또 법의 보호를 받을 수
있었다. 조선의 관료, 백성들은 법전이 제공하는 규정 속에서 공公-사
私의 일상생활을 영위했다. 법전에 규정이 없어 문제가 될 경우, 기존
법전의 규정은 새로운 해석의 근거가 되기도 했다. 법전은 국왕 이하

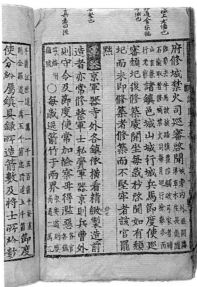

《경국대전》(서울대 규장각한국학연구원 소장)

일반 백성에 이르기까지 조선에 살았던 전 구성원을 하나로 묶고 또 소통하게 하는 매개체였다.

조선이 사용했던 법전은 그 이름이 일률적이지 않아 초기에는 《경제육전經濟六典》이라고 했고, 그 다음에는 《경국대전經國大典》이라고 불렀다. 《경국대전》은 이후 내용이 증보되며 변화해갔으나 국가를 다스리는 기본 법전으로서의 지위는 지속적으로 유지했다. 18세기에는 《경국대전》을 계승한 《속대전續大典》이 만들어졌고, 정조대에는 이전에 나온 《경국대전》과 《속대전》을 하나의 체재體裁로 통합한 《대전통편大典通編》이 간행되었다. 고종대에는 앞서 나온 모든 법전을 하나로 묶은 《대전회통大典會通》이 편찬되었다.

조선에서 법전은 정치적으로 큰 변화가 일어나던 시점에 편찬·간행되었음을 볼 수 있다. 《경제육전》은 새로운 나라 조선이 건국된 직후에 편찬되었고, 《경국대전》은 세조世祖의 통치 및 성종 초반의 정치변화를 거치면서 틀이 잡혔다. 《속대전》은 영조대 정치, 《대전통편》은 정조대 정치와 연관이 있다. 영조와 정조는 18세기 조선에서 일어나던 여러 문제와 현안을 새로운 법전의 정비와 편찬으로 귀결지우며 해결하고자 했다. 《대전회통》은 실제로는 흥선대원군이 주도했던 고종대 새로운 정치의 산물이라고 할 수 있다.

법전 편찬이 정치적 변화와 밀접한 관련을 갖는 이러한 모습은 조선에서 법전이 사회에서 일어나던 다양한 변화를 법의 차원에서 수렴하고 또 사회의 안정된 운영을 가능하게 하는 힘으로 든든히 작동하고 있었음을 알려준다. 그런 점에서 조선에서 법전은 소통의 근거였으며, 변화를 수렴하는 힘이자 변화를 만들어내는 매체였다.

이 글에서는 18세기 전반, 《속대전》 편찬을 통해서 정부의 소통 방식, 소통 이념을 살펴보려고 한다.[1] 1746년(영조 22)에 간행된 이 법전은 이름 그대로 《경국대전》을 잇는 법전, 《경국대전》과 같은 위상의 법전이라 할 수 있다. 필자가 이 법전에 주목하는 이유는 이 법전의 편찬 배경과 과정, 법전에 실려 있는 내용이 소통의 수단으로서의 법전의 모습을 극명하게 보여주기 때문이다. 조선에서 나온 법전 하나하나가 나름의 곡절과 이야기 거리를 지니고 있었지만 이 법전만큼 드라마틱한 경우는 없었다.

| 17세기 후반, 《속대전》 편찬론의 대두 |

조선의 중심 법전이었던 《경국대전》은 1484년(성종 15) 반포된 이후 몇 차례 증보되었다. 시간이 흐르고 사회가 변화하면서 새로운 법과 제도가 많이 만들어졌으므로 이를 때맞추어 체계적으로 정리하는 것은 반드시 필요한 일이었다. 1493년(성종 24)에는 《대전속록大典續錄》(이하

《속록》), 1542년(중종 37)에는 《대전후속록大典後續錄》(이하 《후속록》)이 편찬되었다. 이들 법전은 《경국대전》 이후에 만들어진 법제·법령을 정리한 법전이었다.[2]

16세기 후반에는 각 관청에 내린 수교受敎를 모은 《각사수교各司受敎》가 편찬되었다. 이 책에는 1546년(명종 1)부터 1576년(선조 9)까지 육조·한성부 및 장례원掌隷院에 내린 수교受敎가 실려 있다. 다음은 그 한 사례이다.

갑자년(1564, 명종 19) 10월 14일 호조의 계목啓目이다. 의정부에 보고한 것이온바, 방납防納을 금지하는 것은 오로지 민간이 피해를 입기 때문입니다. 이익을 노리는 무리들이 권세 있는 집안과 결탁하여 뇌물을 바치고 서간書簡을 얻어 (수령과 교섭하거나) 혹 수령과 직접 교섭하여 몰래 이익을 나눌 것을 약속해서 공물貢物의 진성陳省을 앞 다투어 받아내어 심지어 1년 공물 진성을 두 번씩이나 만들어주게도 됩니다. 민간의 큰 폐단을 혁파할 도리는 없으되, 이후에는 색리色吏(담당 아전)를 형조로 하여 금 잡아오게 하여 장 100대를 쳐서 민간에 피해를 끼치는 죄를 징계하는 것이 어떻겠습니까? 계啓로 아뢰니 윤허하였다.[3]

수교는 구체적인 특정 사안에 대하여 내린 왕의 명령, 즉 개별적 법령을 말한다. 조선에서 법령 제정은 각 관청에서 왕의 결재를 바라는 사항을 계본啓本으로 올리면, 그에 대해서 왕이 결정을 내린 후 해당 관청에 전교를 내리고, 해당 관청에서는 다시 그 골자를 요약하여 법령의 형식으로 다듬는 과정을 거쳤다.

위의 사례에서 보듯 수교는 매우 구체적이고 내용이 복잡하다. 수교는 사안 사안에 대해 마련되었기 때문에 시간이 지나면 계속 쌓이기 마련이었다. 그러므로 어느 특정한 시점에 이들 수교를 적절하게 하나로 모은 뒤, 번잡한 내용은 줄이고 필요 없는 법은 없애며, 비슷비슷한 내용은 통합하는 작업이 반드시 필요했다.

17세기에는 법전을 새롭게 정비할 필요성이 크게 늘었다. 조선 건국 후 200년 넘는 시간이 흘렀고, 특히 임진왜란과 병자호란을 거치면서 법적으로 엄청난 변화가 일어났기 때문이었다. 이를테면, 비변사가 의정부를 대신해서 국정 최고 기관으로서 자리를 잡았고, 조선 전기의 공납제貢納制를 개혁한 대동법大同法이 시행되었다. 대동법은 전국에서 한꺼번에 시행되지 못하고 충청, 전라, 경상도 순으로 긴 시간에 걸쳐 순차적으로 시행될 정도로 그 과정이 어려웠고 내용 또한 복잡했다. 군사상으로도 조선 전기의 5위제가 무너지고 5군영제가 시행되었다. 5군영은 훈련도감·어영청·금위영, 그리고 총융청과 수어청을 합하여 이르는 말인데, 앞의 3군문軍門에서는 수도 서울의 수비와 방어를, 뒤의 두 군문에서는 수도 외곽의 방어를 담당했다.

그러나 이들 바뀐 제도, 법령은 현실에서 실행되고는 있었지만,《경국대전》과 같은 위상의 법전에는 아직 온전히 실리지는 않았다. 법전과 법령·법제의 불일치가 일어나는 상황이었다. 1682년(숙종 8), 당시 승지였던 서문중徐文重의 발언은 이 시기 수교 형식으로 내려진 법령이 제대로 정리되지 않아 일어나던 문제를 적실하게 보여준다 하겠다.

외방外方의 군읍郡邑에는 법률 서적이 갖추어 있지 아니하고, 수교受敎에 이르러서는 더욱 캄캄합니다. 수령守令들이 법례法例를 원용하거나 의거하지 못하여, 대부분 억측으로 결단하고 있습니다.《대전속록大典續錄》과 열성列聖의 수교들을 모아서 인쇄하여 널리 배포하게 하소서.[4]

2부 정치제도 개혁의 실현과 소통

박세채 초상

새로운 제도와 법제가 권위를 지니고 실행되기 위해서, 그리고 온전히 실행되기 위해서는 《경국대전》에 버금갈 정도의 종합적이고 체계적인 법전 편찬이 절실했다. 이 상황에서 《경국대전》의 부족한 내용을 보완하며 이를 잇는 새로운 법전을 만들고자 하는 움직임이 대두했다. 1688년(숙종 14), 이조판서 박세채朴世采는 당시 시급하게 해결해야 할 과제의 하나로 《속대전》의 편찬을 거론했다. 《경국대전》을 계승하는 법전이 다시 나올 필요가 있다는 이야기였다.

지금 이미 폐단이 되는 정치를 고쳐서 으뜸이 되는 법전을 찬술纂述하려 한다면 마땅히 한 책을 저술하되 이름을 《속대전續大典》이라고 해서, 영원히 후세에 전하여, 후일 법을 따르는 군주와 법을 잘 지키는 신하로 하여금 지키고 따르게 해야 합니다. 그리하여 위로는 나라가 다스려지고 아래로는 백성이 편안하여 오래도록 무너지지 않게 된다면 그제야 크게 바르게 될 것입니다. 이 일은 《경국대전》의 미진未盡함을 갖추려고 하는 것인데 …… 단지 조종祖宗이 남긴 뜻을 본받고, 신료臣僚의 광범위한 의논을 채택하여, 옛날의 폐해를 고쳐서 일대一代의 제도를 새롭게 하려는

것입니다. 반드시 이와 같이 한 뒤에야 정치하는 방법을 변통變通할 수 있고 이루어짐이 있을 것입니다.[5]

박세채의 《속대전》 편찬 주장은 형태상으론 《경국대전》을 보완하려는 것이었지만 한편으로는 현재 조선사회가 안고 있는 여러 폐단을 제거하고 제도를 새로이 마련하려는 데 목적이 있었다. 박세채는 《속대전》이 정치하는 방식을 변통하고 변화를 만들어 나감에 중요한 근거가 된다고 보고 있었다. 앞선 시기에 《경국대전》을 재정비하자거나 수교受教·조례條例를 모은 법령집法令集을 새로 편찬하자 하여 많은 논의들이 이루어지고 있었지만, 《경국대전》에 버금가는 규모의 법전을 편찬해야 한다고 거론한 인물은 박세채가 처음이었다.

현실에서 '속대전' 편찬은 쉽게 이루어지지 않았다. 대신, 이 제안이 나온 뒤 숙종 정부에서는 지금까지 나온 법제·법령을 정비하여 새로운 법전을 편찬했다. 이는 두 가지 모습으로 나타났다.

첫째, 1698년(숙종 24)의 《수교집록受教輯錄》 편찬이다. 이 법전에서는 17세기 초반에 나온 《각사수교各司受教》 이후의 수교와 법령을 총 정리했다. 《각사수교》는 《대전후속록》 편찬 후 제정된 수교를 모았지만 분량이 그다지 많지 않으나, 《수교집록受教輯錄》은 비교적 많은 수교를 수록했다. 《수교집록》에 실려 있는 여러 수교는 《경국대전》의 법조문과 같은 수준으로 정리된 것이 아니기에 대단히 구체적이고 세밀했다. 그런 만큼 복잡하여 실제 법으로 집행하고자 할 때는 불편한 점이 많이 있었다. 여기에다 이 법전에는 대동법, 5군영 등 임진왜란·병자호란 이후 새로 시행되는 여러 법제와 관련한 내용은 체계적으로 실리지 않았다. 다음은 《수교집록》에 실린 수교의 몇 가지 모습이다.

2부 정치제도 개혁의 실현과 소통

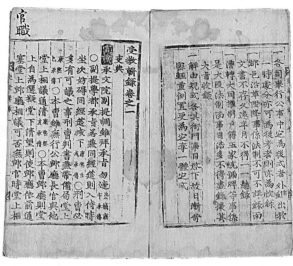

《수교집록》(서울대 규장각한국학연구원 소장)

형조에는 반드시 의논해야 할 일이 많이 있으니 형조판서는 비국備局(비변사) 당상堂上을 겸임한다[1677년(숙종 3)에 받은 전교].[6] 평계를 대어 수령직을 면하려고 꾀하는 자는 아직 부임하지 않았거나 이미 부임했거나(를 가리지 않고) 한가지로 죄를 논한다. [1542년(중종 37)에 받은 전교].[7]

호강豪强 품관이 관곡을 갚지 않는 것이 100석 이상이면 가족과 노비[가구家口]를 추쇄하여 변방 먼곳으로 보내고, 50석 이상이면 차례로 강변으로 보내고, 10석이 되면 본인을 가두어 두고 납부하도록 독촉한다. 수령이 사사로운 감정에 구애되어 곧바로 가두지 않았다가 탄로나면 계로 아뢰어 파출한다. [1554년(명종 9)에 받은 전교].[8]

둘째, 1706년에 《전록통고典錄通考》가 편찬되었다. 《전록통고》는 《경국대전》과 그 뒤에 나온 《속록》《후속록》《수교집록》 등의 세 법전 곧 '삼록三錄'의 조문을 통합하여 만들었다. 내용을 배치하는 방식을 살피자면, 각 항목 별로 《경국대전》의 조문을 먼저 싣고, 이어 《속록》《후속록》《수교집록》의 순으로 해당 조문을 실었다.《경국대전》의 본문은 한 자도 삭제하지 않았는데 그것은 이 법전이 가진 권위를 보존하기 위해서였다.[9] 서술 방식 또한《경국대전》과 그 뒤에 만들어진 법전 간에 차등을 두어,《경국대전》의 원문은 맨 윗머리에서 시작한 반면에《속록》이하의 새로 생긴 내용은 위에서 한 칸씩 떼어 서술했다.《경국대전》이 경經이라면 '삼록'은 전傳이 되는 방식이었다.[10] 또 각 조문별로 수교를 내린 해가 언제인지 명기明記하였다.

이 책은 적지 않은 한계도 지니고 있었다. 우선, 여러 해에 걸쳐 축적된 수교를 일체 정리하지 않고 수록했기 때문에 구성이 매우 번다해졌다. 비슷한 내용의 수교·조령은 별도로 상위의 항목을 설정, 통합한다면 법 조문을 보다 간명하게 만들 수 있었을 것이다.《경국대전》이후에 창설된 비변사備邊司, 선혜청宣惠廳, 훈련도감訓鍊都監 등의 여러 군문, 외방의 영장營將과 같은 관속에 대해서 일일이 수록하지 못했다.《경국대전》의 구성을 중시하여 편찬되었기 때문에 새로운 요소를 정리하는 데에는 한계가 있었던 것으로 판단된다.

《전록통고》는 이와 같이《경국대전》과《경국대전》이래의 여러 자료를 한 책 속에 순차적으로 제시했기에 담고 있는 조항이나 조문이 정제되지 않아 중복되는 경우도 있었지만 형식상 한층 진전된 양식을 갖추었다. 16세기의《속록》이나《후속록》, 17세기의《수교집록》등에서는 찾을 수 없는 장점을《전록통고》는 가지게 된 셈이었다. 그리하여 현실의 효용 면에서도 이 책은 큰 강점을 지니어《경국대전》과 짝을 이루어 적절히 활용되었다.[11]

《전록통고》가 편찬된 것은《수교집록》이 만들어진 직후였다. 편집에 들어간 해는 1701년(숙종 27)이었으며, 작업이 완료된 시점은 5년 뒤인 1706년 8월이었다. 최석정崔錫鼎이 책임을 맡았고 비변사備邊司 낭청

　　　　　　　　　2부 정치제도 개혁의 실현과 소통

郞廳 이언경李彦慶 등이 실무자로 참여했다. 이언경은 남구만南九萬의 제자로 소론계였다. 최석정은《수교집록》을 편찬할 때도 참여한 유경험자였다. 여기서 법전 편찬에 주요한 역할을 했던 인물들은 대체로 소론계 관료들이었음을 주목하게 된다.[12] 조선의 정체성을 중시하고 국가 권력의 강화를 통해 국정을 운영하려 했던 소론의 정치적 성향 혹은 그와 연관되는 학풍이 이 같은 법전 정비에서 빛을 발했다는 생각이 든다.

| 영조 초반, 대파국大破局과 법전의 재정비 노력 |

18세기 전반, 영조가 왕위에 오른 뒤, 법전 편찬을 위한 움직임은 새로운 양상을 보였다. 그것은 영조의 즉위를 전후하여 미증유의 대파국이 벌어졌고 이를 수습하기 위한 과정에서 새로운 법전 정비가 활발하게 일어났기 때문이다.

영조 초반의 정치는 여러 점에서 여타 국왕의 정치와 비교할 때 특이했다. 우선, 군주가 역모 혐의로부터 자유롭지 못한 점을 들 수 있다. 영조는 요절夭折한 경종을 이어 왕위를 계승했지만 1722년(경종 2)에 일어났던 역옥[壬寅逆獄]과 연루되어 정치적으로 대단히 위험한 상황에 놓여 있었다. 영조를 왕으로 인정하지 않는 분위기가 사회 일각에서 강하게 형성되었으며, 그리하여 왕권은 대단히 불안했다. 이 시기 영조 최대의 관심사는 이 같은 처지로부터 벗어나는 일이었다.

다음으로 여러 세력 간 형성된 극단의 갈등 속에서 영조 정치가 출발한 점을 들 수 있다. 영조가 왕위에 오른 18세기 전반의 조선사회는 정치 세력 간, 그리고 여러 사회 세력 간의 알력과 갈등이 최고점을 향해 치닫고 있었다. 이때 조선사회에 조성되어 있던 갈등, 그리고 이와 연관한 위기란 오래 전부터 만들어지고 굳어진 것이었기 때문에 해결책을 찾는 일은 그렇게 쉽지 않았다.

이와 관련하여 먼저 들 수 있는 사실은 당쟁 과정에서 형성된 양반 사대부 내부의 알력과 갈등, 반목이다. 16세기 말 동서 분당으로 비롯된 양반 사대부층의 분화와 대립은 17세기 들어 보다 격화되어 남인, 북인, 노론, 소론 등 각이한 성격의 정치세력을 형성한 가운데 치열한 정쟁을 노정하였다. '반정反正, 예송禮訟, 처분處分, 환국換局'과 같은 여러 형태의 정쟁은 이 시기 정쟁의 치열함과 변화무쌍함을 증거한다. 18세기에 들어와서 갈등은 더 격화되었는데, 특히 숙종의 사망과 영조의 즉위에 이르기까지 5, 6년 동안에 벌어진 일련의 정치적 충돌은 양반 사대부층 내부의 갈등을 보다 격화시켜, 노론과 반노론, 친영조파와 반영조파의 극단적 전선으로 뚜렷이 드러났다. 그 중에서도 김일경金一鏡, 유봉휘柳鳳輝, 조태구趙泰耉 등을 중심으로 하는 소론 강경파[준소峻少]는 반反영조·반反노론의 태도를 극단으로 밀어가고 있었다.

한편, 양란 이후의 국정 운영에서 양민·천민의 삶은 사회적으로나 경제적으로 충분히 개선되지 못했다. 17세기 조선이 경험했던 위기 국면에서 최대의 피해자는 이들 허약한 소민 곧 양민·천민이었다. 그 가운데서도 소농민小農民, 무전농無田農들의 상황은 지극히 열악했다. 당시 정치·사상계에서는 이들 계층을 안정시킬 방책을 다양하게 논의했지만, 상황을 충분히 호전시킬 정도의 대책이 마련되지는 못하고 있었다.

그 중에서도 양역良役의 모순에서 오는 압박은 심각했다. 신분제의 질곡 속에서 전적으로 군역을 감당해야 했던 양인 농민들은 양역 체제가 가진 문제로 인하여 2중 3중의 역 부담을 강요당하는 실정이었다. 정부에서는 이미 17세기 중엽부터 호포법戶布法 등 여러 방안을 논

의릉 경종의 능으로 성북구 석관동 돌곶이역 근처에 있다.

의했음에도 불구하고, 사태 해결에 도움이 되는 타개책은 아직 마련
하지 못했다.

그리하여 생활의 어려움을 감당하지 못하는 농민들은 살던 거주지
를 떠나 떠돌거나 도망하고, 어떤 경우에는 보다 적극적인 저항을 벌
여 전패작변殿牌作變하거나 마침내는 도적盜賊, 명화적明火賊이 되기도
했다. 이것은 결국 조선 정부가 자기 역할을 제대로 해내지 못한데서
연유한 일이었다.

1721년(경종 1) 집의執義 임형任泂이 경종에게 군주가 민사民事에 마음
을 두지 않는다고 비판하며, "점점 국가는 국가, 백성은 백성일 뿐 아
득하여 서로 간섭하지 않게 되는 상황에 이르게 되니, 백성이 어찌 실
망하여 난리를 생각하지 않을 것인가?"[13]라고 하여, 이 시기 국가와 백
성이 상호 분리되고 민인들은 국가를 이반하며 '난리를 생각하는[思
亂]' 형국이라고 한 것은, 그 언사가 과도하긴 했지만 이 시기 백성과

국가와의 관계를 나름대로 적절히 표현한 것이었다. 18세기 초반, 영조가 왕위에 오를 즈음의 조선은 여러 층위에 정치·사회 불만이 축적되어 있었으며, 언제든지 폭발할 수 있는 상황에 놓여 있었다.

영조 개인에게 얽혀 있는 정치적인 문제와 전 조선의 정치적 위기 국면은 서로 다른 사안이면서도 또 연관되어 있었는데, 1728년 이인좌李麟佐가 주동이 되어 일으킨 반反영조·반정부의 정치변란은 앞선 시기, 특히 17세기 이래 형성된 사회 각층의 모순이 총체적으로 표출된 대파국의 사태였다. '무신란'으로 흔히 부르는 이 반란 사건은 남인과 북인, 소론의 주요 인물이 대거 참여하며 이끌었는데, 정부의 신속한 강경 진압, 그리고 변란세력의 결집 실패 및 그들의 치밀하지 못한 계획 등으로 인하여 결국 한 달도 채 못 되어 진압 당했지만, 정부와 반정부 세력 사이에 얼마나 깊은 골이 새겨져 있는지, 그리고 그 사태를 수습하는 일이 앞으로 얼마나 시급한지를 만천하에 드러내는 계기가 되었다.

영조는 자신을 강하게 거부하는 이때의 반란에서 참담한 심경을 금하지 못했거니와, 자신의 정치적 안위는 물론이고 '조선'의 위기를 심각하게 걱정해야 했다. 조선을 만들고 유지해온 핵심 세력—세가대족世家大族—다수가 반란에 참가한 사실은 그 자체로 '조선'에 대한 부정이었다. 영조가 받은 충격은 상상을 초월했다. 사태를 수습하고 정치적 안정을 이루는 일, 다시는 이 같은 일이 일어나지 않도록 방비하는 일은 영조로서는 초미의 사안이 되었다.

아! 난신 적자亂臣賊子가 어느 시대인들 없었을까마는, 어찌 이번의 흉역凶逆과 같은 적이 있었겠는가? 세가대족世家大族과 명공거경名公巨卿의 후손後孫이 그 속에 들었으니, 또한 하나의 진신搢紳 사이의 변괴變怪다.[14]

　　　　　　　　　　　　2부 정치제도 개혁의 실현과 소통

이와 같이 영조가 왕위에 오르는 18세기 전반의 조선사회는 큰 위기에 봉착해 있었다. 앞선 시기에 축적된 여러 문제들이 서로 맞물리며 폭발하고 있었으므로 사태 수습을 위한 새로운 모색이 필요했다. 영조와 신료들이 마련한 방안은 《경국대전》을 재정비하여[修明] 이를 바탕으로 사회질서를 쇄신하고자 하는 것이었다. 여기서는 이를 '대전수명론大典修明論'이라 부르고자 한다.

'대전수명론'은 국정 운영의 주요 방향을 《경국대전》의 법 질서를 회복하고, 이 법전에 기초하여 국가 질서를 정상화하자는 논리였다. 1728년(영조 4) 9월 송인명宋寅明이 《경국대전》 가운데 오늘날 행해도 폐단이 없는 법 조항을 착실히 거행한다면 나라를 다스림에 크게 도움이 된다고 하여 《경국대전》을 수명할 것을 청하는 것은 그 한 모습이었다.[15] 말 그대로 "정치를 하는 방도로는 옛 법전을 수명하는 것이 최선이다.爲治之道, 莫如修明舊章"라는 것이 송인명의 생각이었다.

이 주장은 《경국대전》에 실려 있는 법 규정을 재인식하여 그 현실적 작동을 강제하자는 의미를 지니고 있었다.[16] 《경국대전》을 만든 뒤 적지 않은 시간이 흘러 법전 속의 여러 규정이 폐기되거나 사문화되어 있던 현실에서 이것은 《경국대전》에 새로이 생명력을 불어넣자는 일이었다.

영조와 정부의 이러한 방침은 당시 정치사상계에서 대두하고 있던 현실 타개방안과 비교된다. 이 시기 조선이 안고 있는 문제를 풀기 위한 정치사상적 노력은 다양하게 제시되고 있었는데, 이익李瀷과 같은 인물은 체제의 전면개혁론을 주장했고, 한원진韓元震과 같은 주자학 일준주의자는 강상윤리綱常倫理 강화론을 주창했다. 반면, 대전수명론은 조선의 전통, 조선의 법 체계를 강조하는 특징을 가지고 있었다. 현실의 급격한 개혁 혹은 변화와는 거리가 멀고 또 주자학의 과도한

이념성에 매몰될 가능성이 적었다.[17]

'대전수명론'이 본격 제기된 때는 1727년(영조 3)이었다. 이때는 '정미 환국丁未換局'으로 노론들을 대신하여 소론들이 정권을 쥐고 있던 시점으로, 양역의 폐단을 해결하는 문제에 대해 논의가 일던 중 이 논리가 처음으로 등장했다. 양역의 폐단을 해소할 방법을 찾자는 논의는 오래 전부터 거론되었거니와, 이 무렵에는 농민들의 부담을 줄이자는 '감하론減下論'이 주로 논의되고 있었다.[18]

이 상황에서 대제학 윤순尹淳은 백성들의 원망은 '균등하지 아니함[不均]'에서 생겨난다고 진단, 양민 한 계층에게서만 군포를 거두어 국가의 경비를 오로지 그것으로 충당하고 있는 현실을 바꾸어 대신大臣의 자제들에게도 군역을 부과해야 한다고 주장했다.[19] 이때 윤순이 대신의 자제들에게 군역을 부과하는 방법으로 내세운 것은 《경국대전》에 실려 있는 조선 초기의 오위법五衛法으로, 윤순은 우리나라의 《경국대전》은 지치至治를 이룰 수 있는 법전이니, 굳이 신법을 쓰지 않아도 《경국대전》을 수명하기만 하면 오래된 폐단이 절로 제거될 것이라 하였다.[20] 윤순은 현상 개혁의 방안으로 '대전수명론'을 주창했던 것이다.

윤순의 오위법 복구 주장은 삼군문三軍門이 설치되어 오랫동안 기능하고 있었기에 쉽지 않았다. 더군다나 균등한 군역 부담을 내세웠기에 현실적인 장벽이 컸다. 말은 쉽지만 행하는 것은 매우 어려운 형편이었는데, 영조는 그 의미를 인정하면서도 실효성이 없다고 하여 이를 받아들이지는 않았다. 다만 영조는 "대전을 수명하는 일", "고법古法을 수명하는 일"은 바꿀 수 없는 경론經論이라고 하여, 윤순이 주장한 바, '수명대전'의 주장 자체를 적극적으로 받아들였다.[21]

《경국대전》의 사문화된 법제의 시행을 통하여 양역의 폐단을 개선

2부 정치제도 개혁의 실현과 소통

해나가자는 윤순의 《경국대전》 수명론과 《경국대전》을 중시하자는 주장의 의의는 인정하면서도 거기에 실려 있는 법제의 온전한 실현은 현실적으로 불가능하다는 영조의 생각은 '대전의 수명'을 긍정하면서도 한편으로는 부인하는 일이었다. 양자의 의견이 일치하지 않았다고 할 수 있겠는데, 그런 점에서 이는 '대전수명론'의 분화였다. 그리고 그것은 윤순으로 대표되는 일군의 세력과 국왕 영조 사이에 나타나는 정치의식의 분열이기도 했다.[22]

영조는 《경국대전》의 수명을 내세우며 개혁을 강조하는 윤순의 생각에 동조하지 않았다. 그들의 주장은 급격한 변화, 개혁을 전망하고 있었다. 영조는 이를 피하고자 했다.

치국治國에는 모두 일정한 법도가 있다. 삼대에는 충忠·질質·문文을 숭상했고 한漢·당唐·송宋에 이르러서도 또 일대의 법도가 있었다. 우리나라는 송나라와 같이 인후함을 표방하며 입국立國했는데, 지금은 위축되니 또한 송의 말류末流와 같다. 그러므로 송의 왕안석王安石은 그 까닭을 알고 법제를 변개하니 그가 지은 새로운 법은 모두 다 나쁜 것은 아니었으나, 오직 때에 맞추어 조치를 내리는 방법을 알지 못해 도리어 국가에 화가 미쳤다. 지금 우리나라는 바꾸고 변화하는 것이 아니라 다만 옛 법전[舊典]을 수명修明하는 것이 마땅한데 그 가운데 가장 많이 막혀 행하기 어려운 것에 대해 대략 변통을 가한다면 또한 유지할 수 있을 것이다. 오직 근심되는 것은 오늘날 정신 역량이 이 규모를 세울 수 없을까 근심스럽다.[23]

'경국대전'을 수명해야 하지만 급속한 변통은 불가하다는 의견이다. 이와 같이 영조 초반에는 국정 운영의 주요 논리로 소론계 인물들에 의해 '대전수명론'이 제시되고 있었고, 영조는 그들의 주장을 그대로 받아들이지는 않았지만 그것으로부터 추동되며 정치적 상상력을 키우며 '대전'을 수명하는 작업들을 펼쳐 나갔다. 영조대 정치는 '대전수명론'의 전개와 더불어 본격적으로 전개된다고 할 수 있겠다.

| 영조의 '대전수명' 작업과 법전 편찬 |

'대전수명' 의식은 초기 영조 정치를 이해함에 관건이 된다고 판단되는데, 이때에 "대전을 수명하는 날을 당하여"란 표현은 관용어처럼 쓰이기도 했다. 영조의 '대전수명' 작업이 본격적으로 이루어지는 것은 1730년(영조 6) 12월 무렵부터였다. 영조는 이때 "오늘날 관료들에게서 나타나는 태만은 모두 '대전'이 오랫동안 침체되었기 때문이다. 수명하고자 한 지가 오래되었는데 이제 반드시 행하고자 한다."[24]고 하여 '대전수명'의 의지를 천명하고 "《경국대전》《전록통고》에 대해 승정원에서는 먼저 반드시 익히도록 하라!"는 비망기를 내려[25] 승정원의 승지들에게 이 일을 맡겼다. 수명해야 할 일을 《대전》에서 간추리고 이를 영조 자신과 함께 직접 검토, 행할 수 있는 것을 하나하나 실행하자는 것이었다.

이 조치는 비변사나 육조六曹의 핵심 관부에게 맡기지 않고 국왕이 직접 승지와 더불어 일을 챙기는 비상한 방식이었다. 도승지 박문수가 이 명령을 받고 "연소 신진인 승지들이 이 일을 맡으면 신뢰감을 다른 관료들에게 받지 못하고 또 일 만들기를 좋아한다는 비난을 받을 것이니, 비국당상備局堂上·육조장관六曹長官들로 하여금 법전에서 오늘날 행할 수 있는 것들을 초출하게 하고 다시 사람을 가려 내년부터

암행어사 박문수朴文秀 초상

'속전續典'을 만들게 하자"[26]고 요청한 것은 '대전수명' 사업의 성격을 잘 보여준다. 조정에 맡기지 않고 영조가 승정원 승지들과 더불어 이 일을 직접 추진하겠다는 것이었다.

여기에는 여러 고려가 있었다. 영조는 이렇게 일을 하는 이유를 다음과 같이 들었다. 첫째,《경국대전》이 오래되고《전록통고》가 활용되는 상황에서, 두 법전을 손질하는 것은 쉽지 않다. 둘째, 백성들이 '대전'에 어떤 내용이 들어 있는지 잘 모르는데 갑자기 이를 행하게 되면 놀랄 것이다. 셋째, 법은 소민小民들에게 쉽게 행해지고 존귀尊貴한 자들에게는

행해지지 않는데, 나는 소민들에게는 소략하게, 존귀한 자들에게는 엄밀하게 하고 싶다. 하지만 대신들에게 일을 맡기면 언제 만들어질지 기약할 수 없다. 넷째, '속전'을 만드는 기구를 설치하게 되면 백성이나 이서吏胥들이 자기에게 해가 닥칠까 두려워하게 되며, 그럴 경우 행해지지 않게 될 것이다. 넷째, '속전'을 만들게 되면 '본전本典'이 장차 폐기될 것이니, 이렇게 되면 속전을 만들지 않음만 못하다. 이는 근본을 버리지 않는 도道가 아니다.[27] 여기서 '본전'은《경국대전》을 '속전'은 새로 만들어지는 법전을 의미한다.

영조의 생각은 결국, 지금은 《경국대전》을 '수명'하거나 '속전'을 만들기에는 여건이 허락하지 않으며, 그러한 장애를 돌파하는 방법으로 긴 시간을 들여 분위기를 조성하고 또 이를 위해 영조가 직접 나선다는 것이었다. 영조의 여러 고민 중에도 '속전'이 만들어지면 '본전'이 폐기될 것이라는 마지막 사안은 어찌 보면 '속전'이 지체되는 가장 큰 이유였는지도 모른다. 새로운 법전이 필요하지만 그것이 '본전'과 단절되어서는 안된다는 생각은, 자신의 존재 근거가 조선의 역사 전통에 있음을 새삼 강하게 의식하는 모습이라 하겠다.

영조는 그리하여 이 일을 천천히 추진하되, 비변사를 비롯한 중앙 관서 관료들의 기강 잡기부터 시작하였다. '묘시卯時(오전 5~7시)에 근무를 시작하고 유시酉時(오후 5~7시)에 퇴근[卯仕酉罷]'하는 법부터 비변사를 비롯 중앙 각사에서 시행하도록 한 조치가 그것이었다.[28]

이후, 영조와 승정원의 승지들이 《경국대전》의 조항을 검토하며 수명하는 작업은 그들 업무에서 중요한 사안이 되었으며, 그리하여 이 작업을 통하여 법전의 많은 일들이 재검토되고 실행되었다. 《경국대전》을 수명하는 일은 사용하지 않고 방치해 두어[束閣] 사라져버린 《경국대전》의 현실적 생명력을 살리는 일이었다. 오랜 시간이 지속되며 나타나는 효과 또한 적지 않았는데, 이를테면 "구전舊典을 수명하여 퇴락한 기강을 떨치고 쇄신하니, 위로는 낭묘廊廟(의정부)에서 아래로는 서료庶僚에 이르기까지 묘시에 나와 유시에 퇴근하지 않는 경우가 없다"[29]는 평은 그 한 모습이었다. 영조의 의도가 어느 정도 실효가 있었다고 할 수 있는데, 그렇다고 해서 영조는 특별히 새로운 법전을 만들려고 하지 않고 있었다.

여기서 새로운 법전이란 《경국대전》과 모습을 달리하는 《속대전》을 말한다. 영조의 생각은 《경국대전》에 규정되어 있는 최소한의 내용을 새롭게 재정비하자는 수준에 머물러 있었다. 박문수와의 대화에서 드러나는 대로,《경국대전》과 다른《속대전》을 만들게 되면《경국대전》이 아무 쓸모없는 것이 된다는 것, 그래서 근본을 버리게 된다는 것이 영조가 새로운 법전《속대전》정비를 주저하는 주요한 이유였다.[30]

　대전 수명을 주장하되 이를 위한 작업은 제대로 진척되지 않는 상황에서, 기존에 나와 있던 여러 법전을 새로이 증보하고 재편하는 작업이 진행되었다. 1733년(영조 9) 경,《신보수교집록新補受敎輯錄》(이하《신보집록》)이 편찬되고, 1738년(영조 14) 경에는《증보전록통고增補典錄通考》(이하《증보통고》)가 틀을 갖추었다.[31] 두 법전은《경국대전》이후의 변화된 법을 정리했지만, 체제 면에서 서로 크게 달랐다.

　《신보집록》은 1698년(숙종 24)의《수교집록》과 이후에 나온 수교를 모두 수록하고 있다.《수교집록》이 1493년(성종 24)의《대전속록》, 1542년(중종 37)의《대전후속록》을 같이 담고 있으므로,《신보집록》또한《경국대전》이후에 나온 수교를 포괄하고 있는 셈이다.《신보집록》은《경국대전》의 원문은 싣지 않았으며,《경국대전》이후의 변화된 내용만 항목별로 수록하였다.

　《증보통고》는 1706년(숙종 32)에 만들어진《전록통고》를 증보했다.《전록통고》는《경국대전》의 원문은 물론이거니와,《속록》,《후속록》,《수교집록》,《신보집록》등 기존에 나온 법전의 내용을 한 체계 속에 통합하는 형식을 취하였다.《전록통고》라는 이름 그대로, 기존 조선에서 시행되었던 법령을 집대성했다.《경국대전》과 여러 '집록'을 하나로 묶어 이용할 수 있도록 하자는 것이《전록통고》의 의도였다.《증보통고》는《전록통고》의 이러한 편집 원칙을 그대로 지키며 만들어졌다.

영조와 승정원의 승지들을 중심으로 《경국대전》의 수명이 이루어지고 있던 1734년(영조 10)을 전후한 시기, 두 형태의 법전이 새로 나온 것은 어떤 의미일까? 《증보통고》의 편찬에서 이를 유추할 수 있다. 본래 《전록통고》는 영조대 《경국대전》을 수명하는 시기에 《경국대전》을 보완하는 책으로 활용되었다. 하지만 영조 10년경에 이르러 아직 《속대전》을 만들지 않은 상황에서, 《전록통고》 이후의 여러 수교를 새로 묶어 정리할 필요가 크게 늘어나고 있었다. 다음 자료에서 볼 수 있는 대로, 중앙과 지방에서 쓰는 법이 달라 법의 통일적 운용이 이루어지지 않고 있었던 것이다.

> 《전록통고》는 《대전》과 수교를 분류하여 완성한 것이다. 반포하여 준용한 것이 지금 이미 30년이나 되었는데 그 뒤에 나온 수교 또한 거의 3권이나 된다. 이것들은 모두 완성된 법전[成典] 외 일시에 재단裁斷한 것으로 본조本曹에서는 새로운 수교受敎를 사용하고 지방에서는 오직 성전成典만을 사용한다. 서울과 지방의 법의 사용이 크게 다르니 실로 획일劃一의 의미와 어긋난다.[32]
> 《전록통고》는 고故 상신相臣 최석정이 《경국대전》과 수교를 합하여 편집한 책이다. 《수교집록》 이후 혹 경사京司로 내려간 수교도 있고 혹 각 도道로 내려간 수교도 있는데 아직 전체를 아우르는 편집이 이루어지지 않았다. 그래서 서울과 지방에서 법을 적용하는 것이 혹 같지 않은 경우가 있다.[33]

전자는 1734년(영조 10) 1월 형조판서 이형좌李衡佐의 주장이고, 후자는 같은 해 10월 호조판서 이정제李廷濟의 발언이다. 두 사람 의견의 핵심은 중앙과 지방에서의 법 운용이 균일하게 이루어지지 않고 있으

2부 정치제도 개혁의 실현과 소통

며, 법의 통일을 위해《전록통고》를 보완하는 새로운 법전을 편찬할 필요가 있다는 것이었다.《전록통고》이후 새로운 수교가 계속 발령되었지만, 이를 쉽게 이용하도록 할 수 있는 작업이 이루어지지 않았던 것이다. 그러한 문제의식의 산물이 곧《증보통고》였다. 이 책은 이형좌李衡佐·정언섭鄭彦燮·김약로金若魯 등 3사람이 찬수纂修하고 판서 송진명宋眞明이 주관하여 편집하였다.[34] 하지만 이 편집본에서 작업은 더 이상 진척되지 않았으며 책으로 공간公刊되지도 않았다.[35]

《증보통고》는《전록통고》에《신보집록》의 내용을 더하여 완성되었다.《전록통고》와 마찬가지로 각 항목별로《경국대전》의 원문을 먼저 싣고, 이어《대전속록》《대전후속록》《수교집록》《신보집록》의 순으로 체계를 구성하였다.《신보집록》은《수교집록》이후에 나온 약 35년간의 수교를 모은 책이었다.《증보통고》는 이리하여,《속대전》이 만들어지기 직전에 나온 대부분의 자료를 집성하였다.

《증보통고》는《전록통고》와 마찬가지로,《경국대전》의 항목에 더하여 새로운 항목을 신설했지만, 그 수는 최소화하려고 했던 것으로 보인다.《증보통고》가 담아야 했던 수교의 양이 적지 않고 그 성격도 다양했지만, 법전 편찬자들은 가능한 한 기존 항목에 이를 배치하며 항목 신설을 줄이려 했다.《증보통고》가 지닌 법전 상의 특징은 항목의 변화로 어느 정도 확인할 수 있다.《증보통고》의 구성을 6전별로 살피면 다음과 같다.

〈표 1〉《증보전록통고》의 전별(典別) 구성

各典	항 목	비 고
이전 (吏典)	內命婦 外命婦 京官職 東班官階 奉朝賀 內侍府 雜職 宣惠廳 備邊司 左右捕盜廳 外官職 土官職 京衙前 取才 薦擧 諸科 除授 限品敍用 告身 署經 政案 解由 褒貶 考課 祿牌 差定 遞兒 老人職 追贈 贈諡 給假 改名 相避 鄕吏 久任 祭享 雜令 守令 功臣	-39항목 -각 아문을 東班官階라는 항목으로 소개함 -밑줄 그은 글씨는《증보통고》의 신항목

호전 (戶典)	經費 戶籍 量田 籍田 祿科 諸田 堤堰 田宅 給造家地 務農 蠶室 軍資倉 常平倉 會計 支供 解由 兵船載糧 魚鹽 外官供給 收稅 遭轉 稅貢 雜稅 國弊 獎勸 備荒 賣買限 徵債 進獻 徭賦 雜令 給復 還上 作紙	-34항목
예전 (禮典)	制科 儀章 生徒 五服 儀注 宴享 朝儀 事大 待使客 祭禮 奉審 致祭 陳幣 奉祀 給假 立後 婚嫁 喪葬 山訟 取才 用印 依牒 藏 文書 獎勸 頒氷 惠恤 雅俗樂 選上 度僧 寺社 參謁 京外官迎送 京外官相見 京外官會座 請臺 雜令 用文字式	-37항목
병전 (兵典)	京官職 西班官階 雜職 外官職 土官職 京衙前 (伴倘) 外衙前 軍官 驛馬 草料 試取 武科 內禁衛 番次都目 軍士給仕 諸道兵 船 告身 褒貶 入直 擲扞 行巡 啓省記 門開閉 侍衛 疊鼓 疊鐘 符信 教閱 屬衛 名簿 番上 留防 給保 成籍 軍士還屬 復戶 免 役 給假 救恤 城堡 軍器 兵船 烽燧 廐牧 積蒭 護船 迎送 路引 改火 禁火 禁類 用刑 內命婦儀 除授 遞兒 薦狀 騎載馬 獎勸 加階 禁獵 驛路 捕虎 禁制 水軍 皂隸羅將 差定 雜令 軍制 賞 典 徙民 軍律	-71항목 -각 아문을 西班官階라 는 이름으로 소개함 -밑줄 그은 글씨는《증보 통고》의 신항목 -伴倘 빠짐
형전 (刑典)	用律 決獄日限 囚禁 推斷 禁刑日 濫刑 僞造 恤囚 逃亡 才白丁 團聚 捕盜 臟盜 元惡鄕吏 銀錢代用 罪犯準計 告尊長 用刑者 鞫 屬公 禁制 犯越 訴冤 停訟 賤妾 賤妻妾子女 身立役 大小 員人 公賤 私賤 賤取婢産 闕內各差備 跟隨 諸司差備奴跟隨奴 外奴婢 殺獄 檢驗 奸犯 赦令 贖良 補充隊 聽理 文記 雜令	-42항목 -밑줄 그은 글씨는《증보 통고》의 신항목
공전 (工典)	橋路 營繕 度量衡 院宇 舟車 栽植 鐵場 柴場 寶物 京役吏 雜 令 工匠	12항목

* 붉은색의 굵은 글씨는《경국대전》이후 새로 첨가된 항목, ( ) 항목은《경국대전》에 있었으나 누락
된 경우이다.

《증보통고》는《경국대전》과 '삼록'에 실린 내용을 빠짐없이 싣는
것을 원칙으로 하였다.[36]《전록통고》에는 나타나지 않으나《증보통
고》에 등장하는 항목도 있다.《경국대전》과 비교할 때, 각 전별 항목
변화는 다음과 같다.

이전吏典에서는 서경署經, 구임久任, 제향祭享, 잡령雜令, 수령守令, 공신
功臣, 선혜청, 비변사, 좌우포도청左右捕盜廳 항목이 새로 들어갔다. 좌
우포도청 항목은《증보통고》에서 독립항목으로 신설된 경우이다.

호전戶典에서 빠진 항목은 없으며, 제언堤堰, 급복給復, 환자還上, 작지
作紙가 첨가되었다.

예전禮典에서는 산송山訟 항목만 첨가되었다.

병전兵典에서는 반당伴倘이 빠지고 여러 항목이 새로 들어갔다. 내

2부 정치제도 개혁의 실현과 소통

금위內禁衛, 내명부의內命婦儀, 제수除授, 체아遞兒, 천장薦狀, 기재마騎載馬, 장근獎勸, 가계加階, 금렵禁獵, 역로驛路, 포호捕虎, 금제禁制, 수군水軍, 조예나장皂隷羅將, 차정差定, 잡령雜令, 군제軍制, 상전賞典, 사민徙民, 군율軍律 등이 첨가된 항목이다. '내금위'는 《증보통고》에서 독립 항목으로 비중 있게 다루어졌다.

형전刑典에서는 용형用刑, 생국省鞫, 속공屬公, 범월犯越, 신입역身立役, 대소원인大小員人, 살옥殺獄, 검험檢驗, 간범奸犯, 사령赦令, 속량贖良, 보충대補充隊, 청리聽理, 문기文記, 잡령이 첨가되었다. 신입역과 대소원인, 검험, 문기는 《증보통고》에서 처음으로 등장했다.

공전公錢에서는 경공장京工匠, 외공장外工匠이 제외되었다. 조선 후기 들어 이들 공장이 소멸된 사정을 반영한 모습이다.

이상에서 살핀 대로 영조 6년 이후 본격화된 영조의 '대전 수명' 노력은 이 시기 정국 운영의 주요한 한 흐름이었다. 《경국대전》의 의미를 재발견하는 가운데 새로운 법전을 어떻게 편찬할 것인가가 영조의 큰 고민이었던 것으로 보인다. 이후 10여 년의 시간이 흘렸지만 《경국대전》을 잇는 수준의 법전은 아직 만들지 못했다. 대신 숙종 때까지 나타나던 법전 전통을 이어, 《신보집록》, 《증보전록통고》두 법전을 편찬했다. 그 가운데서도 《증보전록통고》는 《경국대전》과 이후의 수교·법령을 집대성한, 종합 법전이었다.

| 《속대전》 편찬과 '일왕지제一王之制'의 재구축 |

오랫동안 유보되어 오던 《속대전》 편찬을 위한 움직임은 1740년(영조 16) 무렵부터 본격화되었던 것으로 보인다. 소대召對 시간에 영조가 역

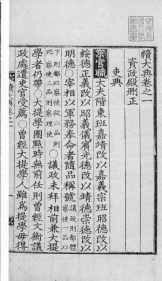

《속대전》(서울대 규장각한국학연구원 소장)

대 법문法文의 문의에 대해 논하기도 하고,[37] 사대부가 율령律令을 몰라서는 안된다고 하여 영조가 대신들을 시켜 법조문을 뽑아서 정리하게 하는[38] 일들이 나타나는 것에 대해 실록에서는 《속대전》 편찬을 위한 과정이었다고 기록했다.

하지만 실제로 《속대전》 편찬이 본격 추진된 것은 1743년(영조 19)이었다. 이 해 영조는 찬집청纂輯廳을 설치하고, 구택규具宅奎, 정하언鄭夏彦, 김상성金尙星 등에게 실무를 맡겨 《속대전》의 편찬을 주관하도록 하였다. 구택규, 정하언, 김상성 등은 당시 법률에 매우 밝았는데, 특히 구택규는 그의 아들 구윤명具允明도 법률에 정통하여 《전율통보典律通補》를 편찬하기도 했다. 《속대전》은 이후 완성될 때까지 몇 년의 기간이 소요되었는데, 정리된 법 조항과 조문은 일일이 국왕의 재결裁決을 거쳤다.[40] 《속대전》을 편찬하는 도중 영조는 또 관계자들을 불러 자신의 의견이 법 조항에 반영되도록 하였다.

《속대전》의 전체 모습이 드러난 해는 1744년이었다. 이 해 10월, 영조는 찬집하는 신하들을 불러 직접《속대전》을 강론하였으며,[41] 같은 해 12월에는《속대전》찬집에 참가한 실무자들에게 상을 내려 그들의 노고를 기렸다.[42] 1746년(영조 22), 정부는 몇 가지 보완 작업을 거쳐《속대전》편찬을 마무리하고 이를 인간印刊하였다.[43] '대전수명론'이 제기된 지 무려 15년여 세월이 흐른 뒤에 거둔 성과였다.

《속대전》의 구성은 특이하다.《경국대전》에 실린 전 원문을 싣지 않고,《경국대전》이후로 변화가 있는 내용만 실었다. "《경국대전》에 실려 있지 않는 것을 모두 이어서 편집한다.[今就大典所不載者 並續輯]"는 원칙이었다. 그러기에《속대전》에서는《경국대전》의 원문을 확인할 수 없으며,《경국대전》에 수록된 항목이 나타나지 않는 경우도 많다.

《속대전》에 실린 항목은 크게 두 모습을 보인다. 하나는《경국대전》에 본래 있던 항목으로,《경국대전》이후 이 항목과 관련하여 수교 혹은 법제가 새롭게 나왔으면 이를 간추려서 실었다. 이전吏典에서 이 사실을 확인하면 다음과 같다.

《경국대전》에서 이전 항목은 모두 30조였다. 그런데 속대전에는《경국대전》의 내명부內命婦, 외명부, 봉조하奉朝賀, 내시부內侍府, 한품서용限品敍用, 고신告身, 정안政案, 해유解由, 체아遞兒, 향리鄕吏가 실려 있지 않다.《경국대전》이후, 이들 항목에서는 변화가 없었다는 이야기이다. 반면,《속대전》이전에서는 경관직京官職(耆老所, 각 아문, 各陵, 各殿), 외관직外官職, 취재取才, 천거薦擧, 제과諸科, 제수除授, 서경署經, 포폄褒貶, 고과考課, 녹패祿牌, 차정差定, 노인직老人職, 추증追贈, 증시贈諡, 급가給暇 등 18항목이 실렸다. 서경署經과 잡령은《경국대전》이후 새로 생긴 항목이다. 나머지 항목들에서는 새로운 조문이 늘었음을 의미한다.

《속대전》에는 또《경국대전》에 없던 항목이 여러 개 신설되었다. 이 경우,《증보통고》에서 새롭게 설정되었던 항목들을 그대로 계승하는 것으로 생각할 수 있으나, 반드시 그렇지는 않았다.《증보통고》의 새로운 항목은《속대전》에서 일부 계승되고 일부 사라졌다. 사라진 항목에 있던 조목은 내용에 따라《속대전》의 여러 항목으로 분산 배치했다.

《속대전》에서 새로 생긴 항목은 서경署經·잡령雜令[이전], 창고倉庫[호전], 역로驛路·잡령雜令[병전], 살옥殺獄·검험檢驗·간범姦犯·사령赦令·속량贖良·보충대補充隊·청리聽理·문기文記·잡령雜令[형전] 등이다.《경국대전》이후 편찬되었던 여러 법전의 법들을 생각해본다면 그렇게 많지 않다.《속대전》에서는 항목의 신설을 최소화하면서, 이전의 새로운 법제·법령을 정리하려고 했다.《증보통고》의 새 항목과《속대전》의 새 항목을 비교하면 〈표 2〉와 같다.

〈표 2〉《증보전록통고》와《속대전》의 전별(典別) 신항목

各 典	증보전록통고	속대전	비 고
이전(吏典)	宣惠廳 備邊司 左右捕盜廳 署經 久任 祭享 雜令 守令 功臣	署經 雜令	
호전(戶典)	堤堰 給復 還上 作紙	倉庫	倉庫는 속대전의 신설 항목으로,《경국대전》의 군자창(軍資倉)과 상평창(常平倉)을 합쳤음
예전(禮典)	山訟	없음	
병전(兵典)	內命婦儀 除授 遞兒 薦狀 騎載馬 獎勸 加階 禁獵 驛路 捕虎 禁制 水軍 皀隸羅將 差定 雜令 軍制 賞典 徙民 軍律	驛路 雜令	
형전(刑典)	省鞫 屬公 犯越 身立役 大小員人 殺獄 檢驗 奸犯 赦令 贖良 補充隊 聽理 文記 雜令	殺獄 檢驗 姦犯 赦令 贖良 補充隊 聽理 文記 雜令	奸犯의 '奸'이 '姦'으로 바뀜
공전(工典)	雜令	雜令	

* 붉은색 굵은 글씨는 두 법전에 동시에 존재하는 경우이다.

《속대전》이 지향한 것은 형식상 이전에 이루어진 번잡한 법령을 일목요연하게, 계통적으로 정리하여 이를 항법화恒法化하자는 것이었다.

2부 정치제도 개혁의 실현과 소통

창덕궁 선정전 조선후기의 정책결정들이 주로 이곳에서 이루어졌다.

여러 수교를 집대성하여 이루어진 《증보통고》는 그 형식에서 보면 최고 수준을 보였지만, 한편으로 많은 한계를 안고 있었다. 내용이 번잡하고 체계적이지 않았다. 이 법전은 숱하게 나온 많은 수교와 법령을 기계적으로 분류하고 묶은 책에 불과했다. 《속대전》에서는 《증보통고》에 실린 수교가 번잡하고 항목 상호간에 내적인 질서가 부족하므로, 간략히 함과 동시에 계통을 세워 체계화하자는 원칙으로 여러 법조문을 재구성했다.[44] 그런 까닭으로 《속대전》은 《증보통고》에 실린 내용을 바탕으로 하면서도 여기에 실린 내용을 있는 그대로 수록하지는 않았다. 《증보통고》에 있던 조문이 《속대전》에서 빠지기도 했고, 혹은 조금 변형되어 실리기도 했으며, 여러 항목이 하나의 항목으로 통합되기도 했다. 《속대전》은 《증보통고》를 바탕으로 하면서도 새롭게 탄생한 법전이었다.

《속대전》은 형태상 《경국대전》을 이어, 《경국대전》 이후의 법령만 새로이 정리한 법전이었다. 《속대전》은 그체제 상 완결적이지 못해 그 자체만으로는 온전히 기능할 수 없었다. 그렇기에 두 법전은 독자적으로 존재하지 못하고 상호 의존적인 성격을 지녔다. 그 자체만으로는 매우 불완전하며, 그래서 《경국대전》이 없으면 《속대전》이 의미가 없고, 《속대전》이 없으면 또 《경국대전》도 제 구실을 못하는 그러한 관계였다. 《경국대전》이 '원대전原大典'이라면 이 책은 말 그대로 '속대전續大典'이었다. 《속대전》의 간행을 두고, 영조가 《원대전》과 《속대전》을 '일체로 간행하라'[45]고 명령했는데, 이는 두 책이 가진 이 같은 관계를 잘 드러내 보여준다 하겠다.

이와 같이 큰 한계를 갖는 점에서 본다면 《속대전》은 '삼록'이나 《증보통고》 등과 달라 보일 것이 없었다.[46] 그러나 다른 측면에서 살피면 그렇지 않았다. 《속대전》은 이전에 나왔던 법전·법령을 총괄한, 《경국대전》과 같은 위격位格의 최상위 법전으로서의 특성을 부여받고 있었다. 영조는 《속대전》으로 말미암아 태조 이래 면면히 이어져 온 조선의 체제가 안정적으로 유지되며 또 영속적인 미래가 보장되는 것임을, 정치적으로 과시하려고 했던 것으로 보인다. 《경국대전》이 조선의 '일왕지제一王之制'[47]이듯, 그것을 잇는 《속대전》 또한 그 같은 성격을 가지기 마련이었다. 《속대전》은 《경국대전》 이후 300여 년의 시간이 흐르며 번잡하게 늘어난 법조문이 만들어내는 폐해를 넘어서며, 법전이 실현하는 소통을 원활하게 할 수 있는, 그리하여 관과 민이 여기에 의지하게 되는[48] 받침돌이었다. 이는 물론, 영조 개인의 정치적 정통과 권위 확보에 관련된 사안이기도 했다. 1744년(영조 20) 12월 《속대전》이 완성된 사실을 두고 영조가, "나의 할 일이 이제 다 끝났다."고 했는데, 이는 단순한 수사修辭가 아니었다.[49]

2부 정치제도 개혁의 실현과 소통

7장

조선 숙종 때 북한산성 축성과 소통방식

김 웅 호
서울역사편찬원 전임연구원

| 머리말 |

1711년(숙종 37) 10월 북한산성 축성이 끝났다.[1] 이로써 조선 초부터 250여 년 동안 여러 차례 제기되었지만 논의로만 그쳤던 북한산성 축성이 실제로 완료된 것이다. 이 글에서는 북한산성에 대한 기존의 연구 성과[2]를 바탕으로 축성 이전의 논의 상황과 축성 내역을 정리하는 한편 북한산성 축성이 숙종 후반이 되어서야 현실화된 이유를 살펴본다. 아울러 북한산성 축성의 발의·논의·결정·추진 과정에서 활용되었던 다양한 소통방식에 대해 검토한다.

먼저 조선 숙종 때 북한산성을 쌓기 전까지 이 지역이 어떠한 역사적 변천을 겪었는지를 살펴 본 다음, 숙종 때의 북한산성 축성과 관련한 논의 과정과 실제 축성 내역을 검토한다. 그리고 북한산성 축성의 이론적 바탕이 된 국토방위전략의 변화와 그러한 변화가 나타나게 된 원인을 살펴본다. 이어서 북한산성 축성이 발의되고, 논의되고, 결정되고, 추진되는 과정에서 활용된 상소上疏, 경연經筵, 비변사備邊司 차

2부 정치제도 개혁의 실현과 소통

대次對, 제신회의諸臣會議를 비롯한 다양한 소통방식에 대해 검토한다. 이상의 검토를 통해 한국사와 행정학의 학제 간 소통에 조금이나마 이바지하고자 한다.

| 북한산성 축성과 국토방위전략의 변화 |

조선 숙종 이전 북한산 일대의 역사적 변천　북한산성이 세워진 북한산 일대는 삼국시대부터 요충지로 주목을 받아 왔다.《삼국사기》에 따르면, 고구려에서 내려온 백제 시조 온조 일행이 부아악負兒嶽에 올라 살 만한 땅을 찾았다고 한다.[3] 이들이 올랐던 부아악이 바로 북한산으로 추정된다. 이후 5세기 후반 고구려가 이곳을 차지하면서 여기를 포함한 서울 영역은 남평양성南平壤城 혹은 북한산군北漢山郡으로

북한산 비봉의 신라 진흥왕 순수비

칭하였다. 6세기 중후반 신라는 이곳을 차지한 후 신주新州를 설치하는 한편 북한산 비봉 정상에 순수비巡狩碑를 세워 이 지역이 신라 영토에 편입되었음을 드러내기도 하였다.

고려시대에도 이 지역은 국가의 조명을 받았다. 고려 정부는 현재의 북한산 중성 일대에 중흥산성重興山城을 쌓았는데,[4] 11세기 초 거란이 침입해 오자 현종은 태조의 재궁梓宮을 이곳으로 옮기는 한편 중흥산성을 증축하였다. 1232년(고종 19)에는 이곳에서 몽골군과의 격전이 있었으며, 명나라와의 긴장 관계가 조성되었던 1387년(우왕 13)에도 또다시 중흥산성을 개축하기도 하였다.[5] 고려시대 북한산은 왕실과도 밀접히 연결되어 있었다. 1009년 나중에 현종으로 즉위하는 대량원군大良院君이 승려가 되어 북한산의 신혈사神穴寺에 머물면서 정적의 압박을 피한 바가 있었고, 이후 현종의 후손들인 정종·문종·선종·숙종·예종·의종·충렬왕 등 여러 국왕들이 이곳으로 행차하기도 하였다.[6]

2부 정치제도 개혁의 실현과 소통

숙종 이전의 조선시대에도 북한산성[7]은 여러 차례 주목을 받았다. 1451년 10월 문종은 유사시 사방에서 도성을 응원할 원성援城이 필요하다며 도성 북쪽의 경우 북한산의 중흥성重興城을 지목하였다. 문종은 중흥성에 대해 "하늘이 만든 험한 지역"으로 "좋은 성곽"이라고 호평하였다.[8] 문종 때의 이러한 논의는 같은 해 1월 평안도 도체찰사都體察使 김종서金宗瑞가 몽골 에센也先의 조선 침입 가능성을 치계馳啓[9]한 데 대한 대응책의 연장선상에서 이해할 수 있다.

임진왜란이 한창 진행 중이던 1596년 1월에는 선조가 비변사備邊司에 명을 내려 북한산 중흥동 일대를 살펴보고 형세가 좋으면 성을 쌓게 하였다.[10] 일본군이 다시 북상하여 수도 서울이 위협받는 상황에 대한 대비책의 일환이었다. 이에 병조판서 이덕형李德馨이 3월 초 이 지역을 직접 답사한 뒤 그 결과를 보고하였다. 그는 "도성 근처에 이러한 형세가 있는데도 버려두어 애석하다."라고 하면서 승려를 모아 당시 70~80% 무너져 있던 산성을 수축하자고 건의하였다. 그러나 그의 건의는 문종 때와 마찬가지로 실천으로 이어지지는 못하였다.[11]

광해군 때에도 비변사 관원을 보내 중흥산성을 살펴보게 하고, 또 계획을 세워 수축할 것을 비변사에 지시하기도 했지만 축성과 관련한 실질적인 진척은 없었다.[12]

문종·선조·광해군에 이어 북한산성의 중요성에 주목한 이는 효종(재위 1649~1659)이었다. 병자호란의 치욕을 갚고자 북벌北伐을 준비하던 효종도 선조처럼 유사시 수도 방위를 위해 북한산에 성을 쌓고자 했던 것이다. 효종은 송시열宋時烈과의 독대獨對에서 "외침을 받은 나라가 비록 외방이 쑥대밭이 되더라도 근본(=도성)이 견고하면 패망에는 이르지 않는데, 우리나라는 조그마한 병란만 있어도 도성이 먼저 무너져 공사公私의 저축을 모두 적에게 주게 된다."라고 탄식하면서 자신은 "일찍이 북한성北漢城을 수축하고 또 (근처의) 조지서造紙署 동구洞口를 막아서 병란이 발발할 때 이어移御할 장소로 삼아 공사 인물人物을 무사히 보존하고자 하였다."라고 밝혔다.[13] 그렇지만 그 역시 백성을 동원하는 것을 어렵게 여겨 축성을 단행하지는 못하였다. 그렇지만 송시열의 공개로 알려진 '효종의 북한산 축성 계획'은 이후 숙종 때 북한산성 축성론자들의 중요한 논거로 활용되었으며,[14] 더 나아가 숙종 때의 북한산성과 탕춘대성蕩春臺城 축성으로 "북한성을 수축하고 조지서 동구를 막"겠다는 그의 계획은 현실화하였다.

북한산성 축성의 논의 과정　　　단속적으로 제기되어 오던 북한산성 축성은 숙종 때 들어와 본격적으로 논의되기 시작하였다. 1674년(숙종 즉위년) 청나라에 파견된 사신이 청나라에서 조선에 원병을 요청할 수도 있음을 알려왔다. 당시 청나라는 오삼계吳三桂를 중심으로 한 '삼번三藩의 난'으로 인해 큰 위기를 맞고 있었기 때문이다. 이에 대한 대책을 논의하는 과정에서 자강책이 최선임을 확인하고 그 일환으로 북한산성 축성이 논의되었다.[15] 그렇지만 이때의 논의도, 비록 국왕 숙종의 축성 지시가 있긴 하였지만, 반대론에 밀려 축성으로 이어지지는 않았다. 북한산성 축성을 대신한 자강책은 남인 영수 허적許積을 책임자로 하는 도체찰사부都體察使府 설치와 개성 대흥산성大興山城의 축성으로 귀결되었다.[16] 이후에도 숙종 전반기에 몇 차례 더 북한산성 축성 논의가 있었지만 환국換局 등으로 정국이 불안한 까닭에 축성은 제대로 추진되지 못하였다.[17]

　북한산성 축성 논의가 본격적으로 재론된 것은 1702년(숙종 28) 우의정 신완申琓이 차자箚子와 함께 8개 조의 건의 사항을 담은 책자를 올리며 탕춘대蕩春臺 축성을 강력히 건의하면서부터였다.[18] 그는 탕춘

〈팔조만언봉사〉 신완의 《경암집》에 실려 있는 상소문으로, 제7조 '수성지修城池'에서 탕춘대 축성을 주장하였다.

대 옛 터가 사면이 험준하고 벽이 깎아지른 듯하므로 산세를 따라 성을 쌓고 곡식과 기계器械를 미리 준비해 두며 도성과 안팎이 되어 서로 응원하게 하고 힘을 합쳐 굳게 지킨다면 나라에는 도성을 떠나 피난 가는 근심이 없고 백성은 견고한 뜻을 가지게 될 것이라 주장하였다.[19] 그가 축성 장소로 지목한 탕춘대는 북한산으로 통하는 서남쪽 길목이었으므로 자연스럽게 그전부터 논의되었던 북한산성 축성과 연결되는 것이었다.[20] 이에 대해 이조판서 김구金構, 병조판서 이유李濡, 승지 홍수주洪受疇, 대사헌 유득일兪得一 등이 찬성을 표하였다. 그들은 그동안 보장처로 인식되던 강화도는 개간이 진척됨에 따라 지형이 크게 바뀌었고, 남한산성은 한강을 건너야 하는 불편함과 함께 고립의 우려가 있으며, 도성은 넓고 커서 지키기 어렵다는 점을 북한산성 축성의 필요성으로 내세웠다. 반면 판부사 서문중徐文重·윤지선尹趾善, 예조판서 김진구金鎭龜, 행사직行司直 이인엽李寅燁 등은 북한산성 축성에 반대하면서, 재해가 거듭되어 축성에 적합한 시기가 아니고, 북한산성과 도성을 모두 지키려면 병력이 부족하며, 병자호란 때 항복 조건 중의 하나였던 '성곽의 신·개축 금지'[21] 때문에 청나라와 문제가 생길 수도 있고, 풍수적으로 내룡來龍의 맥을 해칠 수 있으며, 종묘사직을 보존하기 위해서는 도성을 지켜야 한다는 점 등을 그 논거로 제시하였다.[21]

이처럼 찬성과 반대 논의가 비등한 가운데 1703년(숙종 29) 숙종의 결단에 따라 북한산성 축성이 결정되었는데, 이에 대해 여러 신하들이 반대 상소를 올리고 또 경연에서도 축성의 문제점을 지적하였다. 특히 반대론자들은 병자호란 때 항복 조건 중의 하나였던 '성곽의 신·개축 금지'를 자주 언급하였다. 이에 대해 숙종은 처음에는 "일찍이 왕래하던 통역관들은 대부분 늙어 죽었으니, 전일의 약조約條를 누가 다시 자세히 알겠는가? 나는 그들이 반드시 물을 것인지 알지 못하겠다."라든가, "깊이 생각하면서 답하지 아니하였다."라는 반응을 보이다가, 신료들이 또 다시 이를 언급하자, 진노하여 "내가 스스로 떠맡겠다. 나는 두렵지 않다."라는 신경질적 반응을 보였다가 경연 신하들로부터 이렇게 언론을 막으니 "앞으로 더 큰일이 있으면 누가 말을 하겠느냐."라는 비판을 받기까지 하였다. 여러 소통방식을 통해 다양한 의견을 듣고 수렴해야 할 국왕의 역할을 숙종이 저버렸기 때문에 나온 신하들의 비판이었던 것이다. 이러한 의견 개진과 수렴을 둘러싼 국왕 숙종의 대응과 신하들의 비판은 조선시대 소통방식과 관련하여 주목할 만한 사례라 할 수 있다.

신료들 다수의 입장이 북한산성 축성보다는 도성을 먼저 수축하는 것이 타당하다는 쪽으로 기울자 국왕 숙종은 이들의 주장을 받아들여 1704년(숙종 30)부터 도성을 수축하는 공사에 착수하였다.

도성을 먼저 수축하는 문제를 논의할 때에도 '성곽의 신·개축 금지'

조건이 논의 대상이 되었다. 도성 방어력을 강화하기 위해 안현案峴(=무악재)에 돈대墩臺를 설치하는 문제가 논의되자 어영대장 윤취상尹就商이 "이 곳은 청나라 사람들이 왕래하는 길목에 해당하므로 시끄러운 말이 생길 것 같다."라고 문제를 제기하였다. 이에 대해 훈련대장 이기하李基夏는 먼저 청나라에 주문奏聞하자고 제안을 했지만, 숙종은 이것은 성곽을 신축하는 것이 아니므로 문제될 것이 없을 것이라며 논의를 마무리하였다.[23] 그런데 당시 숙종은 다수 신료들의 의견을 따라 북한산성 축성에서 도성 수축으로 방향을 선회하면서도 "도성은 지형이 평탄하고 주위가 넓어 방어하기 어렵다."라는 이유로 도성 방위에 대해 끝내 확신을 표명하지 않았다.

이처럼 도성 북쪽에 강력한 보장처를 구축하고자 한 북한산성 축성 주장은 도성을 먼저 축조하는 타당하다는 '선도성수축론先都城修築論'에 밀려 수면 아래로 가라앉은 반면, 도성 수축 사업은 1704년부터 1712년 무렵까지 진행되었다. 그 결과 도성 둘레 9,975보步와 여장女墻 7,081첩이 수축되어, 1422년(세종 4)에 도성을 석성으로 전면 개축한 이후 처음으로 도성이 대대적으로 수축되는 성과를 거두었다. 도성 수축 사업의 초기에는 중앙의 5군문軍門이 모두 참여하였지만 1707년(숙종 33) 재정이 부족한 수어청·총융청이 빠지고 훈련도감·어영청·금위영의 3군문이 도성 수축을 전담하면서 수도방위의 주체로서 3군문 체제가 강화되는 부수적 성과를 거두기도 하였다.[24]

북한산성 축성이 실제로 이루어지게 된 계기는 도성 수축 사업이 어느 정도 마무리에 들어가던 1710년(숙종 36) 9월에 청나라에서 해적을 막기 위한 해방海防을 강화하라고 보내온 공문이었다. 당시 청나라에서 소탕하던 해적 일부가 배를 타고 도주하였는데 그들이 도망한 곳을 모르는 상태였다. 이에 청나라에서 그들이 조선 연해를 약탈할 수

한양도성 전경

도 있는데 조선이 그들을 대국大國 사람으로 오인하여 피해를 입을
수 있으므로 공문을 보내 연해 방비를 강화하라고 주문한 것이었
다.[25] 숙종과 여러 신하들은 당시 청나라가 보내온 공문을 병자호란
때의 항복 조건의 하나였던 '성곽의 신·개축 금지'의 무효화로 해석하
였다.[26] 그리하여 해적 방비를 위해 무비武備를 갖추겠다는 뜻을 담은
사례謝禮 답신을 동지사 편에 부치도록 하였다. 이를 통해 그동안 북
한산성 축성을 막았던 가장 중요한 반대 논거 중 하나로부터 벗어나
게 되었다.

　청나라 공문을 계기로 북한산성 축성이 논의될 때에도 여러 이유
를 들어 축성에 반대하는 의견들이 제시되었다. 그렇지만 반대 의견이
1702~1703년 당시보다 강하지 않았고, 이이명李頤命·김창집金昌集·서종
태徐宗泰·이유李濡 등 주요 대신大臣들이 찬성 의사를 표시하였으며, 국
왕 숙종이 강력한 축성 의지를 표명하면서 1711년 2월 북한산성을 축

2부 정치제도 개혁의 실현과 소통

북한산성 지도 《북한지北漢誌》(1745년, 성능性能 지음)에 실린 〈북한도北漢圖〉를 바탕으로 경기문화재연구원이 주요 시설과 봉우리 이름을 한글로 바꾸고 채색한 것이다.

성하기로 결정하였다. 숙종은 평소 "도모함은 여럿이 하더라도 결단은 혼자 하고자 한다謀之雖多 決之欲獨."라는 입장을 견지하고 있었으며, 같은 날 입시한 승지 한배주는 축성에 찬성 의사를 표하면서 숙종의 결단을 촉구하기도 하였다. 또한 그동안 전·현직 정승과 비변사의 여러 신하들, 장임將任(군문 대장)을 역임한 신하들이 모두 북한산성을 답사하고 찬반 여부에 대한 의견을 이미 제시하였기 때문에 이날 숙종이 결단을 내려 축성을 결정한 것이다.[27]

북한산성 축성은 호조판서 김우항金宇杭과 총융사 김중기金重器가 총괄하였으며, 그 예하에 도책응都策應·요진감관料賑監官 등을 두어 진행하였다.[28] 그리고 실제 축성은 3군문에서 각각 작업 구역을 나누어 담당하였다. 각 군문별로 도청都廳과 내책응內策應·외책응, 독역장督役將을 두는 한편 기술자인 편수를 고용하고 예하 군인과 도성민을 동원하여 4월 3일 축성을 시작하여 10월 19일 완공하였다.[29] 훈련도감에서 수문水門 북쪽~용암龍岩(산성의 서쪽~동북쪽. 2,292보), 금위영에서 용암 남쪽~보현봉(동북쪽~동남쪽. 2,821보), 어영청에서 수문 남쪽~보현봉(서쪽~동남쪽. 2,507보) 사이의 성곽을 쌓았다. 축성된 북한산성의 길이는 총 7,620보였으며 여장 수는 2,807첩이었다.[30]

북한산성 축성이 끝날 무렵에는 행궁行宮 건립에도 착수하였으며, 축성 이듬해인 1712년 4월에는 숙종이 친히 북한산성에 행차하여 새

19세기 말의 북한산성 행궁

로 축성한 북한산성을 시찰하기도 하였다. 이때 중성重城 축성도 결정
되어 총융청에서 주관하여 같은 해 5월부터 7월까지 공사를 진행하였
다. 또한 이전부터 있던 중흥사重興寺 외에 용암사·보국사·보광사·부
왕사·원각사·국녕사·상운사·서암사·태고사·진국사 등 10개의 사찰도
새로 건립하였으며, 3군문에서도 산성 안에 유영留營을 건립하고 군사
등을 배치하였다. 한편 북한산성 관리를 주관할 관청으로 경리청經理
廳을 설치하고 원임 대신 이유를 그 책임자로 임명하였다. 북한산성의
군향軍餉 출납의 불편함과 축성의 편리성을 이유로 북한산성과 인왕
산 쪽의 도성을 연결하는 탕춘대성蕩春臺城 축성도 추진하여 숙종 말
엽에 이르면 상당 부분이 진척을 보았다.

국토방위전략의 변화: 도성중심 방위전략의 대두　　조선 전기의 국토
방위전략은 '국경중심 방위전략'이었다.[31] 그러나 임진왜란과 1624년

　　　　　　　　　　　2부 정치제도 개혁의 실현과 소통

(인조 2)의 이괄李适의 난을 경험하면서 집권세력은 '수도권중심 방위전략'을 본격적으로 검토하기 시작하여, 국왕의 항복으로 끝난 병자호란 이후 단기간에 수도가 점령당한 경험과 청나라와 약조에 따라 성곽의 수·개축이 불가능하게 되자 '수도권중심 방위전략'을 채택하기에 이르렀다.

〈그림 1〉 국토방위전략 층위도

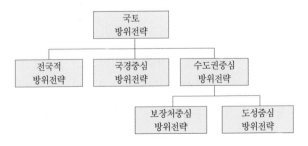

병자호란 이후 1728년(영조 4)의 무신란戊申亂 이전까지의 '수도권중

탕춘대성 전경

심 방위전략'은 기본적으로 '보장처중심 방위전략'이었다. 이에 따라 이 시기에는 보장처로 인식되던 강화도와 남한산성의 방위 능력을 높이는 조치가 취해졌다. 또한 국왕 호위를 담당하는 금군禁軍을 강화하고, 1682년(숙종 8) 정초청精抄廳과 훈련별대訓鍊別隊를 통합하여 금위영을 창설함으로써 5군문 체제가 갖추어졌다.

'도성중심 방위전략'이 대두한 것은 '보장처중심 방위전략'에 따라 북한산성 축성이 논의될 때였다. 보장처로서 남한산성과 강화도에 대해 의문을 품고 있던 국왕 숙종과 측근세력들은 북한산성 축성을 추진하였는데, 앞에서 본 바와 같이 도성을 먼저 수축해야 한다는 '선도성수축론'에 밀려 북한산성 축성은 잠시 유보된 채 먼저 도성 수축 작업이 진행되었다. 도성 수축이 어느 정도 진행되고, 때마침 청나라에서 해방海防을 강화하라는 공문을 보내온 것을 계기로 북한산성 축성 논의가 재론되자 북한산성은 숙종의 결단 아래 단기간에 완성을 보

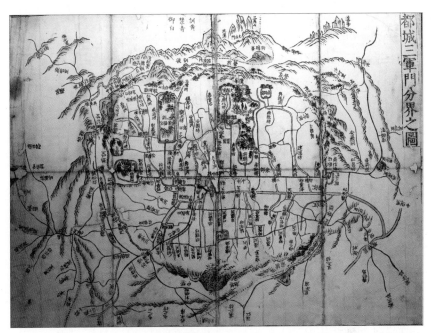

〈도성삼군문분계지도〉(1751년) 3군문의 도성방위 영역을 표시한 지도이다.

았고 전담기구로서 경리청經理廳이 설치되었다. 북한산성 축성 추진주체들은 도성과 북한산성을 연결하는 탕춘대성까지 상당부분 축조하였다. 이때 축성된 북한산성과 탕춘대성은 기존 보장처인 남한산성과 강화도와 더불어 이후 '도성중심 방위전략'이 채택되자 도성방위의 배후기지로서 위상을 정립하였다.

수도권중심 방위전략이 보장처 중심에서 도성중심으로 전환되자, 보장처 중심 방위전략에 입각하여 유사시 입보처入保處의 위상을 지녔던 북한산성은 도성 외곽에서 도성 방어를 지원하는 성곽으로 그 위상이 변화하게 되었다. 북한산성 축성을 계기로 대두한 '도성중심 방위전략'은 무신란戊申亂을 경과하면서 국왕 영조의 기본 입장으로 표명되었으며, 이후 금군 정비, 도성과 강화도 수축을 거쳐 수성윤음守城綸音과 수성절목守城節目의 반포를 통해 최종적으로 국가의 방위전략으로 정착되게 되었다.

이와 같은 17~18세기 전반에 걸친 방위전략의 변화는 당시 수도 서울의 성장을 반영한 조치였다. 17세기를 경과하면서 조선은 왜란과 두 차례의 호란, 각종 자연재해 등으로 하락했던 경제력을 정부의 노력과 지방 사림士林의 협조, 백성들의 참여하에 상당 수준 회복하였다. 이 기간 동안 수도 서울은 전국적인 농업생산력 증대와 상업 발달, 그리고 대동법大同法·고립제雇立制 시행과 유민流民 대책의 변화를 비롯한 정부 정책 등에 힘입어 비약적으로 성장하였다. 인구도 20만~30만 명으로 늘어났다. 인구 구성에 있어서도 상공업 발달과 군사력의 수도 집중을 반영하여 시민市民(=상인)과 공인貢人,[32] 직업군인과 같이 수도 서울에 생계 기반을 둔 계층이 차지하는 비중이 대폭 늘어났다.[33] 17세기 후반에 대두하여 18세기 중반에 정착한 도성중심 방위전략은 바로 이와 같은 수도 서울의 성장을 기반으로 제기된 것이다.

| 북한산성의 축성 과정에서 활용된 소통방식 |

숙종 때 북한산성 축성이 발의되고, 논의되고, 결정되는 과정에서 다양한 소통방식이 활용되었다. 여기서는 그중에서 자주 활용된 소통방식인 상소, 경연, 비변사 차대次對, 제신회의諸臣會議를 중심으로 살펴보고자 한다.

상소　　상소上疏는 "아랫사람의 실정을 의미하는 하정下情을 임금에게 도달하게 한다."라는 하정상달下情上達을 위한 소통방식의 하나였다. 이러한 상소는 고려시대에도 있었고, 조선 초기에도 있었다. 그런데 조선 초기에는 언관을 비롯한 관원의 상달은 상소로 표기한 반면

　　　　　　2부 정치제도 개혁의 실현과 소통

상소식과 차자식 《전율통보典律通補》 별편別編에 실려
있는 상소와 차자의 서식이다.

유생과 평민의 경우 상서上書·상언
上言으로 기록하는 것이 일반적이
었다. 이같이 유생 상소를 상서·상
언으로 표기하고 있는 것은 유생
을 민民의 범주에 포함시켜 상소는
관원들만 할 수 있는 것이라는 관
행이 유지되고 있었기 때문이다.[34]

그러나 16세기를 거치며 사림士
林이 중앙정계에 진출하면서 공론
을 중시하는 정치구조와 관행이
형성되자 관원뿐 아니라 관학館學
(성균관·사학)과 향촌 유생의 의견도
공론公論으로 인정하는 관행이 자
리 잡게 되었다. 숙종 때 북한산성
축성에 대해 유생들이 상소를 올렸던 것도 이 연장선상에서 가능하였
던 것이다.

그런데 상소는 격식을 갖춘 글이라 자주 사용할 수 없었다. 구전口
傳은 대간이 승지에게 말하고, 승지가 환관을 통해서 왕에게 전달하
는 방법이다. 긴 이야기는 못하고, 간단한 말도 중간에 굴절되었다.[35]
이 때문에 차자箚子라는 상소에 비해 간단한 문서 양식을 도입하였다.
차자는 1473년(성종 4) 대사헌 서거정徐居正의 건의로 처음으로 사용되
기 시작하였으며,[36] 차자를 올리는 것을 '상차上箚'라고 하였다. 상소
는 세자가 대리청정을 할 때에는 격을 낮추어 상서上書로 표현하기도
하였다.[37]

상소는 사람을 보내 승정원에 바치는 것이 일반적이었으며, 승정원

에서 임의로 접수를 거부할 수는 없었다.[38] 그런데 17세기부터 '현도縣道'를 거쳐 상소하는 관행이 생겨났다. 지방 거주자가 자신이 사는 군현에 상소를 올리면 수령이 관찰사에게 올리고 관찰사가 승정원으로 보고하는 방식이다. 이 경우 승정원에 바치기 전까지 상소 내용이 공개되는 것이 관행이었고 그 내용 수정도 가능하였다. 그러나 일단 승정원에서 받아들이면 더 이상 수정할 수 없었다.[39]

〈표 1〉 조선왕조실록에서의 '현도(縣道)' 검색 결과

국왕	태종	세조	성종	선조	효종	현종	현종개수	숙종
횟수	1	1	1	1	3	4	6	117
국왕	숙종 보궐정오	경종	영조	정조	순조	헌종	철종	고종
횟수	4	8	37	21	30	6	6	9

비고 : 현종개수는 《현종개수실록顯宗改修實錄》을, 숙종보궐정오는 《숙종실록보궐정오肅宗實錄補闕正誤》를 의미한다.

〈표 1〉은 조선왕조실록에서 '현도縣道'를 검색한 결과이다. 검색 결과 총 255개의 사례가 검출되었는데, 이 중 선조 때까지는 모두 상소와 무관한 기사記事였다.[40] '현도縣道'가 상소와 관련 있는 기사는《효종실록》에 처음 등장한다. 1649년(효종 즉위) 장령掌令 송시열宋時烈이 현도를 통해 사직 상소를 올린 것이 첫 사례였다.[41] 효종 때부터 이후 사례는 모두 상소와 연관된 경우였다. 특히 숙종(재위 1674~1720) 때 검색 결과의 절반에 가까운 121개(47.5%)의 사례가 나오는 점이 주목된다. 익히 알려졌듯이 숙종 때에는 집권 붕당朋黨을 교체하는 환국換局이 자주 발생하고 붕당 간 대립이 매우 격렬하게 전개된 시기였다. 이 때문에 각 붕당을 대표하는 인물들이 지방에 머물며 '현도'를 통해 상소를 올려 자신이 속한 붕당의 입장을 대변하는 경우가 많아서[42] 이와 같은 결과가 나온 것으로 보인다. 이처럼 지방에 거주하는 자가 현도를 통해 상소하는 관례慣例가 생겨난 것은 사대부의 공론公論을

주도하는 산림山林이 등장하여 조정의 우대를 받기 시작한 인조仁祖(재위 1623~1649) 때부터, 또는 검색 결과에 따른다면 1649년부터인 것으로 판단된다.

상소·상차는 문제제기 및 촉구 또는 이미 제기된 문제에 대한 찬반 의사 표시 등의 기능을 수행하였다. 북한산성 축성과 관련하여 판부사判府事·비변사 당상 같은 고위 관원이나 언론을 담당하는 대간뿐 아니라 참봉·봉사奉事 같은 미관말직도 상소를 하였으며, 아직 정식 관원이 아닌 진사進士도 상소하여 축성을 촉구하는 경우도 있었다. 1702년 우의정 신완이 상차하여 탕춘대 축성을 건의한 데서 상차의 문제제기 기능을, 그리고 북한산성 축성을 촉구하며 1710년(숙종 36) 판부사 이유李濡가 올린 상차와 축성에 반대해 호조판서 김우항金宇杭이 올린 상소에서 찬반 의사 표시 기능을 확인할 수 있다.

판부사判府事 이유가 차자箚子를 올렸다. …… 지금 만약 북한北漢에 성을 쌓아 내성內城을 만들어 종묘사직을 이안移安하고, 또 조지서 동구洞口를 막아 강창江倉을 옮겨 설치하면, 공사公私의 축적蓄積을 모두 옮겨 들여올 수 있습니다. 이미 북산北山의 험조險阻에 의거하여 미리 옮겨 주필駐蹕할 곳으로 삼은 후에, 혹 군사를 나누거나 혹은 의병疑兵을 설치하여 도성을 지키면, 형세가 저절로 장성해지고 근본이 더욱 견고해질 것이니, 반드시 먼저 허물어질 근심은 없을 것입니다.[43]

호조판서 김우항이 상소하였다. …… 상소 말미에 극론하기를, '도성의 형편은 족히 믿을 만하며, 의리義理와 이해로 헤아려 보더라도 모두 지키지 않을 수 없는데, 반드시 급할 때에 피하여 달아날 계책을 삼는다면, 북한北漢은 안이 험준하고 또 좁아서 도리어 강도와 남한

으로써 의귀依歸할 곳을 삼는 것만 못합니다.'라고 하였다.[44]

경연　　경연은 문과 출신으로 구성된 홍문관 관원이 정기적으로 국왕과 만나 유학 교재의 내용을 교육시키는 제도이다. 중국 한나라 때 시작된 경연은 당나라를 거쳐 북송(960~1127) 시절에 하나의 제도로 자리 잡았다. 한국사에서는 고려 예종 때 처음 경연이 열리기도 했지만(1116) 제반 여건이 갖춰지지 않아 고려시대에는 제대로 정착되지 못하였다.

조선 초기 우여곡절을 거친 경연제도는 성종 때 집현전을 계승한 홍문관을 설치하고, 조강朝講·주강晝講·석강夕講의 1일 삼강三講의 제도를 갖추었다. 또한 야대夜對도 시행하여 소대召對와 더불어 2대對가 되었으며, 기존 경연 관원 외에 대신大臣과 대간도 참석시키고, 특진관特進官 자리를 설치하는 등 제도적 기반을 갖추었다. 특히 조강에 대신과 대간을 참석하게 함으로써 경연은 정치의 심장부가 되고, 임금과 신하들의 만남과 소통이 활성화되었다. 이것이 바로 '경연정치'였다.[45] 경연이 유학 교육의 장일 뿐 아니라 국정 전반을 검토·논의하고 결정하는 장으로서 기능이 활성화된 것이다. 이러한 성종 때 경연은 후대의 표준이 되었다.[46]

성종 때 확립되어 계승된 조강·주강·석강은 격식을 갖추었다는 뜻에서 법강法講으로도 칭하였으며, 가장 중요한 조강을 그냥 경연이라 부르기도 하였다. 낮에 하는 소대召對와 밤에 하는 야대는 약식 경연이었다. 야대는 3강과 별도로 진행하였고, 소대는 3강을 하지 못하는 경우에 대신 열렸다. 경연은 궁궐의 편전便殿에서 열렸으며, 국왕은 북쪽 어탑에서 남면하여 앉고, 신하들은 바닥에 부복俯伏하였다. 1품관은 동쪽에서 서향西向, 2품은 서쪽에서 동향, 3품 이하 관원은 남쪽에서 북향하였다. 국왕, 승지 1명, 홍문관원 2명, 사관 3명이 경연의 기본 참석 인원이었으며, 이들은 3강과 2대에 다 참석하였다. 대신을 비롯한 고위 관원은 영사領事(정1품) 1명과 지사知事(정2품)·동지사同知事(종2품) 1명, 특진관 2명이 참석하고, 대간은 사헌부와 사간원에서 각각 1명이 참석하였다. 조강에서는 이들 13명이 참석하여 경사經史를 강독하고 국정을 논의하였다. 국정 토론에서 대간과 홍문관은 정치의 이상을 대변하고, 국정을 실제로 담당하는 대신들은 현실을 강조하였으며, 국왕은 양자의 입장을 절충하고자 하였다.[47] 한편 국왕과 신하들이 상시적으로 만나기가 쉽지 않은 현실에서 경연은 국왕이 (장래 고위 관원이 될) 하위 관원의 학식과 인품을 확인하는 자리가 되었으며, 대간과 홍문관원도 경연이 국왕을 가까이에서 볼 수 있는 거의 유일한 기회였으므로[48] 경연 준비에 노력을 기울였다.

녹천 이유 신도비 서울 강남구 한정식집 필경재 후원 소재. 북한산성과 탕춘대성 축성에 큰 역할을 했으며 숙종 후반 경연에 자주 참석했던 이유의 신도비다. 다른 신도비와 달리 정면과 옆면의 폭이 같은 점이 특이하다.

처음에는 재상 중에서 선발하던 특진관에 이후 재야의 명망 있는 학자들이 초빙되고, 시강원 관원으로 임명된 산림山林들이 경연에도 참여하면서 국정 소통의 장으로서 '경연정치'는 더욱 강화되었다. 한편 조선에서는 국왕을 위한 경연 외에 세자 교육을 위해 세자

시강원世子侍講院을 설치하고 서연書筵도 실시하였다.

임진왜란 이후 비변사가 국정 운영의 중심으로 자리하고, 국왕과 비변사 구성원의 만남에서 국정의 주요 사안이 논의·결정되면서 조강과 경연정치의 비중은 줄어들게 되었다.[49] 이에 따라 17세기부터는 조선 전기에 개최 빈도가 가장 높았던 조강을 대신하여 주강의 개최 빈도가 높아졌다. 숙종 때에도 이런 경향이 계승되어 경연은 하루 한 번만 열렸고, 1,951회 열린 경연 중에서 주강이 1,482회로 압도적 비중을 차지하였다.[50]

북한산성 축성과 관련한 경연에서의 논의도 이러한 경연의 기능 변화 속에서 나타난 것이지만, 경연에서 실제로 축성과 운영 방안을 논의한 사례는 많이 보이지는 않는다. 다음은 경연 석상에서 지사 조태채가 북한산성의 군량미 확보 방안을 아뢴 내용이다.

주강에 나아갔다. 지사 조태채趙泰采가 상주上奏하였다. "북한산성 군량미는 도성민이 한 차례 옮긴 뒤로 잇따라 수송할 계책이 없습니다. 청컨대 공명첩空名帖 약간 장을 얻어서 백성 중에 받기를 원하는 자를 모집하여 옮겼으면 합니다." 임금이 허락하였다.[51]

비변사 차대 비변사備邊司는 1510년(중종 5) 삼포왜란三浦倭亂이 발발할 때 이를 처리하기 위한 기구로 처음 등장하였다. 1554년(명종 9) 독립된 관서官署가 되었으며, 임진왜란을 계기로 기능이 강화되어 대신大臣이 감령監領하고 당상들이 참여하여 국가의 중요 정책을 협의하는 '비변사체제'가 성립하였다. 1623년의 인조반정 이후 반정 공신들이 비변사를 통해 권력을 장악·행사함으로써 그 위상이 더욱 강화되었다. 특히 조선 후기의 사회변화에 따른 새로운 관청의 설치나 대동법·공안貢案 개정·노비 추쇄·진휼·죄수 석방 등의 업무를 담당함으로써 비변사는 조선 후기 국정 운영을 담당하는 최고 관청으로 자리하게 되었다.[52]

비변사 구성원은 의정議政과 당상堂上, 낭청郎廳의 삼층 구조였다. 의정은 전직과 현직 정승들이며 도제조都提調라고도 불렀다. 당상은 제조提調로도 불리며 으레 겸직하는 예겸例兼 당상과 특별히 임명하는 전임專任 당상으로 구분하였다. 예겸 당상은 당연직으로, 판서와 군영대장, 유수留守, 대제학 등이 이에 해당하였다. 전임 당상은 돈녕부·중추부·의정부 고위 관원 중에서 특별 업무를 처리하기 위해 임명되었다. 당상 중에서 임명되는 3~4명의 유사有司 당상이 의정과 더불어 비변사 운영의 핵심을 담당하였다. 10여 명 안팎의 낭청은 행정 실무를 처리하는 하급 관료로서 국정 운영에는 참여할 수 없었다.[53]

비변사 논의 때에는 당상의 의견 수렴을 중시하였다. 이것은 비변사 출현 자체가 국방 전문가의 의견 청취를 목적으로 했다는 점뿐 아니라 임진왜란을 겪으면서 다수의 고위 관원이 모여 회의를 통해 의견을 수렴하는 관행이 자리 잡았기 때문이다. 또한 16세기부터 강조되던 공론公論 중시가 17세기 들어와 사림정치士林政治가 본격화하면서 더욱 강화된 점과 여러 붕당과 정파들이 비변사 논의를 통해 의견을 조율했다는 점도 비변사 당상의 의견 수렴 중시에 영향을 주었다.

특히 관행에 따라 처리하는 사안이 아닌 변통이 필요한 사안일 때에는 반드시 대신들이 당상들과 논의하는 과정을 거쳤다. 논의가 다수와 소수로 갈리면 다수 의견으로 회계回啓하고 소수 의견을 표시한 당상은 별도로 상소하여 자신의 주장을 개진하였다. 그리하여 차대次對할 때 국왕과 당상이 참여하여 다시 논의한 뒤에 최종 결론을 내렸다.[54]

이처럼 비변사가 국정 운영의 중심 기구가 되자, 비변사 구성원이 국왕과 만나 주요 안건을 논의하는 비변사 차대는 조선 후기에 국정 운영과 관련해 가장 중요한 소통방식이 되었다. 비변사 차대 일차日次는 1639년(인조 17) 이후 월 3회로 정례화하였다가[55] 1698년(숙종 24) 월 6회로 늘어났다.[56] 이로 인해 비변사 차대가 국정 운영에서 차지하는 중요성이 더욱 커지게 되었다.

국왕이 비변사 구성원과 회의하는 것을 실록에서는 '끌어다본다.'라는 의미에서 '인견引見'으로 칭하였으며, 대부분 "임금이 대신과 비변사의 여러 신하들을 인견하였다上引見大臣備局諸臣."라고 표기하였다. 그리고 세자가 대리청정할 때에는 격을 낮추어 '인접引接'으로 표기하였다.[57]

비변사 차대는 북한산성 축성과 관련해서도 가장 논의가 활발하게 전개되었던 장場이었으며, 축성 결정 역시 비변사 차대에서 숙종이 여러 신하들의 의견을 경청한 다음 결단함으로써 가능하였다. 다음 기사가 비변사 차대 때 숙종이 북한산성 축성을 결정한 사례이다.

대신大臣과 비변사의 여러 신하들을 인견하였다. …… 임금이 말하였다. "모계謀計는 비록 많더라도 결정은 혼자 하려고 한다. 여러 의정과 비변사 여러 신하들이 장신將臣(=군영대장)과 더불어 모두 벌써 가서 보았는데, 다시 무엇을 살펴보겠다는 것인가? 북한산은 곧 온조의 옛 도읍이며 또 도성과 지극히 가깝다. 염려되는 것은 단지 물이 부족한 것인데, 지금 들으니 수천水泉도 또한 넉넉하다고 하니, 축성을 결의하는 것이 옳다."[58]

제신회의   숙종 때 실시한 제신회의는 조선 초부터 고위층을 대상으로 의견을 수렴하던 방식인 수의收議를 더 발전시킨 소통방식이라 할 수 있다.[59] 수의는 승정원에서 주관하였다.[60] 승지가 승정원의 낭청인 주서注書를 수의 대상자에게 보내 의견을 받아오게 하였다. 성종 때를 보면 수의할 일이 많게 되자 주서 외에 사관史官도 수의 대상자에게 보내도록 했다가 사관들의 항의를 받은 일도 있었다.[61] 드물지만 국왕과 고위 관원들이 함께 있을 때 갑자기 논의할 일이 생겨 그 자리에 있는 사람들을 대상으로 수의하는 경우도 있었다.[62] 수의 대상자는 사안에 따라 영돈녕領敦寧, 대신大臣, 재상宰相 등으로 다르게 나오는데,[63] 대체로 2품 이상의 고위 관원이 여기에 해당하였다. 17세기 후반 의례儀禮가 문제되었을 때에는 산림山林에 해당하는 인물에게도 유신儒臣이라는 명목으로 수의하게 하기도 하였다.[64]

숙종 때에도 수의는 자주 활용하던 소통방식이었다. 특히 의정을 역임했던 인물이 외방에 머물 경우 사람을 보내 그들의 의견을 청취하여 국정에 반영하곤 하였다. 북한산성 축성을 논의할 때에도 낙향한 전임 의정인 남구만南九萬과 윤지완尹趾完에게 사람을 보내 그들의 의견을 받아 국왕에게 보고하기도 하였다.[65]

숙종 때 북한산성과 관련한 제신회의諸臣會議는 1719년(숙종 45) 2월에 열렸다.[66] 북한산성 축성이 끝난 후 군량 보관의 편리와 방어력 강화를 위해 도성과 북한산성을 연결하는 탕춘대성蕩春臺城을 축성하려고 했는데 신하들 사이에 의견이 일치하지 않았다. 더욱이 1718년 12월 북한산성 축성에 찬성했던 예조판서 민진후閔鎭厚가 대리청정 중이던 세자에게 상서上書하여 자신의 잘못을 책망하며 탕춘대성 축성의 잘못과 북한산성을 지킬 수 없음을 극론하였다. 이에 세자는 3품 관원, 시종侍從을 역임했던 문신, 병사兵使·수사水使 이상을 역임했던 무신들로 하여금 조당朝堂에 모여 회의하도록 명하였다.[67] 앞서 본 수의가

2품 이상인 자를 대상으로 한 것에 비해 의견 수렴 대상자가 대폭 확대되었다.

숙종의 와병 때문에 의견 수렴이 지체되다가 이듬해 2월 2일에 3품 관원들이 궁궐에 나아가 대사성 홍치중洪致中을 비롯한 21명이 의견을 제출하였고, 3일에는 2품 이상의 관원들이 회의하여 사직 민진원閔鎭遠을 비롯한 17명이 의견을 제출하였으며, 5일에는 삼사 관원들인 부제학 이택李澤 등 7명이 의견을 제출하였다. 한편 병으로 회의에 참석하지 못했던 사직 김석연金錫衍 등 5명은 각각 상서를 올려 자신의 의견을 개진하였다.[68]

이처럼 여러 신하들이 의견을 제출하였으므로 비변사에서 국왕에게 보고해서 결정해야 하는데 마침 영의정 김창집金昌集이 대간의 지적으로 인해 출사出仕하지 않는 상태이고 참석하지 못하는 대신들도 많아 결정이 연기되었다. 이후 4월 1일이 되어서야 김창집을 비롯한 여러 대신이 모여 국왕과 논의한 후 다수 의견에 따라 탕춘대성 축성을 중지하기로 결정하였다.[69]

이상에서 살펴본 상소, 경연, 비변사 차대, 제신회의 외에도 숙종 때에는 여러 소통방식이 존재하여 국정 운영에 활용되었다. 주요 신하들이 임금에게 의견을 제시하기 위해 면대를 요청하는 청대請對, 지시받은 사항을 검토한 후에 보고하는 복명復命(보통 계문啓聞 형식으로 보고함), 내의원 제조提調들이 입시하여 국왕의 건강 상태를 체크하는 입진入診 등의 소통방식도 존재하였다.[70] 이들 방식 역시 북한산성 축성 논의에서 활용되었다. 특히 비변사의 도제조와 당상 일부가 내의원內醫院의 도제조와 제조를 겸임하는 경우가 많았으므로, 입진은 자연스럽게 국정을 논의하는 장이 되었다.

2부 정치제도 개혁의 실현과 소통

북한산성이 축성된 북한산 일대는 삼국시대부터 요충지로 주목을 받았다. 고려시대에도 중흥산성을 쌓고 여러 국왕이 행차하는 등 국가와 왕실의 관심을 받던 곳이었다. 조선 숙종 이전에도 문종·선조·광해군 때 이곳을 도성 방위를 위한 요충지로 인식하였다. 특히 효종은 북한산성을 쌓고 조지서 동구를 막는 구상을 하여, 숙종 때의 북한산성과 탕춘대성 축성에 큰 영향을 주었다.

북한산성 축성이 본격적으로 논의된 것은 숙종 때였다. 숙종 초반 청나라의 불안한 정황으로 인해 축성 논의가 있었지만 실천으로 이어지지는 못하였다. 1702년 우의정 신완의 축성 건의로 논의가 다시 활발하게 전개되었지만, 도성 수축을 먼저 하자는 다수 신료들의 주장에 따라 북한산성 축성은 수면 아래로 가라앉고 대신 근 300년 만에 도성이 대대적으로 수축되는 성과를 거두었다. 북한산성 축성이 본격화된 계기는 해적을 막기 위해 연근해 방어를 강화하라고 청나라에서 보내온 공문이었다. 숙종과 축성론자들은 이를 병자호란 때 항복 조건의 하나인 '성곽의 신·개축 금지'의 무효화로 해석하고 축성을 강력하게 추진하여 마침내 1711년에 6개월이라는 짧은 기간 안에 북한산성 축성을 완공하였다.

숙종 때의 북한산성 축성은 국토방위전략의 변화와 짝하는 것이었다. 항복으로 끝난 병자호란으로 군사력 열세가 확연히 드러났고 또 성곽의 신개축이 금지되자 조선 정부는 국경중심 방위전략 대신 수도 근처에 보장처를 구축하고 유사시 입보入保하는 '보장처중심'으로 방위전략을 수정하였다. 남한산성과 강화도와 더불어 북한산에 산성을 쌓은 것도 이 일환이었다. 보장처중심 방위전략은 18세기 중반 영조 때가 되면 유사시라도 도성민과 함께 도성을 사수한다는 도성중심 방위전략으로 또 한 차례 변화하였는데, 이것은 17세기 중후반부터 진행된 수도 서울의 성장에 근거한 것이었다.

북한산성 축성이 발의되고, 논의되고, 결정되고, 축성되는 과정에 다양한 소통방식이 활용되었다. 대표적인 것이 상소, 경연, 비변사 차대, 제신회의였다. 상소를 통해 축성 논의가 발의되고 찬반 의견이 표출되기도 하였다. 이전부터 국정 논의의 장이었던 경연 석상에서도 북한산성 군량미 확보 문제가 검토되었다. 비변사 차대는 조선 후기에 제일 중요한 국정 논의의 장으로서, 축성 관련 논의도 이곳에서 활발하게 전개되었으며, 축성의 최종 결정도 이 자리에서 내려졌다. 제신회의는 2품 이상을 대상으로 한 수의收議보다 의견 수렴 대상자가 더욱 확대된 소통방식이었다. 매우 드물게 개최되었지만, 3품 관원과 삼사三司 관원, 곤수閫帥 이상을 역임한 무신 등 실질적인 국정 운영과 관련된 관원 거의 전부로부터 의견을 청취한다는 점에서 주목할 만한 소통방식이다. 도성과 북한산성을 연결하는 탕춘대성 축성의 지속 여부를 제신회의를 통해 검토하고 다수 의견에 따라 축성 중지를 결정하였다.

이처럼 숙종 때의 북한산성 축성은 국왕 숙종과 축성론자들이 다수의 반대 의견을 무시하고 강행한 것이라기보다는, 다양한 소통방식을 활용하여 고위 관원뿐 아니라 무신이나 삼사 관원, 봉사·참봉 같은 미관말직, 그리고 일반 유생의 의견까지 청취하면서 단계적으로 축성의 당위성을 설득해 가면서 추진되었던 것이다.

【 3부 】
사회경제 개혁의 추진과 소통

8장

조선 초기 노비제도 개혁과 소통

박 진 훈

명지대학교 사학과 교수

| 들어가는 말 |

우리 역사에는 다른 민족이나 국가의 역사에서는 볼 수 없는 특수한 사항이 여럿 있다. 그 중의 한 가지가 노비이다. 우리말로는 종이라고 불리는 노비는, 정확하게는 남자종인 노奴와 여자종인 비婢를 합쳐서 부르는 말이다. 노비를 부르는 용어는 매우 다양하다. 우선 집에서 부리는 노비라는 뜻으로 가노家奴 또는 가비家婢라고도 불렸다. 집에서 잔심부름 하는 어린 사내 노비는 가동家僮이라고 불렀다. 남자종의 경우 머리를 바싹 깎아 머리에 푸르스름한 빛이 돈다고 하여 창두蒼頭로, 여자종의 경우 붉은 종아리를 드러내고 있다는 점에서 적각赤脚이라 불렸는데, 창두나 적각이란 표현 모두 일반인과 구별되는 노동하는 특수한 신분으로서의 노비를 표현하는 단어들이다.

노비는 인간이었지만, 주인이 사고 팔 수 있으며 상속할 수 있는 재산이었다. 하지만 노비는 노예와 다른 존재였다. 우리가 익히 알고 있는 것처럼, 순장의 대상이 되었던 노예는 주인이 생명까지도 마음대로 할 수 있는 존재였다. 일반적으로 노예는 자기 재산을 가질 수 없었고 가족도 이룰 수 없었으며, 국가의 법적인 보호도 받지 못해 주인이 생명을 비롯한 모든 것을 마음대로 처분할 수 있는 존재였다. 미국의 흑인 노예 등 특수한 경우를 제외하면, 노예는 일반적으로 고대사회에 전 세계적으로 존재하였다가 역사 발전에 따라 사라진 것으로 해석된다. 우리의 고대 역사에서도 다른 나라와 마찬가지로 노예는 존재하였다.

반면 노비는 노예와 달리 자신의 가족을 가질 수도 있었고, 토지나 가옥 등의 재산도 소유할 수 있었

충노문리동행적비 강릉 오죽헌시립박물관 앞 강릉선 정비석군 중 관노의 행적을 기린 것이다.

으며, 주인이 마음대로 생명을 빼앗을 수 없었다. 자신의 재산을 자기 자손에 물려줄 수도 있었다. 하지만 노비의 자식은 다시 노비가 되었다. 즉 자손대대로 노비가 되었다. 일반적으로 노비는 통일신라부터 존재하기 시작하여 조선 후기 갑오개혁 때 신분제를 폐지할 때까지 천년 이상 존재하였다는 점에서, 그리고 자손대대로 노비가 되어 주인이 마음대로 처분할 수 있었던 재산이었다는 점에서 다른 나라에서는 볼 수 없는 가혹한 우리나라 신분제의 한 모습이었다.

이 글에서는 노비 문제가 가장 심각하였던 고려 후기부터 조선

초기 노비제도 개혁까지의 일련의 과정에 대해 이야기하려고 한다. 고려 후기에 노비와 관련되어 어떠한 문제들이 발생하였고 노비 문제가 다시 정치적 내지는 사회경제적으로 어떠한 문제들을 초래하였는지를 살펴보겠다. 이어 새로운 국가 조선에서 노비 문제를 어떻게 해결해 나가는지를 주요 사례를 검토하면서 살펴보도록 하겠다. 이 과정에서 조선 정부가 노비 관련 이해 당사자들과 어떻게 소통해 가며 문제 해결 방안을 도출해 내는지를 알아보도록 하겠다.

| 고려의 노비제도와 고려의 멸망 |

고려의 노비와 노비제　　고려시대에 있어 노비는 토지와 함께 지배층의 주요한 물적 기반이었다. 노비는 그 자체로서도 중요한 재산이었지만, 지배층들은 노비 노동력을 활용하여 여러 가지 생산 활동을 할 수 있었다. 노비 노동력을 활용하여 막대한 재산을 축적한 경우가 많이 있는데, 다음은 그 중의 한 사례이다.

> 파주坡州의 서교西郊 지역은 황폐해져서 사람이 살지 않았다. 정당문학 벼슬에 있던 안목安牧이 처음으로 이 지역을 개간하여 널리 농토를 경작하고 집을 크게 지어 거주하였다. …… 안목의 손자인 안원安瑗 때에 이르러 극도로 번성하여 안팎으로 토지를 소유한 것이 무려 수만 경頃이었으며, 노비는 백여 호에 이르렀다.[1]

위의 글에서는 파주 서교 지역의 개간 사례가 설명되어 있다. 황무지였던 이 지역을 개간한 사람이 정당문학 벼슬에 있었던 안목安牧이

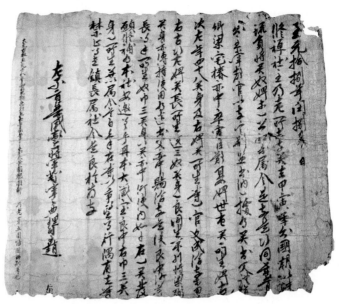

〈송광사고려문서松廣寺高麗文書 노비첩〉(보물 572호) 1358년(고려 공민왕 7) 수선사주인 원오국 사圓悟國師가 작성한 노비문서이다.

다. 안목은 고려에 성리학을 전래한 안향安珦의 손자로서, 충숙왕 때에 판전교시사判典校寺事가 되었으며 공민왕 때에 순흥군順興君에 책봉되었다. 그의 손자 안원安瑗은 조선 태종 11년 사망하였다. 따라서 위 기사는 원 간섭기에서 조선 초에 이르는 시기의 토지 개간에 의한 지주제 발전을 보여준다.

파주의 서교 지역은 사람이 살기에 좋은 지역이었다. 하지만 몽골과의 오랜 전쟁 때문에 수많은 사람들이 죽거나 토지를 떠나 많은 땅이 황무지로 변했는데, 파주 서교도 그러한 지역 가운데 한 곳이었다. 몽골과의 강화 이후 고려 정부는 농업 생산력을 늘리기 위한 방편으로 개간을 장려하고 개간을 한 사람에게 황무지의 소유권을 인정하여주는 정책을 펴고 있었다. 안목은 그러한 정부 시책에 발 맞추어 농업에 좋은 환경을 갖추고 있던 파주 서교 지역을 대대적으로 개간하였던 것이다. 그리고 그가 개간한 지역을 손자 안원이 물려받았음을 통하여 그들 집안이 개간한 파주 서교 지역의 소유권을 가지고 있었음을 알 수 있다. 그런데 안목 집안이 파주 서교 지역을 개간할 수 있었던 노동력으로 주목되는 것이 앞글에 나오는 노비 100여 호이다. 1호 즉 한 가구당 몇 명인지 정확히 알 수 없지만, 대충 5명으로 잡아도 500명이 넘는 인원이다. 안목의 할아버지인 안향은 노비 100여 명을 자신이 설립한 학교에 기증한 기록도 있다. 즉 안목의 집안은 많은 노비를 소유하고 있었다. 그리고 이러한 노비 노동력을 동원하여 대규모 개간을 진행하고 이를 통하여 대지주가 되었다.

안목의 사례처럼 고려의 지배계층들은 많은 노비를 소유하고 있었다. 노비는 그들의 주요한 경제 기반이었고, 지배층들이 지배층으로서 존재하기 위한 물적 토대로서 매우 중요한 것이었다. 따라서 고려 정부는 고려의 지배층이 노비를 안정적으로 소유하고, 자손에게 물려주며, 나아가 노비를 확대할 수 있는 법제들을 만들었다. 그러한 의도가 반영된 노비법이 바로 천자수모법賤者隨母法과 일천즉천一賤則賤의 원칙이었다.

천자수모법은 노비가 낳은 자식의 소유권을 누가 가지는가 하는 것에 관한 법으로써, 천한 사람이 낳은 자식은 어머니 쪽에 따른다는 것이다. 즉 남자종과 여자종이 혼인하여 낳은 자식은 어머니인 여자종 쪽에 속하며, 이에 따라 여자종의 주인이 소유한다는 규정이다. 노비 소유주간에 노비 소유를 둘러싼 분쟁이 발생하는 것을 미연에 방지하기 위한 법조항이었다. 노비 소유의 안정성을 보장하기 위한 법조항인 것이다.

반면 일천즉천은 신분 규정에 관한 법으로써, 천민과 양인이 혼인하였을 때에 그 자식은 모두 천민으로 한다는 규정이다. 양인과 노비

명학소민중봉기 기념탑 대전 서구 탄방동 남선공원 소재

가 혼인하는 것은 명백하게 불법으로 처벌 대상이었다. 하지만 노비도 인간이었으므로, 처벌 조항에도 불구하고 양인이 노비와 혼인하는 경우가 있을 수 있다. 만약 양인과 노비가 혼인하여 그 자식이 양인이 된다면, 양인과 천민의 혼인을 금지하는 처벌 조항에도 불구하고 노비들은 양인과 혼인하여 자기 자식만은 양인이 되기를 바랄 것이다. 따라서 노비와 양인과의 사이에 낳은 자식들을 노비가 되게 함으로써 노비가 양인과 혼인하는 것을 막고, 노비는 노비와 혼인하여 대를

이어 노비 자식을 낳게 함으로써 노비 주인들이 노비를 안정적으로 확보할 수 있게 한 것이었다.

고려정부는 조세 및 국역을 담당하는 양인농민을 보호하면서도 한 편으로 이와 같은 노비법 조항을 통하여 지배층의 노비 소유 및 노비 의 재생산을 최대한 보장하려고 노력하였다. 고려의 지배층은 노비 지 배를 통하여, 그리고 노비 노동력에 의한 경제적 생산에 근거하여 그 들의 지위와 신분에 걸 맞는 경제력을 유지하고 사회문화 생활을 영 위할 수 있었다.

고려 후기 노비의 증가와 사회경제적 문제　　고려는 그 황금기라고 할 수 있는 문벌 집권기부터 여러 가지 사회경제적 모순이 내부에 쌓 이기 시작하였다. 이러한 사회경제적 모순은 무신정변이 발생한 후 무 신들이 집권하면서 폭발적으로 증가하였다. 그 하나의 증표가 망이 와 망소이 같이 일반 군현민에 비해 천대받던 부곡 지역 거주민들이 반란을 일으키고, 만적을 비롯한 개경 대갓집 노비들이 반란을 모의 하다 죽임을 당하는 등, 농민층과 천민들의 계속되는 반란이었다. 하 지만 권력 투쟁에 몰두하던 무신들은 당시의 문제점들을 바로잡지 못하였다. 이러한 상황 속에서 거란이 침입한 데 이어 곧 몽골의 침입 이 시작되자, 고려 정부의 집권력과 행정력은 정상적으로 작동되지 못 하였다. 고려 정부의 기능이 마비되자 사회경제적 모순은 더욱 심각해 져 갔다.

당시 문제점들을 정리하면 다음과 같다.

첫 번째로 토지 문제가 본격화된 것이다. 고려 정부는 토지제도로 서 전시과제도를 마련하여 운영하였다. 모든 토지 소유자는 토지에 서 생산된 생산물 중 1/10을 세금으로 국가에 납부하도록 규정되어 있었다. 그런데 전시과제도에서는 국역國役을 담당하는 사람에게 일정한 면적의 토지를 수조지로 지급하도록 규정하였다. 수조지로 지급된 땅의 소유주는 국가에 세금을 바치는 대신 수조지를 받은 사람 즉 국역을 담당하는 사람에게 세금을 내도록 하는 체계였다. 관리, 군인 등 국가를 위해 일하는 국역 담당자들에게 국가 대신 세금을 거둘 수 있는 토지를 지급한 것이다. 당연히 그러한 권리는 수조지를 받은 사람이 국가를 위해 더 이상 일하지 않으면 국가에 귀속되는 것이 원칙이었다. 하지만 특별한 일이 없으면 관리 집안의 자손들은 대를 이어가며 관리가 되고, 군인은 그 자식들이 대를 이어가며 군인이 되어 아버지, 할아버지가 받았던 수조지를 지급받았다. 그런데 무신정권 이후 국가의 행정능력이 부실해지면서 국역을 대가로 지급되던 수조지가 국가의 관리 통제의 영역에서 벗어나 사적으로 세습되기 시작하였다. 더군다나 국역부담자들 중에는 국역 부담에서 벗어났으면서도 수조지로 지급받은 토지를 계속해서 세습하기도 하고, 1년에 서너 차례씩 조세를 거두는 불법 행위를 벌이기 시작하였다. 특히 권력을 이용하여 다른 사람의 수조지를 빼앗아 넓은 농장을 형성하는 경우도 발생하였다. 수조지를 서로 뺏고 빼앗는 현상이 나타났으며, 수조지를 빼앗긴 사람들은 기존의 자신들의 권리를 계속해서 행사하려고 하였다. 이에 따라 한 토지에서 여러 명이 자신의 수조지라 주장하며 조세를 거두는 경우도 발생하였다.

이러한 토지 문제는 몽골과의 전쟁 이후 보다 더 심각하고 광범위하게 발생하였다. 특히 원 간섭기에 들어오면서 원의 권력에 기댄 부원배들이 다른 사람의 수조지와 소유지를 빼앗아 광대한 농장을 형성하기 시작하였다. 앞에서도 언급한 것처럼, 몽골과의 전쟁으로 전국토가 황폐해지자 고려 정부는 농업 생산력을 증대시키기 위하여 개간을 장려하였고, 이를 위해 황무지 개간자에게 그 땅의 소유권과 더불어 면세 혜택까지 부여하였다. 일반 농민들도 능력이 되는 한 조금씩 개간에 나서 농지를 늘려 나갔다. 하지만 대규모로 개간을 할 수 있는 사람들은 그럴만한 경제적 힘이 있고 노동력을 동원할 수 있으며, 국가로부터 개간 권리인 사패를 받을 수 있는 사람들이었다. 따라서 결국 부원배를 비롯한 권문세족이나 원에 매를 잡아 바치는 응방과 같은 권력기관이 사패를 받아 대규모 토지를 차지하고 광대한 농장을 형성하게 되었다.

당시 응방鷹坊과 겁령구怯怜口 및 내수內竪와 같은 천한 자들이 모두 사전賜田을 받았는데, 많이 받은 것은 수백 결에 이르렀으며, 제민齊民을 유인하여 전호佃戶 농민으로 삼았으며, 무릇 민의 토지로서 근처에 있는 것에서도 모두 조세를 거두었으므로 주현의 부세賦稅가 들어오는 것이 없었다.[2]

위의 사료는 원 간섭기 대농장의 발달을 보여준다. 대농장을 형성한 주체들로는 원에 매를 바치는 기관인 응방, 원 공주의 측근인 겁령구, 환관 등이 지목되어 있다. 이들은 모두 원 세력과 밀접하게 연계되어 있는 기관이거나 사람들이었다. 원과 연계되어 있는 권력기구, 원과 연계되어 고려 정부에서 권력을 차지한 권문세족들이 대농장을 형성하는 주체였다. 이들이 대농장을 이룰 수 있었던 주요인은 바로 개간을 장려하기 위한 정책인 사패였다. 위 글에서 보듯이 이들은 사전 즉 사패전을 수백 결씩 받았을 뿐만 아니라, 사패를 받은 땅의 주변의 민의 토지까지 불법적으로 모두 빼앗아 조세를 거두고, 백성들을 유인해 자신의 경작농민으로 삼았다. 결국 산과 강으로 표시되는 대

3부 사회경제 개혁의 추진과 소통

농장이 형성되었고, 이러한 토지들은 국가에 세금을 내지 않음으로써 국가의 재정 운영을 더욱 곤란한 지경에 빠뜨리고 있었다.

두 번째로 지적할 문제는 국역을 부담하는 양인농민의 감소와 노비의 증가이다. 대규모의 농장은 필연적으로 대규모의 노동력을 필요로 한다. 농장을 형성한 권문세족들은 노동력을 안정적으로 확보하려고 노력하였다. 이에 따라 이들이 지배하는 농장 노동력이 급증되었다.

대농장의 발전에 따라 국가의 개간 장려 정책에도 불구하고 역설적으로 조세 수입이 감소되었다. 하지만 국가를 운영하기 위해서는 일정한 조세 수입이 반드시 필요하였고, 따라서 농장주들이 세금을 내지 않는 만큼 양인 농민들의 세 부담은 점점 커져만 갔다. 세금의 증대는 농민들의 생계를 위협하였고, 일부 한계 상황에 몰린 농민들은 권문세족의 농장에 자발적으로 자신의 토지를 바치고 농장민이 되었다. 이를 투탁投託이라고 한다. 농장주인 권문세족들은 이들 농장민들을 안정적으로 지배하기 위하여 권력을 이용하여 농장민의 신분을 양인 호적에서 제외시켜 나갔다. 실질적인 노비화였다.

이와 같이 양인 농민이 자발적으로 농장민이 되는 투탁도 있었지만, 이보다는 권력을 이용하여 강제로 양인 농민을 자신의 노비로 만드는 압량위천壓良爲賤이 광범위하게 전개되었다. 가난한 농민들에게 고리대를 빌려준 뒤 갚지 못하는 사람들의 자식을 노비로 만드는 방법, 권력을 이용한 호적 대장 등의 문서 위조와 더불어 가장 광범위하게 이용된 방법은 혼인이었다. 앞에서도 언급한 일천즉천의 혼인법을 이용하는 것이었다. 즉 자신의 노비와 가난한 양인 농민을 강제로 혼인시킨 후, 두 사람 사이에서 낳은 자식을 자신의 노비로 삼는 방법이었다. 양인과 천민의 혼인은 불법이었지만, 고려 정부의 행정력이 마비

된 상태였기 때문에 양인과 천민의 혼인은 비일비재하게 발생하였고, 권문세족들은 손쉽게 노비를 확대해 나갈 수 있었다. 고리대, 혼인, 문서위조 등의 방법을 각기 이용하여 양인을 노비로 만드는 경우도 많았지만, 여러 가지 방법을 복합적으로 이용하여 노비로 만드는 경우가 일반적이었다.

압량위천에 의해 한두 명을 노비로 만드는 경우도 있었으나 수십 명, 수백 명을 넘어 수천 명 단위로 압량위천시키는 경우도 있었다.

> 정화궁주貞和宮主의 오빠는 승려여서 동화사桐華寺에 거주했는데, 불법적인 방법으로 양인을 노비로 만든 것이 천수백 호로 늘었었다. 왕유王瑜 등은 대대로 그들을 부려먹었다. ……3

정화궁주는 충렬왕의 후궁이었다. 정화궁주의 오빠였던 동화사의 승려는 정화궁주 또는 충렬왕의 권력에 힘입어 양인농민을 자신의 노비로 만들었다. 그리고 그 노비는 정화궁주의 자손인 왕유 등에게 상속되어 대대로 노비로 사역되고 있었다. 이처럼 권력집단이 경쟁적으로 노비를 증대시켜 감에 따라 국역을 담당해야 하는 양인농민이 급감하고, 노비 또는 양인인지 천민인지 불명확한 상태에 있는 사람들의 수가 급증하였다.

농장의 발달과 이에 따른 양인농민의 감소는 필연적으로 국가의 조세 수입을 감소시켰다. 이는 당연히 국가의 재정이 악화되는 결과를 초래하였고, 재정 운영 능력이 악화됨에 따라 재정에 기반하여 이루어졌던 고려 국가의 행정체계 및 군사체계가 약화되었다. 국가의 행정체계 약화는 다시 불법적인 농장의 확대를 막지 못해 국가의 조세 수입을 더욱 악화시키는 악순환이 계속되었다.

농장의 확대는 국역을 담당하여야 하는 관료들에게 지급되어야 할 수조지의 감소, 관료들에게 지급되어야 할 녹봉의 감소로 이어졌다. 수조지와 녹봉의 감소는 관료들의 정상적인 행정 복무를 약화시켜 행정체계를 약화시키는 또 하나의 요인이 되었다. 그리고 대농장을 소유한 권문세족과 그렇지 못한 신흥관료층의 대립을 불러와 정국을 지속적으로 혼란에 빠뜨렸다.

농장의 확대로 인한 재정 수입 감소는 국방 재정도 약화시켰으며, 군인들에게 지급되어야 할 급료도 제대로 지급하지 못하게 하였다. 또한 군역에 복무하여야 할 많은 양인 농민들이 농장주의 사민私民으로 전락함으로써, 이는 필연적으로 군대의 약화를 가져왔다. 이에 왜구가 전국을 돌아다니며 노략질을 해도 고려 정부는 제대로 대책을 세울 수 없었다. 다음의 사료가 그러한 상황을 여실히 보여주고 있다.

염흥방廉興邦의 가노家奴와 이림李琳의 사위이자 판밀직判密直 벼슬을 하고 있던 최렴崔濂의 가노들이 부평富平에 거주했는데, 주인의 세력을 믿고 횡포한 짓을 제 마음대로 하였다. 부평부사 주언방周彦邦이 관리를 보내어 병정을 초모했더니 노비들이 백성 40여 명을 거느리고 그 관리를 구타하여 거의 죽게 만들었다. 이에 주언방이 몸소 4도道 도지휘사都指揮使의 발군첩發軍牒을 지니고 그들의 집에 가니, 노비의 무리들이 주언방마저 구타하였다.[4]

권문세족인 염흥방의 농장과 이림의 사위인 최렴의 농장이 부평에 있었다. 부평은 지금의 인천 지역으로, 고려의 수도인 개경과 가까운 지역이었다. 이들의 농장에는 노비를 비롯하여 양인 농민들이 다수 거주하면서 농장 일을 하고 있었다. 당시 왜구의 침입이 빈번하였으므

로, 부평부사인 주언방은 관리들을 보내 양인 농민들을 징병하려고
하였다. 하지만 염흥방과 이림의 농장에 있던 노비들과 양인 농민들
은 관리를 구타하였다. 이에 부사인 주언방이 직접 징병장인 발군첩
을 가지고 갔지만, 이들은 주언방마저 구타하였다. 군역을 도피한 권
문세족의 농장민들이 공권력마저 우습게 여기며, 징병장을 들고 온
고을 수령마저 구타한 것이다. 권문세족의 농장이 확대될수록 고려
의 조세 수취 행정, 군역을 비롯한 국역 부과 체계가 정상적으로 작
동할 수 없었고, 이는 국가의 재정 악화를 초래하였을 뿐만 아니라
국방체계마저 흔들어 놓음으로써 왜구가 창궐하는 사태로 이어지게
되었다.

개혁의 요구와 개혁 시도　　고려 국가의 존립을 위하여 토지 문제와
노비 문제의 해결이 매우 중요하다는 사실은 당시 양심 있는 관료라
면 누구나 다 인지하고 있는 사실이었다. 이 문제는 국가의 재정 문제
와 직접적으로 연계된 것이었으며, 나아가 행정체계의 정상화와 국방
력 강화를 위해서도 반드시 해결해야 하는 근본적인 문제였다.
　따라서 고려 정부도 일찍부터 이 문제를 해결하기 위하여 노력하
였다. 몽골과의 강화가 성립되어 강화도에서 개경으로 환도하기 전
인 1269년(원종 10)에 고려 정부는 전민변정도감田民辨正都監을 설치하였
다. 전민변정도감은 명칭 그대로 토지와 민(노비)의 문제를 올바르게
판별하기 위해 특별히 설치한 기구였다. 농장의 발달에서 보듯이 토
지와 노비 문제는 서로 밀접하게 연계되어 있는 문제였고, 따라서 이
를 함께 해결하려고 한 것이다. 이 뒤에도 1288(충렬왕 14), 1298, 1301,
1352(공민왕 1), 1356, 1366, 1381(우왕 7), 1388년 등 고려 정부는 여러
차례 전민변정도감을 설치하여, 토지 문제와 노비 문제를 함께 해결

　　　　　　　3부 사회경제 개혁의 추진과 소통

공민왕의 능 개성시 개풍군 소재

하려 노력하였다.

결론적으로 이야기하면 원 간섭기에 시도되었던 개혁 조치는 모두 실패로 돌아갔다. 노비와 토지 문제를 해결하는 것은 광대한 농장을 형성하고 농민들을 대거 노비로 지배하고 있던 권문세족들의 이해관계를 침해하는 것이었다. 권문세족들은 수단과 방법을 가리지 않고 개혁을 저지하였고, 원 조정의 권력자들과 연계하여 고려 정부의 개혁 시도를 무산시켜 나갔다. 당시에는 권문세족들에 대항하여 개혁을 지속적으로 추진할만한 세력이 충분히 형성되어 있지 않았다. 또한 원의 내정간섭도 고려의 독자적인 개혁을 불가능하게 하였다. 따라서 대부분의 개혁 조치가 시도조차 되지 못하였고, 시도되었다고 하더라도 대부분 실효적인 내용이 없거나 또는 용두사미로 끝나 버렸다.

본격적인 개혁 조치를 시도한 왕은 공민왕이다. 공민왕은 반원反元 개혁 정책을 시도하였으며, 기철奇轍을 비롯한 부원세력들을 제거하였다. 이후 공민왕은 '본격적으로 토지 및 노비 문제를 개혁하려고 시도하였지만, 그 개혁 정책도 홍건적의 침입과 권력자들의 반발에 부딪혀난항을 겪게 되었다. 이에 공민왕은 신돈辛旽을 등용하여 강력한 개혁을 실시하려 하였다. 신돈은 기존의 정치 세력과 이해관계가 없는 재야 인사였다. 하지만 신돈을 뒷받침하여 개혁을 시도할만한 개혁세력들이 이 시기에는 아직 미흡하였고, 신돈의 독단적인 개혁 정책에 대한반발도 끊이지 않았다. 계속되는 왜구의 침입도 개혁을 어렵게 하였다. 결국 신돈이 실각하고 공민왕이 피살됨으로써, 공민왕대의 개혁도수포로 돌아가게 되었다.

　우왕이 즉위한 후 상황은 더욱 악화되었다. 이에 따라 개혁에 대한열망도 더욱 커지게 되었다. 성리학을 공부하여 자신의 능력을 배양하고, 가문의 배경이 아니라 자신의 능력에 의거하여 과거 시험을 보아 관직에 진출한 신흥사대부들은 고려의 체제 개혁을 요구하였다.이러한 상황에서 위화도 회군이 이루어지자, 급진파 신흥사대부들은이성계 세력과 손을 잡고 급진적으로 개혁을 추진하였다. 1391년(공양왕 3) 기존의 모든 토지 문서를 거두어들여 불살라버리는 이른바 사전私田 혁파 조치를 단행하고, 국역國役의 유무에 따라 수조지를 재분배함으로써 고려의 토지 문제를 일거에 해결하였다. 토지 문제가 해결됨에 따라 노비 문제만이 남게 되었고, 이에 다음 해에는 인물추변도감人物推辨都監을 설치하여 노비 문제를 해결하기 위한 법적 조항들을 만들어나갔다. 하지만 몇 달 뒤에 조선이 건국됨으로써 노비 문제는 해결되지 못한 채 조선 정부의 과제로 남게 되었다.

조선시대 노비의 모습 김홍도의 〈행려풍속도병〉 중 파안흥취破顏興趣

| 조선 초기 노비제도 개혁 |

노비와 관련된 두 가지 문제　　조선왕조는 고려와 마찬가지로 노비
제를 존속시켰다. 조선의 건국을 주도한 신흥사대부들도 기본적으로
는 양반관료로서 노비소유자들이었다. 이들이 노비제를 존속시킨 가
장 중요한 명분은 성리학적 명분론에 따른 상하차별의 원리였다.

　노비제를 존속시킴에 따라 고려시대 이래의 문제점이 그대로 조선
으로 이어졌다. 새롭게 출범한 조선 정부로서는 노비 문제의 해결이
당면한 과제로서 시급히 해결하지 않으면 안 되었다. 그런데 노비는
단순한 재산이 아니라 인간이었다. 노비 스스로의 자발적 의지에 의
한 행동은 토지나 가축 등의 다른 재산과는 다른 수많은 경우의 수
를 만들어냈다. 하지만 이 시기 노비 문제를 요약한다면 크게 두 가지
문제점으로 압축할 수 있을 것이다.

　첫 번째는 노비 소유주들 간에 벌어지고 있던 노비 소유를 둘러싼
소유권 다툼이다. 노비는 당시 그 자체로서 중요한 재산이었다. 그런
데 고려 말 사전 혁파가 단행된 이후에 노비 노동력은 재산에서 더욱
큰 비중을 가지게 되었다. 노비 노동력을 이용하면 지주제 발전에서
앞서 나갈 수 있었고, 이는 지배계층으로서의 경제력을 유지하는 데
매우 중요한 것이었다. 따라서 조선 건국 이후 노비를 둘러싼 소유권
다툼은 매우 치열하게 전개되었고, 노비 소송의 급증을 가져왔다. 노
비 소유권 분쟁은 타인과 타인 사이에 벌어지는 경우도 많았지만, 기
본적으로 재산 분쟁으로서 가족들 내지는 친족들 사이에서 벌어지는
것이 일반적이었다. 노비를 둘러싼 소송이 폭발적으로 늘어나고 그
치열함이 아주 심각해짐에 따라 당시 정부 당국자들은 노비 소송을
골육상쟁骨肉相爭이라고 부르며 우려하는 상황이었다. 노비 소송 문제

를 담당하던 관리인 형조 도관刑曹都官 박신朴信 등이 태조 4년 11월에
상소한 내용에 이와 같은 상황이 담겨져 있다.

> 형조 도관刑曹都官 박신朴信 등이 상언하였다. "…… 오직 노비 한 가지 일
> 만이 아직도 옛 제도를 따르고 있어 쟁송爭訟이 더욱 번잡해지고 간사한
> 거짓이 날로 더하여져서, 골육지친骨肉至親이 입을 삐죽거리고 서로 힐난
> 하며, 문중이 갈라지고 집안이 나뉘어져서 증오가 원수와 같을 뿐 아니
> 라, 더구나 그 외에 빼앗고 몰래 취하는 것을 어찌 다 말할 수 있겠습니
> 까? ……[5]

　박신 등은 상소에서 노비 문제 때문에 골육이라는 지극히 가까운
친척들이 서로 힐난하며 문중이 갈라지고 집안 내에서 서로를 원수
같이 증오하고 있다고 지적하고 있다. 그리고 이와 같은 상황이 발생
한 이유로 노비가 옛 제도 즉 고려의 제도를 따르고 있기 때문이라고
지적하고 있다. 고려 후기부터 이어진 노비 분쟁이 조선 건국 이후에
도 해결되지 않고 더욱 심각한 상황을 띠었으며, 아직 올바른 해결책
이 마련되지 않았기 때문이었다.
　이러한 노비 소유주 간의 노비를 둘러싼 분쟁은 대부분 지배층 사
이에서 전개되는 것이 특징이었다. 특히 최고 권력층일수록 상대적으
로 경제적 힘도 컸고, 노비의 숫자가 많은 경우가 대부분이었다. 노비
분쟁은 당시 조선 지배층 대부분이 연관된 문제였다고 해도 과언이
아니었는데, 특히 최고 권력층일수록 분쟁의 대상이 되는 노비의 숫자
도 많고 분쟁의 양상도 격렬하였다. 이러한 문제는 단순히 재산 분쟁
이나 노비 소유를 둘러싼 분쟁으로 그치는 것이 아니라 신생 국가인
조선 정부의 정국 불안을 가져오는 정치적 문제이기도 하였다. 따라

서 이 노비 문제는 시급히 해
결하지 않으면 안 되었다.

두 번째 문제는, 노비의 신
분에 관한 문제였다. 고려 후
기 농장의 확대 과정에서 많
은 양인 농민들이 농장민으
로 전락하였다. 이들은 양인
인지 천민인지 불명확한 존
재가 되어 국역 부담에서 빠
져나갔으며, 일부는 문서 위
조나 혼인, 압량위천 등으로
완전히 농장주의 노비로 전
락하기도 하였다. 그런데 사
전 혁파로 농장이 혁파된 뒤

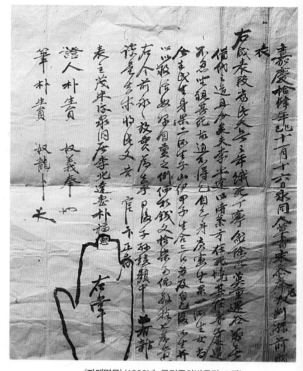

〈자매명문〉(1809년, 국립중앙박물관 소장)

에도 기존의 농장주들은 이들을 계속해서 노비로 지배하려 하였다.
조선왕조는 국역 부담층의 확보를 위하여 양인 농민층의 확보에 주
력하였으며, 고려 후기에 노비 또는 노비와 비슷한 처지로 떨어졌던
농민들도 새로운 국가에서 양인 신분을 회복하려고 하였다. 다음 사
항이 그에 관한 내용을 보여주고 있다.

사헌부와 형조의 관리들을 불러서 박상문朴尙文 등이 소량訴良한 일을
판별하여 정하도록 명령하였다. 처음에 박상문 등이 임금의 행차 앞에서
억울함을 호소하였는데, 임금이 소장을 보니 양인을 억압하여 천민을
만들었다고 호소한 것이었다. 그런데 그 말이 두 사람의 국구國舅와 관
련되었다. ……6

'노비중분법奴婢中分法' 기사
《태종실록》 26권, 태종 13년 9월 1일 丁丑

소량이란 노비의 신분에서 벗어 나려고 자신이 소송을 통해 양인 임을 주장하는 것이었다. 위의 사 료에서 박상문 등은 태종의 행차 앞으로 뛰어들어 억울하게 천민이 되었다고 주장하였다. 그런데 박 상문 등을 노비로 부리고 있던 사 람들은 태종의 장인 두 명과 관련 이 있었고, 따라서 이들의 위세 때 문에 담당 기관에서 제대로 판정 을 하지 못하고 있었던 듯하다. 이 에 박상문 등은 직접 국왕 앞으로 나가 자신들의 억울함을 호소한 것이다.

소량을 한다는 것은 당사자들이 자신들이 노비인 것이 억울하다고 인식하는 것이 우선 전제된다. 또한 소량을 한다는 것은 대단한 용기 를 필요로 한다. 소량자를 노비라고 생각하는 주인 특히 그 주인이 권력자인 경우에는 소량자들이 자신의 노비에서 벗어나려는 것을 용 납하지 않을 것이기 때문이다. 위의 박상문의 경우에도 임금의 장인 두 사람과 관련이 있다. 조선의 최고 권력자들을 대상으로 자신의 신 분을 회복하려는 시도였고, 이러한 시도가 실패로 끝날 경우 죽음까 지도 각오해야 하는 용기가 필요한 것이었다. 그리고 마지막으로 소 량자는 주인에게서 벗어나서 경제적으로 자립할 수 있는 능력을 갖 춘 경우가 대부분이었다. 노비의 신분에서 벗어난다고 하더라도 경제 적 자립이 불가능하다면 주인에게 다시 예속될 것이기 때문이다. 따라서 소량자는 주인에게 벗어나서도 충분히 자기 경리를 유지할 수 있는 경우가 대부분이었다. 이러한 사람들, 즉 양인 신분을 회복하려는 열망이 있고 양인으로서 자립할 수 있는 경제적 능력이 있는 이런 사람들을 올바르게 처리하지 않는다면, 이는 신분제의 모순을 드러내고 신분제의 동요를 가져오는 요인이 될 것이었다.

또한 소량을 제기하지 못하고 있지만 양인인지 천민인지 불명확한 상태로 존재하는 수많은 농민들이 있었다. 국역 부담자의 확보라는 측면에서도 이들의 신분을 제대로 변정하지 않는다면 이는 고려 후기 양인의 감소에 따른 사회경제적 위기를 재현하게 될지도 모를 일이었다. 따라서 조선정부는 고려 후기 사회 혼란 및 농장의 발달 과정 속에서 노비화한 양인 농민들의 문제를 어떻게든 처리하지 않으면 안 되었다. 이에 조선정부는 노비제와 관련된 법적 제도적 정비를 추진해 나갔다.

노비 문제 해결을 위한 소통과 조치　　노비와 관련된 사항은 기본적으로 형조 도관에서 담당하는 업무였다. 하지만 형조 도관만으로는 당시의 노비 문제를 해결하는 데 한계가 있었기 때문에, 조선정부는 임시 전문기관으로서 변정도감을 설치하고 형조 도관과 함께 노비 문제의 처리 및 법제 정비를 담당하게 하였다. 뿐만 아니라 사법 기능을 가지고 있는 한성부와 지방 수령들도 노비 소송 등의 문제를 처리하도록 하였다.

하지만 앞에서도 언급한 것처럼 노비는 인간이었으므로 노비 문제에는 너무나 다양한 경우의 수가 있었다. 또한 노비 문제는 여러 이해관계 특히 수많은 백성들과 지배계층 전체의 이해관계가 걸린 복잡다단한 일이었을 뿐만 아니라 최고 권력자들마저 이해 당사자였으므로 해결이 늦거나 잘못 처리되는 경우가 많았다. 이에 국왕이 이해 당사자들의 이야기를 직접 청취하고 담당 관원들과 논의해서 결정하거나 해당 기관에 안건을 내린 다음 해당 관청에서 논의해 적절한 대안을 마련하여 보고하도록 하였다. 즉 노비 문제 해결을 위하여 국왕이 직접 백성들과의 소통에 나선 것이다. 국왕이 백성들의 문제점을 직접 듣기 위해 시행한 신문고申聞鼓 제도는 노비 문제를 하소연하려는 사람들의 중요한 통로가 되었는데, 다음은 이와 같은 상황을 보여주는 자료이다.

> 민씨閔氏 형제가 양인 수백 명을 억압하여 노비를 만들었으므로, 그 사람이 북[鼓]을 쳐서 임금께 아뢰었다. 이에 승정원과 삼성三省으로 하여금 사실을 조사하게 하여 잘못 판결한 관원인 김첨金瞻 등을 폄출貶黜시켰다.[7]

민씨 형제는 태종의 처남들이었다. 그들은 양인 수백 명을 강제로 노비로 만들었다. 조선의 최고 권력층이 권력을 이용하여 수백 명을 노비로 만듦으로써 사적인 이익을 취한 것이다.

위 사료에는 나오지 않지만, 노비가 된 양인들은 양인 신분을 회복하고자 소량을 제기하였다. 담당 관원이었던 김첨은 민씨 형제의 눈치를 보았는지 어떠했는지는 확인되지 않으나 잘못 판결을 하였던 것으로 보인다. 이에 억울함을 금치 못했던 양인들은 신문고를 쳐 부당함을 호소하였다. 태종은 민씨 형제가 관련된 이 사건을 승정원 및 삼성三省인 사헌부·사간원·형조로 하여금 사실을 조사하게 하였다. 승정원은 왕의 비서 기관이므로, 이 사건의 처리가 제대로 되고 있는지를 확인하여 국왕인 태종에게 보고하는 역할을 하였을 것이다. 이 사건의 직접적인 조사와 처리 방안을 결정한 관청은 사헌부, 사간원, 형조의 3성이었다. 형조는 법률과 노비 담당 관련 기관이므로, 이 사건을 검토, 조사하는 데 실무를 담당하였을 것이다. 사헌부는 관료들에 대한 불법 행위를 조사하였던 것으로 보이며, 사간원은 간쟁 기간이므로 일의 처리 과정 등에 심의하고 자문하였을 것으로 추정된다.

사례를 하나 더 살펴보도록 하자.

> 전보문全普門의 아내 송씨宋氏가 간통죄를 짓게 되어, 그 노비가 모두 국가에 몰수되었다. 송씨는 나라의 귀성貴姓이었으므로, 그 이외 나머지 노비도 또한 많았다. 송씨의 친족들과 송씨의 외가인 강씨姜氏의 친족이 모두 조정에 가득하였다. 죽은 판서 허금許錦이 송씨의 양자라고 칭하고 그 노비들을 모두 차지하였다. 국초에 송씨의 친족은 평양부원군 조준趙浚, 여흥부원군 민제閔霽 같은 사람들이었고, 강씨의 친족은 흥안군 이제李濟, 진산부원군 하륜河崙, 성산군 이직李稷 등과 같은 사람이었는데, 사대부 수십 집안이 서로 소송하다가 마침내 노비들이 모두 국가에 몰수되니, 허금의 아들 허기許愭가 도로 차지하고자 신문고를 쳤었다. 임금이 대간과 형조로 하여금 의논하여 결정하게 하였다.[8]

전보문의 아내 송씨는 막대한 노비를 소유하였다. 그녀의 노비를 둘러싸고 송씨의 친족들과 송씨의 외가인 강씨의 친족들이 소송을 하였는데, 그들은 모두 명문 집안이었다. 사대부 수십 집안이 소송에 관련되었다고 할 정도로 소송은 치열하였고, 대표적인 인물로 거명된 사람들만 해도 정도전과 더불어 조선 건국에 지대한 공로를 세운 조준, 태종의 장인인 민제, 태종의 오른팔이나 마찬가지였던 하륜, 세종 때 영의정에 오른 이직 등 당시의 쟁쟁한 권력자들이었다. 결국 노

3부 사회경제 개혁의 추진과 소통

비는 국가에 몰수되었는데, 소송 관련자 중 한 명인 허기가 신문고를 치자, 관계 부처로 하여금 논의하여 결정하게 하였다. 그런데 앞서 살펴 본 민씨 형제의 사례와 마찬가지로, 지목된 관계 부처는 형조와 대간 즉 사헌부 및 사간원 등이었다.

이 두 사건의 처리 과정을 통하여 알 수 있는 것은 다음과 같다. 첫 번째로, 노비 담당 업무는 기본적으로 담당 부서인 형조 도관이나 지방 수령의 소관이었다. 하지만 노비 소유주는 대부분 지배계층이었고, 특히 권력이 큰 집안일수록 노비 수가 많았고 이해관계가 복잡하게 얽혀 있는 경우가 많았다. 위에서도 보듯이 송씨의 노비를 둘러싸고 수십 가문이 소송에 참여하였다. 이 경우 하급 관원들이 처리하기에는 역부족이었고, 하급 관원이 결정한다고 하여도 불만을 품은 사람들이 계속해서 다시 소송을 제기하는 실정이었다. 당시 노비 소송은 짧게는 몇 개월, 길면 수십 년씩 대를 이어가며 계속되는 경우도 많았다.

두 번째로, 계속되는 소송 과정에 지친 사람들이나 잘못된 판결에 억울함을 호소할 수밖에 없는 사람들은 최종적으로 국왕을 찾아갈 수밖에 없었다. 국왕은 힘이 없거나 억울한 일을 당한 백성들과 직접 소통하며 그들의 고충을 듣고 해결하려고 하였고, 이를 위해 신문고 제도를 시행하였다. 노비 문제로 신문고를 치게 되면, 국왕은 이 문제를 담당 기관에게 내려 적절한 해결 방안을 도출하도록 하였다. 앞의 두 사례에서 보듯이, 평소 노비 관련 업무와 법률을 담당하던 형조가 주무부서로서 일을 처리하고, 기존 노비 담당 관청과 담당 관원의 불법 행위가 있는지를 살피기 위해 대간, 그 가운데서도 사헌부가 함께 업무를 파악하도록 하는 것이 일반적이었다. 그리고 일 처리가 정확하게 규정에 따라 시행되고 있는지를 파악하기 위하여 사간원도 업무를 협조하도록 하고, 임금에게 보고할 사항이 많거나 임금이 특별히

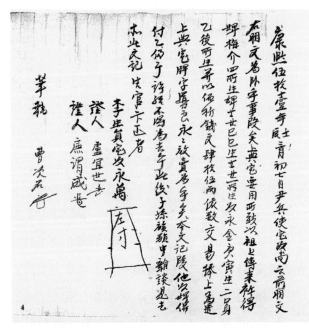

노비매매문기奴婢賣買文記 1712년(숙종 38) 숙종대 이생원의 노비 영만이 윤병사의 노비 상운에게 돈 45냥을 받고 사녀와 그 아들 영쇠, 두 노비를 판다는 내용을 담고 있다.

관심을 가진 경우에는 임금의 비서기관인 승정원이 참여하도록 하기도 하였다.

관계 기관들이 서로 협조하여 마련한 방안은 임금에게 보고되었다. 그리고 임금이 내용을 살펴본 후 특별한 문제가 없으면 재가를 내려 백성들이 제기한 안건을 최종 결정하였다. 이를 통하여 노비를 둘러싼 분쟁에서 국왕과 정부가 백성들과 직접적으로 소통하면서, 그들의 억울한 일을 해결함으로써 민본 정치를 직접 실천하려고 노력하였다.

노비법제 정비 과정과 소통   노비 문제를 둘러싼 이해당사자들 간의 문제들은 국왕과 정부가 직접 소통을 하며 해결해 나갔다. 이와 동시에 조선정부는 노비법제를 정비해 나갔다. 앞에서도 본 것처럼 형조 도관 박신 등은 상소하여, 노비제도가 옛 제도를 따르고 있어 소송이 더욱 심해지고 있다고 하였다. 즉 조선이 건국된 뒤 아직 새롭게 노비

제도 및 노비 관련법을 재정비하지 않고 옛 고려의 제도에 의해 노비 문제를 처리하다보니 노비 문제는 더욱 심각해질 수밖에 없다는 입장이었다.

노비 문제의 신속하고 올바른 해결을 위해 조선왕조는 노비법제를 정비해 나갔다. 그 방향은 우선 그동안 제기된 수많은 노비 문제와 그에 대한 판례들을 고려하면서 진행되었다. 그동안 제기된 노비 문제를 처리하는 과정에서 수많은 판례들이 쌓였고, 이는 조선정부의 관료들이 새롭게 마련한 법적 조항들의 중요한 기준이 되었다. 예를 한 가지 들어 보자. 다음은 새롭게 마련된 노비 관련 법적 규정으로, 노비상속 문제에 대한 규정이다.

먼저 죽은 형제를 불효하다고 말하고 그 자식의 노비를 감하여 지급하는 것은 심히 무리하니 평균하여 지급하도록 한다.[9]

이 규정은 살아 있는 형제들이 먼저 죽은 형제의 자식들 즉 조카들에게 노비를 적게 주는 문제에 대한 것이다. 상속 분쟁은 노비 문제에서 매우 중요한 사항이었고, 이 문제 때문에 수많은 노비 소송이 있어왔다. 따라서 이러한 문제가 다시 일어나는 것을 막기 위하여 논의 끝에 위와 같은 규정을 두어, 상속 관련 노비 분쟁을 해결하려고 하였다. 이처럼 노비 상속을 비롯하여 그동안에 이루어졌던 노비 관련 판례를 참작하여 노비와 관련된 구체적인 여러 조항들이 정비되었다.

두 번째로, 조선의 기본 이념인 성리학적 이념에 근거하여 노비법제를 정비해 나갔다. 이와 관련하여서도 다음 한 가지 예를 살펴보도록 하겠다.

지금 세속에서는 자식 없이 죽은 아내의 노비는 그의 남편이 그대로 부리다가, 남편이 다른 아내를 다시 맞이하게 되면 그 노비를 즉시 죽은 아내의 친정집에 돌려줍니다. 가만히 생각하니, 남편의 죽은 아내는 남편이 비록 장가를 가더라도 부인이 개가한 것과는 달라서 의절義絶하는 도리가 없는 것이므로, 노비를 친정집에 돌려주는 것은 온당치 않습니다.[10]

성리학적 이념에서는 남편과 아내의 차등을 중시하고, 여필종부를 중요한 덕목으로 여겼다. 이러한 성리학적 이념에 따른 부계父系 질서의 확립이 노비법제에도 적용되었는데, 위 조항이 바로 그것이다. 고려에서는 남편의 재산과 아내의 재산은 별도로 관리하였다. 두 부부가 아이 없이 죽을 때에 아내의 재산은 아내의 친정집에, 남편의 재산은 남편의 집안으로 귀속되는 것이 원칙이었다. 그런데 성리학적 이념에 따라 여성은 출가외인이고 죽어서도 영원히 남편의 아내이다. 따라서 아내가 자식 없이 죽었을 경우에도 아내의 친정으로 노비를 되돌려주는 것이 옳지 않다는 주장이다. 이외에 다른 많은 노비 관련 조항도 성리학적 이념을 기준으로 재정비되었다.

노비법제의 재정비 과정은 국역 대상자인 양인을 확보한다는 국가의 입장, 억울하게 노비로 된 사람들의 입장, 그리고 노비소유자들의 입장 등을 다각적으로 고려하며 이루어졌다. 그리고 그 과정에서 이해 당사자들과의 충분한 소통과 논의를 통하여 노비법제를 재정비해 나갔다. 모든 노비법제를 다 예를 들 수 없으니, 다음 한 가지 예를 들어 보겠다.

국역을 부담하는 양인농민의 안정적인 확보, 지배층 내의 노비 소유의 불균등성 완화, 국정의 안정이라는 여러 가지 목적을 위하여 개인이 소유할 수 있는 노비의 숫자를 제한해야 한다는 논의가 제기되었다. 바로 태종 17년 변계량卞季良은 다음과 같이 노비 정한법定限法을 실시할 것을 주장하였다.

> 변계량이 말하였다. "만일 노비 공문을 만들지 않는다면 그만이지만, 만
> 일 만들어 주고자 한다면 반드시 수를 규정하여야 합니다. 국가에서 장
> 부[籍]에 등록하여 주면서 그 수를 제한하지 않아서 한 집의 노비가 많
> 기가 1천여 명에 이른다면 뒷사람들에게 무엇을 보이겠습니까? 많아도
> 150명에 지나지 않도록 수를 정하여야 합니다."[11]

태종대에 국가에서 모든 노비의 소유관계를 파악하여 노비의 소유 공문을 만들어 주는 정책을 추진하였다. 노비 소유주간의 분쟁을 막고, 또한 양인이 노비로 떨어지는 일을 막기 위하여 국가에서 노비를 확실하게 파악하기 위한 것이었다. 이때 변계량은 개인이 소유할 수 있는 노비의 숫자를 제한하자고 주장하였다.

노비 수를 제한하지 않는다면 우선 지배층 내의 노비 소유의 불균 등성이 지속되고 나아가 확대될 수 있다. 변계량은 많은 집은 1천여 명의 노비가 있다고 하였다. 앞에서 살펴본 안목의 사례로 볼 때 이는 결코 과장이 아니었다. 노비 자체로도, 그리고 노비가 주요한 농업노 동력이라는 점에서도 이는 양반계층 내부의 불안정성을 가져올 수 있 는 문제였다. 더군다나 남자종의 경우에는 사병이 되어 국정을 불안 정하게 할 수 있었다. 국정의 안정을 위해서도 노비수의 제한은 필요 하다는 입장이었다. 또한 노비수를 제한하지 않는다면 노비수를 무 제한으로 늘려나가게 되고, 이는 필연적으로 양인농민의 노비화를 야 기할 수 있다. 고려 후기의 역사가 이를 증명하였다.

노비정한법의 주장은 이미 태종 14년부터 주장되었다.[12] 조선의 실

정과 중국의 제도, 정한법 시행시의 득실 등 여러 가지 사항을 면밀히 따져 구체적인 법안이 마련되었다. 그리고 이 법의 시행에 대해 조정에서 논의하도록 하였다. 조정 내에서의 열띤 토론이 이루어졌고, 찬반 여론이 비등하였다. 태종 15년에는 다시 개정안이 마련되었고, 조정 내의 의논은 계속되었다. 이러한 논의는 3년이 넘는 기간 동안 계속되어 태종 17년까지 이어졌다. 변계량의 주장은 그러한 과정에서 나온 것이었다. 하지만 반대 여론과 정한법의 부작용 등 때문에 정한법은 시행이 보류되었다.

노비정한법은 보류되었지만 그대로 폐지된 것은 아니었다. 세종은 개인이 보유할 수 있는 노비의 숫자를 제한하는 것이 옳다고 생각하고 있었으며,[13] 노비정한법의 시행에 대해 고민하였다. 따라서 노비정한법에 대해 조정의 관료만이 아니라 보다 폭넓은 의견, 일반 사람들의 의견을 알고 싶어 했다. 이에 세종은 노비를 소유하고 있는 일반 양반들의 의견을 직접 들어보고자 하였으며, 세종 17년에 시행된 과거 시험에서 이 문제를 시험 문제로 냈다.

> 우리나라의 노비는 중국과 다른데, 어느 때부터 시작되었는가? 어떤 사람은 예의의 풍속과 염치의 풍도가 실상 여기에 의존한다고 하니, 그 말이 옳은가, 그른가? 동중서董仲舒의 정한定限의 설이 또한 행할 수 없는 것인가? 무릇 이 몇 가지가 모두 전대에 행한 바이고 지금의 급무이니 내가 듣기를 원하는 것이다. 너희 대부大夫들이 열심히 강구講究하였을 것이니 고금의 마땅한 것을 참작하여 영구한 규례規例를 만들어서 마음을 다해 대답하라.[14]

세종은 우리나라 노비제도가 중국과 다름을 지적하였다. 다른 나라에 없는 제도를 우리만이 시행하는 것이 과연 올바른지에 대한 의문이었다. 이어 중국 한漢나라의 재상이었던 동중서가 노비 수를 제한하자고 주장하였던 정한의 방안이 올바른지 그른지와, 그 방안을 우리나라에서 시행할 수 있는지 없는지를 묻고 있다. 더불어 이것은 당시의 급무라고 이야기하며, 너희들은 열심히 공부했을 것이니 이상적인 법제를 생각해 대답하라고 하였다. 당시 노비 문제는 뜨거운 정치적, 사회적 문제였고, 당연히 관료가 되려는 사람은 이러한 문제에 대한 고민과 공부가 있어야 한다는 생각이 담겨 있는 시험 문제이다. 아마도 세종 자신도 평소에 이 문제에 대해 계속해서 고민하고 해답을 찾으려고 노력하였던 것 같다.

다행히 이 시험에 급제한 하위지河緯地의 과거 시험 답안지가 남아있다. 하위지는 뒤에 세조의 왕위 찬탈에 반대해서 죽은 사육신 중의 한 명으로 유명한데, 세종의 질문에 대한 그의 답변은 다음과 같다.

다만 다 같은 선비의 가문으로서 노비의 많고 적은 것이 같지 못한 것은 이것이 진실로 개탄스러운 일입니다. 마땅히 한계를 세워서 고르게 하여 많고 적은 것이 현격한 차이가 없도록 해야 합니다. 그러나 귀천貴賤이 때가 있고 자손의 번성과 적음도 같지 않으며 노비의 생육과 성쇠도 또한 다르니 균일하게 하려 하여도 결국에도 균일하지 못한 탄식을 면치 못할까 두렵습니다. 신이 듣건대 군자는 정치를 하는 데 있어 예전대로 따라서 하는 것을 귀하게 여기고 고치는 것을 어렵게 여긴다고 하였으니, 법을 세워서 완벽하게 좋은 것이 되지 않으면 예전대로 두는 것만 못하기 때문입니다. 한漢나라의 정한은 30명으로서 기준을 삼았고 고려의 전성기에도 또한 정한법이 있었으니 마땅히 폐단을 개혁하여 유감이 없었을 것 같은데, 도리어 분란의 걱정을 불러와 후세에 전할 수 없었으

必有尊卑之等盖大夫不可以徒行婦人不可以外
遊身為朝列而使妻子執饋養之勞何以成禮俗乎
故周禮凡有罪者沒為奴婢使執賤役則奴婢之設
有自來矣惟我東方自箕子撫運以來禮義之義聞
于天下者非特用夏變夷之俗亦由別良賤立奴隸
以定上下之分也而使大夫之家皆有尊卑之分家
主奴婢之制一定而主之視奴猶君之視臣奴之事
主猶臣之事君然則奴婢雖亦天之民固不變君可
良與主抗衡也但均為士家而多寡不同是固可歎
也宜若立限以均之使無多寡之懸隔也然亦有
貴賤有

時薔嘉不同而奴婢生育盛衰亦異則求以均之恐
未免終有不均之嘆也臣聞君子為政目循而重
改任法立而不能盡善則莫若仍舊之為愈也漢之
定限以三十口為率而高麗盛時亦有定限之法宜
若革弊而無憾矣徒致紛擾之患而不可復於後世
未見其盡善也而況累世相傳之臧獲一朝奪而興
人豈常情之所安乎限之制固不可復於後世
之過多者使分給一族之全無而以篤親親之仁又
塞鬻并之門使奴婢多者不得托買賣取諸人以自
益則雖無定限之法而庶有可均之漸矣臣伏讀聖

하위지, 〈하선생유고河先生遺稿〉의 책문策問

니 그것을 완벽하게 좋은 것이라고 볼 수 없습니다. 하물며 여러 대에 걸
쳐 서로 전해 내려온 노비를 하루아침에 빼앗아 남에게 준다면 어찌 보
통 사람의 정리情理에 편안하겠습니까. 그러니 정한의 제도는 진실로 복
구하여서는 안 될 것입니다.[15]

하위지는 같은 양반 가문 사이에 노비 보유 숫자에 있어 너무 많이
차이가 나는 것은 문제라고 생각하였다. 따라서 정한법을 세워 많은
차이가 나지 않도록 하는 것이 좋다고 하였다. 하지만 노비도 인간이
라 노비가 낳는 자손 수가 다를 수밖에 없고 따라서 균일하게 해도
뒤에는 다시 불균등하게 될 수밖에 없다고 하였다. 또한 이 법은 또
다른 분란을 가져올 것이라고 주장하였다. 결론적으로 정한법은 좋
은 법이지만 완벽한 법은 아니고, 반대 여론과 정한법이 가져올 폐단
을 생각하면 이 법은 시행되어서는 안 된다고 주장하였다.

3부 사회경제 개혁의 추진과 소통

하위지의 답변은 노비 소유자의 권리를 보장해야 한다는 것이었다. 그리고 위의 문장에 이어서 일족 내에서 자연스럽게 균분이 이루어지도록 노력해야 한다는 것으로 끝을 맺고 있다. 즉 노비소유자 개인이 노비 소유가 균등하게 되도록 노력해야 한다는 개인 책임을 강조하는 내용이었으며, 정한법을 시행하면 다시 커다란 사회적 혼란이 올 것이라는 주장이었다.

당시 과거 시험을 본 다른 사람들의 답안지가 남아 있지 않아서, 얼마나 많은 사람들이 정한법에 대하여 찬성하고 반대하였는지와 그 내용이 무엇인지는 알 수 없다. 하지만 정한법에 대한 반대 의견이 많았던 것 같고, 정한법을 시행하는 것이 득보다 실이 많다는 결론에 도달한 것으로 보인다. 세종은 세종 25년에 노비정한법은 좋은 법이므로 자신이 이 법을 실시하고자 하였으나 반대하는 사람이 많아 실시하지 않았다고 이야기하였다.[16]

정한법은 시행되지 않았다. 하지만 우리가 여기서 주목해야 될 것은, 국왕이 스스로 좋은 법이라고 생각하면서, 그 시행에 오랜 검토와 관료들 사이의 의견 개진 및 토론, 나아가 이해당사자인 일반 양반들의 이야기까지 들어가면서 시행 여부와 득실을 계산하였다는 점이다. 잘 알려진 것처럼 세종은 농민을 위해 좋은 법인 공법貢法을 시행하면서도 본인의 의사대로만 밀어붙이지 않고, 세종 12년(1430)부터 공법이 확정된 세종 26년까지 끊임없는 논의와 연구, 중외 관료와 농민에 이르는 여론조사, 시험적 실시 등을 하였다.[17] 반면 세종은 노비수를 제한하는 정한법이 좋은 법이라고 생각하면서, 여러 여론을 살피고 소통하면서 그 법이 시행되었을 때의 상황까지 면밀히 고려하여 결국 시행을 중지하였다.

이처럼 조선 초기 노비법제 정비는 조선왕조가 내세운 가치인 성리학적 이념에 토대를 두고 이루어지면서도, 고려 후기부터 이어져 온 노비 문제 및 분쟁의 수많은 사례들을 검토하면서 진행되었다. 그 과정에서 국왕과 관료들 사이의 충분한 의견 수렴과 검토가 이루어졌고, 나아가 노비와 관련된 이해당사자들의 의견 청취 및 소통이 이루어졌다. 단시일 내에 문제를 해결하려거나 또는 무리하게 성과를 올리려고 하지 않고, 오랜 시간에 걸친 토의와 소통을 통해 보다 많은 사람들이 납득할 수 있는 최선의 해결 방안을 찾아내려고 하였던 것이다. 국왕이 개인적으로 좋은 법이라고 생각하였다고 하더라도 그것만이 옳다고 독단적으로 실시하지 않았으며, 여론과 여러 상황을 고려하면서 노비법제를 정비해 나갔다. 이러한 노력의 결과 고려 후기부터 이어져 온 노비를 둘러싼 여러 가지 문제들이 일단락되어 해결될 수 있었다.

| 나가는 말 |

노비는 주인에게는 중요한 재산으로서, 상속이나 매매 또는 처분의 대상이 되었다. 하지만 토지나 소와 말과 같은 재산과는 달리, 노비는 인간이었다. 주체적인 생각을 가지고 자신의 의지에 따라 행동할 수 있는 존재였다. 따라서 노비는 다른 재산 분쟁과 달리 훨씬 복잡하고 다양한 문제들을 만들어냈다. 노비 문제는 고려 후기 국가 행정력의 약화 및 사회경제적 모순의 심화, 이로 인한 대농장의 발달로부터 비롯된 것이었다. 하지만 고려 정부는 자체적으로 이 문제를 해결할 수 없었고, 조선 왕조에 들어와 본격적으로 해결이 시도되었다.

고려 말 사전의 혁파와 과전법의 성립으로 토지 문제가 해결되었기

3부 사회경제 개혁의 추진과 소통

때문에 조선건국 이후 가장 중요한 사회경제적 문제는 단연 노비 문제였다. 당시 노비 문제는 크게 노비 소유를 둘러싼 노비 소유자 간의 소유권 분쟁과 양인인지 천민인지를 판별해야 하는 신분 변정 문제로 압축된다. 두 가지 사안 모두 단순히 노비 문제로만 국한되는 것이 아니었다. 노비는 가장 중요한 재산이었으므로 왕실을 비롯하여 최고 권력자들 거의 대부분이 관련된 정치적 문제였고, 국역 부담자를 확보하여 조선 왕조의 재정과 국정 운영을 정상화해야 하는 것과 관련된 문제였다. 이를 떠나서 신분제 사회인 조선 왕조에서 억울하게 노비가 된 사람들의 처지를 회복해주어야 하는 인간적 문제이기도 하였다.

조선왕조는 왕조의 이념적 토대인 성리학에 근거하여 노비와 관련된 새로운 법제를 마련해 나감으로써 노비 문제의 해결을 시도하였다. 그러면서도 고려 후기부터 계속되어 온 수많은 분쟁 사례들과 분쟁을 해결하기 위해 모색해왔던 여러 해결 방안이나 판례들을 고찰하여 노비 문제를 해결하려고 하였다. 그 과정에서 조선 국왕과 조정은 노비 문제의 여러 이해 당사자들과의 소통을 통해 그들의 입장을 최대한 청취하고 반영하려고 노력하였다. 뿐만 아니라 노비 관련 담당 부서를 비롯하여 여러 유관 관청의 관료나 조정 신료들이 의견을 개진하고 열띤 논의를 통해 보다 나은 법제를 만들려고 노력하였다. 중요 문제일수록 시간에 구애받지 않고 오랜 기간 심도 깊은 토의를 하였으며, 단기간의 업적이나 해결 방안을 모색하지 않았다. 비록 좋은 방안이나 법률이라고 하더라도 국왕이 독단적으로 결정하지 않았다. 이러한 노력의 결과 고려 후기부터 지속되어오면서 국가와 사회를 혼란에 빠뜨렸던 노비 문제는 조선 초기에 일단락될 수 있었다.

9장

조선의 재정개혁 : 대동 · 균역

김 백 철

계명대학교 인문국제학대학 사학과 교수

| 삼정문란의 근원인가? 조선 최고의 개혁인가? |

조선의 세제稅制는 부정적인 평가가 지배적이었다. 특히 조선의 붕괴 원인 중 하나를 가혹한 세금수취에서 비롯된 체제동요에서 찾으면서 세제개편의 기원인 대동법과 균역법에 대한 신랄한 비판도 장기간 지 속되었다. 곧 토지에 세금이 부과되어 농민층에게 부담이 전가되었다 거나 일원적 세제가 아니기 때문에 불완전한 개혁에 불과하다거나, 심 지어 삼정문란도 이 때문에 발생하였다고 주장하였다.[1]

그러나 최근 연구에서는 대동과 균역을 개혁의 대표적인 성과로 재 평가되고 있다.[2] 특히 사회·경제적 변동을 면밀히 살피거나,[3] 정치·사 상적 측면에서 소민小民의 안정에 주목하였다.[4] 개별연구는 지속적으 로 축적되어온 데 비해 연구성과를 종합적으로 고려할 기회가 충분 하지 못하여 사회일반의 시각은 여전히 개선되지 못하고 있다. 이러한 상황을 타개하기 위해서는 조선 전기와 후기 경제체계의 질적 변화에 대한 거시적인 청사진을 마련할 필요가 있다. 동시에 사회경제적 변화에 대한 총체적인 접근도 병행되어야 한다. 이같은 작업을 통해서 조선시대 재정개혁의 성과를 재평가하는 계기가 되기를 기대해 본다.

| 경제구조의 전환배경 |

몽골제국의 유산 비판:15세기 농업경제를 꿈꾸며　13세기 후반~14세기 전반 약 1세기동안 몽골제국은 유라시아 대륙을 단일경제권으로 연결하여 동서무역을 통한 막대한 통상이익을 바탕으로 국가재정을 운영하였다. 이른바 유럽과 아시아를 잇는 세계경제체제가 도래하였다. 그러나 14세기 중반 동서교류망에 균열이 일어나자 더 이상 대외교류로 인한 재정수익은 기대하기 어려웠다. 대외수출에 의지한 경상지출은 심각한 타격을 입었으며 무역망을 회복하기 위해 남은 재원을 총동원하여 추진한 대규모 군사원정까지 실패로 돌아가고 말았다. 곧, 재정적자(경상비용 부족)→ 군사원정 실패(대규모 원정비용 적자)→ 보초 가치하락(보초 남발)→ 농민세율 인상(농민반란)→ 재정적자 등의 악순환이 지속되었다. 또 원순제元順帝 말

지원통행보초至元通行寶鈔

엽부터 왕위계승전쟁까지 겹치자 제국은 종말을 고하였다. 중국은 농민층 이반離叛이 홍건적紅巾賊의 난으로 표면화되었다.

명을 건국한 주원장朱元璋은 유학자들과 제휴하여 국가체제를 재정비했다. 이때 대외변수가 지나치게 높은 통상경제를 문제로 인식하였으며, 해금령海禁令을 내리고 국가가 국내 산업을 통제할 수 있는 소박한 농업경제를 꿈꾸었다.[5] 고려 역시 몽골제국의 경제권역에 편입되어있어 그 여파가 유사하였다.[6] 고려말 신흥무장세력 중 하나인 이성계 역시 신진사류와 연대하여 전제개혁을 실현시켜 역성혁명에 성공하였다. 이른바 조선의 건국은 위화도회군 직후부터 전국에 파견된 도관찰출척사都觀察黜陟使가 양전量田을 시행한 데에서 출발하여 공양왕대 고려 토지문서의 소각과 과전법 반포로 종결되었다.[7]

이 시기 명과 조선에서 강조된 '무본억말務本抑末'은 세계제국 하 최첨단 통상무역 경제의 폐해를 접해본 이들의 역설적인 구호였다.[8] 15세기 중앙집권적 관료국가 체제가 궤도에 안착하자 토지를 근간으로 하는 조租·용庸·조調도 재건되었다. 국초부터 위정자들은 농본주의 이상국가론을 제창하였다. 이들은 전쟁으로 황폐해진 전토를 복구하고 강력한 통제정책으로 사무역을 차단하여 대외변수의 영향을 받지 않는 자생적이고 독립적인 농업경제를 재건하였다. 마치 오늘날 신자유주의 비판을 보는 듯한 발언이 명과 조선의 유자들에게서 쏟아져 나왔다.

실버 로드(silver road)의 여파:16세기 세제의 금납화　　　하지만 조정에서 시장의 변화를 인위적으로 막기에는 역부족이었다. 이미 15세기 중엽부터 조·용·조 체계의 균열이 확인되며, 16세기에는 국내 장시場市가 발달하고 세계 은銀 경제망에도 조선이 연결됨으로써 경제는 더욱 활성화되었다.[9] 동아시아의 유자들은 최대 유럽과 아프리카까지 연결된 몽골제국의 동서교류망을 비판하였으나 오히려 아메리카까지 확대된 세계체제에 편입되고 말았다. 이제 국내외 경제변동으로 전세의 곡물, 신역의 노동력, 공납의 특산품 등 필요한 자원을 직접 수취하는 전통적 농업국가 체제로는 더 이상 재정운영이 불가능하였다.[10]

이 시기 경제변동의 여파 속에서 사대부는 국가통제에서 벗어나 자유로운 공론정치도 주창하였다. 사대부는 향촌사회에서 신농법을 도입해 토지개간을 주도함으로써 경제적 기반을 마련하였고, 더 나아가 향음주례鄕飮酒禮, 향사례鄕射禮, 향약鄕約, 서원書院, 사우祠宇 등을 통해서 향촌사회의 윤리질서까지 장악함으로써 사족지배질서를 구축하였다.[11] 이러한 힘을 바탕으로 중앙정계에 사림士林이란 이름으로 재진출하였다. 당시 세제의 변화도 촉진되었다.

전세의 표준화   첫째, 토지의 소유관계가 바뀌었다. 국초의 과전법은 세조대 현직 관리에게만 지급하는 직전법(1466)으로 바뀌었다. 이것은 계유정난(1453) 이후 조정 출사자에 대한 특권 보장과 현실적으로 경기에 국한된 과전의 부족 때문이었다. 그러나 현직 관리에게만 국한하자 은퇴자금을 고려한 가혹한 수취가 이루어졌다. 그래서 성종대는 관리가 직접 조租를 거두지 않고 관에서 거두어서 지급하는 관수관급제官收官給制(1470)가 실시되었다. 사실상 수조권을 회수하고 일종의 준準녹봉으로 전환한 조치였다. 16세기 중엽 명종대는 이마저도 폐지하였다(1556).[12] 이른바 경제외적 강제가 내포된 수조권적 지배질서가 쇠퇴하여 순수경제 관계인 지주전호제로 점차 전환되었다.[13] 후대에 궁방과 아문의 절수지에서 수조권이 일부 부활하였으나 특수목적 토지에 국한되었다.[14]

둘째, 전세의 세율이 고정되었다. 본래 전세는 조·용·조 중 가장 부담이 높았다. 그래서 15세기 세종대부터 공법을 개혁하여 전세를 안정화시켜 나갔다. 이때 연분 9등[上上~下下]과 전분 6등[1~6等田]을 실시하여 토지 생산력에 세밀한 차등을 둠으로써 세금 부담의 형평성을 제고하고 국고의 안정적 확충도 가능해졌다.[15] 그러나 16세기 후반부터 전세의 세율이 점차 하향하는 추세로 나타났다.[16] 16세기 말~17세기 초 조선은 국제전쟁의 후유증과 기후변화에서 자유로울 수 없었다. 이에 조정의 전후복구사업은 버려진 진전陳田을 다시 농사를 짓는 기경전起耕田으로 바꾸는 데 온 힘을 기울였다. 17세기 약 100여 년간 토지 결수의 증대는 가파른 상승곡선을 보여서 조선 전기 수준까지 거의 회복하였다.[17] 여기에는 조정의 정책도 주요하였다. 한 해의 풍흉을 재는 연분 9등은 이미 선조 초반부터 하지중下之中(6斗) 혹은 하지하下之下(4斗)의 최저세율로 고정하는 문제가 논의되었다.[18] 이후 동아시아 국제전쟁의 지속과 장기간 천변재이로 인해서, 17세기 초 선조 후반~인조대는 최저세율이 제도화되었으며,[19] 점차 4두로 영구히 고정되었다.[20]

셋째, 토지의 측정방식이 바뀌었다. 양전은 세종 26년(1444) 1~6등전을 등급에 따라서 달리 측정하였으나, 효종 4년(1653)부터 1등전의 자로 통일한 후 각 등급에 맞추어 산술적으로 감하여 결을 산출하는 방식이 도입되었다.[21] 유형원柳馨遠은 생산량 단위의 결부법結負法을 토지단위인 경무법頃畝法으로 바꾸자고 주장하고,[22] 세종대 수등이척隨等異尺에 대해 비판적인 입장을 취하였는데,[23] 거의 동시기에 재야의 비판이 조정에서 수용되었다. 생산력을 바탕으로 인식되던 토지 결수는 절대면적에 생산력 일부를 결합하는 방식으로 변화하였다. 곧 토지 생산력과 한해의 풍흉 정도를 복합적으로 측량하던 방식에서 절대면

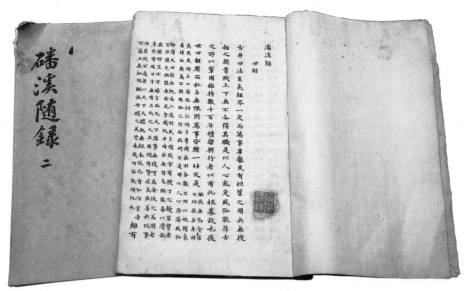

유형원의 《반계수록磻溪隨錄》

적 우위의 원칙과 고정세율이 결합하는 형태로 전환되었다.

재지사족[士林]의 성장으로 관권우위의 수조권적 지배질서가 이미 쇠퇴하였다. 전쟁과 대기근이 반복되는 상황에서 생산력을 촘촘히 살피는 방식에 큰 의미를 부여할 수 없었다. 이에 세율을 단순화해야 했기에 절대면적 도입 및 정액화 경향을 촉진하였다. 차후 조정은 세금체계를 재편하는 데 혁신된 전세제도를 활용할 수는 기회를 얻었다.

신역身役의 금납화金納化   신역은 노동력 제공에서 점차 현물화폐 납부로 바뀌었다. 이러한 흐름은 다방면에 걸쳐 확인된다. 첫째, 천인의 역에서부터 변화가 확인된다. 세종대부터 선상노자選上奴子 문제가 제기되었다.[24] 중앙 각사各司는 외방의 공노비가 순번대로 입번하여 업무를 보좌하였는데, 이때 올라오는 노비를 '선상노자'로 칭하였다. 이것은 아마도 태종대부터 시행된 대규모 사찰노비의 몰수조치의 여파로 보인다. 건국 초 과전법과 태종대 노비소송 허용으로 토지개혁과 양민 안정이 일정한 궤도에 오르자, 사원경제에 대한 개혁이 추진되어 사원전寺院田과 사사노비寺社奴婢가 몰수되었다. 태종대 각사는 막대한 토지뿐 아니라 노비까지 확보하였다.[26] 갑자기 불어난 공노비를 모두 중앙 아문에서 근무시킬 수 없어 외방 거주지에서 차례로 입번하게 하였는데, 이것이 선상노자의 문제로 나타났다.

처음에는 경제력이 서로 다른 노자들 사이에 입번순서의 불공정이 주로 문제로 거론되었으나,[27] 단종대에 이르면 대립의 문제로 발돋움하였다.[28] 심지어 성종대는 대립가代立價를 합법화하였다.[29]

둘째, 양인의 군역도 급격한 변화를 보인다. 본래 국초의 양천제하에서 양인은 광의의 개념으로 사대부까지 포함하며, 16~60세의 양정良丁은 군역의 의무를 졌다. 하지만 세종대 이미 일반 고인雇人이나 정군正軍의 자대自代가 출현하였다.[30] 아직 관에서는 불법으로 간주하여 금단하고자 하였으나 관행을 완전히 통제하지는 못하였다. 평화기가 지속되자, 대립관행이 군역에까지 만연하였다. 이는 정군을 경제적으로 보조하기 위해서 봉족奉足 2명을 두는 세조대의 보법保法이 왜곡된 결과였다. 사람들은 정군보다 보인保人을 선호하였다.

성종대 중앙은 5위에서 대립이 만연해지고 지방은 군사를 놓아주고 면포를 받는 방군수포放軍收布가 횡행하였다. 중종대는 대립을 추인하고 역가役價를 국가에서 통일하여 세율이나마 낮추고자, 보병 정군에 대한 군적수포제가 실시되었다.[31] 이것은 전세의 관수관급제와 같이 국가통제하에 세금부담을 경감시키기 위한 조처였다. 현종 4년(1663) 기병騎兵에 대한 번상의무도 일부 면포 납부를 허락하였다.[32] 번상병番上兵이 완전히 없어지지는 않았으나 점차 상당수의 군사는 명부로 존재하면서 군액은 재정수입으로 인식되었다.

셋째, 군역의 금납화 현상은 요역에도 영향을 미쳤다. 요역은 팔결

작부八結作夫로 운영되었고, 각종 토목공사에 노동력을 제공하는 연호군煙戶軍은 연간 6일을 넘길 수 없었다.[33] 그래서 요역의 비중은 본래 매우 낮은 편이었다. 다만, 법외에 동원이 이루어질 경우 부담이 가중될 수 있었으며, 이것은 오로지 현능한 목민관에 달려있었다.

15세기부터 선상노자의 납공노비화가 진전되었으며,[34] 16세기에는 군역의 대립이 조정의 추인을 받았다. 이에 16세기 말~17세기 초에 이르면, 요역도 연호군이 직접 입번하는 방식에서 면포를 내는 형태로 바뀌었다.[35] 이른바 노동력을 제공하는 각종 신역이 모두 현물화폐로 납부하면서 세제의 금납화 현상은 촉진되었다. 이것은 16세기 대외무역의 활성화와 전국적인 장시가 출현하여 교환경제가 한 단계 진전됨으로써, 임노동자를 손쉽게 고용할 수 있었던 상황과도 무관하지 않았다.[36]

공물貢物의 방납防納　　공물의 방납 현상이 만연해졌다. 본래 현지 특산물을 바치는 공납은 요역에 준하여 징수되었다.[37] 따라서 조·용·조의 중심은 전세와 군역이었으며, 요역과 공납은 부수적인 세제에 지나지 않아서 가벼운 역에 불과했다. 세종대부터 방납이 출현했는데 당초에는 박리다매의 효과와 물류비의 절감을 내세우는 편의를 이유로 등장하였다.[38] 세월이 흐르자 공안貢案에 등재된 특산물의 현지 생산이 되지 않는 경우 다른 지역에서 물산을 사서 납부할 수밖에 없었다.[39]

그러나 세종대부터 폭리를 취하는 폐단이 적발되었고,[40] 세조대는 공신이 방납에 관여하여 균열이 감지된다.[41] 공납에는 각 고을의 수령이 납부하는 과정에서 운반비를 포함한 다양한 공무비용이 필요하였다.[42] 점차 지방에서 파견한 경주인京主人을 대신하여 서울에서 중개를 맡은 사주인私主人이 중앙의 각사와 왕실의 각전에 납부하는 실권을 장악하였다. 현지 물품가격 외에 타지역 특산물을 사오는데 들어가는 비용, 납부비용, 중앙에서 처리하는데 각종 수수료가 거품처럼 부풀어 오르면서 특산품 가격보다 높아져버렸다.[43] 명종~선조대 방납비용은 10배에 달하였다.[44]

이 과정에서 방납상인이 중앙의 실력자와 연관되는 경우가 많아서 그 이익에 가담한 훈척은 원성의 대상이 되었다.[45] 해당 군현 백성이 희망하지 않는데도 임의로 방납하고서 막대한 수수료를 챙기는 횡포가 만연하였다. 전세는 점차 세율인하가 이루어지고 있던 반면,[46] 부수적인 세제에 지나지 않던 공납이 주요 세금으로 부각되었다.[47] 특히 지역특산물을 바치는 방식에서 방납상인에게 돈을 지불하는 형태로 바뀌면서 사상私商을 매개로 일종의 준準금납화가 진행되었다. 공물의 방납화과정은 진상進上에도 영향을 미쳐서 대동법체계 내에 일부 수렴되거나 공인貢人의 체계를 원용하는 방식으로 반영되었다.[48]

| 17~18세기 대동의 파급력 |

토지기준　　　향후 방납으로 고통받던 백성을 구제하는 문제가 초유의 관심사로 주목받을 수밖에 없었다. 방납을 담당한 사주인은 중앙의 실력자와 결탁하기 마련이었고, 훈척세력을 비판하고 정계에 진출한 사림이 최우선 개혁과제로 공납을 거론한 것은 당연한 결과였다.

16세기 말부터 공납을 토지의 다과에 따라 쌀로 대신 납부하는 개혁안이 점진적으로 추진되었다.[49] 대개 1결당 12~16두 정도로 통용되었다.[50] 그 실시 과정에서 지역편차가 존재하였다. 전국 단위에 같은

《호서대동사목》

김육 초상

세금을 부과할 경우에는 명실상부
한 '대동법'으로 칭하였으나, 고을
별로 부과액수를 조정해야 할 경
우에는 '상정법'으로 불렸다.

　세제개혁은 18세기 중반까지도
지속되었다. 실제 완성에는 숙종
후반기 정국변화가 큰 역할을 하
였다. 갑술환국(1694) 이후 초기 탕
평정국에 진입하자, 각종 세제개혁, 법제정비, 양역이정 등이 추진되었
다. 대동법 역시 정국안정을 배경으로 전국단위의 확대 실시가 가능하
였다.

　토지의 다과에 따라 세금을 납부함으로써 백성의 부담이 현격히 줄
어들었다. 같은 시기 중국의 세제 개혁의 방향과 상당히 유사했다.[51]

대동법시행기념비
경기도 평택시 소사동 소재

공납은 대략 1/5 수준까지 경감되었다.[52] 이 조치로 고을 단위의 공동
납이 아니라 경제적 규모에 따라 개별적으로 세금을 거두게 되었으
며, 전세에서 최저세율의 혜택을 받고 양역에서 피역을 누리던 양반계
층을 지주라는 잣대로 다시 세금체계 내로 편입시키는 효과를 가져
왔다. 이것은 16세기 말~17세기 초 전세의 절대면적화 경향과 최저 세
율조치가 전제되었기에 공납에도 토지를 활용하는 방식이 가능하였
다. 토지를 기준으로 하는 세금체계의 출현은 백성에게는 감면혜택을,
피역층에게는 부족분에 대한 추징을 통하여 균등한 세정을 실현하는
밑거름이 되었다.

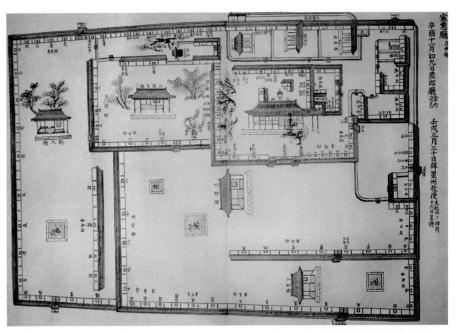

〈숙천제아도宿踐諸衙圖〉 중 선혜청宣惠廳

중앙재정　　대동법은 경제체계의 근간을 바꾸어 놓았다. 그동안 공납은 방납을 통해 사적으로 금납화되었으나, 대동법을 통해서 국가체계 내로 편입됨으로써 별도의 중앙재정이 출현하였다.[53] 이전까지 백성들이 방납으로 인하여 특산물이 아닌 현물화폐인 쌀이나 면포를 방납상인에게 지출한다고 해도, 정작 조정에서 받는 공납은 이미 구입된 특산물로서 방납 이전과 별반 차이가 없었다. 그러나 백성들이 국가에 대동미를 직접 납부하자 새로운 재원이 마련되었다.

　특히 전세가 영정법하에서 1결당 4두로 맞추어진 데 비해, 숙종대 대동미가 12두 내외로 확정되었기에 전세보다도 그 비중이 3배 이상 높았다. 이것은 지주층에게는 세금부담을 확대시켰으나, 조정에서는 대규모 자금을 운영할 수 있는 기회로 작용하였다. 실제 광해군대 경기선혜법의 효용은 전후복구사업과 사신접대 등과 같은 비상시 소용되는 재원 마련에 있었다. 이 때문에 조정에서는 선혜청이라는

독자적인 재정기구를 설치하여 호조와 더불어 중앙재정 전반을 관할하였다.[54]

방납을 담당하던 사주인은 선조연간부터 이미 공물주인貢物主人[貢主]으로 칭해지기 시작하더니,[55] 대동법 이후로는 정부에 등록된 관용상인으로 전환되었다.[56] 선혜청은 막대한 대동미를 거두어들이는 수세기관으로 출범하였으나, 그에 못지않게 공인貢人에게 지불하는 공가貢價의 결정을 통해서 물품의 조달이나 시장가격에 영향을 미쳤고, 각종 중앙아문의 급대를 담당하여서 막대한 재정지출권한을 행사하였다. 이것이 과거 최대 세원인 전세를 전담하던 호조 이외에, 별도로 선혜청을 설치한 근본 이유였다.[57] 이른바 17세기 국가 주도의 유통경제가 활성화되는 단서가 마련되었다.[58]

환곡재원 대동법의 발효는 중앙재정뿐 아니라, 지방 관아에도 관수官需, 아록衙祿, 사객지공使客支供, 유청지지油淸紙地 등 각종 수요를 유치미留置米를 통하여 해결하는 기회를 재공하였다.[59] 더욱이 진휼에 대비하는 환곡 역시 대동법의 영향으로 확장되었다.[60] 대동미 중 절반 가량을 저치미儲置米로 현지에 남겨두었기 때문이다.

17세기 대동법의 확대 실시는 환곡의 점진적 증가와 재정보용財政補用 현상을 촉진하였다. 저치미의 확산으로 환곡 확보가 용이해졌기 때문이다. 경기 선혜법이 실시된 이유는 경기도가 방납시 폭리가 극심하여 백성의 원성이 높았던 이유가 컸지만, 그 외에도 전란 직후 필요한 비상재원을 확보하는 데 효과적이었기 때문이다.[61] 실제 외교사신의 접대 등에 이 재원이 활용되었다. 조정의 입장에서는 백성의 구제와 재원의 확보가 모두 가능한 일거양득의 정책이었다. 하지만 국가가 백성들과 이익을 다툰다는 따가운 시선도 적지 않아서, 재정보용책을

전면적으로 추진하는 데는 상당한 세월이 걸렸다.[62]

18세기에 접어들면 지방에서 군포를 받아들이던 병조와 각 군영도 면포의 일정분을 외방의 각 고을에 남겨두고 목민관에게 재정운영을 위임하였다. 대동미大同米가 작전作錢, 작목作木이 가능했던 것처럼, 군포軍布 역시 작전作錢, 작미作米가 가능하였다. 과거에는 조·용·조에서 전세가 세제의 근간이었으나, 세제가 금납화되자 공납과 군역이 주요한 세원으로 재인식되었다. 이것은 대동법과 균역법이 국가재정의 주요골자가 되고 그 운영기관이 선혜청 및 균역청이 최대 재정아문으로 발돋움하는 계기가 되었다.[63]

더욱이 중앙회계에 모곡耗穀을 편입시키는 방법뿐 아니라, 환곡의 반출량을 조정하는 방식을 통해서 수익을 극대화하였다. 통상적인 환곡은 절반을 비축하여 진휼에 대비하고, 매년 절반을 풀어서 새 곡식으로 바꾸는 개색改色을 실시하였다[半留半分]. 그러나 재정보용 기능이 확대되자, 분급액도 이류일분二留一分, 일류이분一留二分, 일류삼분一留三分, 진분盡分 등으로 다양해졌다.[64] 이 같은 비율 조정은 국왕의 특별한 재가裁可를 받아야만 가능했다.[65] 그것은 탕평정치기 진휼정책과 부세개혁의 결과, 부족해진 중앙과 지방의 재정을 충당하기 위한 대안으로 마련된 방법이었기 때문이다. 숙종대 후반부터 영조대까지 대대적으로 취해지는 농민, 공노비, 공시인에 대한 각종 탕감은 중앙에서 그에 상응하는 경비를 마련하였기에 가능한 조치였다.[66]

화폐유통　16세기에 접어들어 장기간 평화가 지속되자, 산업이 회복되고 전국적인 장시가 만들어졌다. 일본의 왜은이 조선을 통해서 명에 들어감으로써, 조선은 거대 은 유통망의 일원으로 자리하였다.[67] 이것이 세제의 금납화로 접어드는 배경이었다. 양국은 몽골의 세계체제에서 벗어나고자 계획경제 국가를 꿈꾸었지만 불과 한 세기가 못되어 유럽을 넘어서 아메리카까지 연결된 세계경제망에 합류하였다. 급격히 진행된 세금제도의 와해는 인위적으로 유지해온 농업입국의 균열현상이다. 더욱이 16세기 말 명군의 임진왜란 참전으로 은이 조선 시장에서까지 대량으로 유통되어,[68] 경제구조의 변동을 촉진하였다.[69]

조선의 은 유통은 17세기 대중 및 대일 무역에서 정점에 달하였으며,[70] 국내유통에까지 영향을 미쳐서 사실상 고액화폐로서 기능하였다.[71] '은화銀貨'는 중앙아문의 이식이나 은납에도 활용될 정도로 보편화되었다.[72] 하지만 점차 대청무역에서 은화 유출이 대규모로 이루어지는데 비해서, 오히려 대일무역을 통해 국내로 유입되던 은화는 일본 도쿠가와 막부의 통제로 급격히 감소하였다.[73] 이에 국내에서 은화 유통이 현격히 감소하고 상대적으로 동전의 유통영역이 점차 확대되었다.[74] 더욱이 서울을 중심으로 광역단위의 대도시화가 진행되고 지방에는 장시의 수가 폭발적으로 증가하여 전국적인 시장망이 확대되었다. 이로 인해 농업생산물과 수공업제품이 상품화되어 시장판매가 폭넓게 이루어졌다.[75] 교환의 매개수단이 되는 동전 수요가 날로 늘어나고 가치가 널리 인정되자 부의 축적수단으로 활용되었다.

대동법 시행은 화폐 유통의 전환점을 마련하였다.[76] 유형원은 쌀과 더불어 동전을 함께 받을 것을 제안하였는데,[77] 대동법 확대과정에서 산군山郡에서 쌀이 귀하여 면포나 동전을 대신 내도록 함으로써 동전납은 채택되었다. 15세기 태종대 저화[紙幣],[78] 세종대 조선통보[銅錢],[79] 세조대 팔방통보[箭幣][80] 등이 발행되었으나 유통은 한시적이었다. 민간에서 사적인 활용을 장려하기 위해서는 국가가 공적인 차원에서 수요를 만들어야 했으나, 당시 조·용·조 체제하에서 공가公家(국가)의 화폐 수요가 매우 낮았기 때문이다. 태종은 제용감濟用監과 사섬시司贍寺

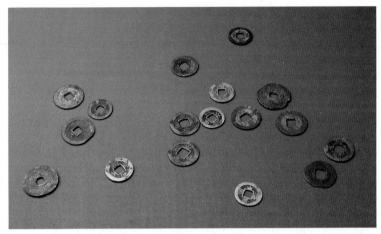

상평통보常平通寶

를 동원하여 저화의 관용 입출을 보장하고,[81] 수속收贖, 공물貢物, 상세
商稅 등에 활용하였으나 시장의 환영을 받지는 못하였다.[82] 15세기 명
목화폐인 저화와 동전은 수속에 주로 이용되었다. 16세기 전국시장의
출현으로 교환경제가 형성되어 점차 조세의 금납화가 촉진되고 있었
으나 아직 현물화폐인 쌀이나 면포로는 국가의 재정체계와 충분히 연
동되지 못하였다.

　반면에, 17세기 초 세제가 이미 금납화된 상황에서, 인조 원년(1623)
대동법이 경기, 충청, 전라 3개도까지 확대되었고,[83] 인조 4년(1526)부터
동전을 시행하였다.[84] 인조대 초반 대동법이 후퇴하여 실시지역이 축
소될 때,[85] 동전 역시 얼마 못 가서 폐지되었다. 한동안 정체기를 극복
하고 세제개혁이 재개되면서 대동법의 점진적 확대가 이루어졌다. 숙
종 3년(1677) 경상도에서 대동법이 실시됨으로써,[86] 전국 5도까지 확대
되었다. 다음해(1678) 상평통보常平通寶가 법화로서 공포되었다.[87] 대동
법 확대와 동전유통 본격화는 상호 밀접하게 연동되었다.[88] 이 과정에
서 동전 2냥을 정은丁銀 1냥으로 교환가치를 설정하였다.[89] 또한 숙종

13년(1687) 호조가 은점銀店을 전담하자 그 수는 전국적으로 68개소에 달하였다.[90] 곧 화폐가치를 보존하는 태환가치가 《속대전》에서 법제화되었다.

18세기 후반 정조대 《부역실총》에는 강원도와 함경도가 제외되어 있으나 나머지 재정의 총액을 합산하면 약 886만 냥에 이르며, 그 중 동전납은 약 300만 냥에 달한다. 국가의 1년 예산은 약 1천만 냥 내외로 추정되고,[91] 동전유통의 규모도 약 30~40%의 비중을 차지한다.[92] 조정에서 동전의 공적 사용을 보장하자 민간에서도 공신력을 얻었다. 17세기부터 전후복구사업과 진휼정책에 앞장선 정부주도의 유통경제가 성장하였고, 18세기에는 장시가 전국적으로 되살아나고 수도권이 점차 상업경제망을 형성하여 화폐경제가 진전되었다.[93]

대규모 화폐교환 체계도 출현하였다. 대동법은 기본적으로는 미米로 받는 것을 원칙으로 하였으나, 지역차에 따라서 목木 혹은 포布나 전錢의 납부를 허락하였다. 그런데 이 같은 현물화폐인 쌀이나 면포, 그리고 명목화폐인 상평통보 등 세 가지 이상의 화폐가 활용됨으로써 화폐간 교환비율에 따른 일종의 환전이익이 발생하였다. 각 군현의 수령은 점차 쌀로 바꾸는 작미作米, 동전으로 바꾸는 작전作錢, 면포로 바꾸는 작목作木, 계절간 가격차를 이용하는 입본立本, 지역간 가격차를 이용하는 이무移貿, 동전으로 분급하는 전환錢還, 다른 곡물로 대신받는 대봉代捧 등 다양한 재정운영 방안을 모색하였다.[94]

국가에서 책정한 대동미, 대동목, 대동전 등의 명목상 가치가 같다는 전제하에서, 실제 지역에서 이루어지는 가격의 차이는 현능한 목민관의 출현에 따라서 지방재원을 마련하는 데 요긴하게 이용되었다. 이제 각 고을의 수령이 얼마나 재정을 효과적으로 운영하느냐에 따라서 지방재정의 비축 여부와 민심의 향배가 갈렸다. 이른바 조선 전기에 구축된 행정, 사법, 군정 3권을 장악하던 목민관은 17세기부터 재정운영에도 관심을 두어야 했으며, 18세기에는 일종의 자산운영가 역할까지 겸하였다.[95]

| 18세기 균역을 향한 길 |

양역변통론　　17세기의 난점은 전란과 대기근으로 인구가 단기간 급감하는 경우가 잦은데도, 오히려 불안정한 대외정세로 5군영이 차례로 창설되어 군비가 늘어났다는 데 있다. 인구는 현종 11년(1670) 510만에서 현종 13년(1672) 470만으로 불과 3년만에 40만이 급감하였고, 숙종 19년(1693) 700만에서 숙종 22년(1696) 560만으로 무려 140만이나 급감하였다.[96] 이것은 당시 대기근이 얼마나 심각했는지를 보여준다.

　양역은 금납화되어 비단 군비뿐 아니라 중앙재정에서 막대한 비중을 차지하였다. 양정의 숫자가 짧은 기간 동안에 급격히 변화함으로써, 조정은 재정절벽을 우려해야 하는 상황에 직면하였다. 설상가상으로 인력 자원이 부족한 상황에서 양반까지 군역에서 벗어나 군액의 확보는 절대절명의 과제였다.[97] 위정자들은 양역의 폐단을 문제로 인식하였으나 아직 공납을 개혁하는 데도 여력이 충분하지 않았으며, 개혁대상이 사대부 자신들이었으므로 쉬 추진할 수도 없었다.[98]

　17세기 초반부터 전세가 최저 세율이 되었고 18세기 초반 공납마저 대동법으로 세금이 경감된 상황에서, 오직 양역만이 경제력을 반영하는 토지에 직접 연동되지 않아서 백성들에게 큰 부담으로 남았다. 부유한 양민 중에도 양반을 모칭冒稱하여 피역하는 행태가 늘어났으며, 이 때문에 인징隣徵이나 족징族徵 등으로 세금을 견디지 못하고 유망

流亡하는 서민이 적지 않았다. 남은 소민만으로 양역을 감당하기에 무리였다.

숙종대 후반부터 정국이 안정되면서 대동법의 확대 실시와 함께, 양역가를 3~4필에서 2필로 이정釐整하는 수준의 1차 균역사업이 이루어졌다. 이를 기반으로 영조대는 본격적인 대경장을 추진할 수 있었다. 당시 주로 논의된 양역변통안은 유포론游布論, 호포론戶布論, 구포론口布論, 결포론結布論 등이다.[99] 유포론은 세금을 내지 않고 있는 양정을 찾아내서 세금징수를 늘리자는 논의인데, 이것이 확대되어 양반에게까지 세금을 물리자는 유포론儒布論도 등장하였다. 전자는 기존 양역체제를 바로잡는 수준이었으며, 후자는 신분제를 전면에 나서서 건드리는 사안이었다. 유포론 논의가 확대되자 아예 신분장벽을 허무는 호포론이 등장하였다. 이것은 신분에 관계없이 가호家戶마다 면포를 내도록 하자는 주장이다. 또한 논의가 진전되자 가장 급진적인 구포론까지 등장하였다. 구포론은 신분에 관계없이 인정人丁마다 면포를 내는 방안이다. 마지막으로 결포론은 대동법과 같이 토지의 다과에 따라 세금을 부과하자는 주장이다. 실제 유포론游布論을 제외하고는 모두 양반을 수세대상에 포함시키는 논의였으므로 개혁의 추진은 쉽지 않았다. 그럼에도 당시 조야朝野에서는 더 이상 소민에게만 과중한 부담을 지속시킬 경우 나라의 존망이 위태로울 수 있다는 위기의식이 팽배하였다. 이처럼 세금을 부담하는 대상에 양반을 포함시키자는 목소리가 점차 커져 갔다.

진휼재원　　18세기 전반까지 자연재해는 지속되었다. 이 때문에 영조대 초반 진휼재원의 마련이 시급하여 궁극적인 양역변통의 여유가 없었다. 당시 진휼을 위해서 무곡貿穀, 염분鹽盆, 주전鑄錢 등의 방책이 추

진되었다.[100]

첫째, 조정에서는 긴급한 재원마련을 위해서 무곡을 시행하였다.[101] 도道 단위의 재정을 상호교환하여 지역차와 물가차를 이용하는 방식으로 진휼곡을 조달하였다. 대동법의 여파로 각도에 저치미가 진휼을 위한 상진곡으로 남아있었기 때문이다. 효과적 진휼을 위해서 숙종~영조대 중앙의 비변사에는 팔도구관당상八道句管堂上을 도마다 설치하였고, 지방에는 현지 사정에 따라 여러 도의 재정을 통합하여 관장할 수 있는 진휼사賑恤使를 파견하였다.

둘째, 조정은 염분을 설치하여 새로운 재원을 확보하였다.[102] 조선 전기 어염의 수세권은 각 고을에서 갖고 있었으나,[103] 17세기 이래 궁방이나 토호, 혹은 통영 같은 거대아문이 장악하고 있었다.[104] 이에 중앙정부가 직접 운영하는 직영 염분을 늘리고 점차 수세권도 환수하였다. 염분으로 비축한 재원은 기민饑民을 구휼하는 데 효과적이었다. 더욱이 이것은 균역의 근간을 이루는 어염선세漁鹽船稅 마련의 주요배경이 되었다.

셋째, 주전 정책이다. 동전을 주조하는 데에는 많은 비용이 들었기 때문에 진휼책 중 가장 늦게 추진되었다. 그러나 대동법 이후 주전의 효용가치에 새삼 눈뜨면서 재원 확보에 주요한 시책으로 재인식하였다.[105] 또한 기근 못지않게 돈이 유통되지 않는 전황錢荒도 심각하였기 때문이다. 그동안 영조는 주전에 반대하였다고 알려졌으나,[106] 실제 막대한 규모의 주전을 실현시켰다.[107] 영조대 초반까지 기근이 연이어 일어나 화폐를 주조할 여력이 없었으나, 안정기에 접어들자 물력을 비축하여 주전에 돌입하였다. 진휼을 위해서 마련했던 다양한 비상 재원은 자연재해가 감소하자 안정적 개혁을 추진하는 데 재정적 뒷받침을 충실히 하였다. 양역변통 논의에서도 그동안 면포를 기준으로 호포론, 구포론, 결포론 등이 논의되었으나, 이 시기부터 호전론, 구전론, 결전론 등 동전을 활용하는 방안이 적극적으로 검토되었다. 이는 주전이 본격화하는 단계에서 가능했던 개혁방안이다. 마치 대동법과 상평통보가 연동되었듯이, 균역법의 추진 배경에도 주전이 있었다.

국가총예산　　이후 양역변통의 기반을 확보하는 구체적인 정책이 실현되자 국가의 총예산도 체계화되었다. 첫째, 《양역총수》와 《양역실총》 등 군액을 다시 점검하는 방식으로 시작되었다. 곧 양역의 총액을 재획정하는 방식이다. 이때 전세도 비총제가 안착되었다.[108] 이른바 총액제 운영의 틀이 갖추어지고 재정체계가 정비되어 전국의 세수가 표준화되었다.[109] 이전까지 조정에서 필요에 따라 세금을 걷어 지출하는 재원운영에서 벗어나서 국가의 일년예산을 미리 편성하고 그에 맞추어 재정을 집행하는 방식으로 전환하였다.

둘째, 군제가 정비되었다. 점진적으로 총융청의 북한산성, 수어청의 남한산성 출진이 이루어졌으며, 《속병장도설》, 〈수성절목〉, 《수성윤음》 등을 편찬하여 5군영의 편제와 수도방위전략을 재정비하였다.[110]

셋째, 왕실재정을 개혁하였다. 《탁지정례》, 《상방정례》, 《국혼정례》 등을 연이어 편찬하여 중앙재정의 일원적 회계원칙의 도입과 왕실관련 예산의 절감이 이루어졌다.[111]

국가의 총예산이 파악된 상황에서 새로운 재원의 확보와 중앙재정의 개혁이 성과를 내자, 양역변통을 위한 사전작업도 거의 마무리되었다. 특히 군영의 재편과 왕실재정의 절감으로 마련된 재원은 이후 균역법의 급대에도 활용되었다.

균역순문均役詢問

호포 좌절과 감필 선언 : 여건이 갖추어지자 조정은 본격적인 양역
변통 논의에 돌입하였다. 국왕은 양역을 전부 폐지하고 새로운 세제
로 바꿀 것을 기대하였다. 영조는 구전론은 양반과 양인을 막론하고
인정人丁당 세금을 부담함으로 반발이 높을 것으로 보고, 중간정도에
해당하는 호전론을 지지하였다.[112] 기존의 양역은 양정에 대해서만 부
과하여 양반의 부담이 없었다. 반면에 호포제를 실시하면, 양인은 인
정에서 가호당 징수로 바뀌어 세금이 줄어들고, 양반은 면세에서 호
당 세금을 납부하여 균형을 이룰 수 있다고 보았다.

하지만 당시 양인은 부유한 백성과 궁핍한 소민으로 계층분화가
이루어졌으며, 양반조차 출사해서 가문을 보존하거나 지역에서 경영
에 성공하여 경제력이 있는 계층과 몰락한 잔반殘班이 병존하였다. 따
라서 양인과 양반 모두 경제력에 따른 재분류를 선행하지 않는다면

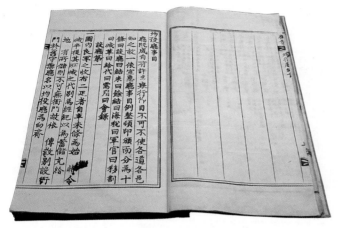

국가에서 수세재원을 안정적으로 확보할 수 없었다.

영조는 재위기간 동안 약 200여 차례가 넘는 순문을 열었는데,[113] 양역변통을 위해서 백성과 순문을 단행하였다.[114] 영조 26년(1750) 5월 19일 창경궁 홍화문에서 1차 순문을 열어서 개혁방안의 찬반을 묻고, 여기서 호전제의 지지를 얻어냈다.[115] 그러나 대-중-소호로 나누어서 호전을 부과하는 경우를 계산해본 결과, 양역을 폐지하고 호전을 시행하면 중앙재정은 적자상태를 면치 못한다는 사실이 확인되었다. 호를 3등분하는 데도 어려움을 겪었다.

7월 3일 홍화문에서 2차 순문을 열었다.[116] 이번에는 사족이 반대의 사를 명백히 밝힘으로써 호전론은 더이상 존속될 수 없었다. 국왕은 개혁의 추진동력을 확보하기 위해서 감필을 선언하였다.[117] 영조는 백성과 약속한 사안이라고 주장하면서 재정이 빈약하여 양역을 전부 폐지할 수 없다면 절반이라도 감면하겠다고 압박하였다. 이제 양역의 면포는 2필에서 1필로 줄어들었다. 이것은 단순히 군액의 축소가 아니었다. 전세와 공납마저 개혁되자 양역이 중앙재정에서 가장 큰 비중을 차지하고 있었다. 그런데 국왕의 감필 선언으로 양역이 떠받치고 있던 재정의 절반이 일시에 사라져버렸다. 감면한 세수만큼 세원을 확보하지 못한다면 조정이 곧 재정절벽에 직면할 것은 명약관화하였다.

어염선세와 선무군관포 : 그 대안으로 먼저, 어염선세가 제기되었다.[118] 영조대 초반 진휼재원 마련을 위해서 계발된 염분을 중심으로 바다에서 나는 모든 이익을 수세체계 내로 재편하는 방식이다.[119] 어전漁箭이나 곽세藿稅, 선세船稅 등이 모두 중앙재정으로 귀속되었다. 어염세는 그동안 궁방 등에서 폭리를 취해온 과중한 세금을 저율과세로 바꾼다는 명목하에 수세권을 조정으로 귀속시켜서 만들어냈다. 이 역시 유형원이 소개하고 정약용丁若鏞이 보완책을 제시한 특수세 항목이다.[120]

다음으로, 선무군관포選武軍官布를 정책화하였다.[121] 부유한 양인계층으로 양반을 모칭하여 피역하고 있던 이들을 찾아내서, 선무군관 선발절차를 거치게 함으로써 수세대상에 편입시키는 정책이었다. 일종의 취재取才를 통해서 군관이 되면 자연히 중서층中庶層으로 인정하고 면세혜택도 받았다. 통과하지 못하더라도 양인이 부담하는 수준에 불과하였다. 그러나 양인에 재편입시키지 않고 시험을 통과하거나 세금을 내는 방법으로, 조정에서 새로이 성장한 사회적 신분을 인정해주었다.

분정과 결전 : 한편, 지방의 재원을 활용하고 경제력에 기초한 과세가 이루어졌다. 처음에는 부족한 재원을 외방에 부담시키는 분정分定이 이루어졌으나, 지방재정의 중앙 편입은 각 고을의 경상비 지출조차 어렵게 만들었으므로 지속되기 어려웠다. 불법적으로 과세대상에서 제외된 은여결을 찾아내는 일도 쉽지 않았다.[122]

이 때문에 영조 27년(1751) 3차 순문이 이루어졌다.[123] 그동안 유포론은 선무군관포라는 변형된 형태로 흡수되었고, 호전론은 초기에 채택하였으나 시행과정에서 좌절을 면치 못하였다. 또한 구전은 호전론보다 급진적이어서 시행이 요원하였다. 남은 대안은 결전론結錢論뿐이었다.[124] 그러나 이미 전세와 대동미를 거두고 있는 마당에 양역까지 토지에 부과할 경우 3중과세의 혐의가 짙었다. 이것이 결전론이 가장 늦게 추진된 배경이다. 화폐경제가 급진전된 상황에서 경제력을 고려하지 않은 가호나 인정을 기준으로 세금을 부여해봤자 받을 수 있다는 보장도 없었다. 이에 인두세人頭稅 성격에서 탈피하여 경제력의 척도인 토지에 과세하는 방안이 현실적 대안으로 떠올랐다.

하지만 개혁을 추진하면서 오히려 세금이 늘어나는 것은 조정에서도 여간 부담이 아니었다. 이에 각 도에서 토지에 부과하던 잡세를 바로잡는다는 명분하에 결전으로 전환하는 방식이 추진되었다.[125] 따라서 그 비중은 매우 적어서 1결당 5전쏋에 불과하였다. 이것은 일종의 지방세를 중앙세로 편입시킴으로써 백성들은 새로운 세금을 부담하지 않아도 되었고, 중앙도 급대재원을 마련할 수 있었다. 다만, 규모는 축소되었으나 사실상 분정의 변형에 지나지 않았으므로, 국가의 지방재정을 일정부분 희생시키는 형식이 되었다. 이로써 토지를 소유한 양반이나 부유한 양인, 그리고 지방아문까지 양역변통과정에서 수세대상으로 편입되었다.

각 사회신분층의 세금분담　　균역법의 성립은 다양한 사회신분계층이 양역을 나누어 부담하는 형태로 전개되었다. 첫째, 감필은 경제적으로 열악한 소민에게 면포 2필의 부담에서 1필로 절반의 감면혜택을 주었다. 둘째, 어염선세는 장시의 발달로 탈농업경제 현상에서 도래한 새로운 경제적 이익에 주목하여 과세대상을 발굴하고 그동안 수세를 해온 궁방, 외방아문, 토호 등의 이익을 국가로 환수하고 백성의 과세

부담은 줄이는 형태로 이루어졌다. 어염선세는 궁방의 절수 비중이 상당히 높았으므로, 사실상 왕실의 부를 희생시키는 방식이다. 셋째, 선무군관포는 조정에서 부유한 양민층의 중서층 편입을 인정하는 대신에 수세대상에 끌어들이는 정책이다. 넷째, 분정과 결전은 모두 지방재정을 중앙으로 편입시켜 국가예산의 일정 부분 손실을 감수하는 방안이다. 다섯째, 결전은 경제적 기준으로 세금을 부과하는 형태로 양역에서 이탈한 양반과 부유한 양민을 모두 수세대상으로 환원하는 형태로 추진됨으로써 대동법의 과세정신을 계승하였다.

균역법의 타결로 소민, 왕실, 부유한 양민, 양반, 국가 등이 모두 하나의 세금체계 내에 들어오게 되었으며, 역의 형평성은 놀라울 정도로 개선되었다.[126] 이것이 바로 정약용이 영조가 균역에 반대하는 신하들에 대해서 "나라가 비록 없어질지언정 이 법은 고치지 않을 수 없다"고 한 발언까지 소개하며 극찬을 아끼지 않은 이유이며,[127] 심지어 그는 균역법을 옹호하여 보완책까지 마련하였다.[128]

| 경장更張의 여파餘波 |

국가재정의 일원화　　대동법과 균역법은 비단 세금 부담의 형평성만 제고시킨 것이 아니었다. 여기에는 몇 가지 부수적인 효과가 수반되었다. 우선, 국가재정의 일원적인 통합운영이 강화되었다.[129] 대동법의 실시로 중앙재원이 확보되면서 선혜청이라는 새로운 중앙재정 기구가 만들어졌으며, 여기서 비축된 재원은 이획移劃이나 급대給代라는 명목으로 균역법 시행과정에서 감면된 세수를 대신하는 데 활용되었다. 더욱이 균역청이 만들어졌으나 곧이어 선혜청과 통폐합되자, 거대 재정기구로 탈바꿈하여 대동법과 균역법의 세수는 각 계정이 별도로 남아 있었으나 세금체계의 통합성은 현저히 높아졌다. 유형원柳馨遠은 국가의 경비를 세입에 따라 지출하고 잡다한 세금은 모두 대동법에 포함시켜 일원적으로 운영할 것을 주장하였는데,[130] 실제로 대동과 균역의 성립으로 재정일원화 흐름은 속도를 냈다.

국가의 일년 예산에 대한 표준액이 정해지자, 이것이 다시 각 군현에 재분배되었다.[131] 이 때문에 영조대 《여지도서輿地圖書》에는 《신증동국여지승람新增東國輿地勝覽》에 없던 재정항목이 보완되었다.[132] 이후 각 고을에서는 읍지를 증보할 때마다 《여지도서》를 본받아 부세항목들도 모두 갱신하였다. 또한 정조대 《부역실총》에는 《양역실총》의 군액을 미米, 포布, 전錢 등으로 환산한 절가折價를 세밀하게 기재하였으며,[133] 《군국총목軍國摠目》에는 전총田摠·군총軍摠·곡총穀摠 등 읍지에 수록되던 주요 재정정보가 집대성되었고,[134] 《전율통보典律通補》에도 민총民摠·군총·전총·곡총 등이 실렸다.[135]

상업정책의 강화　　조정의 경제정책의 기조가 바뀌었다. 이미 대동법을 전후하여 공인이 등장한 상황에서, 균역법이 타결되자, 영조는 순문의 주요 주제를 농형農形에서 공시貢市로 바꾸었다. 농사의 풍흉을 묻는 일이 없어지지는 않았지만, 공인貢人과 시인市人을 소견하여 폐막을 묻고 이를 전담하는 공시당상貢市堂上을 설치하고 1품 대신급에서 맡도록 하였다.[136] 국왕은 공시순문貢市詢問을 정기적으로 열어서 공시인의 어려운 점을 하나하나 조사하여 개선하도록 하였다. 이미 숙종대부터 대동법이 발효되자 공물가에 대한 탕감조치가 시작되었다.[137] 영조대에는 양역변통 과정에서 공인과 시인을 대상으로 채권과 역가를 탕감하였으며,[138] 공인에게 탕감한 규모만 약 50만 석에 달한다.[139]

김홍도, 〈행상〉

균역법으로 농민이 안정되자 정책대상이 공인과 시인에게까지 확대되었다.

　이미 서울은 상업도시화되어 농사를 짓는 백성이 드물었을 뿐 아니라,[140] 대동법과 균역법의 성립으로 선혜청이라는 통합 중앙재정 기구가 새롭게 출범하였고, 여기에는 공인과 시인의 역할이 큰 비중을 차지했다. 대동법으로 공인이 국가의 인정을 받았고, 균역법에서 각사各司와 각전各殿의 재정개혁에도 공인에게 지급하는 공가貢價 문제가 주요하였다.[141] 세제개혁을 안착시키기 위해서는 공인과 시인의 안정이 필요하였다. 영조후반 잦은 공시순문은 이 때문이었으며, 이를 보고 성장한 신료들과 왕세손(정조)이 신해통공辛亥通共(1791)을 기획하는 것은 자연스러운 귀결이었다.[142]

사회신분의 재편　　사회신분의 범주가 재편되었다. 서얼, 선무군관,

19세기 말 한양의 상설시장

공시인에 이어서 공노비까지 신분이 변화하였다. 대동과 균역으로 양인의 문제가 해결되자, 외방에 거주하면서 농사를 짓는 공노비의 신공 감면책도 추진되었다.[143] 숙종대부터 흉년에 농민과 공노비에게 세금을 지속적으로 탕감해왔는데,[144] 영조대는 심지어 공노비를 국가에서 돌보아야 할 백성으로 전제하였다.[145] 그래서 균역법 이후 세율인하가 추진된 것은 물론이거니와 영조 만년에는 남녀노비가 모두 종신토록 신공身貢을 바치는 제도를 양인과 같이 남자만 일정한 나이까지 신공을 내도록 개혁하였다. 영조 31년(1755) 노비신공 반감半減에 균역청에서 20,066냥을 급대하였고, 영조 50년(1774) 여비女婢신공의 전감全減에도 균역청에서 13,074냥이 사용되었다.[146]

따라서 이념적으로 균역법에서 양인의 면포를 감면한 정책의 연장선상에서 공노비의 신공감면이 이루어졌을 뿐만 아니라, 실질적인 급대비용도 균역청의 재원으로 이루어졌다. 이것이 정조연간 공노비 혁파논의와 순조대 현실화 배경이 되었다. 정치분야의 탕평이 사족의 정

3부 사회경제 개혁의 추진과 소통

계진출을 확대시키고 그 여파가 서얼의 허통으로 이어졌다면, 경제분야의 균역은 양인(농민)의 세부담을 감면시키고 그 영향이 선문군관, 공시인, 공노비 등에게 미쳤다.[147]

정치사상의 변화　　세제개혁은 정치사상의 변화까지 이끌어냈다. 대동법이 점진적으로 확대되던 시기에 유계兪棨는 백성과 국가의 관계에 대한 시제試題를 냈다.[148] 이후 대동의 효용은 "백성을 편하게 하고 나라를 넉넉하게 한다"고 평가되었다.[149] 이것이 양역변통 논의가 한참이던 시기에 들어와서 '민사民事'와 '국계國計'를 하나로 이어서 운명공동체로 이해하는 방식으로 전이되었다.[150] 균역법이 타결되자 영조는 한걸음 더 나아가서, "백성을 위해서 군주가 있는 것이지, 군주를 위해 백성이 있는 것이 아니며",[151] "백성을 구제하지 못한다면 임금의 자리에 있어도 독부獨夫(혁명 대상)에 지나지 않는다"는 과격한 발언을 주저하지 않았다.[152] 이제 맹자의 혁명사상으로 무장한 탕평군주가 대경장의 중심에 섰다.[153]

더욱이 영조는 "백성은 나라에 의지하고 군주는 백성에 의지하며",[154] "백성과 나라가 서로 의지하고",[155] "군주와 백성도 서로 의지한다"고 하여,[156] 백성을 한갓 시혜의 대상이 아니라 왕정의 동반자로 재설정하였다.[157] 국왕은 "한평생 민국에 몸과 마음을 바쳐왔다"고 술회하기를 주저하지 않았다.[158] 이른바 '민국'은 장기간 추진된 대경장의 여파로 점차 정치개념으로 형성되었다.[159]

조선의 재정개혁은 15~16세기 경제변동인 금납화현상으로 촉발되었다. 17세기 전쟁과 기근으로 피폐해진 위기상황에 대한 조정의 능동적인 대응책이 바로 대동법으로 나타났다. 대동법의 발효로 화폐와 환곡이 세제변동과 연동됨으로써 조선 전기와 구별되는 후기의 경제체계로 한층 진일보하였다. 더욱이 18세기 대동법이 전국으로 확산되고 균역법까지 타결됨으로써 중앙재정은 온전히 통합되고 국가총예산의 운영이 가능해졌다. 이 같은 사회경제적 변동양상은 공시인이나 공노비 등과 같은 사회신분에까지 영향을 미쳤을 뿐 아니라, 정치사상의 부면에서 백성관의 재인식에도 막대한 영향을 미쳤다. 따라서 1930년대 조선학운동 이래 유포된 실학담론에서 재야지식인의 주장은 무능한 조정에서 전혀 채택되지 못하였다는 인식과 달리, 유형원이나 정약용의 개혁안은 조정의 정책과 상당한 연속선상에 있었다.

10장

영조의 부동산 대책

노 혜 경

호서대학교 창의교양학부 교수

| 들어가는 말 |

도시는 인류 역사상 고대로부터 많은 사람들이 모여 사는 주택이 밀
집된 곳이었다. 시대가 올라갈수록 도시와 주변부와의 차이는 컸다.
따라서 도시의 일상이 영향을 미치는 공간일수록 인구문제를 비롯하
여 주택거주문제 등이 동시 다발로 발생했다. 현대 사회의 문제와 다
름없는 양상이었다.

　고대 로마의 대표적인 도시였던 폼페이는 서기 79년에 인근의 베수
비오 화산이 폭발하면서 당시의 모습 그대로 정지되었다. 화산재로
뒤덮이고 열에 익어버렸지만 그래도 폼페이 도시의 모습은 보존될 수
있었다. 폼페이에서 발굴된 주택 중 가장 큰 개인집은 율리아 펠릭스
의 저택이다. 대개 폼페이 대부호의 집이라고 하면 넓은 포도밭과 함
께 멋진 정원과 장식, 조각으로 가득 차 있는 호화스러운 건물을 연
상한다. 그러나 율리아의 저택은 이런 추측에 더 나아가 저택의 일부
가 상가와 임대주택까지 갖춘 요즘 식으로 말하면 주상복합건물로

되어 있다.

율리아 펠릭스는 선대로부터 유산을 물려받은 부유한 여성이었다. 폼페이에 많은 면적을 차지하는 별장을 소유하고 있었는데, 베수비오 화산 폭발 17년 전인 서기 62년 대지진 이후 율리아는 자신의 저택 일부를 공동목욕탕과 상점, 주점 등의 점포, 거주용 아파트로 만들어서 임대사업을 했다고 한다.[1] 대도시에서의 주택문제가 심각했고, 공간에 비해 거주인구가 많아서 이들을 수용하기 위한 방편으로 주택을 빌려주는 임대업이 확산된 것이다. 서기 1세기에도 대도시에서 벌어지는 주거공간문제의 심각성으로, 주택은 단순한 거주공간이 아니라 수익성 좋은 사업이었다.

세계의 모든 도시는 공통적인 문제가 있다. 대지에 비해서 인구수가 많다는 것이다. 그리고 시간이 갈수록 인구는 지속적으로 증가했다. 과거의 도시는 성벽으로 둘러싸여 있어서 이 문제가 더욱 심각했다.

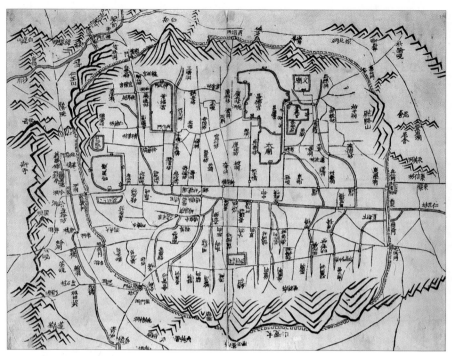

〈도성도〉(《대동여지도》)

한정된 지역에 인구가 몰리면서 전염병이나 식수 등 위생문제, 나아가
환경문제까지 발생했다.

조선은 이런 문제에 대하여 어떻게 대응했을까?

조선은 건국초부터 수도인 서울을 중심으로 신분마다 대지의 면적
이나 가옥 크기를 제한하는 법을 만들어 운영하였다. 계속적으로 서
울의 인구가 증가하자 도성과 성저십리까지 한성부의 관할구역이 확
대되었음에도 불구하고 주택문제가 심각해졌다. 이미 무허가 불법가
옥이 넘쳐나서, 연산군 때부터 이른바 임대차 제도라고 할 수 있는 전
세, 월세 등의 방법이 시행되었다.

임진왜란과 병자호란을 겪은 후의 조선은 상업유통경제가 활발해
지면서 가장 큰 도시인 서울로 인구가 더욱더 집중되었다. 부동산에
대한 수요와 공급의 격차가 심화되고 집주인의 횡포가 횡행했으며,

더욱 심각한 문제는 권력자가 이런저런 이유로 민가를 탈취하는 현상이 늘어났다는 것이다. 이에 영조는 서울시내에서 매매와 이사까지 금지하는 강력한 '여염집 탈취금지령'[2]을 만들어 규제했다.

이 글에서는 조선의 주택법의 변화상황과 함께 영조가 시행한 '여염집 탈취금지령'을 통하여 정부가 법과 행정망을 동원해 시장에서 벌어지는 경제현상과 부조리에 대해 어떻게 대응하고 있는지를 고찰하고자 한다. 이를 통해 조선시대 행정의 특징을 파악할 수 있고, 현대 행정의 운영에 교훈을 얻을 수 있을 것이다.

| 조선의 주택법 |

조선의 주택 규정의 변천　　태조 이성계는 조선을 건국한 후 1394년 (태조 3), 개경에서 서울로 수도를 옮길 때부터 서울의 인구, 주택문제를 염두에 두고 주택법을 제정, 시행에 들어갔다. 신분에 따라 집을 지을 수 있는 대지의 면적과 가옥의 크기 등을 제한했고, 집을 지으려면 서울을 관할하는 한성부에 허락을 받도록 만들었다. 뿐만 아니라 부동산을 매매하려면 반드시 등기를 하도록 했다.

1395년(태조 4)의 규정을 보면 "서울의 땅은 500결結[3]이라 한정된 면적뿐이다. 그런데 정1품에게 60부負를 기준으로 해서 차등 지급할 경우 현직관리라 하더라도 지급하지 못하게 될 경우가 생긴다. 그래서 새로 집터 면적을 정하는 것이 필요하다."고 하였다. 이런 전제로 정1품은 35부, 그 이하는 품계에 따라 5부씩 줄여서 6품은 10부, 서인 2부씩 지급하도록 규정했다. 1474년(성종 5)에는 새로 집을 지을 경우 반드시 '대지지급신청서'를 통해 접수를 받고 신분에 따라 차등을 두어서 대지를 지급했다. 이후 《경국대전》에 실릴 때까지 집터 분급 규모의 변화를 정리하면 다음과 같다.

〈표 1〉 대지(집터) 분급 규모 변화

구분	1395년(태조4)[4]	《경국대전》[5]
1품 이상	35부	30-25부
2품	(30부)	15부
4품	(30부)	20부
6품	10부	10부
서민	2부	2부

이 변화를 살펴보면 서민에게 주는 대지면적만 차이가 없고 대개 집터의 규모를 축소하는 경향으로 정착되었다. 그러나 건국 초기 집터의 규정만 있다 보니 일반인들조차 점차로 호화롭게 집을 짓고, 돈만 있으면 누구나 사치생활을 하는 현상이 두드러졌다. 결국 세종이 나섰다. 세종 초부터 "대소인원의 주택이 제도에 상당히 지나치다!"[6] "서민의 가옥은 참람스럽게 공경公卿에 버금가고 공경의 주택은 궁궐과도 같다!"[7]라는 말이 나올 정도로 호사스런 주택이 늘었음을 꼬집었다. 세종은 이런 현상을 사회질서 문란으로 파악했다. 이에 따라 사회규범을 정비하겠다는 명목으로 신분과 직책에 따라 집의 크기를 규정하기에 이르렀다. 다음은 1431년(세종 13)에 만들어진 신분별 주택건축 규모 제한 범위를 정리한 것이다.

〈표 2〉 신분별 주택건축제한 규모[8]

신분	주택건축규모
대군	60칸(누각 10칸)
친형제, 친자, 공주	50칸(누각 8칸)
2품 이상	40칸(누각 6칸)
3품 이하	30칸(누각 5칸)
서인	10칸(누각 3칸)

3부 사회경제 개혁의 추진과 소통

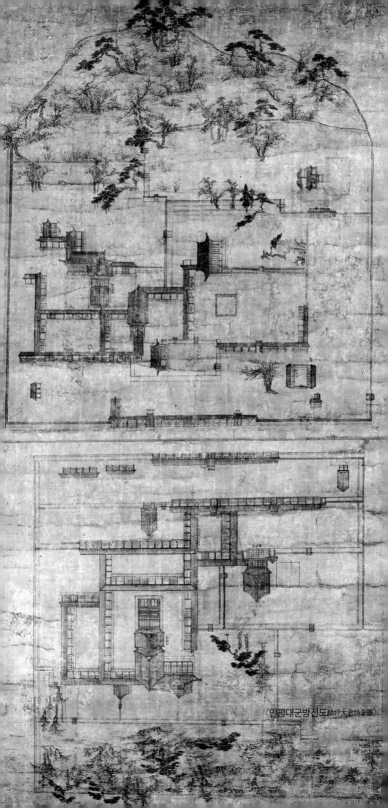

〈안평대군방정도 安平大君坊亭圖〉

즉 "왕자와 공주는 50칸, 대군은 60칸, 2품 이상은 40칸, 3품 이하는 30칸을 넘지 못한다."고 규정하면서 내부의 누각도 규모를 정했다. 또 건축자재, 인테리어도 규제하였다. 검소한 집, 간략한 집, 집이라는 기능만을 강조한 집으로 설정하여 이것을 사회질서를 유지하는 방법으로 보았다.

실제로 관리들은 궁궐 근처의 집에 살아야했다. 지금처럼 도로망이 거미줄처럼 사방으로 연결되어 있는 것도 아니고, 그렇다고 교통수단이 발달하지도 못했기 때문에 근무처 가까운 곳에 사는 것이 출근 시간을 줄이는 유일한 방법이었다. 왕족이나 재상들은 하나같이 궁궐 가까이에 살았다. 그러나 만약 실각하거나 관직을 얻지 못하면 낙향하거나 다른 곳으로 이사갈 수밖에 없었다.

조선조 500년 동안 이 수많은 사람들을 포용하기에는 수도 서울 안에 집들이 너무 적었다. 이것은 궁전 옆에 있는 고관대작의 집일수록 더 자주 주인이 바뀌었다는 것을 의미한다. 거래상황을 자세하고 구체적으로 파악할 수 있는 부동산 거래문건이 많이 남아 있지는 않지만, 매매, 전세 계약이 광범하게 이루어지고 있었을 것으로 보인다.

조선 사람들의 집값 인식　　조선시대 사람들은 기와나 초가의 규모를 칸으로 인식했다.[9] 그리고 집 규모에 대비하여 주택가격을 인식했다. 다시 말하면 칸의 규모로만 집의 시세가 결정되었고, 집의 위치나 주위환경조건 등이 크게 고려되지 않았다는 것이다. 다음은 세조 때 원각사를 창건하기 위해 민가를 철거하던 당시의 기록이다.

　　임금이 승정원承政院 주서注書 유순柳洵을 영의정領議政 신숙주申叔舟의 집에 보내어 의논하기를,

1890년대의 원각사지십층석탑과 탑골 현재의 종로 2가~탑골공원 일대

"지금 원각사圓覺寺를 창건하기 위하여 민가를 철거하는데, 1속束의 값을
처음에는 정포正布 1필匹에 준准하고, 재목材木 10간間을 옮겨서 실어나가
는 값을 쌀 2석石과 보리 1석石에 준准하고자 했다. 그러나 집터가 곧 시전
市廛의 요지에 해당하니, 내가 갑절로 3필匹이나 주려고 하는데 어떠한가?"

하니, 신숙주가 의논하기를,

"재목을 옮겨 내가는 비용은 비록 주지 않아도 좋으나, 집터 같으면 곧
저자 사람들이 아침저녁으로 이권을 노리는 땅이니, 세 갑절로 하여 주
는 것이 편하겠습니다. 만약 좌우 도랑가에 사는 사람들에게 그 체석砌
石을 철거撤去하기를 허락한다면 혹시 무너질 우려가 있을까 두려우니,
신의 생각으로는 철거하지 않도록 해서 수재水災를 막도록 하는 것이 좋
을 것 같습니다."

하니, 임금이 그대로 따랐다.[10]

원각사 건립을 위해, 이미 빈터없이 가득차 있는 민가의 집값을 쳐주고 내보내려는 데에 들어가는 비용에 대해 논의한 내용이다. 수용보상비로 땅값과 재목수송비를 합한 액수를 산정하고 있다. 현재 우리 사회에서 통용되고 있는 것처럼 건물가격, 토지가격을 합산하는 방식과 비슷한데, 한옥의 경우 조립식 건물이기 때문에 기둥 등의 재목 등을 떼어다 옮겨서 다시 조립해서 쓰는 방식이라 재목수송비를 산정하고 있다. 그런데 이 논의에서 문제가 되고 있는 점은 수용하려는 땅이 시장통의 요지이기 때문에 기존에 거래되는 가격에 3배로 쳐서 보상비로 주려는 것이다. 요즘으로 말하자면 교통요지 번화가의 집터이기 때문에 일상적인 가격으로 보상할 경우 반발이 심할 것을 예상하여 재목운송비는 일상적 가격으로, 반면 집터에 대한 보상비를 3배로 환산하여 지급하는 방안이 논의되었다.

이 사례는 보상비가 당시에 일상적으로 거래되는 가격이 아니었기 때문에 세조와 신숙주가 의논에 나선 것이다. 즉 대부분의 주택 매매 때에 주택 규모, 즉 칸 수를 기준으로 거래가 되는데, 여기에는 입지조건 등이 그다지 고려되지 않고 있었다는 점이다. 조선 사람들의 이런 인식은 19세기 말 조선에 온 외국인의 눈에도 특이하게 보였던 모양이다.

1886년 조선에 온 헐버트는 육영공원에서 외국어와 역사를 가르쳤다가 선교사의 자격으로 1893년 재입국해서 선교활동을 한 인물이다. 1905년 한국의 독립을 주장하기도 해서 우리들에게 잘 알려진 인물인데, 그가 쓴 《대한제국멸망사》를 보면 한국의 집값에 대하여 이런 설명이 나온다.

한국의 집은 그것이 민가이든 대궐이든 간에 동일한 계획에 따라서 축조

3부 사회경제 개혁의 추진과 소통

된다. 다만 정도의 차이가 있을 뿐이다. 건물 구조의 기준은 소위 칸間이 라는 것이다. 한 칸의 한 변의 길이는 약 8피트가 된다. 만약 집을 산다 면 몇 칸이 필요한가 하는 점이 첫째 문제점이다. 집이 몇 칸이냐에 따라 서 값이 결정되기 때문에 야드에 따라서 옷감을 사고 파운드에 따라서 고기를 사는 것과 꼭 같이 칸에 따라서 집을 사게 된다. 물론 건물의 조 건이 값을 결정하는 요소로 참작되겠지만, 어느 경우를 막론하고 기와 집이나 초가집의 값은 매 칸에 따라서 시세가 쉽사리 결정된다. 1880년 대에만 해도 한국인들은 큰 길 가에 있는 집이 골목에 있는 집보다 비싸 다는 것을 알지 못했기 때문에 몇 년 전까지는 집값이 지금보다 더 일률 적이었다. 뿐만 아니라 대지도 집값을 결정하는 데에 있어서 그리 중요 시되지 않았다. 나는 서울에서 넓은 대지에 자리잡고 있는 자그마한 초 가집을 여러 번 산 적이 있는데, 그 때마다 집의 칸 수에 따른 시세만을 지불했다. 이러한 시기는 이제 지나가고 건물의 위치와 대지의 면적이 세 밀하게 계산된다.[11]

이 책은 1906년 초판이 출간되었는데, 한국의 집값 구조에 대한 설 명에서 1880년대와 그 이후에 달라진 집값 형성의 변화를 얘기하고 있다. 즉 1880년대까지만 해도 우리나라에서는 여전히 집값에 입지조 건이 반영되지 않은 채 주택의 칸 수에 대해서 시세가 결정되고 있었 다고 한다. 헐버트의 경험에서도 자신이 서울에서 작은 초가집을 여 러 번 산 적이 있다는 경험을 말하고 있는데, 그 때마다 넓은 대지에도 불구하고 초가의 칸수에 따른 시세만 지불했다. 이런 현상은 서울의 부동산과 조선 경제체제가 결합한 조선만의 특징이었다.

초가집과 기와집의 시세는 칸 수별 가격이 형성되어 있었다. 18세기 후반 사례를 살펴보자. 황윤석黃胤錫(1729~1791)이 평생 동안 쓴 일기인

1880년대의 서울 남대문 일대

《이재난고頤齋亂藁》[12]에는 그가 서울에서 하급관료 생활을 하는 동안
하숙생활을 하다가 집을 구매하기 위해 서울의 이곳저곳의 시세를 조
사한 기록이 남아 있다.

아래의 표는 초가의 시세를 정리한 것이다. 황윤석은 당시 종부시
직장으로 근무하고 있었기 때문에 출근하기에 좋은 종부시 근처의 집
부터 알아보았다. 종부시 근처에 있는 집은 방2개에 주방, 행랑, 마구
간, 마루를 갖춘 5칸짜리 집이었는데 40냥[13]이었다. 산림동은 방만 3
개 있는 초가로 70냥이었고, 인성부 고개에 있는 집은 방 4개에 마루

〈표 3〉 1769년 서울의 주택가격[14]

구분 위치	초가(草家)							금액
	방 房	헌 軒	주방 廚	행랑 行廊	마구간 馬廐	기타	칸수	
종부시(宗簿寺) 근처	2	1	1		1		5	40냥
산림동(山林洞)	3			있음	있음	후원(後園)	12	70냥
인성부현(仁城府峴)	4	1			1	1	7	50냥
소안동방(小安東防)	2	1	1			바깥문1	5	50냥
사대문 밖	5.5	1	1	2		허청(虛廳) 2	11.5	110냥 (貰 60냥)

3부 사회경제 개혁의 추진과 소통

1892년의 서울 모습

1칸, 마구간 등 7칸짜리 집이 50냥이었다. 사대문 밖의 집은 11.5칸인데 매매가는 110냥이고 전세 가격은 60냥이었다. 지역별로 칸별 단가는 조금씩 차이가 있지만 대개 초가 1칸 당 10냥 정도의 시세로 볼 수 있다. 특히 사대문 밖의 집의 경우 전세가격을 보면 매매가 110냥에 전세가 60냥으로 전세가격이 매매가의 54%에 해당했다. 반이 좀 넘는 가격이었다. 또 당시 기와집은 1칸 당 20냥 정도의 가격이었다.[15]

당시 서울의 집값 시세가 초가 1칸 당 10냥, 기와집 1칸 당 20냥 정도라고 하지만 물가수준을 알아야 그 비중을 짐작할 수 있을 것 같다. 18세기 중엽에 편찬된 《속대전》에는 세금으로 받는 품목의 가격 환산식이 나와 있는데, 이를 보면 쌀 1섬은 대개 5냥, 콩 1섬은 두 냥 반이라고 한다. 황윤석의 기록에는 자신이 서울 생활을 할 당시 하숙비로 한 달에 3냥을 썼다고 한다. 즉 주식비(거주비용 2냥+밥값 1냥)를 3냥 지출한 것이다. 그 외에도 당시 말 1필이 40냥 정도, 담배 정초正草 1폭瀑이 5전, 서울의 쌀값은 1말에 1냥 정도였다.[16]

전세제도의 시작　　조선시대 인구는 꾸준히 증가했다. 특히 서울의 인구는 다른 도시보다도 집중도가 심했다. 조선 초기부터 한성부의 관할 구역은 사대문 안, 도성으로부터 사방 10리에 해당하는 성저십리城底十里까지였다. 확대된 지역은 현재의 서울처럼 강남쪽이 아닌 강북쪽이었다. 그런데 인구 집중도를 보면, 사람들이 사대문 안에 대부분 거주했고 외곽 10리에 해당하는 지역에서는 한성부 전체 인구 중약 6%에 해당하는 인구만이 거주하고 있었다.[17] 그만큼 더 사대문 안에서 사람들이 집중적으로 살았던 것이다.

　인구가 증가해서 대지가 부족해지자 허가를 받지 않은 무허가가옥이 증가했다. 인구증가라는 원인도 있었지만 권력자들이 서울에 몇 채씩이나 되는 집을 가지고 있었기 때문에 일반민들은 도성 안에 거처를 마련하지 못하여 성저십리로 밀려났고, 그마저도 여의치 않으면 산 중턱에 움막을 짓고 살기도 했다. 이런 사정에 의한 무허가 주택뿐 아니라 권력자들이 한성부의 승인을 받지 않고 몰래 집을 짓는 경우도 있었고, 자기 집터를 넓히려고 옆집의 빈터로 밀고 들어가서 담을 무너뜨리는 사건도 있었다.[18]

　시간이 지날수록 서울 안에 공지가 사라졌고, 중앙의 각 관청이나 궁궐 밖으로 나가는 대군, 공주의 집을 짓는데 필요한 땅조차 확보하기가 더욱 힘들어졌다. 급기야 민가의 대규모 철거가 이어졌다. 물론 권력에 의해 제대로 값도 쳐주지 않고 내쫓는 방식은 불가능했다. 오히려 이렇게 수용되는 집의 주인들은 일부러 높은 값을 불러서 이득을 취하는 경우도 허다했다.[19]

　도성 내에 난잡하게 지어진 주택들은 때로는 도로를 침범해서 들어와 지어지기도 하고, 덧대어서 혹은 지붕만 겨우 얹은 형태로 끼어서 집들이 다닥다닥 붙여진 모양이 되었다. 한 번 화재가 나면 전 마을이 모두 타버리는 사건까지 발생했다. 주택 정비가 시급해졌다. 실제로 세종 때 대화재를 겪은 이후에 도로를 침범한 주택, 무허가로 지은 주택 등 일제 정비가 이루어져서 10,000여 채 이상이 철거되기도 했다.[20]

서울에서 가장 많은 집들이 철거된 때는 연산군 재위시절이었다. 무허가 불법가옥 철거는 물론이고, 궁궐의 확장, 중앙 여러 관청에 필요한 건물을 짓기 위한 땅을 확보하기 위한 민가의 철거 등 실로 그 규모는 엄청났다. 불법 가옥일 경우 강제철거를 진행했지만 궁궐이나 관청에 필요한 대지 확보를 위한 것은 그에 따른 보상을 했다.[21]

연산군의 입장에서는 법과 정의를 실현하고 왕실의 권위를 높이기 위한 방법이었기 때문에 강력하게 시행했다. 그러나 현실적으로는 수많은 주민들의 주거문제가 심각해졌다. 법적으로 하자 없는 방식으로 시행했다고 하지만 과연 행정수행을 위한 공간 확보, 사회문제에 합당한 해결책을 마련하는 것이냐 라는 본질적인 딜레마에 직면하게 되었다. 이때 정부가 찾은 해결책이 주택의 총량을 고정시키고 임대차 제도를 활성화해서 주거의 효율성을 높이는 방법이었다.[22] 이렇게 우리나라의 독특한 부동산 임차제도인 전세제도는 16세기 초반부터 시작되었다.

이전까지는 아무리 인구가 밀집해있고, 집 지을 땅이 귀하다고 해도 자신의 집을 세놓는 방식은 없었다. 따라서 처음엔 주민들이 임대하는 방식에 대해서 거부감이 많을까 우려하여 정부에서 적극적으로 장려하는 정책을 취했다.

연산군대의 주택 임대 장려 정책을 계기로 전세제도가 대폭 활용되었다. 궁궐 옆 대주택에 살고 있던 재상은 실각해서 집을 떠나야 하더라도 다시 임용될 수도 있고, 아들이나 손자가 고위관리가 될 수도 있다. 이런 상황이라면 집을 팔고 떠나는 것보다는 전세로 넘겨두는 것이 훨씬 합리적이고 마음의 위로가 되었을 것이다.

그러나 17세기 이후 서울인구의 급증은 당시까지의 방식으로는 주택수요를 감당할 수 없었다. 결과적으로 나타난 것이 주택가격의 상승이었다. 또 주택매매와 임대를 둘러싼 주인의 횡포도 증가했다. 수요와 공급의 불일치가 갑질을 야기하는 것은 경제현상의 정석이다. 그 정도에 그치지 않고 폭력적인 현상도 벌어졌다. 자신의 권력을 이용한 민가의 탈취, 헐값으로 강매强賣, 임대를 빙자한 주택 강탈 등이 심해졌다.

| 영조의 여염집 탈취금지령 |

조선 후기 부동산 문제의 양상과 원인　　영조는 정통세자가 아니었다. 이것은 평생 동안 영조를 괴롭히는 핸디캡이 되었다. 영조는 이런 핸디캡으로 고통을 받으면서도 한편으로는 이것을 자신의 장점으로 이용하려고 하였고, 그것을 적극적으로 과시하기도 했다.

영조가 찾아낸 장점은 자신이 세자가 아니어서 궁 밖에서 성장한 덕분에 백성들의 생활상을 직접 관찰할 수 있었다는 것이었다. 영조는 권세가와 관리들이 백성을 괴롭히는 불법과 부조리를 수없이 목격했다. 정부는 지속적으로 관리의 불법을 감찰하고, 금지하는 명령을 내렸지만, 그런 조치들이 현장에 오면 흐지부지 되기 일쑤였다. 영조는 관리들이 법의 틈새와 행정의 구조적인 약점을 이용해 법과 규정을 어떻게 무력화시키고 빠져나가는지도 보았다.

영조는 자신이 왕이 되면 저런 부조리를 뿌리 뽑겠다는 결심을 했고, 즉위한 후에 잊지 않고 그 일을 실천했다. 그런 부조리 중에 하나

가 권력가들의 불법적인 주택 탈취였다. 조선 후기에는 서울에서 권력자들이 자기 집 주변의 민가를 헐고 자기 집을 확장하거나, 주변 민가를 헐값으로 강매強賣하게 하여 사들이는 것이다. 또 전염병 등 재해가 발생했을 때 피접간다는 핑계로 민가에 잠시 들어가 살다가 오히려 집주인은 쫓아내고 그 민가를 탈취하기도 했다. 이런 것들을 모두 여염집 탈취[23]라고 한다. 여염집 탈취가 발생하는 데는 두 가지 이유가 있다. 경제가 발달하고 생활이 윤택해지면, 집을 넓히고 더 호화롭게 가꾸고 싶은 욕망도 증가한다. 그러나 더 근본적인 요인은 임대차사업이 눈독을 들일만큼 수익성 높은 사업이 되었기 때문일 것이다. 권력자와 부호들은(보통 이 시대에 이 둘은 동의어다) 저택을 개조하든가 더 많은 집을 매입해서 확실한 수입거리로 잡았다.

조선시대에도 사유재산은 불가침의 권리였다. 등기제도가 있어서 부동산 매매는 관청의 관리를 받았다. 그럼에도 불구하고 이런 현상이 만연하게 된 이유는 무엇이었을까? 여기에는 조선시대 행정제도의 구조적 한계, 조선 후기의 정치, 경제적 변화가 작용하고 있다. 조선 전기까지만 해도 무난하게 운영되던 행정제도가 정치, 사회, 경제적 변화에 따라 기능의 한계가 노출된 것이다.

먼저 정치적 환경의 변화를 살펴보자. 조선 후기가 되면 지배층, 관료층이 양적으로 크게 팽창한다. 특히 문제가 되는 것이 특권층 중의 특권층이라고 할 수 있는 공신층이 지나치게 늘었다는 점이다. 영조 치세 때에 수령이나 중앙정부의 하급관리까지도 공신 집안 출신이 아닌 사람이 없다시피 했다. 공신은 관직이 없어도 경제적, 사회적 특권을 소유한다. 법을 위반해도 반역이나 살인 등의 중죄가 아닌 이상은 가벼운 처벌을 받거나 면제되었다. 이런 공신층이 과도하게 늘어남에 따라 행정실무를 담당하는 말단 관리가 이들의 불법을 제어하는 것은 더욱 어렵게 되었다.

즉 권력을 남용하고 불법을 행하는 권력자는 크게 증가한 반면에 불법 사안을 단속하고 고발할 수 있는 행정적 제도나 수단은 그에 맞추어 변화하지 못했다. 예를 들면 조선시대에는 부동산의 매매나 등기법처럼 개인 재산권을 인정하고 보호하는 법은 존재했다. 그러나 실제로 행정적인 절차나 법을 집행하는 과정에서 실무자들의 운영 매뉴얼, 세세한 시행규정 등은 미흡했다. 이런 것은 현장의 행정담당자 개인의 책임과 관습에 맡겨져 있었다. 그런데 한성부에서 실제 이런 주택행정을 담당하는 관원은 5부의 주부(종6품) 1명과 참봉 2명이었다.[24] 5부 아래에 47방 정도의 방과 그 아래 340개의 계契가 있었지만 여기에는 단 한 명의 행정관리도 임명되지 않았다. 이런 상태에서 동리에서 벌어지는 불법을 단속하고 고발하기도 어려웠다. 설사 고발이 되거나 적발되었다고 해도 주부와 참봉이 공신가의 권력을 단속하기란 불가능에 가깝다.

한성부의 소략한 행정실무 기능에도 불구하고 조선 전기에 이런 문제가 크게 발생하지 않은 이유는 한성부 주민의 상층부를 구성하는 관료층 간의 상호견제, 자율적인 조정이 효과를 발휘했기 때문이다. 조선 전기에 관료층은 심하게 분열되지는 않았으며, 정쟁을 벌이는 경우에도 지배층으로서의 일반적 양식과 원칙을 준수하려는 분위기가 형성되어 있었다.

한성부는 왕도로서 다른 군현과는 차별되는 특별한 도시였다. 왕도로서 한성부는 타 도시의 모범이 되며, 왕도정치의 이상인 예의염치가 모범적으로 시행되어야 하는 곳이었다. 더욱이 조선은 유가의 이상에 따라 사회질서와 규율을 유지하는데, 법에 의한 강제적인 제재보다는 교양인의 양심과 도덕에 따른 자발적인 준행을 추구했다. 이것이 소위 예치이고 '교화'의 목표였다. 왕도이며, 조선의 지배층이 거주하는 한성부는 교화정책에서도 모범이 되어야만 했다. 조선 전기에는 이런 관념과 공동체적 의식이 관료지배층 사이에서 기본적인 공감대를 형성하고 있었다.

그런데 조선 후기가 되면 당쟁이 격화하면서 관료군으로서의 유대감, 공존의식이 거의 사라진다. 오히려 같은 지역에 거주하는 사람들 사이에서도 심지어는 일가친척 간에도 당색이 다르면 배척하고, 경쟁하는 분위기가 팽배하였다. 이런 대립은 정치, 경제, 사회 전반에서 대립양상을 보이게 되는데, 주택문제에서도 갈등이 발생한다.

조선시대에 관리들은 궁궐 주변에서 살아야 했다. 출근시간이 워낙 이르고, 복식, 의장 등 출근준비에도 현대인은 상상하기 힘들 정도로 많은 시간이 필요했다. 재상과 같은 고위관료는 퇴근시간도 일정하지 않고 왕이 호출하거나 급무가 있을 때마다 언제든지 궁으로 달려와

야 했기 때문에 궁궐 바로 근처에 살아야 했다.

조선 후기에 당쟁이 격화되면서 정권이 자주 바뀌었다. 숙종 때는 정권을 장악한 당파가 5, 6번이나 바뀌었을 정도였다. 정권이 바뀔 때마다 신임 정승이 궁궐 주변의 저택을 사고 팔 수가 없었다. 일반 관원들도 관료후보군이 너무나 늘어난 탓에 관원교체 주기가 빠르고 임기가 짧았다. 이런 사정으로 궁궐 주변의 집을 매입할 수가 없으므로 관원들도 임대하여 거주하는 경우가 늘었다. 믿기 어렵지만 아침 저녁 식사를 제공받는 하숙제도가 생기고 관료들이 하숙생활을 하는 경우도 발생했다.

권력이 바뀌거나 관료가 교체되면 신임관원은 새 거주지를 마련해야 했는데, 주택 매매나 임대가 생각처럼 간단히 이루어질 리가 없다. 이 과정에서 권력에 의한 강제적인 방식이 동원되곤 했다. 이런 양상을 잘 보여주는 사례가 5군영이다. 조선 후기에 서울의 주택문제를 악화시킨 주원인 중의 하나가 5군영제도였다. 임진왜란 후에 조선은 국가에서 월급을 주고 고용하는 직업군인제도로 전환했다. 이에 따라 서울에 5군영이 생겼고, 5군영의 군사로 선발된 사람은 서울에 와서 거주할 수밖에 없었다.[25]

5군영의 병사들은 군영에 따라 한 번에 수백 명씩 서울에 와서 거주해야 했다. 근무기간 동안만 거주해야 하므로 집을 매입하는 것은 불가능하고, 집값이 비싸서 일반 병사나 하급 장교들은 매입도 불가능했다. 군인들은 비상소집이나 경계근무를 위해 부대 근처에 반드시 살아야 했다. 따라서 부대 주변의 주택에서 집이나 방 하나를 임대하거나 하숙생활을 해야 했다.

날이 갈수록 군인들의 주택문제가 심각해졌다.[26] 근본적인 해결책은 군영에서 자체적인 기숙시설이나 관사를 마련하는 것이었지만 조

19세기 말의 5군영 중 총융청

선시대에는 이런 방법은 시도된 사례가 없다. 그렇다고 군영에서 장교
와 병사들의 고충을 그냥 두고 볼 수만은 없었다. 또한 임명된 장병
은 바로 근무를 시작해야 하므로 근무당일부터 기거할 장소가 필요
했다. 할 수 없이 군영에서는 일반 민가에 장병을 강제로 기숙시키는
방법을 취할 수밖에 없었다.[27]

군영의 경우는 강제적인 거주, 배정 정도로 끝났지만 가족이 함께
거주하고 훨씬 장기간 서울에서 생활해야하는 관료의 경우는 주변
민가를 통째로 점거한다던지 강매를 요구하는 사례가 증가했다. 왜
냐하면 고위관리일수록 노비도 많고 가족뿐 아니라 일가친척, 식객까
지 함께 거주하는 형태가 많았기 때문이다.

현직관료가 아니더라도 양반층은 가능한 궁궐과 관청, 고위관료
의 거주지와 가까운 중심부에 살려고 했다. 여기에는 이 시대만의 독
특한 이유가 있었다. 조선 후기에 양반층이 증가하면서 서울에 거주
하는 관료후보군이 크게 증가했다. 서울에 만성적인 주택난으로 인해

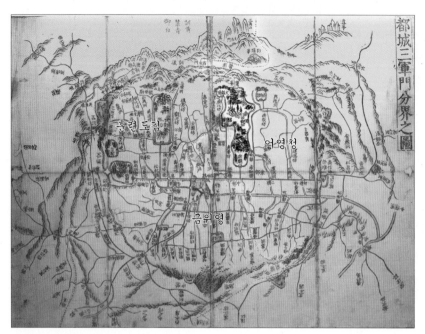

삼군문의 경비구역 그림

이들의 거주지역도 점점 확대되었다. 영조 때가 되면 재상 중에도 사대문 밖에 주택을 소유하고 있는 사람도 있을 정도였다. 이처럼 거주지역이 외곽으로 확대되면서 어떻게든 중심부에 거주하려는 욕구도 크게 증가했다. 첫 번째 이유는 공신층이 증가함에 따라 일반양반은 과거에 급제해도 관직을 얻을 수 있는 기회가 크게 줄어들었다. 경쟁은 더 치열해지고 정실에 따른 인사부정이 횡행함에 따라 이들은 어떤 방식으로든지 권력층과 인맥관계를 형성하기 위해 열중했다. 인맥을 형성하는 중요한 수단은 권력가의 이웃에 거주하는 것이었다.

인맥 형성 못지않게 중요한 것은 과거급제였다. 과거 경쟁도 극도로 치열해졌다. 과거에 급제하기 위해 공교육은 거의 유명무실해졌고, 양반층의 과거공부는 전적으로 개인교수에 의존하고 있었다. 개인교습의 관건은 훌륭한 교사를 고용하는 것이었고, 훌륭한 교사는 활동권이 서울 중심부였다. 가난한 사대부가라도 교육에 열정을 가진 사

〈영화당친림사선도映花堂親臨賜膳圖〉 1760년 청계천 준설공사 후 영조가 베푼 잔치 그림

람들은 어떻게 해서라도 중심부에서 벗어나지 않으려고 노력했다.

주택문제의 근본원인으로서 경제적 요인을 빼놓을 수 없다. 지금까지 말한 모든 요인으로 인해 서울의 집값과 전·월세가격, 하숙비는 계속 증가하고 있었다. 중앙의 하급관리라 하더라도 지방에서 올라올 경우 거주비가 상당한 수준이라, 자신이 머무를 곳을 정하는 것이 쉽지 않았다. 전·월세조차도 어느 정도 재력이 있을 경우에 생각해볼 수 있을 정도였다. 따라서 대개는 혼자 근무처 근처에 하숙을 구했다. 황윤석의 경우에도 서울에 머무는 동안은 대부분 하숙생활을 했다. 아침과 저녁을 먹여주고 기거할 수 있는 방을 내주는 정도인데, 그 하숙비조차 비쌌고, 점차 쌀값과 반찬을 마련하는 채소 값이 올라가자 자신의 월급을 모두 하숙비로 쓰고도 모자라서 고향집으로부터 매달 추가로 돈을 융통해야만 했다.[28]

이처럼 방 한 칸의 하숙비용이 일반관료의 녹봉을 상회하는 수준이 되자 현직관료나 권력가들조차도 임대사업이 최대의 수익사업임을 절감하게 되었다. 이런 사회적 분위기는 바로 서울에서 가능한한 많은 주택과 방을 확보하려는 노력으로 이어졌고 권력 등을 이용한 강제적 점유, 탈취, 강매 등으로 나타났다.

영조의 시책   영조는 즉위하자마자 이전의 결심을 잊지 않고 금령을 반포했다. 그것이 1724년에 시행한 '여염집탈취금지령'이다. 여염집에서 본래 주인을 몰아낸 자는 남의 집을 불법으로 점령한 죄로 처벌한다는 것이다. 남의 집을 빼앗는 사람은 당연히 권력자일 테니 한성부 관리가 이들을 단속하기가 쉽지 않다. 영조는 이런 상황도 예상하고 한성부나 해당 관원이 적발하지 않으면 법령을 어긴 죄로 다스린다는 조치까지 추가했다. 남의 집을 불법으로 점령한 죄란 《대명률》호율戶律에 있는 규정으로, 가옥 한 칸 이하일 경우는 태笞 50대이다. 가옥 세 칸 늘어날 때마다 처벌을 10대씩 올린다.[29] 처벌의 최대 상한선은 장杖 80대, 도형徒刑 2년이었다.[30] 법령을 어긴 죄(제서유위율[制書有違律])은 장 100대이다.

이 명령은 새로운 법령은 아니었다. 여염집 탈취는 이미 17세기부터 자행되고 있었다. 최초의 금령은 1670년(현종 11)에 반포되었다. 그러나 여염집 탈취는 정치적 경제적으로 사대부가의 이해와 직결된 사안이어서 쉽게 근절되지 않았다. 사대부라는 호칭이 무안할 정도로 갖가지 기발한 수법을 사용했다.

예를 들면 조선시대에는 전염병이 돌면 타인의 집으로 피난하는 풍속이 있었다. 이것을 '피접'이라고 했다. 이 풍속을 악용해서 왕실을 비롯한 권력가들이 민가로 피접한 뒤에 그대로 눌러앉아서 자기 소유로 바꿔버리는 방법도 있었다.[31] 그러나 이것도 유치한 방법이었다. 진정한 권력가는 아무런 핑계 없이 당당하게 강탈했다. 1719년(숙종 45) 병조좌랑 이자李滋는 역관들의 집만을 골라서 강탈했다. 그가 역관집을 노린 이유는 그들이 부호였기 때문이다. 조선 후기부터 한말까지 서울의 중인계층에서 최대의 부호는 대對 중국무역에 종사하는 역관들이었다. 이들은 일반 민가에 비해서 상당한 부와 권력적 배경을 가지고 있던 사람들임에도 불구하고 병조좌랑에게 집을 빼앗겼다. 이들이 집을 빼앗길 정도라면 몰락한 사대부나 일반 민가의 경우는 굳이 설명할 필요도 없을 것 같다.

영조의 금령은 1670년 금령을 재확인한 것이었다. 영조의 남다른 점은 이 금령이 유명무실해지고 있는 것을 자신이 직접 목격했으므로 이 법이 실제적인 효과를 발휘할 수 있도록 행정적이고 실제적인 조치를 시행했다는 것이다.

이 금령이 유명무실해진 이유는 현장에서 이들의 불법행위를 적발하고 고발할 사람이 없거나 그럴 만한 용기를 발휘하기가 어렵기 때문이었다. 영조는 실무자들의 적발과 고발을 독려하기 위하여 한성부의 낭청들이 직접 오부의 관원들과 함께 여염집 탈취를 조사하고 고발하게 하였다.[32] 영조는 당장 부내의 모든 지역을 돌아다니며 탈취한 집들을 조사해서 보고하게 하였다.

한성부 전체가 소란스럽고 마을 분위기가 흉흉해졌다고 할 정도로[33] 충격적인 명령이었다. 그러나 그럼에도 불구하고 권세가에 대한 두려움을 대체할 수는 없었다. 조사는 지지부진했다. 영조는 쉴 새 없이 조사결과를 보고하라고 독촉했지만, 오랜 관행과 두려움, 복지부동에 익숙해진 관원들이 시간만 지연할 뿐이었다. 분노한 영조는 바로 한성부 낭청을 파면함으로써 자신의 추상같은 의지를 표현하였다. 놀란 한성판윤 심단沈檀과 한성부의 관리들은 연명으로 상소를 올려 자신들의 행동을 반성하고 낭청뿐 아니라 자신들도 사직하겠다고 사죄하였다.

지난번 백성들이 집을 빼앗긴 일에 대해 성상의 하교가 지엄하였는데, 백성들을 가련하게 여기시는 뜻과 마음이 넘쳐 났습니다. 신들이 엄숙하게 성상의 덕을 가슴에 새기면서 즉시 본부(한성부)의 낭청으로 하여금 오부의 관원들과 함께 철저하게 조사토록 하였습니다. 그러나 수많은 백성의 집을 빼앗아 들어가거나 빌려 들어가거나 바꾸어 들어가거나 세를 내고 들어간 부류를 실제로 조사하는 동안에 저절로 날짜가 지체되었습니다. 그래서 엄한 하교가 반복해서 내려와 신들이 지금 두렵고 불안해하면서 죄를 기다렸는데, 이 때에 또 본부의 낭청을 파직하라는 명을 내리셨으니, 신들은 더욱 두려워 몸 둘 바를 몰랐습니다.[34]

하지만 한성부의 관리들로 하여금 오부의 관원을 지원하게 하는 이 조치도 새로운 것은 아니었다. 1682년(숙종 8)에 처음 시행되었던 것이다.[35] 단지 영조는 일종의 전수조사를 통해 자신의 의지를 표출하고, 강력한 시행을 촉구하였던 것이다. 그 뿐 아니라 영조는 직접 관리를 파견해서 이 명령의 실행 여부를 은밀하게 조사하고 민원이 발생한 일이 없는지 조사 보고하게 하였다.

영조의 강력한 의지는 1727년(영조 3)의 사건으로 더욱 유명해졌다. 노론의 거두였던 좌의정 조태억趙泰億이 지병이 심해져서 집에서 요양을 하게 되었다. 그런데 조태억의 집은 사대문 밖에 있어서 궁궐로 출근하기도 어렵고, 집의 입지가 시설이 병을 요양하기에 적절하지도 않았다. 영의정 이광좌李光佐와 우의정 심수현沈壽賢이 영조를 찾아와 마침 궁에 가깝고 적절한 집이 비어 있으니 조태억이 이 집에 잠시 기거

3부 사회경제 개혁의 추진과 소통

조태억趙泰億 초상

하면서 요양할 수 있게 해달라고 청원하였다.

이광좌 등은 이 집은 집주인이 현재 기거 중인 집도 아니고 집주인에게 이야기를 해서 집주인도 동의하였으므로 강제로 빼앗는 것이 아니라고 하였다. 그러나 영조는 단호하게 거절했다. "집주인이 허락했다고 하더라도 정승의 권위나 안면을 보고 허락했을 수 있다. 이것은 빼앗는 것과 다름이 없다."고 말했다. 그리고는 삼정승이 청원하는 일도 허락하지 않았다고 하면 모든 사람들이 훌륭한 본보기가 될 것이라고 하였다.[36]

조선시대에 국왕이 삼정승의 청을 거절하는 경우는 대단히 드물다. 더욱이 불법적인 일도 아니고 정승의 건강과 관련된 사안이라면 왕이 더 적극적으로 혜택을 베푸는 것이 보통이었다. 《실록》에 이 사실을 기록한 사신들마저도 영조의 거부조치가 정승에게 너무 야박한 조치였다고 비난할 정도였다.[37] 조선시대는 언론 방송이 없었지만 의외로 소문이 빨라서 이런 이야기는 정가에서 민간에까지 순식간에 퍼지곤 했다. 이 사건은 영조의 의도대로 여염집 탈취령에 대한 영조의 의지와 정책의 신뢰성을 과시하는데 크게 공헌하였을 것이다.

영조의 노력은 어느 정도 성과를 보았다. 영조 자신이 몇 번이고 관원을 파견해 조사해 보았지만 강탈 사례가 없다고 보고했다고 하였다.[38] 30년이 지난 1754년에 어영대장 홍봉한洪鳳漢은 이 정책의 성과를 거론하며 영조의 30년 통치에서 백성을 돌본 큰 정사였다고 경하하였다.[39]

그러나 아무리 강력하게 시행한다고 해도 사대부가들의 수익과 경제적 이해가 걸려 있는 일을 행정적 조치로 완전하게 규제한다는 것은 불가능했다. 30년을 지나는 동안 조금씩 위반자가 늘어갔고 영조도 이런 실정을 파악하였다.[40]

더 강력한 조치가 필요하다고 판단한 영조는 충격적인 금령을 반포한다. 여염집의 매매를 전면적으로 금지한다는 것이었다.[41] 위반자에 대한 처벌도 충격적이었다. 민가를 사들인 사대부는 청직과 현관에 임명하는 것을 금지한다. 대과나 소과의 합격도 취소시킨다. 이 명령을 시행하지 않은 인사담당관도 똑같이 처벌한다는 것이었다.

또 하교하기를,

"민가民家를 사들인 사인士人을 영구히 청직淸職·현관顯官이 되는 것을 금하고 대과大科·소과小科의 참방參榜도 빼어 버려야 할 것인데, 사사로운 정에 얽매여 이 하교를 준수하지 않는 전관銓官·예관禮官은 이 율律과 같이 시행한다는 것을 이조吏曹·예조禮曹·정원政院에 게시하라."

하였다.[42]

영조는 주택을 매매한 자에 대하여 이런 강력한 조치를 널리 알리는 것에서 그치지 않았다. 다음 달에는 좀 더 명확한 기준을 제시했다. 금지령 위반자의 적발보고서를 통해 위반여부를 명확히 해서 위반사항에 없는 자는 최종 보고서에서 빼주고, 위반자는 그 해 말까지 뺏은 민가를 돌려주도록 했다. 그리고 그 해 말에 다시 한 번 위반자를 조사하여 위반사항이 밝혀지면, 현직관료는 2년간 벼슬살이를 할 수 없고, 유생들은 6년 동안 과거에 응시조차 못하게 한 것이다.

　임금이 말하기를,
"적간에 들지 않은 자는 탕척하고 그 나머지는 올해 안으로 도로 물리게 하라. 연말에 다시 경조京兆로 하여금 적간하게 하여 범한 자가 있거든 조관朝官은 2년 동안 금고禁錮시키고, 사자士子는 6년 동안 정거停擧시키도록 하라."
하였다.[43]

　이렇게까지 강력한 금지령 탓에 도성 내의 집 매매 자체가 불법이 되었고, 민가에 세를 내어 사는 것 또한 불법이 되어서, 쉽게 말하면 모든 주민이 그냥 지금 사는 집에 평생 살 수밖에 없도록 만든 것이다. 덕분에 의외로 이 법은 영조 재위시절 내내 50년이 넘도록 강력하게 시행되었다.

　실제로 1754년(영조 30) 6월의 경우 금령위반자 20명 모두를 유배 보냈고, 한성판윤 어유룡魚有龍도 제대로 적발해내지 못했다는 이유로 파면시켰다.[44] 불과 며칠 지나지 않아 지사 원경하元景夏의 관직을 파면하고 전 지평 박기채朴起采를 관동지역에 유배 보냈다.[45] 그 뒤로도 꾸준히 한성부 오부 관원들에게 조사보고서를 올리게 했다. 위반자에 대하여 귀양을 보내고 제대로 적발하지 않은 한성부 관원들에 대해서도 관리명부에서 빼버리도록 조치했다. 1776년에는 한성부에서 훈련대장 이장오李章吾가 여염집을 빼앗았다고 고발하여, 이장오는 강화도 교동부喬桐府에 병졸로 편입[충군充軍]되기도 했다.[46]

　그러나 주택거래와 이사를 금지한 조치는 부작용이 만만치 않았다.

서울 같은 도시에서 매매와 전세, 이사를 모두 금지하는 것은 엄청나게 심각한 불편을 초래했다. 그나마 명문세가여서 일가친척이나 친구들이 많거나 자기 집이 여러 채 있는 사람은 불편을 최소화할 수 있었다. 하지만 정작 힘든 사람은 집이 없는 가난한 사람, 서울로 이주해 들어온 사람, 생계를 위해 다른 지역으로 이사하거나 자주 돌아다녀야 하는 서민들이었다. 특히 생계를 위해 이사가 불가피한 사람들은 이주를 위해 뇌물을 주거나 또 다른 불법행위를 감수해야만 했다. 영조의 금지령은 권력자와 가진 자들의 부당행위는 제재했지만 가난한 서민들에게 새로운 고통을 안겨주었다.

이 점에 대해서 당시 우의정이었던 조재호趙載浩의 말을 들어보자.

여염집을 빼앗아 들어간 것에 대해서는 앞서 강력하고 엄한 금지령이 있어서, 비록 불쌍히 여길 만한 자가 있더라도 과감히 말할 사람이 없었습니다. 그런데 가난하고 보잘 것 없는 사족과 서얼庶孼이 돈이 없어서 작은 집에 세를 들었거나 먼 지방으로부터 문무文武의 벼슬을 구하여 와서 여염집을 산 자가 한꺼번에 쫓겨나서 길에서 방황하고 있으니, 어찌 매우 불쌍하지 않겠습니까?[47]

조재호는 너무나 강력한 여염집탈취 금지령으로 인해 형편상 어쩔 수 없이 작은 집에 세들거나 지방에서 벼슬 때문에 상경한 사람이 여염집을 산 경우까지 모두 범법자로 몰리고 있는 상황을 설명했다. 조재호의 설명을 들은 영조는 이런 점을 인정하고 일부 사람에 대하여 석방조치하였다.

억울하게 금령위반자로 걸린 사례는 박제가朴齊家 어머니 이씨의 경우를 통해서 찾아볼 수 있다. 박제가의 아버지 박평朴坪이 사망한 뒤

3부 사회경제 개혁의 추진과 소통

박제가 초상

박제가가 서얼인 관계로 박제가의 어머니는 필동에 작은 집을 사서 이사를 했다.[48] 그런데 이때 박제가의 어머니가 여염집탈취금지령 위반자로 보고된 것이다.[49] 박평 집안을 잘 알고 있던 홍봉한이 박평의 처 이씨가 서얼이라 양반 행세도 잘 못하는데 양반이 살던 주택을 어떻게 강제로 샀겠냐며 선처를 호소한 것이다. 영조는 사정을 봐줄 수 없다고 했고, 결국 이씨 대신 열두 살의 박제가가 귀양을 가야될 상황이 벌어졌다. 다행히 형조판서 남태제南泰齊가 미성년자를 유배 보내지 않는 규정을 제시하여 영조는 박제가 대신 노비를 귀양보내는 것으로 결론을 내렸다. 영조는 자신의 측근에서 승지를 지냈던 박평과 그의 가족에 대한 상황을 짐작하고 있었던 것 같지만, 엄격하고 공평한 법 적용을 위해 예외를 두지 않으려 했다. 주위 관료들의 적극적인 해명과 설득으로 박제가가 귀양가는 것을 면할 수 있었다.

그런데 박제가의 어머니는 당시 이렇게 엄격한 금지령을 잘 알았을

텐데 그럼에도 불구하고 왜 서울, 그것도 가장 번화했던 중심가로 여러 번 이사를 하며 서울을 벗어나지 않았을까 라는 의문이 생긴다. 그이유는 바로 앞에서도 언급했듯이 교육문제였다. 박제가의 어머니는 박제가에게 훌륭한 교사를 붙여주고 공부하기에 적합한 환경을 만들어주려고 했다. 이 때문에 삯바느질 등 어려운 생활을 영위하면서도 서울 중심부를 벗어나지 않았던 것이다.

영조는 강력한 여염집탈취금지령을 시행하면서 한성부 관원들에게 수시로 위반자 보고서를 작성해 올리도록 했다. 그러나 이런 불법사안들을 단속하기 위행 행정기구의 증설이나 인원의 보강은 이루어지지 않았다. 즉, 1742년(영조 18)에 한성부의 주부主簿를 도사都事, 참봉參奉을 봉사奉事로 이름을 바꾸면서 의금부의 도사와 같이 사법권을 가진 강력한 책임자를 두어 관리하려고 했다. 또 이들의 임기를 6개월로 하여, 5부에 순환근무를 시켜서 개인적 인적관계를 배제하려고 했다.[50] 하지만 이름을 바꾸고 그 권한을 확대한다고 해서 주민들이 사는 마을 곳곳에서 벌어지고 있는 사건들을 속속들이 파악할 수는 없는 것이다. 실제적으로 필요한 조치는 동네마다 벌어지는 사안들을 도맡아서 처리할 수 있는 소규모의 담당인원의 배치나 조직이었다. 마치현재 우리나라 행정조직처럼 시 단위의 시청이 있고, 아래에 구청, 동사무소로 이어지는 담당기관, 행정실무 담당관이 구체적으로 정해지지 않은 것이다.[51] 영조대의 이런 한정적인 조치는 실은 예산문제 때문이었다.

| 맺음말 |

'여염집탈취금지령'은 시장에서 벌어지는 경제현상과 부조리에 대해 정부가 법과 행정망을 동원해 대응하는 대표적인 사례라고 하겠다. 그렇기 때문에 이런 방식이 지니는 장점과 한계도 분명하게 드러낸다. 이 시행령의 장점은 사회의 부조리와 백성들의 고충을 정부가 좌시하지 않겠다는 강력한 의지를 표명했다는 것이다. 실제로 불법행위가 상당히 줄어드는 결과를 가져왔다. 반면 단점은 강제적인 조치가 근본적인 대책이 될 수 없을 뿐만 아니라 선의의 피해자를 양산했다는 것이다. 영조의 무리한 법령이 계속되었다면 또 다른 폐단이 계속되었을 것이다.

영조의 여염집탈취금지령은 정조 때에 완화되었다. 초가집과 기와집의 경우, 10칸 이하에 한해서는 적발하지 않도록 했다. 또 기와 11칸이라 하더라도 한성부에 보고하여 판단한 건이라면 적발되지 않도록 한 것이다.[52] 영조 때의 강력하지만 다소 무리한 금령이 점차 일반 민들에게 침탈의 부당성을 인식하는 계기가 되었고, 부당한 일을 당했을 때 지위고하를 막론하고 고발할 수 있는 사회적인 분위기가 조성되었다.[53]

17세기 이후 서울의 주택문제는 조선사회의 경제발전에 의한 등장한 새로운 현상이다. 영조는 이러한 변화에 대해 행정적인 해결책으로 대응하였다. 원론적인 관점에서 보면 영조의 대책은 새로운 사회현상에 대한 근본적인 분석 없이 행정적으로 해결하려고 했던 것이 오류였다고 할 수 있다. 그러나 다른 관점에서 보면 근본적인 대책은 마련하기도 어렵고 시간이 오래 걸린다는 문제가 있다. 그동안 국가가 부조리를 방치하는 것은 옳은 일일까?

이것은 오늘날 우리뿐 아니라 모든 현대국가가 지니고 있는 딜레마라고 하겠다. 다만 오늘날처럼 복잡한 사회에서 성급한 관의 개입 혹은 행정조치는 조선시대와는 비교할 수 없는 다양한 부작용을 야기할 것이다.

사회 현안과 부조리에 대한 행정기관의 역할은 어느 시대나 부정할 수 없다. 그러나 영조의 사례에서 보듯이 아무리 의지가 선하고 현실적 필요성이 절실하다고 해도 행정적 개입은 언제나 현명해야 하며 다양한 부작용을 섬세하게 검토해야 하며, 반드시 근원적 대책을 병행해서 그것을 보완하는 정책으로 가야한다. 이것이 영조의 여염집탈취 금지령이 우리에게 주는 교훈이라고 생각된다.

1장 고려 국왕의 소통과 제도화

《고려사》,《고려사절요》,《조선왕조실록》
한국고대사회연구소 편,《譯註 韓國古代金石文》第3冊, 統一新羅, 大安寺 寂忍禪師塔碑,
     가락국사적개발연구원, 1992.
연세대학교 국학연구원 편,《경제육전집록》, 다은, 1993.
《삼봉집》(정도전),《파한집》(李仁老)

박용운,《고려시대 대간제도 연구》, 일지사, 1980.
하현강,《한국중세사연구》, 일조각, 1988.
김인호,《고려후기 사대부의 경세론 연구》, 혜안, 1989.
이기백,《고려귀족사회의 형성》, 일조각, 1990.
한국사상연구회,《조선유학의 개념들》, 예문서원, 2002.
박재우,《고려 국정운영의 체계와 왕권》, 신구문화사, 2005.
하일식 편,《고려시대 사람들의 삶과 생각》, 혜안, 2007.
한정수,《한국중세유교정치사상과 농업》, 혜안, 2007.
박재우,《고려전기 대간제도 연구》, 새문사, 2014.
한국행정연구원,《역사 속 행정 이야기》, 혜안, 2017.
김갑동,《고려의 토속신앙》, 혜안, 2017.
김인호,《고려시대 사람들의 사유와 집단심성》, 혜안, 2017.

김인호,〈무인집권기 문신관료의 정치이념과 정책; 명종 18년 조서(詔書)와 봉사(封事)
     10조의 검토를 중심으로〉,《역사와 현실》17, 1995.
이상배,〈고려시대 訛言·妖言·익명서를 통해 본 정치·사회상에 관한 연구〉,《강원사학》
     17·18, 2002.
김인호,〈고려말기 조준의 정치활동과 그 지향〉,《동북아역사의 제문제》, 백산출판사,
     2003.

2장 언로 확대를 위한 청요직들의 언론행정 개혁

《태조실록》《태종실록》《세종실록》《세조실록》《성종실록》《迂書》(柳壽垣)

남지대, 〈朝鮮 成宗代의 臺諫 言論〉, 《韓國史論》 12, 1985.

남지대, 〈朝鮮後期의 '黨爭'과 淸要職〉, 《朝鮮後期 黨爭의 綜合的 檢討》, 한국정신문화연
　　　구원, 1992.

남태우·김중권, 《한국의 독서문화사》, 태일사, 2004.

송웅섭, 《조선 성종대 공론정치의 형성》, 서울대 박사학위논문, 2011.

송웅섭, 〈성종대 臺諫 避嫌의 증가와 그 의미〉, 《조선시대사학보》 62, 2012.

정두희, 《朝鮮時代 臺諫研究》, 一潮閣, 1994.

최승희, 《조선초기 언론사연구》, 지식산업사, 2004.

3장 국왕 영조英祖의 소통 방식, 임문臨門

《태종실록》, 《세종실록》, 《중종실록》, 《영조실록》, 《승정원일기》

《退溪集》, 《寒水齋集》

《송사》, 《한서》

김낙진, 〈이언적의 이상사회론〉, 《공자학》 9, 2002.

김문식, 〈18세기 국왕의 소통 방식〉, 《한국실학연구》 28, 2014.

김백철, 〈영조의 순문과 위민정치〉, 《국학연구》 21, 2012.

김백철, 《두 얼굴의 영조》, 태학사, 2014.

勞思光 著, 鄭仁在 譯, 《中國哲學史》(宋明篇), 탐구당, 1987.

朴光用, 〈17·18세기 조선의 국가와 '公論'－'공론'정치의 두 유형, 붕당정치와 탕평정치
　　　－〉, 《제44회 전국역사학대회발표요지문》, 2001.

朴光用, 〈朝鮮後期 '蕩平' 研究〉, 서울대박사학위논문, 1994.

余英時, 《朱熹的歷史世界》(上), 北京, 叁联书店, 2004.

原武史, 《直訴と王權 朝鮮·日本の'一君萬民'思想史》, 日本, 朝日新聞社, 1996(하라 다케시 지
　　　음, 김익환·김민철 옮김, 《직소와 왕권, 한국와 일본의 민본주의 사상사 비교》,
　　　지식산업사, 2000).

윤　정, 〈18세기 경복궁 유지의 행사와 의례〉, 《서울학연구》 25, 2005.

이근호, 〈영조대 중반 어제훈서의 간행 양상과 의의〉, 《장서각》 26, 2011.

이근호, 《조선후기 탕평파와 국정운영》, 민속원, 2016.

이근호, 〈영조, 경복궁 빈터에서 창업을 되새기다〉, 《집옥재왕실문화강좌 자료집》, 경
　　　복궁관리소, 2017.

李 蕉, 《张载政治思想述論》, 北京, 中华书局, 2011.

李泰鎭, 〈正祖의 《大學》 탐구와 새로운 君主論-〈題先正晦齋續大學或問卷首〉作送의 배경〉, 《李晦齋의 사상과 그 세계》, 성균관대 대동문화연구원, 1992.

한상권, 《조선후기 사회와 소원제도-상언·격쟁 연구-》, 일조각, 1996.

漢典(http://www.zdic.net).

조선왕조실록사전(http://encysillok.aks.ac.kr).

4장 세종의 지방행정개혁과 부민고소금지법

《고려사》, 《고려사절요》, 《익제난고》, 《가정집》, 《목은집》, 《경국대전》, 《대전회통》, 《대명률직해》, 《조선왕조실록》 《연려실기술》, 《함안총쇄록》, 《정선총쇄록》, 《쇄미록》, 《용재총화》

임용한, 《조선전기 수령제와 지방통치》, 혜안, 2002.

연세대학교 국학연구원 편, 《경제육전집록》, 다은, 1993.

한국행정연구원 편저, 《역사 속 행정이야기》, 혜안, 2017.

이수건, 《조선시대지방행정사》, 민음사, 1989.

최이돈, 〈조선초기 수령고소 관행의 형성과정〉, 《한국사연구》 82, 1993.

노혜경, 《조선후기 수령행정의 실제》, 혜안, 2006.

장동표, 〈19세기말 함안향회의 기능과 성격〉, 《지역과 역사》 2, 1996.

장병인, 〈조선초기의 관찰사〉, 《한국사론》 4, 서울대학교, 1978.

임용한, 〈고려후기 수령의 사법권 및 행형범위의 확대와 그 성격〉, 《한국사론》 33, 2002.

5장 조선 후기 당쟁과 제도 개혁

김용흠, 〈朝鮮後期 老·少論 分黨의 思想基盤-朴世堂의 《思辨錄》 是非를 中心으로〉, 《學林》 17, 연세대학교 사학회, 1996.

김용흠, 〈朝鮮後期 肅宗代 老·少論 대립의 論理-甲戌換局 직후를 중심으로〉, 《韓國史의 構造와 展開》, 河炫綱敎授定年紀念論叢, 혜안, 2000.

김용흠, 〈17세기 政治的 갈등과 朱子學 政治論의 分化〉, 오영교 편, 《조선후기 체제변동과 속대전》, 혜안, 2005.

김용흠, 《朝鮮後期 政治史 硏究 I-仁祖代 政治論의 分化와 變通論》, 혜안, 2006.

김용흠, 〈南溪 朴世采의 變通論과 皇極蕩平論〉, 《東方學志》 143, 연세대 국학연구원, 2008.

김용흠, 〈숙종대 소론 변통론의 계통과 탕평론-明谷 崔錫鼎을 중심으로〉, 《韓國思想史學》 32, 韓國思想史學會, 2009.

김용흠, 〈肅宗代 前半 懷尼是非와 蕩平論〉, 《韓國史研究》 148, 韓國史研究會, 2010.

김용흠, 〈조선후기 사상사에서 명재 윤증의 위상〉, 《民族文化》 37, 한국고전번역원, 2011.

김용흠, 〈조선후기 당론서의 객관적 연구는 가능한가?〉, 《역사와 현실》 58, 한국역사연구회, 2012.

김용흠, 〈'당론서(黨論書)'를 통해서 본 회니시비(懷尼是非)-《갑을록(甲乙錄)》과 《사백록(俟百錄)》 비교〉, 《역사와 현실》 85, 한국역사연구회, 2012.

김용흠, 〈전쟁의 기억과 정치-병자호란과 회니시비〉, 《韓國思想史學》 47, 韓國思想史學會, 2014.

김용흠, 〈삼전도의 치욕, 복수는 어떻게?-미촌 윤선거의 북벌론과 붕당 타파론〉, 《내일을 여는 역사》 61, 도서출판 선인, 2015.

김용흠, 〈조선의 정치에서 무엇을 볼 것인가-탕평론·탕평책·탕평정치〉, 《한국민족문화》 58, 부산대, 2016①.

김용흠, 〈스승을 비판한 백의정승-명재 윤증의 탕평론과 회니시비〉, 《내일을여는역사》 62, 민족문제연구소, 2016②.

김용흠, 〈조선후기 노론 당론서와 당론의 특징-《형감(衡鑑)》을 중심으로〉, 《한국사상사학》 53, 2016③.

金駿錫, 〈17세기 畿湖朱子學의 동향-宋時烈의 '道統' 계승운동〉, 《孫寶基博士停年紀念 韓國史學論叢》, 지식산업사, 1988.

金駿錫, 《朝鮮後期 政治思想史 研究 -國家再造論의 擡頭와 展開》, 지식산업사, 2003.

金駿錫, 《韓國 中世 儒教政治思想史論 Ⅰ》, 지식산업사, 2005.

三浦國雄, 〈17世紀 朝鮮에 있어서의 正統과 異端-宋時烈과 尹鑴〉, 《民族文化》 8, 民族文化推進會, 1982.

禹仁秀, 《朝鮮後期 山林勢力 研究》, 一潮閣, 1999.

李善娥, 〈尹鑴의 學問과 南人과 西人의 政治的 分立〉, 《民族文化》 26, 民族文化推進會, 2003.

李銀順, 《朝鮮後期黨爭史研究》, 一潮閣, 1988.

李熙煥, 《朝鮮後期黨爭研究》, 國學資料院, 1995.

정호훈, 《朝鮮後期 政治思想 研究-17세기 北人系 南人을 중심으로》, 혜안, 2004.

황의동, 《우계학파 연구》, 서광사, 2005.

황의동, 〈미촌 윤선거의 생애와 사상〉, 충남대 유학연구소 편, 《명재 윤증의 학문 연원과 가학》, 예문서원, 2006.

6장 영조, 《속대전續大典》으로 소통의 매체를 마련하다

구덕회, 〈各司受敎·受敎輯錄·新補受敎輯錄 해제〉,《各司受敎·受敎輯錄·新補受敎輯錄》, 서울대 규장각, 1997.
한국역사연구회 중세2분과 법전연구반,《신보수교집록》, 청년사, 2000.
한국역사연구회 중세2분과 법전연구반,《受敎輯錄》, 청년사, 2001.
한국역사연구회 중세2분과 법전연구반,《각사수교》, 청년사, 2002.
김백철,《탕평시대 법치주의 유산-조선후기 국법체계 재구축사》, 경인문화사, 2016.
박광용,《朝鮮後期 蕩平 硏究》, 서울대학교 국사학과 박사학위논문 1994.
李鍾範, 〈1728년 戊申亂의 성격〉,《朝鮮時代 政治史의 再照明》, 범조사, 1985.
정만조, 〈영조대 초반의 탕평책과 탕평파의 활동〉,《震檀學報》 56, 1983.
정만조, 〈영조대 중반의 정국과 탕평책의 재정립〉,《歷史學報》 111, 1986.
정석종, 〈영조 무신란의 진행과 그 성격〉,《조선후기의 정치와 사상》, 한길사, 1994.
정연식,《조선후기 '役摠'의 운영과 良役 變通》, 서울대학교 국사학과 박사학위논문, 1993.
정호훈, 〈18세기 政治變亂과 蕩平政治〉,《韓國 古代 中世의 支配體制와 農民》, 지식산업사, 1997.
정호훈,《朝鮮後期 政治思想 硏究》, 혜안, 2004.
정호훈, 〈영조대《續大典》의 편찬논리와 그 성격〉,《韓國文化》 50, 2010.
조윤선,《조선후기 소송연구》, 국학자료원, 2002.
조윤선, 〈英祖代 濫刑, 酷刑 폐지 과정의 실태와 欽恤策에 대한 평가〉,《朝鮮時代史學報》 48, 2009.
沈載祐, 〈18세기 獄訟의 성격과 刑政運營의 변화〉,《韓國史論》 34, 1995.

7장 조선 숙종 때 북한산성 축성과 소통 방식

《조선왕조실록》,《비변사등록》,《北漢誌》

고동환,《조선시대 서울도시사》, 태학사, 2007.
권연웅,《경연과 임금 길들이기》, 지식산업사, 2015.
이근호·조준호·장필기·심승구,《조선후기의 수도방위체제》, 서울시립대 부설 서울학연구소, 1998.
이태진,《조선후기의 정치와 軍營制 변천》, 한국연구원, 1985.

김용국, 〈숙종대 北漢山城考〉,《향토서울》 8, 1960.

김웅호, 〈조선후기 도성중심 방위전략의 정착과 한강변 관리〉, 《서울학연구》 24, 2005.
설석규, 〈조선시대 유생의 공론형성과 상소경위〉, 《조선사연구》 4, 1995.
양정기, 〈조선후기 숙종대 경연과 군신관계〉, 서울대 석사학위논문, 2012.
유재춘, 〈도성 외곽의 성곽 축조〉, 《서울2천년사 13: 조선시대 서울의 도시 경관》, 2013.
이근호, 〈18세기 전반의 수도방위론〉, 《군사》 37, 1998.
이근호, 〈도성수비체제의 확립과 지휘체계의 조정〉, 《한국군사사 7: 조선후기 1》, 육군
　　　군사연구소, 2012.
이근호, 〈북한산성 행궁터 일대: 도성 방위, 서울을 함께 지킨다는 의미를 되새기다〉
　　　〈북한산성의 성곽과 성문: 성곽과 성문 따라 북한산성을 둘러보다〉, 《서울역
　　　사답사기1: 북한산과 도봉산 편》, 서울역사편찬원, 2017.
이상식, 〈조선 숙종대 비변사의 정치적 기능과 왕권강화〉, 《민족문화연구》 42, 2005.
이태진, 〈숙종대 북한산성의 축조와 그 의의〉, 《북한산성 지표조사보고서》, 서울대 박
　　　물관, 1991.
이현수, 〈18세기 북한산성의 축조와 경리청〉, 《청계사학》 8, 1991.
정재훈, 〈조선중기의 경연과 제왕학〉, 《역사학보》 184, 2004.
차용걸, 〈도성의 축조와 개축〉, 《서울2천년사 13: 조선시대 서울의 도시 경관》, 2013.

8장 조선 초기 노비제도 개혁과 소통

《고려사》《고려사절요》《조선왕조실록》(《太祖實錄》~《世宗實錄》)《經國大典》
《大東野乘》《河先生遺稿》(河緯地)

朴晉勳, 《麗末鮮初 奴婢政策 硏究》, 연세대 박사학위논문, 2006.
박진훈, 〈조선초기 사노비 정한법(定限法) 논의와 그 성격〉, 《역사와현실》 62, 2006.
尹薫杓, 《麗末鮮初 軍制改革研究》, 혜안, 2000.
李相佰, 〈'賤者隨母'考 - 良賤交婚出生者의 身分歸屬問題〉, 《震檀學報》 25·26·27, 1964.
李成茂, 〈朝鮮初期 奴婢의 從母法과 從父法〉, 《歷史學報》 115, 1987.
李樹健, 〈朝鮮太宗朝에 있어서의 對奴婢施策〉, 《大丘史學》 1, 1969.
鄭容淑, 《《고려사》刑法志 奴婢項의 검토 - 撰者의 對奴婢觀과 관련하여-〉, 《韓國史研究》
　　　46, 1984.
池承鍾, 《朝鮮前期 奴婢身分研究》, 一潮閣, 1995.
崔承熙, 〈유교정치의 진전〉, 《한국사》 22, 국사편찬위원회, 1995.
韓永愚, 《朝鮮時代 身分史研究》, 集文堂, 1997.

9장 조선의 재정개혁: 대동·균역

《高麗史》,《朝鮮王朝實錄》,《承政院日記》,《經國大典》,《續大典》,《典律通補》,《萬機要覽》,《增補文獻備考》,《貢弊》,《市弊》,《均役廳事目》,《輿地圖書》,《湖西邑誌》,《嶺南邑誌》,《湖南邑誌》,《列聖御製》,《御製深祇油然需然》,《御製可矜者民其便者君》,《御製祈民安》,《磻溪隧錄》,《經世遺表》,《市南先生文集》

고동환, 《서울상업발달사연구》, 지식산업사, 1998.
고동환, 《조선시대 시전상업 연구》, 지식산업사, 2013.
고석규, 〈16,17세기 공납제 개혁의 방향〉, 《한국사론》 12, 서울대학교 국사학과, 1985.
고석규, 〈상품유통과 공납제의 모순〉, 《한국사》 28, 국사편찬위원회, 1996.
권내현, 〈17세기후반 18세기 전반 조선의 은 유통〉, 《역사학보》 221, 역사학회, 2014.
김동철, 〈蔡濟恭의 經濟政策에 관한 考察: 특히 辛亥通共發賣論을 中心으로〉, 《부대사학》 4, 부대사학회, 1980.
김동철, 〈국제교역의 발달과 마찰〉, 《한국사》 28, 국사편찬위원회, 1996.
김동철, 〈16~18세기 동아시아 교역망과 은 유통〉, 《동아시아의 역사》 II, 동북아역사재단, 2011.
김백철, 〈조선후기 영조대 백성관의 변화와 '민국'〉, 《한국사연구》 138, 한국사연구회, 2007.
김백철, 《조선후기 영조의 탕평정치: 《속대전》의 편찬과 백성의 재인식》, 태학사, 2010.
김백철, 〈영조의 순문과 위민정치: '애민'에서 '군민상의'로〉, 《국학연구》 21, 한국국학진흥원, 2012.
김백철, 〈영성군 박문수(1691~1756)의 정계활동: 탕평관료의 중층적 위상에 대한 검토〉, 《한국사연구》 163, 한국사연구회, 2013.
김백철, 〈조선시대 역사상과 공시성의 재검토: 14~18세기 한국사 발전모델의 모색〉, 《한국사상사학》 44, 한국사상사학회, 2013.
김백철, 《두 얼굴의 영조: 18세기 탕평군주상의 재검토》, 태학사, 2013.
김선혜, 〈淸初 地丁銀制 改革에 대한 一考察〉, 숙명여자대학교 사학과 석사논문, 1994.
김성우, 〈공민층의 몰락과 국역체제의 해체〉, 《조선중기 국가와 사족》, 역사비평사, 2001.
김옥근, 〈조선후기 전세제도 연구〉, 《부산산업대학논문집》 9, 부산산업대학교 1972.
김옥근, 〈대동법연구: 公剩色, 主要規例, 貢人〉, 《경제사학》 1, 경제사학회, 1975.
김옥근, 《조선왕조재정사연구》 I·III, 일조각, 1984·1988.
김옥근, 〈대동법연구〉, 《경영사학》 3, 한국경영사학회, 1988.
김우철, 〈균역법은 왜 성공하지 못했나〉, 《내일을 여는 역사》 8, 내일을 여는 역사, 2002.

참고문헌　　345

김윤곤, 〈대동법의 시행을 둘러싼 찬반양론과 그 배경〉, 《대동문화연구》 8, 성균관대학
    교 대동문화연구원, 1971.
김인규, 〈태종대의 공노비정책과 그 성격 : 태종 17년 공노비추쇄사목 14조를 중심으
    로〉, 《역사학보》 136, 역사학회, 1992.
김정자, 《正祖代 通共政策의 施行에 관한 硏究》, 국민대학교 국사학과 박사논문, 2010.
김정자, 〈朝鮮後期 正祖代의 政局과 市廛政策 : 貢市人詢瘼을 중심으로〉, 《한국학논총》
    39, 국민대학교 한국학연구소, 2013.
김종수, 〈군역제도의 붕괴〉, 《한국사》 28, 국사편찬위원회, 1996.
김태영, 〈과전법의 붕괴와 지주제의 발달〉, 《한국사》 28, 국사편찬위원회, 1996.
류승주, 〈조선후기 대청무역이 국내산업에 미친 영향〉, 《아세아연구》 37-2, 고려대학교
    아세아문제연구소, 1994.
문광균, 〈17세기 경상도지역 공물수취체제와 영남대동법의 실시〉, 《한국사학보》 46, 고
    려사학회, 2012.
문광균, 〈영남대동법 시행 초기 지방재정의 개편과 그 성격〉, 《한국사연구》 161, 한국사
    연구회, 2013.
문광균, 〈영남대동법 시행 이후 대동세 배분방식의 변화와 저치미 운영〉, 《역사학보》
    225, 역사학회, 2015.
문용식, 《조선후기 진정과 환곡운영》, 경인문화사, 2000.
박도식, 《조선전기 공납제 연구》, 혜안, 2011.
박종수, 〈16, 17세기 전세의 정액화 과정〉, 《한국사론》 30, 서울대학교 국사학과, 1993.
박평식, 《조선전기 상업사 연구》, 지식산업사, 1999.
박평식, 《조선전기 교환경제와 상인 연구》, 지식산업사, 2009.
박현순, 〈16~17세기 공납제 운영의 변화〉, 《한국사론》 38, 서울대학교 국사학과, 1997.
백승철, 《조선후기 상업사 연구》, 혜안, 2000.
손병규, 《조선왕조 재정시스템의 재발견 : 17~19세기 지방재정사 연구》, 역사비평사,
    2008.
송양섭, 〈부역실총에 나타난 재원 파악 방식과 재정정책 부역실총〉, 《역사와 현실》 70,
    한국역사연구회, 2008.
송양섭, 〈正祖代 《軍國摠目》의 체재와 군비·군사재정의 파악〉, 《사림》, 수선사학회, 2011.
송양섭, 〈18세기 比摠制의 적용과 齊民政策의 추진〉, 《한국사학보》 53, 고려사학회,
    2013.
송양섭, 〈18세기 '公'담론의 구조와 그 정치·경제적 함의〉, 《역사와 현실》 93, 한국역사
    연구회, 2014.
송찬섭, 〈양전사업〉, 《한국사》 30, 국사편찬위원회, 1998, 416~420쪽.
송찬식, 《조선후기 사회경제사의 연구》, 일조각, 1997.
오미일, 〈18~19세기 공물정책의 변화와 공인층의 변동〉, 《한국사론》 14, 서울대학교

국사학과, 1986.

오미일, 〈18·19세기 새로운 貢人權·廛契 창설운동과 亂廛活動〉, 《규장각》 10, 서울대학교 규장각한국학연구원, 1987.

양진석, 《17, 18세기 還穀制度의 운영과 機能 변화》, 서울대학교 국사학과 박사논문, 1999.

유현재, 《조선후기 鑄錢정책과 財政활용》, 서울대학교 국사학과 박사논문, 2014.

윤용출, 《조선후기의 요역제와 고용노동》, 서울대학교출판부, 1998.

윤용출, 〈요역제의 붕괴와 모립제의 대두〉, 《한국사》 30, 국사편찬위원회, 1998.

원유한, 〈조선후기 화폐정책에 대한 일고찰 : 고액전의 수용논의를 중심으로〉, 《한국사연구》 6, 한국사연구회, 1971.

원유한, 〈조선후기 화폐유통에 관한 일고찰 : 전황문제를 중심으로〉, 《한국사연구》 7, 한국사연구회, 1972.

원유한, 〈조선후기 대청관계 및 인식의 변화〉, 《아세아문화연구》 4, 경원대학교 아시아문화연구소, 2000.

원유한, 《조선후기 화폐사》, 혜안, 2008.

이강한, 《고려와 원제국의 교역의 역사 : 13~14세기 감춰진 교류상의 재구성》, 창비, 2013.

이경식, 《조선전기 토지제도연구》, 일조각, 1983.

이경식, 《조선전기 토지제도연구 II : 농업경영과 지주제》, 지식산업사, 1998.

이경식, 《한국 중세 토지제도사 : 조선전기》, 서울대학교출판부, 2006.

이근호, 《영조대 탕평파의 국정 운영론 연구》, 국민대학교 국사학과 박사논문, 2002.

이 욱, 〈18세기 鳴旨島 公鹽制 運營의 變化와 그 性格〉, 《한국사연구》 120, 한국사연구회, 2003.

이 욱, 〈17·18세기 궁방·아문의 어염절수 확대와 의미〉, 《역사민속학》 17, 한국역사민속학회, 2003.

이성임, 〈16~17세기 '貢役戶'와 戶首〉, 《역사연구》 24, 역사학연구소, 2013.

이재룡, 〈진상〉, 《한국사》 24, 국사편찬위원회, 1994.

이정철, 〈仁祖初 三道大同法 論議와 經過〉, 《한국사연구》 121, 한국사연구회, 2003.

이정철, 〈大同米·布의 構成 : 《湖西大同節目》·《全南道大同事目》을 중심으로〉, 《한국사학보》 19, 고려사학회, 2005.

이정철, 〈조선시대 貢物分定 방식의 변화와 大同의 語義〉, 《한국사학보》 34, 고려사학회, 2009.

이정철, 〈磻溪 유형원의 대동법인식 : 조선후기 개혁론의 '두 가지 입장'에 대해서〉, 《역사학보》 206, 역사학회, 2010.

이정철, 〈대동법의 성립에서 김육의 역할〉, 《사총》 72, 고려대학교 역사연구소, 2011.

이정철, 《대동법, 조선 최고의 개혁》, 역사비평사, 2012.

이철성, 《17, 18세기 전정운영론과 전세제도 연구》, 선인, 2003.

이철성, 〈《輿地圖書》에 나타난 田結稅 항목의 텍스트적 이해〉, 《한국사학보》 25, 한국사 학회, 2006.

이태진, 〈사림파 유향소 복립 운동(상·하)〉, 《진단학보》 34·35, 진단학회, 1972~1973.

이태진, 《조선유교사회사론》, 지식산업사, 1989.

이태진, 〈인구의 감소〉, 《한국사》 30, 국사편찬위원회, 1998.

전상욱, 〈호서대동법 실시 전후 진상의 운영과 변화〉, 《중앙사론》 34, 중앙대학교 중앙 사학연구소, 2011.

정만조, 〈均役法의 選武軍官 : 閑遊者 문제와 관련하여〉, 《한국사연구》 18, 한국사연구회, 1977.

정만조, 〈조선후기의 良役變通論 : 정치상황과 관련해 본 하나의 시론〉, 《한국근세 문 화의 특성 : 조선왕조 후기(12) – 군사·외교부문〉(제26회 동양학학술회의록), 1996.

정만조, 〈양역변통론의 추이〉, 《한국사》 32, 국사편찬위원회, 1997.

정수환, 《조선후기 화폐유통과 경제생활》, 경인문화사, 2013.

정성일, 〈조선의 동전과 일본의 은화 : 화폐의 유통을 통해 본 15~17세기 한일관계〉, 《한일관계사연구》 20, 한일관계사학회, 2004.

정성일, 〈조선과 일본의 은유통 교섭〉, 《한일관계사연구》 42, 한일관계사학회, 2012.

정연식, 〈조선후기 '役總'의 운영과 양역변통〉, 서울대학교 국사학과 박사논문, 1993.

정연식, 《영조대의 양역정책과 균역법》, 한국학중앙연구원출판부, 2015.

조영현, 〈동아시아사 교과서의 '은 유통과 교역망' : 주제의 설정과 그 의미〉, 《동북아역 사논총》 39, 동북아역사재단, 2013.

지두환, 〈인조대의 대동법 논의〉, 《역사학보》 155, 역사학회, 1997.

지두환, 〈효종대 대동법 논의〉, 《한국사상과 문화》 10, 한국사상문화학회, 2000.

차문섭, 〈임란이후의 양역과 균역법의 성립(상·하)〉, 《사학연구》 10·11, 한국사학회, 1961.

차문섭, 〈균역법의 의의와 영향〉, 《한국사》 13, 국사편찬위원회, 1976.

차용진, 〈淸代 '地丁銀'制 成立에 關한 一考察〉, 성균관대학교 사학과 석사논문, 1983.

최완기, 〈대동법 실시의 영향〉, 《국사관논총》 12, 국사편찬위원회, 1990.

최완기, 〈붕당정치의 전개와 정국의 변화〉, 《한국사》 9, 한길사, 1994.

최주희, 〈18세기 중반 《度支定例》類 간행의 재정적 특성과 정치적 의도〉, 《역사와 현실》 81, 한국역사연구회, 2011.

최주희, 〈18세기 중반 定例類에 나타난 王室供上의 범위와 성격〉, 《장서각》 27, 한국학 중앙연구원, 2012.

최주희, 《조선후기 선혜청의 운영과 중앙재정구조의 변화 : 재정기구의 합설과 지출경 비 과정을 중심으로》, 고려대학교 한국사학과 박사논문, 2014.

한명기, 〈17세기초 은의 유통과 그 영향〉, 《규장각》 15, 서울대학교 규장각, 1992.
한명기, 〈16, 17세기 명청교체와 한반도 : 재조지은, 은, 그리고 쿠데타의 변주곡〉, 《명청
　　　사연구》 22, 명청사학회, 2004.
한영국, 〈호서에 실시된 대동법(상·하)〉, 《역사학보》 13·14, 역사학회, 1960~1961.
한영국, 〈호서에 실시된 대동법(上·二·三·四)〉, 《역사학보》 15·20·21·24, 역사학회,
　　　1961·1963·1964.
한영국, 〈대동법의 시행〉, 《한국사》 30, 국사편찬위원회, 1998.
山本進, 〈조선후기 은 유통〉, 《명청사연구》 39, 명청사학회, 2013.

10장 영조의 부동산대책

《조선왕조실록》, 《승정원일기》, 《비변사등록》, 《일성록》, 《경국대전》, 《대명률직해》,
《추관지》, 《증보문헌비고》, 《이재난고》

노혜경, 《조선후기 수령행정의 실제-황윤석의 《이재난고》를 중심으로》, 혜안, 2006.
임용한, 《박제가, 욕망을 거세한 조선을 비웃다》, 역사의 아침, 2012.
정수환, 《조선후기 화폐유통과 경제생활》, 경인문화사, 2013.
H. B. 헐버트 지음, 신복룡 역주, 《대한제국멸망사》, 집문당, 1999.
유승희, 〈15~16세기 한성부의 주택 문제와 정부의 대응〉, 《사학연구》 94, 2009.
유승희, 〈17~18세기 한성부내 군병의 가대지급과 차입의 실태〉, 《서울학연구》 36,
　　　2009 가을.
이근호, 〈17~18세기 여가탈입을 통해본 한성부의 주택문제〉, 《도시역사문화》 2, 2004.

미주

1장

1 김인호, 〈8장 고려의 지역세력가와 지방행정의 실제〉, 《역사 속 행정 이야기》, 혜안, 2017, 246~247쪽.
2 하현강, 《한국중세사연구》, 일조각, 1988, 73쪽.
3 박용운, 《고려시대 대간제도 연구》, 일지사, 1980, 20쪽.
4 이기백, 《고려귀족사회의 형성》, 일조각, 1990.
5 《고려사》 권92, 열전5, 龔直.
6 이에 관해서는 김갑동, 《고려의 토속신앙》, 혜안, 2017 참조.
7 하현강, 앞의 책, 일조각, 1988.
8 《고려사》, 高麗世系.
9 《고려사》 권56, 지10, 지리1, 양광도 광주목 이천군.
10 《고려사》 권94, 열전7, 徐熙 附 徐訥.
11 《고려사》 권93, 열전6, 徐弼.
12 《고려사》 권75, 지30, 백관1.
13 박용운, 《고려시대 대간제도 연구》, 일지사, 1980, 43~44쪽.
14 박재우, 《고려 국정운영의 체계와 왕권》, 신구문화사, 2005.
15 《고려사》 권93, 열전6, 崔承老.
16 박용운, 앞의 책, 1980, 46~47쪽 ; 박재우, 《고려전기 대간제도 연구》, 새문사, 2014, 71쪽.
17 박용운, 앞의 책, 1980, 47쪽.
18 《고려사》 권122, 열전35, 鄭諴.
19 《고려사》 권122, 열전35, 白善淵.
20 《고려사》 권110, 열전23, 李齊賢.
21 김인호, 《고려후기 사대부의 경세론 연구》, 혜안, 1989, 197~198쪽.
22 "봉심은 정지상과 친하며, 묘청을 스승으로 높이어 일찍이 아뢰길, "주상께서 삼한을 편안히 다스리려면 서경의 세 성인을 버리고서는 일을 함께 할 사람이 없습니다."하였으니, 곧 묘청, 수한, 지상을 가리킨 것이다."(《고려사절요》 권9, 인종 9년 9월)
23 청연각은 正寢인 會慶殿 근처의 세 개의 전각 중 하나이며, 웅장하고 화려하게 만들어졌다(서긍, 《선화봉사고려도경》 권5, 궁전).
24 《고려사》 권96, 열전9, 金仁存.
25 김인호, 〈제2장 잔치와 축제, 그리고 공감대〉, 《고려시대 사람들의 삶과 생각》, 혜안, 2007,

89쪽.

26 《고려사》 권128, 열전41, 반역1, 鄭仲夫.

27 박재우, 앞의 책, 2005, 85쪽.

28 박재우, 《고려전기 대간제도 연구》, 새문사, 2014, 210쪽.

29 《고려사》 권16, 인종 8년 4월 무자.

30 한정수, 《한국중세유교정치사상과 농업》, 혜안, 2007.

31 한국고대사회연구소 편, 《譯註 韓國古代金石文》 第3冊, 統一新羅, 大安寺 寂忍禪師塔碑, 가락국사적개발연구원, 1992.

32 《고려사》 권3, 세가3, 성종 원년 6월 갑신.

33 《고려사》 권93, 열전6, 崔承老.

34 김인호, 〈무인집권기 문신관료의 정치이념과 정책;명종 18년 조서(詔書)와 봉사(封事) 10조의 검토를 중심으로〉, 《역사와 현실》 17, 1995.

35 《고려사》 권76, 지30, 백관1, 사헌부.

36 이에 관해 조준 졸기에는 다음과 같은 내용이 전해진다. "이성계가 잠저 시에 일찍이 조준의 집을 지나니 그가 중당으로 맞이하여 술을 내며 심히 삼갔다. 《대학연의》를 바치면서 '이 책을 읽으면 나라를 위할 수 있습니다'라고 하니 그가 이 뜻을 알고 받았다."(《태종실록》 권9, 태종 5년 6월 신묘) 조준과 이성계가 만난 시점은 이 자료로 알 수 없지만, 아마도 조준이 두문불출했던 우왕 10년부터 4년간이었을 가능성이 크다(김인호, 〈고려말기 조준의 정치활동과 그 지향〉, 《동북아역사의 제문제》, 백산출판사, 2003, 82쪽).

37 《고려사절요》 권33, 우왕 14년 7월.

38 연세대학교 국학연구원편, 《경제육전집록》, 다은, 1993.

39 정도전, 《삼봉집》 권13, 조선경국전 상, 정보위.

40 한국사상연구회, 《조선유학의 개념들》, 예문서원, 2002, 141쪽.

41 《고려사절요》 권1, 태조 원년.

42 《고려사절요》 권11, 의종 18년 7월.

43 《고려사절요》 권11, 의종 21년 6월.

44 정도전, 《삼봉집》 권14, 조선경국전 하, 戶役.

45 《고려사》 권93, 열전6, 金審言.

46 《고려사절요》 권4, 정종 12년 9월.

47 李仁老, 《파한집》 권하.

48 이에 관해서는 이상배, 〈고려시대 訛言·妖言·익명서를 통해 본 정치·사회상에 관한 연구〉, 《강원사학》 17·18, 2002를 크게 참고하였다.

49 《고려사》 권54, 지8, 五行2.

50 《고려사절요》 권11, 명종 9년 3월.

51 《고려사절요》 권12, 명종 12년 2월;3월.

52 《고려사절요》 권14, 희종 6년 4월.

53 《고려사절요》 권25, 충혜왕 후4년 4월.

2장

1 최승희, 《조선초기 언론사연구》, 지식산업사, 2004, 303~365쪽.
2 《태조실록》 권3, 2년 6월 19일(계사) "內豎 李萬을 목 베고, 世子의 賢嬪 柳氏를 내쫓았다."
3 《태조실록》 권3, 2년 6월 21일(을미).
4 《태조실록》 권3, 2년 6월 22일(병신).
5 《태조실록》 권3, 2년 6월 23일(정유).
6 《태조실록》 권3, 2년 6월 22일(병신), "(도승지) 이직이 들어가서 아뢰니, 임금이 옳게 여겨 다만 장무(掌務)만 가두어 국문하고자 하였으나, 그 공사(供辭)가 관련되어 미치게 된 까닭으로 명하여 모두 가두게 한 것이었다."
7 《태종실록》 권16, 8년 12월 8일(신사).
8 《태종실록》 권16, 8년 12월 11일(갑신) "판부하기를, '맹사성·서선·박안신·이안유와 맹귀미를 모두 극형에 처하라' 하고, 또 백관이 시가에 모여 형의 집행을 감독하라고 명하고, 또 중관을 보내어 독촉하니, 나라 사람들이 모두 서로 돌아보며 얼굴빛을 잃었다."
9 《태종실록》 권16, 8년 12월 11일(갑신).
10 《태종실록》 권16, 8년 12월 12일(을유).
11 《태종실록》 권22, 11년 12월 9일(을미).
12 《세종실록》 권33, 8년 9월 8일(무술)·12일(임인).
13 《세종실록》 권36, 9년 6월 4일(신유).
14 《세종실록》 권61, 15년 윤8월 19일(기사).
15 《세조실록》 권43, 13년 7월 11일(갑술).
16 《세조실록》 권39, 12년 8월 29일(무진).
17 《세조실록》 권39, 12년 9월 29일(정유).
18 《세조실록》 권40, 12년 12월 26일(계해).
19 남태우·김중권, 《한국의 독서문화사》, 태일사, 2004.
20 남지대, 〈朝鮮 成宗代의 臺諫 言論〉, 《韓國史論》 12, 1985.
21 남지대, 〈朝鮮後期의 '黨爭'과 淸要職〉, 《朝鮮後期 黨爭의 綜合的 檢討》, 한국정신문화연구원, 1992.
22 정두희, 《朝鮮時代 臺諫研究》, 一潮閣, 1994.
23 《세종실록》 권77, 19년 5월 20일(기유).
24 《세종실록》 권40, 10년 6월 14일(을미)
25 《세종실록》 권40, 10년 6월 25일(병오).
26 《세종실록》 권40, 10년 6월 19일(경자), "의금부가 박천기를 추국하니, 천기가 말하기를, '말을 주고 잔치를 베풀어서 편지를 요구하였다고 하는 등의 일은 내가 공술(供述)한 것이 아니고 사헌부에서 강제로 만든 것입니다' 하니, 최부·남지·이견기·성염조·김경·문승조와 조연을 수금하라고 명하였다."
27 《세종실록》 권40, 10년 6월 19일(경자)
28 《성종실록》 권9, 2년 1월 22일(을미).
29 《성종실록》 권5, 1년 5월 21일(무술).
30 《성종실록》 권13, 2년 11월 8일(병오).
31 《성종실록》 권11, 2년 7월 27일(무술).

32 《성종실록》권67, 7년 5월 15일(정사).

33 《성종실록》권85, 8년 10월 4일(무술).

34 《성종실록》권85, 8년 10월 12일(병오).

35 《성종실록》권85, 8년 10월 5일(기해), "임금이 명하여 정승에게 물으니, 정창손 등 여러 사람들이 말하기를, '자리 안에 능단(綾段)이 있었다는 따위의 말이 어느 때에 나왔는지를 신들은 아직 듣지 못하였습니다. 진실로 한때의 풍문을 가지고 대신을 탄핵한다면 말류(末流)의 폐단은 반드시 취모멱자(吹毛覓疵)가 될 것이며, 또한 사사로운 원한으로써 서로 비방할 것이니, 이러한 풍습을 자라게 할 수는 없습니다. 청컨대 그 들은 곳을 먼저 묻게 하소서'."

36 《성종실록》권85, 8년 10월 11일(을사), "만약 풍문을 거론하여 탄핵하는 것을 허락한다면 대신들이 반드시 서로 평안하지 못할 것이며 그 조짐이 또한 장차 사사로운 원한을 가지고 취모구자(吹毛求疵)하여 남의 숨겨진 허물을 논하게 될 것이니, 이렇게 된다면 그 폐단을 장차 어찌 하겠습니까?"

37 《성종실록》권85, 8년 10월 5일(기해), "전지하기를, 만약 그 말의 출처를 묻는다면 누가 능히 다 말하겠는가? 내가 양성지에게 보다 좋은 관직을 제수하고서 대간을 교체하지 않으려 하는데 어떠한가?"

38 위의 주 참조.

39 송웅섭, 〈성종대 臺諫 避嫌의 증가와 그 의미〉, 《조선시대사학보》62, 2012.

40 柳壽垣, 《迂書》.

41 태조~중종대 피혐 횟수(전거 : 송웅섭, 《조선 성종대 공론정치의 형성》, 서울대 박사학위논문, 137쪽).

	태조	정종	태종	세종	문종	단종	세조	예종	성종	연산군	중종
총수	0	0	39	50	6	40	26	13	310	90	302

42 《성종실록》권242, 21년 7월 18일(무진).

43 《성종실록》권242, 21년 7월 28일(무인).

44 《성종실록》권281, 24년 8월 10일(임신).

45 《성종실록》권290, 25년 5월 6일(계사).

46 《성종실록》권254, 22년 6월 15일(경신).

47 《성종실록》권281, 24년 8월 8일(경오).

3장

1 한상권, 《조선후기 사회와 소원제도 – 상언·격쟁 연구》, 일조각, 1996.

2 原武史, 《直訴と王權 朝鮮·日本の'一君萬民'思想史》, 日本, 朝日新聞社, 1996(하라 다케시 지음, 김익환·김민철 옮김, 《직소와 왕권, 한국과 일본의 민본주의 사상사 비교》, 지식산업사, 2000).

3 김백철, 〈영조의 순문과 위민정치〉, 《국학연구》21, 2012.

4 김문식, 〈18세기 국왕의 소통 방식〉, 《한국실학연구》28, 2014.

5 漢典(http://www.zdic.net).

6 이하는 이근호, 《조선후기 탕평파와 국정운영》, 민속원, 2016, 298~306쪽을 참고하여 정리한 것임을 밝혀둔다.

7 《영조실록》권2, 영조 즉위년 12월 17일(병술).

8 《영조실록》권56, 영조 18년 10월 14일(기해).

9 조선왕조실록에 나타나는 同胞라는 용어의 왕대별 분포를 보면, 태종조 1건, 세종조 1건, 중종조 2건, 명종조 1건, 인조조 1건, 숙종조 11건, 영조 12건, 정조조 3건 등 총 32건이 찾아진다. 이러한 수치가 동포라는 용어의 전부가 아닐 수도 있으며, 반드시 그 중요성을 나타낸다고는 할 수 없다. 다만 그것이 각 왕대별로 중요하게 취급되었을 가능성에 대해서는 추정이 가능하다고 할 수 있다.

10 《송사》권427, 열전 186, 도학 1, 장재.

11 張載(橫渠)의《西銘》은 원래《東銘》과 상대하여 말한 것으로, 張載가 학문을 강의할 때 양쪽 창 위에 각기 격언을 써 붙였는데 동쪽 면에는 "貶愚"를, 서쪽 면에는 "訂頑"이었던 것을 정이천이 고쳐서《동명》과《서명》으로 한 것이다. 이 가운데《동명》은 공부를 하는 데 유의할 몇 가지 조항을 진술한 것인데 비해,《서명》은 萬物一體와 理一分殊를 논한 것으로 二程 이래로 중시되던 것이었다.

12 《한서》열전 권65, 동방삭전 35.

13 이상 張載의《西銘》에 제시된 "이일분수"와 "민포물여" 개념의 의미에 대해서는 아래의 연구를 참고하였다. 余英时,《朱熹的歷史世界》(上), 北京, 叄联书店, 2004 ; 李蕉,《张载政治思想述論》, 北京, 中华书局, 2011.

14 일례로,《태종실록》권33, 태종 17년 2월 22일(기묘) 및《세종실록》권23, 세종 6년 2월 7일(계축) 등.

15 《중종실록》권92, 중종 34년 10월 20일(갑신).

16 김낙진,〈이언적의 이상사회론〉,《공자학》9, 2002, 200~204쪽.

17 李滉,《退溪集》卷7, 箚子〈進聖學十圖箚〉.

18 이 점은 이미 程頤의 제자인 楊時가《西銘》의 글이 지나치다고 하면서 지나치게 한 몸임을 강조하면서도 이치가 나뉘는 특수한 것에 대해서는 상세하게 설명하지 않아 사람들이 墨子의 兼愛說과 차별이 없다고 오해하게 된다고 한 바 있다. 한편 이에 대해서는 勞思光 著, 鄭仁在 譯,《中國哲學史》(宋明篇), 탐구당, 1987, 205~206쪽 참조.

19 權尙夏,《寒水齋集》卷8, 書,〈答閔聖猷〉.

20 《영조실록》권93, 영조 35년 5월 23일(임인).

21 《영조실록》권71, 영조 26년 7월 3일(계묘).

22 朴光用,〈朝鮮後期 '蕩平' 研究〉, 서울대박사학위논문, 1994, 107~108쪽.

23 李泰鎭,〈正祖의《大學》탐구와 새로운 君主論-〈題先正晦齋續大學或問卷首〉作送의 배경〉,《李晦齋의 사상과 그 세계》, 성균관대 대동문화연구원, 1992.

24 朴光用,〈17·18세기 조선의 국가와 '公論'-'공론'정치의 두 유형, 붕당정치와 탕평정치-〉,《제44회 전국역사학대회발표요지문》, 2001, 72~73쪽. 한편 박광용은 이러한 변화로 18세기 '탕평'정치기를 종전의 君-士共治時代에서 君-士民共治時代로 전환된 것으로 규정하였다.

25 《영조실록》권60, 영조 20년 9월 9일(계미).

26 《조선왕조실록사전》(http://encysillok.aks.ac.kr).

27 《승정원일기》977책, 영조 20년 9월 9일(계미).

28 《영조실록》권70, 영조 25년 8월 6일(임오).

29 《영조실록》권70, 영조 25년 8월 15일(신묘).

30 위와 같음.

31 이근호, 〈영조대 중반 어제훈서의 간행 양상과 의의〉, 《장서각》 26, 2011 참조.

32 《영조실록》 권71, 영조 26년 1월 17일(신유).

33 《영조실록》 권70, 영조 25년 9월 5일(경술).

34 《영조실록》 권71, 영조 26년 3월 11일(갑인).

35 《영조실록》 권71, 영조 26년 5월 19일(경신).

36 《영조실록》 권66, 영조 23년 9월 19일(병오).

37 윤정, 〈18세기 경복궁 유지의 행사와 의례〉, 《서울학연구》 25, 2005.

38 이근호, 〈영조, 경복궁 빈터에서 창업을 되새기다〉, 《집옥재왕실문화강좌 자료집》, 경복궁관리소, 2017 참조.

39 《영조실록》 권112, 영조 45년 1월 5일(기축).

40 《영조실록》 권113, 영조 45년 7월 15일(을미)

41 《영조실록》 권114, 영조 46년 3월 21일(무술).

42 김백철, 《두 얼굴의 영조》, 태학사, 2014, 137쪽.

43 《승정원일기》 1089책, 영조 28년 12월 19일(을사).

44 《승정원일기》 1140책, 영조 33년 1월 28일(경신).

45 《영조실록》 권89, 영조 33년 3월 22일(계축) ; 《승정원일기》 1140책, 영조 33년 1월 28일(경신).

46 《영조실록》 권108, 영조 43년 4월 26일(기미).

4장

1 부민(府民)이란 부, 군, 현과 같은 행정구역의 주민이라는 의미이다.

2 《세종실록》 9권, 2년 9월 13일 무인, 예조판서 허조 등의 계문. 부민고소금지법에 대해서는 다음의 논저가 참조된다. 임용한, 《조선전기 수령제와 지방통치》, 혜안, 2002 ; 최이돈, 〈조선 초기 수령고소 관행의 형성과정〉, 《한국사연구》 82, 1993.

3 《세종실록》 15권, 세종 4년 2월 경인 ; 임용한, 위의 책, 317~318쪽.

4 연세대학교 국학연구원 편, 《경제육전집록》, 형전 비하고존장(卑下告尊長), 다은, 1993, 313쪽.

5 《세종실록》 20권, 5년 6월 23일 임신.

6 과거에는 기원전 18세기에 만든 고바빌로니아 왕국의 함무라비 법전이라고 알려졌다. 발굴이 진행됨에 따라 새로운 법전이 발견되었다. 현재는 기원전 2100년 경에 수메르에서 만든 우르-남무 법전이 최고본이다.

7 《세종실록》 52권, 13년 6월 20 임자.

8 위의 주 및 《대명률직해》 형률 매제사급본관장관(罵制使及本管長官)조.

9 《세종실록》 44권, 세종 11년 5월 11일 병진 ; 임용한, 앞의 책, 322쪽.

10 《세종실록》 47권, 12년 3월 26일 병인.

11 《세종실록》 77권, 19년 5월 20일 기유. 사간원 상소.

12 《세종실록》 109권, 27년 7월 26일 무술.

13 《세종실록》 20권, 5년 6월 23일 임신.

14 조선 초기의 관찰사는 현재의 도지사에 해당하지만 임무수행방식이 도지사와 전혀 다르

다. 관찰사의 주 임무는 임기 내내 관할 지역을 순행하면서 군현의 상태와 수령의 업무
수행상황을 점검하는 것이었다.(장병인, 〈조선초기의 관찰사〉, 《한국사론》 4, 서울대학교,
1978 ; 이수건, 《조선시대지방행정사》, 민음사, 1989)

15 《세종실록》 51권, 13년 1월 19일 갑신.

16 《세종실록》 62권, 15년 10월 23일 임신.

17 《세종실록》 51권, 세종 13년 3월 12일 병자.

18 이 경과는 임용한, 앞의 책, 323쪽.

19 《경국대전》 5권, 형전 소원. 모든 법조문이 그렇듯이 부민고소금지법도 약간의 변동이 있었
다. 세조대에 부민고소금지법을 잠시 완화했는데, 그것도 완전한 완화는 아니었다. 세종의
개정안 수준에서 어느 정도 융통성을 발휘한 것이었다. 대신 무고를 방지하기 위해 부민고
소에 위반하면 전가사변하는 것으로 바뀌었다. 이 규정은 나중에 《경국대전》을 편찬하면
서 다시 이전의 처벌규정으로 환원되었다.

20 《세종실록》 52권, 13년 6월 20일 임자.

21 위의 주.

22 《세종실록》 62권, 15년 10월 20일 기사.

23 임용한, 〈조선의 중앙집권제와 6조 행정체제〉, 한국행정연구원 편저, 《역사 속 행정이야기》,
혜안, 2017, 51~78쪽.

24 이곡, 《가정집》 권6, 기, 〈한주중영객사기〉

25 이색, 《목은문고》 1권, 기, 〈남원부 신치제용재기〉.

26 《고려사절요》 33권, 신우 14년(신창 즉위년) 7월 대사헌 조준 등의 상서.

27 조선국왕은 이름을 보통 1글자로 사용했다. 반면 보통 사대부들은 대부분 2글자 이름을
사용한다. 그러면 수령의 이름을 피휘할 때는 2글자를 사용할 수 없게 되는데, 이런 문제를
예상하고 이미 중국에서부터 피휘는 오직 한 글자만 정해서 사용한다는 원칙이 있었다.

28 '전치기읍'은 조선 최초의 법전인 《경제육전》 원전(1397)에 수록되었다(국학연구원 편, 앞의
책, 61~62쪽).

29 《용재총화》 권2.

30 임용한, 〈고려후기 수령의 사법권 및 행형범위의 확대와 그 성격〉, 《한국사론》 33, 2002.

31 《세종실록》 123권, 31년 정월 계묘.

32 임용한, 앞의 책, 310~311쪽.

33 1890년(고종 27) 경상도 함안 군수로 파견된 오횡묵은 고성으로 부임하기 전에 자신이 타
군 수령 재임 중에 알게 된 사적인맥을 동원해 지역조사를 시행했다(《함만총쇄록》, 《한국
지방사자료총서》, 여강출판사). 임기 중에도 그는 군현의 동정을 파악하기 위해 곧잘 사
적 정보망을 활용하곤 했다(장동표, 〈19세기말 함안향회의 기능과 성격〉, 《지역과 역사》 2,
1996). 하지만 이때는 조선사회도 많이 분화되고 상인들의 왕래도 늘어난 시기였다. 이런
방식이 조선 전시기에 얼마나 사용되었으며 유용했는지는 알 수 없다.

34 《태종실록》 19권, 태종 10년 4월 8일 갑진.

35 노혜경, 《조선후기 수령행정의 실제》, 혜안, 2006.

36 세종의 수령제 개혁에 대해서는 임용한, 앞의 책, 3장 참조.

37 《세종실록》 28권, 7년 6월 경자.

38 《대전회통》 5권, 형전 소원.

5장

1 김용흠, 〈'당론서(黨論書)'를 통해서 본 회니시비(懷尼是非)-《갑을록(甲乙錄)》과 《사백록(俟百錄)》 비교〉, 《역사와 현실》 85, 한국역사연구회, 2012, 120쪽.

2 김용흠, 〈肅宗代 前半 懷尼是非와 蕩平論〉, 《韓國史研究》 148, 2010, 76쪽.

3 김용흠, 위의 논문, 2010, 77~78쪽.

4 김용흠, 위의 논문, 2010.

5 김용흠, 〈조선의 정치에서 무엇을 볼 것인가-탕평론·탕평책·탕평정치를 중심으로〉, 《한국민족문화》 58, 부산대 한국민족문화연구소, 2016①, 551쪽.

6 이하의 서술은 다음 논문을 수정·보완한 것이다. 김용흠, 〈삼전도의 치욕, 복수는 어떻게?-미촌 윤선거의 북벌론과 붕당 타파론〉, 《내일을 여는 역사》 61, 도서출판 선인, 2015.

7 황의동, 《우계학파 연구》, 서광사, 2005, 218쪽 ; 황의동, 〈미촌 윤선거의 생애와 사상〉, 충남대 유학연구소 편, 《명재 윤증의 학문 연원과 가학》, 예문서원, 2006, 228쪽.

8 김용흠, 〈조선후기 사상사에서 명재 윤증의 위상〉, 《民族文化》 37, 한국고전번역원, 2011, 18~19쪽.

9 황의동, 앞의 책, 2005, 147~149쪽.

10 김용흠, 앞의 논문, 2011, 19쪽.

11 김용흠, 〈17세기 政治的 갈등과 朱子學 政治論의 分化〉, 오영교 편, 《조선후기 체제변동과 속대전》, 혜안, 2005, 45~46쪽.

12 金駿錫, 〈17세기 畿湖朱子學의 동향-宋時烈의 '道統' 계승운동〉, 《孫寶基博士停年紀念 韓國史學論叢》, 지식산업사, 1988(《韓國 中世 儒教政治思想史論 I》, 지식산업사, 2005에 재수록) ; 三浦國雄, 〈17世紀 朝鮮에 있어서의 正統과 異端-宋時烈과 尹鑴〉, 《民族文化》 8, 1982, 179쪽 ; 禹仁秀, 《朝鮮後期 山林勢力 研究》, 一潮閣, 1999, 89쪽 ; 李善娥, 〈尹鑴의 學問과 南人과 西人의 政治的 分立〉, 《民族文化》 26, 2003, 25쪽.

13 金駿錫, 《朝鮮後期 政治思想史 研究-國家再造論의 擡頭와 展開》, 지식산업사, 2003 ; 정호훈, 《朝鮮後期 政治思想 研究-17세기 北人系 南人을 중심으로》, 혜안, 2004.

14 김용흠, 앞의 논문, 2010, 83쪽.

15 김용흠, 앞의 논문, 2015, 257~258쪽.

16 김용흠, 〈스승을 비판한 백의정승-명재 윤증의 탕평론과 회니시비〉, 《내일을 여는 역사》 62, 내일을여는역사재단, 2016②, 261~262쪽. 이하의 내용은 이 논문을 수정·보완한 것이다.

17 李銀順, 《朝鮮後期黨爭史研究》, 一潮閣, 1988, 56~57쪽.

18 김용흠, 앞의 논문, 2010, 81~84쪽.

19 이은순, 앞의 책, 1988, 58~59쪽.

20 李熙煥, 《朝鮮後期黨爭研究》, 國學資料院, 1995.

21 김용흠, 앞의 논문, 2010, 84~89쪽.

22 김용흠, 〈조선후기 노론 당론서와 당론의 특징-《형감(衡鑑)》을 중심으로〉, 《韓國思想史學》 53, 2016③, 183쪽.

23 김용흠, 앞의 논문, 2016②, 267쪽.

24 김용흠, 〈朝鮮後期 肅宗代 老·少論 대립의 論理-甲戌換局 직후를 중심으로〉, 《韓國史의 構造와 展開》, 河炫綱教授定年紀念論叢, 혜안, 2000, 661~662쪽.

25 김용흠, 〈숙종대 소론 변통론의 계통과 탕평론-明谷 崔錫鼎을 중심으로〉,《韓國思想史學》 32, 2009, 229쪽.

26 김용흠, 앞의 논문, 2000, 662쪽.

27 김용흠, 앞의 논문, 2010, 101~103쪽.

28 김용흠, 〈南溪 朴世采의 變通論과 皇極蕩平論〉,《東方學志》143, 연세대 국학연구원, 2008.

29 김용흠, 〈전쟁의 기억과 정치-병자호란과 회니시비〉,《韓國思想史學》47, 韓國思想史學會, 2014, 232쪽.

30 김용흠, 위의 논문, 2014, 232~234쪽.

31 이하 서술은 김용흠, 앞의 논문, 2016②, 269~277쪽을 수정·보완한 것이다.

32 김용흠, 앞의 논문, 2010, 94쪽. 회니시비가 조정에서 논란되기 시작한 이후에 윤증의 이 편지가 문제가 된 것은 이것이 노론의 의도적인 정치 공세에 이용되었다는 것을 입증하는 것이었다.

33 김용흠, 앞의 논문, 2010, 96쪽.

34 김용흠, 앞의 논문, 2010, 97쪽.

35 김용흠, 앞의 논문, 2015, 256쪽.

36 김용흠, 앞의 논문, 2014, 218쪽.

37 이 부분은 김용흠, 앞의 논문, 2016②, 271~274쪽을 수정·보완한 것이다.

38 김용흠, 앞의 논문, 2010, 95쪽.

39 김용흠,《朝鮮後期 政治史 硏究 1-仁祖代 政治論의 分化와 變通論》, 혜안, 2006.

40 김용흠, 앞의 논문, 2010, 99~100쪽.

41 김용흠, 앞의 글, 2015, 256~257쪽.

42 김용흠, 앞의 논문, 2016③. 노론측 당론서인《후동문답(後洞問答)》,《강상문답(江上問答)》,《아아록(我我錄)》 등은 모두 송시열과 제자들 사이의 문답과 증언을 토대로 하여 작성되었다.

43 김용흠, 앞의 논문, 2010, 97쪽.

44 김용흠, 앞의 논문, 2016③, 191쪽.

45 김용흠, 앞의 논문, 2010, 95쪽.

46 《숙종실록》권16, 숙종 11년 을축 10월 9일 병신.

47 김용흠, 〈朝鮮後期 老·少論 分黨의 思想基盤-朴世堂의《思辨錄》是非를 中心으로〉,《學林》17, 연세대학교 사학회, 1996.

48 이 부분은 김용흠, 앞의 논문, 2016②, 276~277쪽에 의거하였다.

49 김용흠, 앞의 논문, 2014, 246~247쪽.

50 김용흠, 앞의 논문, 2011, 29~30쪽.

51 김용흠, 앞의 논문, 2016②.

6장

1 조선시기 법전에 관한 연구는 매우 풍부하다. 이 글에서 참조한 글은, 특별한 경우 아니면 본문에서 일일이 주기하지 않고 논문의 말미에 참고문헌으로 일괄 제시했다.

2 《大典後續錄》의 서문에 이 책을 만드는 방식이 잘 제시되어 있다. "《속록》이후의 수교를 모

아, 경중을 헤아리고, 번잡한 내용은 삭제하여 간략하게 만들고, 시의에 합치하도록 노력할 것이며, 그 남기고 잘라내는 것은 《대전》의 본의에 한결같이 따르도록 하여, 내가 《대전》의 옛 법을 잊지 않고 있다는 것을 보이도록 하라.(若曰, 裒集續錄以後受敎科條, 勘磨輕重, 删繁就簡, 務合時宜, 其存其删, 一依大典本意, 以示余不忘大典舊章之意)".

3 한국역사연구회 중세2분과 법전연구반, 《각사수교》 호전(戶典), 청년사, 2002, 35~36쪽.

4 《肅宗實錄》 권13, 8年 11月 己未.

5 《南溪集》 권12, 陳時務萬言疏; 《肅宗實錄補闕正誤》 권19, 14年 6月 乙卯.

6 한국역사연구회 중세2분과 법전연구반, 《受敎輯錄》 이전(吏典), 청년사, 2001, 33쪽.

7 한국역사연구회 중세2분과 법전연구반, 《受敎輯錄》 이전(吏典), 청년사, 2001, 50쪽.

8 한국역사연구회 중세2분과 법전연구반, 《受敎輯錄》 이전(吏典), 청년사, 2001, 93쪽.

9 《明谷集》 권8, 典錄通考序, "本文則不敢一字删削 以存謹嚴之意".

10 《典錄通考》 凡例, "大典如經書, 三錄如傳註, 大典則書于極行, 三錄則低一字書之, 以示輕重之別."

11 《英祖實錄》, 6年 12月 癸丑.

12 《受敎輯錄》 또한 소론계 인물들이 편찬을 주도했다.

13 《景宗實錄》 권3, 元年 4月 庚申.

14 《英祖實錄》 권17, 4年 4月 癸未.

15 《承政院日記》 영조 4년 9월 5일(壬子).

16 '修明大典論'이 영조대에 처음 대두한 것은 아니다. 《경국대전》을 보완하고 정비해야 할 필요가 있을 때, 이런 종류의 주장은 늘 나왔다. 그러나 영조대 국정 운영에서 이 논의가 의미 있는 것은 영조는 이 논리를 근거로 그 스스로 법전을 정비하고 《속대전》을 편찬했으며 정국을 이끌었기 때문이다.

17 이 생각이 뒤에서도 보겠지만, 반드시 부분적이고 온건한 개혁으로만 연결되는 것은 아니었다. 《경국대전》 체제를 강조하는 것이 어떤 경우에는 현실에 더 강력한 영향력을 미칠 수도 있었다.

18 《承政院日記》 영조 3년 11월 5일(丁巳).

19 《承政院日記》 영조 3년 11월 5일(丁巳).

20 《承政院日記》 영조 3년 11월 5일(丁巳).

21 《承政院日記》 영조 3년 11월 5일(丁巳)

22 윤순의 생각은 그의 스승 鄭齊斗와 비슷한 모습을 보인다. 이들은 《경국대전》의 수명을 내세우며 현실의 큰 개혁을 강조했다. 소론 가운데는 이들의 생각에 동조하는 사람이 많았다. 영조는 윤순이나 정제두의 주장에 동조하지 않았다. 여기서는 자세히 다루지는 않는다.

23 《承政院日記》 영조 8년 윤5월 28일(癸丑).

24 《承政院日記》 영조 6년 12월 19일(癸丑).

25 《承政院日記》 영조 6년 12월 20일(甲寅).

26 《承政院日記》 영조 6년 12월 24일(戊午).

27 《承政院日記》 영조 6년 12월 24일(戊午).

28 《承政院日記》 영조 6년 12월 24일(戊午).

29 《承政院日記》 영조 7년 1월 16일(庚辰).

30 《承政院日記》 영조 6년 12월 24일(戊午), "且旣成續典, 則本典必將束閣, 反不如不修之爲愈, 亦非所以不棄根本之道也."

31 구덕회, 〈各司受敎·受敎輯錄·新補受敎輯錄 해제〉, 《各司受敎·受敎輯錄·新補受敎輯錄》, 서울대

학교 규장각, 1997.

32 《承政院日記》영조 10년 1월 5일(壬午).

33 《承政院日記》영조 10년 10월 20일(壬戌).

34 《承政院日記》영조 15년 7월 14일(戊午).

35 영조 18년에도 이 책을 간행해야 한다는 이야기가 있었음을 확인할 수 있다.(《承政院日記》 영조 18년 9월 11일 丁卯)

36 《增補典錄通考》는 범례가 없다. 그렇기에 구성 원칙이 명확하게 제시되지는 않았는데, 구성 방식이 《전록통고》와 아주 비슷하다. 《전록통고》가 견지했던 "경국대전을 위주로 하여, 전후 속록 및 수교집록의 여러 조문은 경국대전 본 조문 아래 나누어 붙인다.(以經國大典爲主, 前後續錄及受教輯錄諸條, 分隷於大典本條之下)"의 범례를 따랐다고 할 수 있다.

37 《英祖實錄》권51, 16年 4月 丁亥.

38 《英祖實錄》권51, 16年 5月 癸卯.

39 《英祖實錄》권59, 20年 7月 己亥.

40 〈續大典凡例〉, "前後受教, 又不無異同輕重之別, 存刪折衷, 悉禀睿裁."

41 《英祖實錄》권60, 20年 10月 丙寅.

42 《英祖實錄》권60, 20年 12月 壬子.

43 《英祖實錄》권63, 22年 4月 丙子.

44 《續大典》, 續大典凡例, "各典序次, 一遵大典, 而分綱立目, 俾有統屬, 混入諸典者, 隨類移錄."

45 《英祖實錄》권61, 21年 5月 己亥, "命藝閣, 原大典·續大典, 一體刊行."

46 이 점은 《大典通編》을 만들게 되는 현실적인 한 요인이었다.(《雙溪遺稿》卷9, 大典通編序, "續典成於甲子, 而先王教令之後於甲子者尙多, 其敢專於近而忽於遠乎, 且原典續典各有一書, 艱於考據, 予甞病之, 宜取二典及舊今受教, 通爲一編.")

47 《續大典》, 續大典凡例, "經國大典, 卽我朝一王之制."

48 《續大典》, 御製題續大典卷首勉勅後昆, "其況我朝三百餘年, 法上生葉, 奚言漢時, 法文日繁, 綱領漸紊, 官吏舞弄, 民莫措手."

49 《英祖實錄》권60, 20年 8月 丁卯. 영조는 《大訓》, 《續五禮儀》, 《續大典》의 편찬과 정비가 이루어지자, 이를 두고 나의 일이 다 끝났다고 하였다. 영조의 왕권 안정, 그리고 조선의 체제 정비가 동시에 이루어지고 있었음을 볼 수 있다.

7장

1 《숙종실록》권50, 숙종 37년 10월 19일(갑술). 북한산성 축성은 1711년 4월 3일 시작하여 10월 19일 끝났으므로 시작부터 완공까지 6개월 보름 정도 걸린 셈이다. 한편 《비변사등록》에는 이보다 하루 전날인 18일에 축성을 마친 것으로 나와 있다(63책, 숙종 37년 10월 18일).

2 북한산성 축성에 대해서 여러 학자들이 이른 시기부터 연구를 진행해 왔는데 대표적인 성과는 다음과 같다. 김용국, 〈숙종대 北漢山城考〉, 《향토서울》 8, 1960; 이현수, 〈18세기 북한산성의 축조와 경리청〉, 《청계사학》 8, 1991; 이태진, 〈숙종대 북한산성의 축조와 그 의의〉, 《북한산성 지표조사보고서》, 서울대 박물관, 1991; 이근호, 〈18세기 전반의 수도방위론〉, 《군사》 37, 1998; 이근호, 〈숙종대 중앙군영의 변호와 수도방위체제의 성립〉, 《조선후

기의 수도방위체제〉, 서울시립대 부설 서울학연구소, 1998; 조준호, 〈영조대 《수성절목》의 반포와 수도방위체제의 확립〉, 《조선후기의 수도방위체제》, 서울시립대 부설 서울학연구소, 1998; 유재춘, 〈도성 외곽의 성곽 축조〉, 《서울2천년사 13: 조선시대 서울의 도시 경관》, 2013; 이근호, 〈조선후기 사회와 북한산성의 운영〉, 《북한산성의 역사와 문화유적》, 경기문화재단, 2015; 이근호, 〈북한산성 행궁터 일대: 도성 방위, 서울을 함께 지킨다는 의미를 되새기다〉 〈북한산성의 성곽과 성문: 성곽과 성문 따라 북한산성을 둘러보다〉, 《서울역사답사기1: 북한산과 도봉산 편》, 서울역사편찬원, 2017.

3   《三國史記》 권23, 百濟本紀 1, 始祖溫祚王, "與烏干馬黎等十臣南行 百姓從之者多 遂至漢山 登負兒嶽 望可居之地."

4   김성태는 중흥산성 초축(初築) 연대를 거란의 2차 침입이 있었던 1010년 이전으로 추정하였다(〈문헌을 통해 본 북한산성-중흥산성을 중심으로〉, 《북한산성의 가치 재조명》(2017 북한산성 심포지엄 자료집), 2017, 77쪽).

5   유재춘, 앞의 논문, 348쪽.

6   이근호, 앞의 논문, 2017, 38쪽.

7   1711년(숙종 37) 축성된 북한산성과 그 이전의 논의 과정에서 등장하는 북한산 소재 성곽은 서로 다른 성곽으로, 후자는 북한산성(北漢山城)뿐 아니라 한양산성(漢陽山城)·북한성(北漢城)·중흥성(重興城)·중흥동산성(中興洞山城) 등 여러 가지로 불렸다.

8   《문종실록》 권10, 문종 1년 10월 29일(갑오). 도성 사방에 원성(援城)이 필요하다는 문종의 언급은 조선후기 도성 근처에 남한산성·북한산성 등의 보장처(保障處)를 조성하는 시발이 된다는 점에서 중요하다.

9   《문종실록》 권5, 문종 1년 1월 4일(갑진).

10 《선조실록》 권71, 선조 29년 1월 28일(을미).

11 《선조실록》 권73, 선조 29년 3월 3일(경오)·6일(계유).

12 《광해군일기》(중초본) 권129, 광해군 10년 6월 26일(계미); 《광해군일기》(중초본) 권169, 광해군 13년 9월 14일(임자).

13 《北漢誌》, 事實.

14 《숙종실록》 권26, 숙종 20년 윤5월 11일(정축); 《숙종실록》 권49, 숙종 36년 10월 26일(정해).

15 《숙종실록》 권1, 숙종 즉위년 11월 13일(임신)·11월 23일(임오).

16 숙종 초반의 도체찰사부 설치와 대흥산성 축성에 대해서는 이태진, 《조선후기의 정치와 軍營制 변천》, 한국연구원, 1985, 189~194쪽 참조.

17 이근호, 앞의 논문, 2017, 41쪽.

18 《숙종실록》 권37, 숙종 28년 8월 11일(경인).

19 申琓, 《絅菴集》 권4, 疏箚, 〈進八條萬言封事冊子箚 壬午〉, "七曰修城池 ……."

20 김용국, 앞의 논문, 75쪽.

21 《인조실록》 권34, 인조 15년 1월 28일(무진), "新舊城垣 不許繕築." 이를 《비변사등록》에서는 '정축약조(丁丑約條)'로 표현하였다(56책 숙종 31년 1월 22일).

22 1702~1703년 당시 축성 찬성과 반대 논거에 대해서는 김용국, 앞의 논문, 76~84쪽; 이근호, 앞의 논문, 1998, 72~75쪽; 유재춘, 앞의 논문, 352~358쪽 참조.

23 《숙종실록》 권39, 숙종 30년 2월 15일(을유).

24 숙종 때 도성 수축과 3군문 체제 강화에 대해서는 차용걸, 〈도성의 축조와 개축〉, 《서울2천

년사 13 : 조선시대 서울의 도시 경관》, 2013, 307~315쪽 ; 이근호, 〈도성수비체제의 확립과
지휘체계의 조정〉, 《한국군사사 7 : 조선후기 1》, 육군군사연구소, 2012, 457~460쪽 참조.

25 《숙종실록》 권49, 숙종 36년 9월 28일(기미).

26 위와 같음.

27 《비변사등록》 61책, 숙종 37년 2월 9일.

28 이근호, 앞의 논문, 1998, 77쪽.

29 이근호, 위의 논문, 1998, 77·81쪽 참조.

30 《비변사등록》 63책, 숙종 37년 10월 18일.

31 국토방위전략의 변화는 김웅호, 〈조선후기 도성중심 방위전략의 정착과 한강변 관리〉, 《서
울학연구》 24, 2005를 참조하여 정리하였다.

32 공인(貢人)은 대동법 시행에 따라 공가(貢價)를 받고 정부에 필요한 물품을 납부하는 어용
상인을 말한다.

33 조선 후기 서울의 성장에 대해서는 고동환, 《조선시대 서울도시사》, 태학사, 2007 참조.

34 설석규, 〈조선시대 유생의 공론형성과 상소경위〉, 《조선사연구》 4, 1995, 9쪽 참조.

35 권연웅, 《경연과 임금 길들이기》, 지식산업사, 2015, 168쪽.

36 《성종실록》 권26, 성종 4년 1월 21일(임자).

37 《숙종실록》 권61, 숙종 44년 4월 9일(정해).

38 《현종실록》 권8, 현종 4년 4월 19일(병진). 그러나 이유태(李惟泰)의 현도(縣道)상소를 관
찰사가 접수하지 않은 사례에서 보듯이(《숙종실록》 권9, 숙종 6년 5월 12일(경자)), 국가의
금기(禁忌) 사항에 같은 것은 조정에서의 분란을 우려해 접수가 거부되는 경우도 있었다.

39 《숙종실록》 권5, 숙종 2년 6월 21일(임신) ; 《숙종실록》 권14, 숙종 9년 6월 2일(계유).

40 《태종실록》 권12, 태종 6년 7월 16일(계묘), "珍原縣道旁有大樹" ; 《세조실록》 권36, 세조 11년
7월 26일(신미), "所管州縣道路遙隔" ; 《성종실록》 권233, 성종 20년 10월 4일(무자), "今見畿
縣道路修治" ; 《선조실록》 권40, 선조 26년 7월 14일(병인), "集各縣道之勇."

41 《효종실록》 권1, 효종 즉위년 7월 25일(임오), "掌令宋時烈在沃川 以縣道上疏辭職 上優批不
許."

42 소론(少論)의 박세채(朴世采)·윤증(尹拯), 노론(老論)의 이여(李畬)·권상하(權尙夏)가 대표적
인 인물이다.

43 《숙종실록》 권49, 숙종 36년 10월 26일(정해).

44 《숙종실록》 권49, 숙종 36년 11월 29일(기미).

45 권연웅은 경연에서 국정을 논하는 방식을 '경연정치'로 불렀다(권연웅, 〈제4장 성종의 경연
과 경연정치〉, 《경연과 임금 길들이기》, 지식산업사, 2015, 163쪽). 또한 그는 "경연관들이 경
사(經史)를 강독할 때에는 그 내용을 현재와 연결시켰고, 국정을 토론할 때는 경사를 인용
했다."라고 하면서, 이를 '과거와 현재의 대화'로 표현하였다(같은 책, 166쪽). 경전을 바탕
으로 국정을 논하는 경연의 모습을 묘사한 적절한 수사(修辭)로 보인다.

46 권연웅, 위의 책, 274쪽.

47 권연웅, 위의 책, 275~278쪽 참조.

48 정재훈, 〈조선중기의 경연과 제왕학〉, 《역사학보》 184, 2004, 141쪽.

49 권연웅, 앞의 책, 2015, 274쪽 참조.

50 양정기, 〈조선후기 숙종대 경연과 군신관계〉, 서울대 석사학위논문, 2012, 5~6쪽 참조.

51 《숙종실록》 권53, 숙종 39년 5월 15일(신묘).

52 이재철, 〈17세기 비변사의 운영과 성격〉, 경북대 박사학위논문, 1995, 10~33쪽 참조.

53 이재철, 위의 논문, 34~56쪽 참조.

54 이재철, 위의 논문, 92~94쪽 참조.

55 이재철, 위의 논문, 211쪽.

56 이상식, 〈조선 숙종대 비변사의 정치적 기능과 왕권강화〉, 《민족문화연구》 42, 2005, 313쪽.

57 《숙종실록》 권63, 숙종 45년 4월 10일(임자).

58 《숙종실록》 권50, 숙종 37년 2월 5일(갑자).

59 조선왕조실록에서 '수의(收議)'는 성종 초부터 검색된다. 이를 보면 '수의'라는 소통방식은 어린 성종의 즉위로 인해 정희왕후(貞熹王后)와 원상(院相)에 임명된 세조 때 공신들의 합의 형식으로 국정을 운영하던 성종 초의 정치적 특수성에서 비롯한 것으로 추정된다.

60 비변사가 국정운영의 중심기관이 된 조선 후기에는 비변사에서 비변사 낭청을 보내 외방에 있는 대신에게 의견을 청취하는 경우도 있었다(《비변사등록》 60책, 숙종 31년 10월 26일).

61 《성종실록》 권273, 성종 24년 1월 7일(계유).

62 《성종실록》 권124, 성종 11년 12월 14일(기미). 이날 국왕 성종이 고위 관원들과 더불어 활 쏘기를 관람하던 중 어떤 사람이 꽹과리를 쳐서 억울함을 호소하여 이의 처리와 관련해 그 자리에 있던 고위 관원을 대상으로 수의를 한 것이다. 16명의 재상들이 의견을 제출하였다.

63 《인조실록》 권12, 인조 4년 3월 15일(무오); 《성종실록》 권236, 성종 21년 1월 17일(경오); 《중종실록》 권10, 중종 5년 1월 23일(경진).

64 《현종실록》 권6, 현종 4년 4월 3일(경자).

65 《숙종실록》 권49, 숙종 36년 11월 10일(경자).

66 《숙종실록》 권63, 숙종 45년 2월 2일(을사).

67 《숙종실록》 권62, 숙종 44년 12월 19일(임술).

68 《숙종실록》 권63, 숙종 45년 2월 8일(신해)·13일(병진).

69 《숙종실록》 권63, 숙종 45년 2월 2일(을사).

70 《숙종실록》 권2, 숙종 1년 1월 24일(계미); 《숙종실록》 권49, 숙종 36년 10월 13일(갑술); 《숙종실록》 권49, 숙종 36년 10월 26일(정해).

8장

1 《大東野乘》 권1, 〈慵齋叢話〉 권3, "坡州西郊 荒廢無人 安政堂牧始墾之 廣作田畝 大構第而居 之……至其孫瑗極盛 內外占田 無慮數萬頃 奴婢百餘戶."

2 《高麗史》 권123, 列傳36, 嬖幸1, 廉承益, "時 鷹坊怯怜口 及內竪賤者 皆受賜田 多至數百結 誘齊 民爲佃 凡民田在旁近者 並收租 州縣賦稅 無所入."

3 《高麗史》 권91, 列傳 4-9b·10a, 宗室 2, 下册, 57쪽, "初貞和宮主兄僧住桐華寺 冒良人爲隷 蕃至 千數百戶 珛等世役之. ……"

4 《高麗史》 권125, 列傳39, 姦臣2, 廉興邦, "興邦家奴 李琳女壻判密直崔濂家奴 居富平 恃勢恣橫 府使周彦邦遣吏簽軍 奴等率民四十餘人 驅其吏濱死 彦邦自持四道指揮使發軍牒 至其家 奴輩 又驅彦邦."

5 《太祖實錄》 권8, 太祖 4年 11月 戊子條(28일), "刑曹都官朴信等上言 …… 獨有奴婢一事 尙循舊 轍 爭訟益繁 奸僞日滋 骨肉至親 反脣相詰 分門割戶 患若仇敵 而况其他奪攘 詎可勝言. ……"

6 《太宗實錄》권10, 太宗 5年 8月 丁丑條, 1冊, 333쪽, "召司憲府刑曹 命辨朴尚文等訴良事 初尚文 等申訴駕前 上覽訴牒 乃訴壓良爲賤 言干兩國舅. ……"

7 《太宗實錄》권16, 太宗 8年 10月 乙亥條(1일).

8 《太宗實錄》권8, 太宗 4年 8月 庚辰條(11일), "下前政堂李元紘前典書河自宗鄭睦宋義蕃于巡禁司 初全普門妻宋氏淫奔坐此其奴婢皆屬公 宋氏國之貴姓 故其餘奴婢亦多 宋氏之族 及宋氏外家姜氏 之族 皆滿朝 故判書許錦稱宋氏養子 專執其奴婢 國初宋氏之族 若平壤府院君趙浚驪興府院君閔 霽姜族若興安君李濟晉山府院君币裔星山君李稷等 士大夫數十家相訟 卒皆屬公 錦之子惜 欲還執 擊申聞鼓 上令臺諫刑曹議決 又皆屬公 姜族自宗睦義蕃等數十人 上書駕前 上素知其實皆下巡禁 司流自宗等首謀者四人放元紘."

9 《太祖實錄》권12, 太祖 6年 7月 甲戌條(25일), "一. 以先亡同腹 稱爲不孝 其子息奴婢 減給 甚爲 無理 許令平均決給."

10 《世宗實錄》권97, 世宗 24年 7月 甲戌條(16일), "今世俗 無子息亡妻奴婢 其夫因仍使喚 及改娶他 妻 則其奴婢卽還本宗 竊惟夫之亡妻 雖改娶 非婦人改嫁之比 無義絶之理 而還奴婢于本宗未便."

11 《太宗實錄》권34, 太宗 17年 8月 辛亥條(28일), "……卜季良曰 若不成公文則已 如欲成給 必須定 數 國家錄籍給之 不限其數 而一家奴婢 或多至千餘口 則後來何觀 多不過四五十爲數."

12 박진훈, 〈조선초기 사노비 정한법(定限法) 논의와 그 성격〉, 《역사와 현실》 62, 2006.

13 《世宗實錄》권99, 世宗 25年 2月 己亥條(13일).

14 《世宗實錄》권68, 世宗 17年 4月 戊午條(17일), "我國之奴婢 與中國自別 創於何時歟 或者 以爲 禮義之俗廉恥之風 寔賴於此 其說是歟 非歟 董仲舒定限之說 亦不可行歟 凡此數者 皆前代之所 行 當今之急務 予之所願聞 子大夫講之熟矣 其酌古今之宜 爲永久之規 悉心以對."

15 河緯地,〈河先生遺稿〉《六先生遺稿》〈策問〉, "但均爲士家 而多寡不同 是固可歟也 宜若立限以均 之 使無多寡之懸隔也 然貴賤有時 蕃寡不同 而奴婢生育盛衰亦異 則求以均之 恐未免終有不均之 嘆也 臣聞君子爲政 貴因循而重改作 法立而不能盡善 則莫若仍舊之爲愈也 漢之定限 以三十口爲 率 而高麗盛時 亦有定限之法 宜若革弊而無憾矣 徒致紛擾之患 而不可傳於後世 未見其盡善也 而況累世相傳之臧獲 一朝奪而與人 豈常情之所安乎 定限之制 固不可復 臣願奴婢之過多者 使分 給一族之全無 而以篤親親之仁 又塞兼并之門 使奴婢多者 不得托買賣 取諸人以自益 則雖無定限 之法 而庶有可均之漸矣."

16 《世宗實錄》권99, 世宗 25年 2月 己亥條(13일).

17 崔承熙,〈유교정치의 진전〉,《한국사》 22, 국사편찬위원회, 1995, 90쪽.

9장

1 차문섭,〈균역법의 의의와 영향〉,《한국사》 13, 국사편찬위원회, 1976, 259~275쪽 ; 한우근, 《한국통사》, 을유문화사, 1986, 317, 319쪽 ; 변태섭,《한국사통론》, 삼영사, 1986, 389쪽 ; 이 기백,《한국사신론》, 일조각, 1990, 296쪽 ; 최완기,〈대동법 실시의 영향〉,《국사관논총》 12, 국사편찬위원회, 1990, 208쪽 ; 최완기,〈붕당정치의 전개와 정국의 변화〉,《한국사》 9, 한길 사, 1994, 144~145쪽 ; 김우철,〈균역법은 왜 성공하지 못했나〉,《내일을 여는 역사》 8, 내일 을 여는 역사, 2002, 130~131쪽 ; 역사문제연구소 기획,〈세금제도가 바뀌어도 힘든 살림살 이 : 수취체제의 변화〉,《미래를 여는 한국의 역사》 3, 웅진지식하우스, 2011, 218쪽.

2 김백철,〈조선시대 역사상과 공시성의 재검토 : 14~18세기 한국사 발전모델의 모색〉,《한국

사상사학》 44, 한국사상사학회, 2013a, 304~314쪽(김백철, 《두 얼굴의 영조 : 18세기 탕평군주상의 재검토》, 태학사, 2014 재수록).

3 한영국, 〈호서에 실시된 대동법(상·하)〉, 《역사학보》 13·14, 역사학회, 1960~1961 ; 한영국, 〈호서에 실시된 대동법(上·二·三·四)〉, 《역사학보》 15·20·21·24, 역사학회, 1961·1963·1964 ; 김옥근, 〈대동법연구 : 公剩色, 主要規例, 貢人〉, 《경제사학》 1, 경제사학회, 1975 ; 김옥근, 〈대동법연구〉, 《경영사학》 3, 한국경영사학회, 1988 ; 정연식, 《조선후기 '役總'의 운영과 양역변통》, 서울대학교 국사학과 박사논문, 1993 ; 최주희, 《조선후기 선혜청의 운영과 중앙재정구조의 변화 : 재정기구의 합설과 지출경비 과정을 중심으로》, 고려대학교 한국사학과 박사논문, 2014.

4 차문섭, 〈임란이후의 양역과 균역법의 성립(상·하)〉, 《사학연구》 10·11, 한국사학회, 1961 ; 김윤곤, 〈대동법의 시행을 둘러싼 찬반양론과 그 배경〉, 《대동문화연구》 8, 성균관대학교 대동문화연구원, 1971 ; 정만조, 〈均役法의 選武軍官 : 閑遊者 문제와 관련하여〉, 《한국사연구》 18, 한국사연구회, 1977 ; 정만조, 〈조선후기의 良役變通論 : 정치상황과 관련해 본 하나의 시론〉, 《한국근세 문화의 특성 : 조선왕조 후기(12) - 군사·외교부문》, 제26회 동양학 학술회의록, 1996 ; 정만조, 〈양역변통론의 추이〉, 《한국사》 32, 국사편찬위원회, 1997 ; 지두환, 〈인조대의 대동법 논의〉, 《역사학보》 155, 역사학회, 1997 ; 지두환, 〈효종대 대동법 논의〉, 《한국사상과 문화》 10, 한국사상문화학회, 2000 ; 이정철, 〈仁祖初 三道大同法 論議와 經過〉, 《한국사연구》 121, 한국사연구회, 2003 ; 이정철, 〈조선시대 貢物分定 방식의 변화와 大同의 語義〉, 《한국사학보》 34, 고려사학회, 2009 ; 이정철, 〈磻溪 유형원의 대동법인식 : 조선후기 개혁론의 '두 가지 입장'에 대해서〉, 《역사학보》 206, 역사학회, 2010 ; 이정철, 〈대동법의 성립에서 김육의 역할〉, 《사총》 72, 고려대학교 역사연구소, 2011.

5 존 킹 페어뱅크, 중국사연구회 역, 《신중국사》, 까치, 1994, 171, 177~179쪽.

6 이강한, 《고려와 원제국의 교역의 역사 : 13~14세기 감춰진 교류상의 재구성》, 창비, 2013, 191~315쪽.

7 《高麗史》 권78, 志32, 食貨1, 田制, 經理, 禑王 14年 8月 ; 《高麗史》 권137, 列傳50, 辛禑5, 辛昌 ; 《高麗史》 권78, 志32, 食貨1, 田制, 恭讓王 2年 9月.

8 松丸道雄 外, 《中國史4 : 明·淸》, 世界歷史大系, 東京, 山川出版社, 1997, 112~120쪽 ; 박평식, 〈조선정부의 상업인식과 억말책〉, 《조선전기 상업사 연구》, 지식산업사, 1999, 47~59쪽 ; 백승철, 〈무본보말론의 대두와 전개〉, 《조선후기 상업사 연구》, 혜안, 2000, 86~103쪽 ; 김백철, 앞의 논문, 2013a, 304~305쪽.

9 이태진, 〈16세기 동아시아 경제변동과 정치·사회적 동향〉, 《조선유교사회론》, 지식산업사, 1989, 94~114쪽 ; 김동철, 〈국제교역의 발달과 마찰〉, 《한국사》 28, 국사편찬위원회, 1996, 113~137쪽 ; 박평식, 《조선전기 교환경제와 상인 연구》, 지식산업사, 2009, 189~228쪽, 395~464쪽.

10 김태영, 〈과전법의 붕괴와 지주제의 발달〉, 《한국사》 28, 국사편찬위원회, 1996, 32~65쪽 ; 고석규, 〈상품 유통과 공납제의 모순〉, 《한국사》 28, 국사편찬위원회, 1996, 65~89쪽 ; 김종수, 〈군역제도의 붕괴〉, 《한국사》 28, 국사편찬위원회, 1996, 89~113쪽.

11 이태진, 〈사림과 유향소 복립운동(상·하)〉, 《진단학보》 34·35, 진단학회, 1972~1973, 상 5~34쪽, 하 5~33쪽(이태진, 《조선유교사회사론》, 지식산업사, 1989 재수록).

12 이경식, 《조선전기 토지제도연구》, 일조각, 1983, 169~279쪽.

13 이경식, 《조선전기 토지제도연구Ⅱ : 농업경영과 지주제》, 지식산업사, 1998, 111~168쪽,

280~281쪽 ; 이경식, 《한국중세 토지제도사 : 조선전기》, 서울대학교출판부, 2006, 157~168
쪽 ; 박평식, 앞의 책, 2009, 229~274쪽.

14 《續大典》권2, 戶典, 諸田.

15 김옥근, 〈貢法〉, 《조선왕조재정사연구》1, 일조각, 1984, 212~238쪽.

16 박종수, 〈16,17세기 전세의 정액화 과정〉, 《한국사론》 30, 서울대학교 국사학과, 1993,
    57~123쪽.

17 송찬섭, 〈양전사업〉, 《한국사》 30, 국사편찬위원회, 1998, 416~420쪽.

18 《宣祖實錄》권5, 宣祖 4年 11月 丁亥(29日).

19 《宣祖實錄》권200, 宣祖 39年 6月 壬戌(25日) ; 《承政院日記》, 天啓 5年(인조 3) 8月 11日(丁亥).

20 《續大典》권2, 戶典, 收稅 ; 《萬機要覽》, 財用編2, 收稅, 各道收稅, 仁祖甲戌(인조 12).

21 《續大典》권2, 戶典, 量田 ; 《萬機要覽》, 財用編2, 田結, 量田法.

22 《磻溪隨錄》권1, 田制上, 分田定稅節目.

23 《磻溪隨錄》권6, 田制考說下, 國朝田制.

24 《世宗實錄》권105, 世宗 26年 閏7月 丁亥(10日).

25 《太宗實錄》권10, 太宗 5年 11月 癸丑(21日).

26 김인규, 〈태종대의 공노비정책과 그 성격 : 태종 17년 공노비추쇄사목 14조를 중심으로〉,
    《역사학보》 136, 역사학회, 1992, 43~73쪽.

27 《世宗實錄》권20, 世宗 5年 5月 丁未(28日).

28 《端宗實錄》권12, 端宗 2年 12月 己卯(3日).

29 《成宗實錄》권61, 成宗 6年 11月 癸酉(28日) ; 《成宗實錄》권62, 成宗 6年 12月 丁亥(12日).

30 《世宗實錄》권112, 世宗 28年 5月 庚午(3日) ; 《世宗實錄》권117, 世宗 29年 7月 辛亥(21日).

31 《中宗實錄》권62, 中宗 23年 8月 癸丑(14日) ; 이재룡, 〈조세〉, 《한국사》 24, 국사편찬위원회,
    1994, 488~490쪽.

32 《顯宗實錄》권7, 顯宗 4年 11月 辛卯(27日).

33 《經國大典》권2, 戶典, 徭賦.

34 《世宗實錄》권20, 世宗 5年 5月 丁未(28日) ; 《成宗實錄》권61, 成宗 6年 11月 癸酉(28日) ; 《中宗
    實錄》권35, 中宗 14年 3月 甲午(1日).

35 윤용출, 《조선후기의 요역제와 고용노동》, 서울대학교출판부, 1998, 173~220쪽 ; 윤용출,
    〈요역제의 붕괴와 모립제의 대두〉, 《한국사》 30, 국사편찬위원회, 1998, 379~403쪽.

36 이태진, 〈16세기 동아시아 경제 변동과 정치·사회적 동향〉, 《조선유교사회사론》, 지식산업
    사, 1989, 94~114쪽 ; 김동철, 앞의 글, 1996, 113~137쪽 ; 박평식, 《조선 전기 교환경제와 상
    인 연구》, 지식산업사, 2009, 241~256쪽.

37 이정철, 《대동법, 조선 최고의 개혁》, 역사비평사, 2012, 47쪽 ; 박도식, 〈조선전기 공물분정의
    추이〉, 《조선전기 공납제 연구》, 혜안, 2011, 98~135쪽 ; 이성임, 〈16~17세기 '貢役戶'와 戶首〉,
    《역사연구》 24, 역사학연구소, 2013, 105~122쪽.

38 《世宗實錄》권18, 世宗 4年 閏12月 庚午(17日).

39 고석규, 〈16,17세기 공납제 개혁의 방향〉, 《한국사론》 12, 서울대학교 국사학과, 1985, 177
    쪽.

40 《世宗實錄》권87, 世宗 21年 11月 乙卯(11日).

41 《世祖實錄》권5, 世祖 2年 11月 己丑(23日) ; 《世祖實錄》권33, 世祖 10年 5月 庚辰(28日).

42 《顯宗改修實錄》권9, 顯宗 4年 9月 丁丑(13日) ; 《萬機要覽》, 財用編3, 大同作貢, 夫刷馬價 ; 한영

국, 〈대동법의 시행〉, 《한국사》 30, 국사편찬위원회, 1998, 493~511쪽 ; 이정철, 〈大同米·布의 構成 : 《湖西大同節目》《全南道大同事目》을 중심으로〉, 《한국사학보》 19, 고려사학회, 2005, 33~59쪽 ; 이정철, 앞의 책, 2010, 307~310쪽.

43 박평식, 〈조선전기 주인층과 유통체계〉, 《조선전기 교환경제와 상인 연구》, 지식산업사, 2009, 229~272쪽.

44 《明宗實錄》 권6, 明宗 2年 8月 辛卯(13日) ; 《宣祖實錄》 권144, 宣祖 34年 12月 庚辰(17日).

45 《宣祖實錄》 권15, 宣祖 8年 10月 丙申(23日) ; 《光海君日記》 권104, 光海君 8年 6月 戊午(19日).

46 박종수, 앞의 논문, 1993, 57~123쪽.

47 《仁祖實錄》 권33, 仁祖 14年 8月 辛卯(20日).

48 오미일, 〈18·19세기 새로운 貢人權·廛契 창설운동과 亂廛活動〉, 《규장각》 10, 서울대학교 규장각한국학연구원, 1987, 42~47쪽 ; 이재룡, 〈진상〉, 《한국사》 24, 국사편찬위원회, 1994, 469~472쪽 ; 전상욱, 〈호서대동법 실시전후 진상의 운영과 변화〉, 《중앙사론》 34, 중앙대학교 중앙사학연구소, 2011, 193~217쪽.

49 김옥근, 〈세역의 토지집중〉, 《조선왕조재정사연구》 I, 일조각, 1984, 239~309쪽 ; 박현순, 〈16~17세기 공납제 운영의 변화〉, 《한국사론》 38, 서울대학교 국사학과, 1997, 2~46쪽.

50 한영국, 앞의 글, 1998, 479~516쪽.

51 차용진, 〈清代 '地丁銀'制 成立에 關한 一考察〉, 성균관대학교 사학과 석사논문, 1983, 18~27쪽 ; 김선혜, 〈清初 地丁銀制 改革에 대한 一考察〉, 숙명여자대학교 사학과 석사논문, 1994, 9~10쪽 ; 김백철, 앞의 논문, 2013a, 309~314쪽.

52 이정철, 앞의 책, 2012, 32쪽.

53 한영국, 앞의 글, 1998, 504~507쪽 ; 김옥근, 앞의 책, 1984, 294~297쪽 ; 최주희, 앞의 논문, 2014, 25~154쪽.

54 한영국, 앞의 글, 1998, 512~513쪽 ; 최주희, 앞의 논문, 2014, 109~154쪽.

55 《宣祖實錄》 권7, 宣祖 6年 9月 癸卯(26日).

56 《英祖實錄》 권10, 英祖 2年 7月 丁酉(7日).

57 최주희, 앞의 논문, 2014, 109~154쪽.

58 백승철, 앞의 책, 2000, 104~216쪽.

59 한영국, 앞의 글, 1998, 507~511쪽 ; 김옥근, 〈留置米〉, 《조선왕조재정사연구》 III, 일조각, 1988, 66~75쪽 ; 문광균, 〈영남대동법 시행초기 지방재정의 개편과 그 성격〉, 《한국사연구》 161, 한국사연구회, 2013, 192~194쪽.

60 문광균, 앞의 논문, 2013, 200~201쪽.

61 최주희, 앞의 논문, 2014, 25~65쪽.

62 양진석, 《17,18세기 還穀制度의 운영과 機能 변화》, 서울대학교 국사학과 박사논문, 1999, 153~216쪽 ; 문용식, 《조선후기 진정과 환곡운영》, 경인문화사, 2000, 142~161쪽.

63 최주희, 앞의 논문, 1994, 205~262쪽.

64 《萬機要覽》, 財用編6, 還摠, 總額.

65 양진석, 앞의 논문, 2003, 241쪽, 243쪽 ; 문광균, 〈영남대동법 시행 이후 대동세 배분방식의 변화와 저치미 운영〉, 《역사학보》 225, 역사학회, 2015, 149쪽.

66 《增補文獻備考》 권151, 田賦考1, 朝鮮, 肅宗 甲寅~英祖 52年 ; 김백철, 《조선 후기 영조의 탕평정치 : 《속대전》의 편찬과 백성의 재인식》, 태학사, 2010, 245~252쪽.

67 야마구치 게이지, 김현영 역, 《일본근세의 쇄국과 개국》, 혜안, 2001, 13~58쪽 ; 안드레 군터

프랑크, 이희재 역, 《리오리엔트》, 이산, 2003, 235~278쪽, 296~360쪽 ; 김동철, 〈16~18세기 동아시아 교역망과 은 유통〉, 《동아시아의 역사》II, 동북아역사재단, 2011, 271~290쪽 ; 웅이, 류방승 역, 《백은비사》, RHK, 2013, 61~133쪽.

68 《萬機要覽》, 財用編4, 錢貨, 金銀銅鉛, 銀, 銀貨行用.

69 한명기, 〈17세기초 은의 유통과 그 영향〉, 《규장각》 15, 서울대학교 규장각, 1992, 1~12쪽 ; 고동환, 《조선시대 시전상업 연구》, 지식산업사, 2013, 54~59쪽.

70 한명기, 위의 논문, 1992, 13~34쪽 ; 한명기, 〈16, 17세기 명청교체와 한반도 : 재조지은, 은, 그리고 쿠데타의 변주곡〉, 《명청사연구》 22, 명청사학회, 2004, 44~52쪽 ; 정성일, 〈조선의 동전과 일본의 은화 : 화폐의 유통을 통해 본 15~17세기 한일관계〉, 《한일관계사연구》 20, 한일관계사학회, 2004, 29~43쪽 ; 정성일, 〈조선과 일본의 은유통 교섭〉, 《한일관계사연구》 42, 한일관계사학회, 2012, 504~534쪽.

71 류승주, 〈조선후기 대청무역이 국내산업에 미친 영향〉, 《아세아연구》 37-2, 고려대학교 아세아문제연구소, 1994, 3~19쪽 ; 원유한, 〈조선후기 대청관계 및 인식의 변화〉, 《아세아문화연구》 4, 경원대학교 아시아문화연구소, 2000, 3~5쪽 ; 조영헌, 〈동아시아사 교과서의 '은 유통과 교역망' : 주제의 설정과 그 의미〉, 《동북아역사논총》 39, 동북아역사재단, 2013, 152~158쪽 ; 권내현, 〈17세기후반 18세기 전반 조선의 은 유통〉, 《역사학보》 221, 역사학회, 2014, 12~19쪽.

72 권내현, 앞의 논문, 2014, 22~25쪽.

73 山本進, 〈조선후기 은 유통〉, 《명청사연구》 39, 명청사학회, 2013, 215~220쪽 ; 권내현, 앞의 논문, 2014, 19쪽.

74 원유한, 〈조선후기 화폐유통에 관한 일고찰 : 전황문제를 중심으로〉, 《한국사연구》 7, 한국사연구회, 1972, 134~135쪽 ; 원유한, 《조선후기 화폐사》, 혜안, 2008, 140~154쪽.

75 고동환, 앞의 책, 2013, 127~184쪽.

76 송찬식, 《조선후기 사회경제사의 연구》, 일조각, 1997, 45~179쪽 ; 원유한, 앞의 책, 2008, 139쪽, 157~159쪽 ; 정수환, 《조선후기 화폐유통과 경제생활》, 경인문화사, 2013, 36~88쪽 ; 고동환, 앞의 책, 2013, 66~76쪽.

77 《磻溪隧錄》 권4, 田制後錄下, 錢幣.

78 《高麗史》 권79, 志33, 食貨, 貨幣, 恭愍王 5年 9月·恭讓王 3年 3月·恭讓王 3年 7月.

79 《世宗實錄》 권25, 世宗 6年 8月 丁未(5日).

80 《世祖實錄》 권34, 世祖 10年 11月 壬戌(13日).

81 《太宗實錄》 권3, 太宗 2年 2月 丁卯(14日).

82 《太宗實錄》 권21, 太宗 11年 正月 壬午(21日).

83 《仁祖實錄》 권1, 仁祖 元年 4月 癸亥(4日) ; 《仁祖實錄》 권5, 仁祖 2年 3月 壬戌(8日).

84 《承政院日記》, 天啓 5年(인조4) 12月 17日(乙卯) ; 《仁祖實錄》 권28, 仁祖 11年 10月 甲戌(15日).

85 한영국, 〈대동법의 실시〉, 《한국사》 13, 국사편찬위원회, 1976, 152~153쪽.

86 《肅宗實錄》 권7, 肅宗 4年 8月 辛巳(13日) ; 《萬機要覽》, 財用編3, 大同作貢, 大同法, 肅宗丁巳(숙종3) ; 문광균, 〈17세기 경상도지역 공물수취체제와 영남대동법의 실시〉, 《한국사학보》 46, 고려사학회, 2012, 71~78쪽.

87 《承政院日記》, 康熙 29年(숙종16) 10月 7日(甲子) ; 《增補文獻備考》 권159, 財用6, 錢貨, 朝鮮, 肅宗 4年·肅宗 5年.

88 《萬機要覽》, 財用編4, 錢貨, 鑄錢始末.

89 《續大典》권2, 戶典, 國幣.

90 《萬機要覽》, 財用編4, 錢貨, 金銀銅鉛, 銀, 採銀.

91 송양섭, 〈正祖代《軍國摠目》의 체재와 군비·군사재정의 파악〉, 《사림》, 수선사학회, 2011, 93쪽.

92 유현재, 《조선후기 鑄錢정책과 財政활용》, 서울대학교 국사학과 박사논문, 2014, 177쪽, 228쪽.

93 고동환, 《서울상업발달사연구》, 지식산업사, 1998, 27~95쪽 ; 고동환, 《조선시대 서울도시사》, 태학사, 2007, 127~211쪽.

94 양진석, 앞의 논문, 2003, 217~245쪽.

95 양진석, 위의 논문, 2003, 247쪽.

96 이태진, 〈인구의 감소〉, 《한국사》 30, 국사편찬위원회, 1998, 374~376쪽 ; 김백철, 앞의 논문, 2007, 125쪽 ; 정연식, 〈영조대의 양역정책과 균역법〉, 한국학중앙연구원출판부, 2015, 25쪽.

97 김성우, 〈공민층의 몰락과 국역체제의 해체〉, 《조선중기 국가와 사족》, 역사비평사, 2001, 95~159쪽.

98 정만조, 앞의 논문, 1977, 90~91쪽 ; 정만조, 앞의 글, 1996, 337~341쪽 ; 정만조, 앞의 글, 1997, 125~131쪽 ; 정연식, 앞의 논문, 1993, 177~240쪽 ; 김백철, 〈조선후기 영조대 백성관의 변화와 '민국'〉, 《한국사연구》 138, 한국사연구회, 2007, 126~130쪽(김백철, 앞의 책, 2010 재수록).

99 《景宗實錄》 권4, 景宗 元年 7月 甲午(5日).

100 김백철, 〈영성군 박문수(1691~1756)의 정계활동 : 탕평관료의 중층적 위상에 대한 검토〉, 《한국사연구》 163, 한국사연구회, 2013b, 275~280쪽.

101 김백철, 위의 논문, 2013b, 276쪽.

102 김백철, 위의 논문, 2013b, 276~277쪽.

103 《經國大典》 권2, 戶典, 魚鹽.

104 이욱, 〈17·18세기 궁방·아문의 어염절수 확대와 의미〉, 《역사민속학》 17, 한국역사민속학회, 2003, 141~166쪽.

105 김백철, 앞의 논문, 2013b, 278~280쪽.

106 《英祖實錄》 권14, 英祖 3年 11月 丁巳(5日) ; 《增補文獻備考》 권159, 財用6, 錢貨, 朝鮮, 英祖 6年.

107 《萬機要覽》, 財用編4, 錢貨, 鑄錢始末 ; 《增補文獻備考》 권159, 財用6, 錢貨, 朝鮮, 英祖 7年·英祖 26年 ; 원유한, 〈조선후기 화폐정책에 대한 일고찰 : 고액전의 수용논의를 중심으로〉, 《한국사연구》 6, 한국사연구회, 1971, 77쪽 ; 김백철, 앞의 논문, 2013b, 279~280쪽.

108 《萬機要覽》, 財用編2, 年分, 英宗庚辰(영조 36).

109 김옥근, 〈조선후기 전세제도 연구〉, 《부산산업대학논문집》 9, 부산산업대학교, 1972, 46쪽 ; 이철성, 〈17, 18세기 전정운영론과 전세제도 연구〉, 선인, 2003, 85~130쪽 ; 김백철, 앞의 논문, 2013a, 312~313쪽 ; 송양섭, 〈18세기 比摠制의 적용과 齊民政策의 추진〉, 《한국사학보》 53, 고려사학회, 2013, 323~353쪽 ; 송양섭, 〈18세기 '公'담론의 구조와 그 정치·경제적 함의〉, 《역사와 현실》 93, 한국역사연구회, 2014, 27~60쪽.

110 김백철, 앞의 논문, 2013b, 271~275쪽.

111 최주희, 〈18세기 중반 《度支定例》類 간행의 재정적 특성과 정치적 의도〉, 《역사와 현실》 81, 한국역사연구회, 2011, 251~288쪽 ; 최주희, 〈18세기 중반 定例類에 나타난 王室供上의 범위와 성격〉, 《장서각》 27, 한국학중앙연구원, 2012, 38~69쪽.

112 정연식, 앞의 책, 2015, 99~105쪽.

113 김백철, 〈영조의 순문과 위민정치: '애민'에서 '군민상의'로〉,《국학연구》21, 한국국학진흥원, 2012, 183쪽(김백철, 앞의 책, 2014 재수록).

114 정연식, 앞의 책, 2015, 101쪽 ; 김백철, 앞의 논문, 1993, 132쪽 ; 김백철, 앞의 논문, 2007, 130 쪽.

115 《英祖實錄》권71, 英祖 26年 5月 庚申(19日).

116 《英祖實錄》권71, 英祖 26年 7月 癸卯(3日).

117 《均役廳事目》, 均役事實(奎 1123) ; 정연식, 앞의 책, 2015, 105~117쪽.

118 《均役廳事目》, 海稅 第4(奎 1123) ; 정연식, 앞의 책, 2015, 162~164쪽.

119 이욱, 〈18세기 鳴旨島 公鹽制 運營의 變化와 그 性格〉,《한국사연구》120, 한국사연구회, 2003, 185~215쪽 ; 김백철, 앞의 논문, 2013, 282~283쪽.

120 《磻溪隨錄》권1, 田制上, 雜說 ;《磻溪隨錄》권4, 田制後錄下, 國朝名臣論弊政諸條附, 栗谷 ;《經世遺表》권14, 均役事目追議1, 海稅·魚稅·藿稅·鹽稅 ;《經世遺表》권14, 均役事目追議2, 船稅 ;《經世遺表》권14, 摠論.

121 《均役廳事目》, 軍官 第5(奎 1123) ; 정연식, 앞의 책, 2015, 165~167쪽.

122 《均役廳事目》, 餘結 第3(奎 1123) ; 정연식, 앞의 책, 2015, 137~115쪽, 164~165쪽.

123 《英祖實錄》권74, 英祖 27年 6月 壬子(17日).

124 《均役廳事目》, 結米 第2(奎 1123).

125 정연식, 앞의 책, 2015, 147~151쪽.

126 김백철, 앞의 논문, 2007, 133~134쪽.

127 《經世遺表》권首, 邦禮艸本引.

128 《經世遺表》권14, 均役事目追議, 海稅·魚稅·藿稅·鹽稅 ;《經世遺表》권14, 均役事目追議2, 船稅 ;《經世遺表》卷14, 摠論.

129 최주희, 앞의 논문, 2014, 205~262쪽.

130 《磻溪隨錄》권3, 田制後錄上, 經費.

131 손병규, 《조선왕조 재정시스템의 재발견 : 17~19세기 지방재정사 연구》, 역사비평사, 2008, 247~297쪽, 315~343쪽.

132 국사편찬위원회 편, 《輿地圖書》상·하(영인본), 국사편찬위원회, 1973 ; 이철성, 《輿地圖書》에 나타난 田結稅 항목의 텍스트적 이해〉,《한국사학보》25, 한국사학회, 2006, 531~571쪽.

133 송양섭, 〈부역실총에 나타난 재원 파악 방식과 재정정책 부역실총〉,《역사와 현실》70, 한국역사연구회, 2008, 27~56쪽(손병규·송양섭 편, 앞의 책, 2013 재수록).

134 송양섭, 앞의 논문, 2011, 71~103쪽.

135 《典律通補》권4, 別編, 民摠·軍摠·田摠·穀摠.

136 《貢弊》;《市弊》;《增補文獻備考》권163, 市糴考1, 朝鮮, 英祖 29年 ; 이근호, 《영조대 탕평과의 국정 운영론 연구》, 국민대학교 국사학과 박사학위논문, 2002, 257쪽 ; 김백철, 앞의 논문, 2012, 210쪽 ; 김백철, 앞의 논문, 2013b, 283~284쪽 ; 김정자, 〈朝鮮後期 正祖代의 政局과 市廛政策 : 貢市人詢瘼을 중심으로〉,《한국학논총》39, 국민대학교 한국학연구소, 2013, 147~218쪽.

137 《增補文獻備考》권151, 田賦考1, 朝鮮, 肅宗 7年·9年·42年·英祖 12年·17年.

138 《增補文獻備考》권151, 田賦考1, 朝鮮, 英祖 17年·21年·24年·27~28年·32~33年·35~38年·41~52年.

139 오미일, 〈18~19세기 공물정책의 변화와 공인층의 변동〉, 《한국사론》 14, 서울대학교 국사학과, 1986, 135쪽, 〈표 8〉 各貢蕩減數.

140 고동환, 앞의 책, 1998, 27~95쪽 ; 고동환, 앞의 책, 2007, 127~211쪽.

141 최주희, 앞의 논문, 2014, 109~154쪽.

142 김동철, 〈蔡濟恭의 經濟政策에 관한 考察 : 특히 辛亥通共發賣論을 中心으로〉, 《부대사학》 4, 부대사학회, 1980, 141~173쪽 ; 김정자, 《正祖代 通共政策의 施行에 관한 硏究》, 국민대학교 국사학과 박사논문, 2010, 145~167쪽.

143 김백철, 앞의 책, 2009, 239~244쪽.

144 《增補文獻備考》 권151, 田賦考1, 朝鮮, 肅宗甲寅·3年·25年·26年 ; 김백철, 앞의 책, 2010, 245~252쪽.

145 《英祖實錄》 권83, 英祖 31年 2月 戊申(4日)·辛未(27日).

146 《萬機要覽》, 財用編4, 奴婢貢給代, 英宗乙亥(영조 31)·甲午(영조 50).

147 김백철, 앞의 논문, 2007, 130~134쪽.

148 《市南先生文集》 권14, 策問題 九首, 民國熟優歟.

149 《承政院日記》, 崇禎 11年(인조 16) 11月 6日(甲子) ; 《承政院日記》, 康熙 52年(숙종 39) 5月 6日(壬午).

150 김백철, 앞의 논문, 2007, 156~171쪽.

151 《列聖御製》 권27, 英宗大王, 文, 社壇祈年夜坐涵仁庭書錄御製以勉後王.

152 《列聖御製》 권30, 英宗大王, 文, 恤私民綸音仍示元良.

153 김백철, 앞의 논문, 2012, 217~220쪽.

154 《御製本固寧本固寧》 ; 《承政院日記》, 乾隆 40年(영조 51) 8月 9日(甲申).

155 《御製夙夜勤》.

156 《承政院日記》, 乾隆 30年(영조 41) 12月 27日(戊辰).

157 김백철, 앞의 논문, 2012, 220쪽.

158 《承政院日記》, 乾隆 26年(영조 37) 4月 8日(辛未)·12月 5日(己巳).

159 김백철, 앞의 논문, 2007, 169쪽.

10장

1 Robin Fowler, "Independent Women of Pompeii", *The Political Power of Roman Women*, May 2, 2006.

2 사료에는 '여가탈입(閭家奪入)'이란 용어로 등장한다.

3 조선시대 면적 단위는 일정 면적의 땅에서 생산되는 생산물의 양과 연동된다. 1파(把)는 한 줌을 뜻한다. 10파=1속(束), 곧 한 단을 말한다. 10속=1부(負), 한 짐을 뜻한다. 100부=1결(結)이다. 《경국대전》 호전, 양전(量田)에는 '사방1척이 1파이고, 1결=38묘이다. …… 6등전은 152묘'로 기록되어 있다.

4 《태조실록》 7권, 태조 4년(1395) 1월 14일 기유.

5 《경국대전》 권2 호전, 급조가지(給造家地).

6 《세종실록》 50권, 세종 12년(1430) 12월 26일 임진.

7 《세종실록》 51권, 세종 13년(1431) 1월 12일 정축.

8 "이제부터 친아들 친형제와 공주는 50칸(間)으로 하고, 대군(大君)은 〈이에〉 10칸을 더하며, 2품 이상은 40칸, 3품 이하는 30칸으로 하고, 서민은 10칸을 넘지 못하며, 주춧돌을 제외하고는 숙석(熟石)을 쓰지 말 것이다. 또한 화공(花拱)과 진채(眞彩)·단청(丹靑)을 쓰지 말고 되도록 검소·간략한 기풍을 숭상하되, 사당(祠堂)이나, 부모가 물려준 가옥이나, 사들인 가옥, 외방에 세운 가옥은 이 제한을 받지 않는다."(《세종실록》51권, 세종 13년(1431) 1월 12일 정축)

9 대개 한옥 1칸은 6~10자 정도의 기둥사이를 의미하는데 1칸 = 8자(약2.5m) [영조척 1자 = 31.22cm 기준].

10 《세조실록》33권, 세조 10년(1464) 6월 15일 정유.

11 H. B. 헐버트 지음, 신복룡 역주, 《대한제국멸망사》, 집문당, 1999, 287~288쪽.

12 황윤석은 영·정조대의 인물로 흥덕(현 전라도 고창)출신이다. 음직으로 관직에 나아가기 시작하여 사포서 직장, 종부시직장, 동부도사 등의 중앙관서의 하급관리를 거쳐 목천현감, 전의현감을 역임했다. 10세부터 63세에 이르기까지 쓴 일기인《이재난고》는 자신의 관료생활뿐 아니라 주변 사건, 사회현상, 정치현황, 자신의 글, 편지 등 각종 사회현상을 망라하여 기록했다. 18세기 당대의 사회상을 알 수 있는 자료이다.(노혜경, 《조선후기 수령행정의 실제-황윤석의《이재난고》를 중심으로》, 혜안, 2006, 23~42쪽)

13 상평통보의 가치를 추정해보면 1관(貫)=10냥(兩)=100전(錢)=1000문(文)·푼(分) 정도이다.

14 정수환, 《조선후기 화폐유통과 경제생활》, 312쪽 재정리.

15 《이재난고》 2책 13권, 1769년 10월 14일, 584쪽.

16 현재 물가와의 직접 비교는 불가능하겠지만《속대전》에 나와 있는 가격환산을 기준으로 쌀 가격에 대한 화폐 1냥의 구매력을 추정해보면 현재 화폐로 4만 원 정도로 계산된다. 현재 보통품질 정도의 쌀 20kg을 45,000원으로 잡았을 때 조선시대 1섬을 약 90kg 정도라고 추정하면 현재 화폐로 20만 원 정도가 된다. 1섬이 5냥이라고 했으니 1냥의 화폐구매력은 현재 화폐로 4만 원 정도라고 하겠다.

17 1428년(세종 10) 도성의 인구는 103,328명이고 성저십리의 인구는 6,044명이었다.(《세종실록》40권, 세종 10년(1428) 윤4월 8일 기축)

18 《태종실록》19권, 태종 10년(1410) 1월 5일 임신.

19 《성종실록》267권, 성종 20년(1492) 7월 30일 무술.

20 《세종실록》38권, 세종 9년(1429) 11월 17일 신축.

21 연산군 당시 주택 철거 현황에 대해서는 유승희, 〈15~16세기 한성부의 주택 문제와 정부의 대응〉, 《사학연구》 94, 2009, 63~66쪽 참조.

22 《연산군일기》51권, 연산군 9년(1503) 11월 6일 기사.

23 여가(閭家)는 여항(閭巷 : 사대부가 아닌 사람들이 사는 골목을 의미함)에 위치한 가옥의 줄임말이다. 여염집은 중인 이하 상민, 노비 등이 소유하고 거주하는 주택을 지칭하는 것으로 보고 있다.(이근호, 〈17-18세기 여가탈입을 통해 본 한성부의 주택문제〉, 《도시역사문화》 2, 2004, 59쪽)

24 《경국대전》이전 경관직. 종6품아문 5부.

25 5군영의 병력규모를 보면 훈련도감 약 5,000명, 금위영 약 1,500명, 수어청 약 7,000명, 어영청 약 1,500명, 총융청 약 20,000명 규모이다. 실제 중앙군의 핵심은 훈련도감, 어영청, 금위영이다. 이 규모만 하더라도 서울에 거주해야할 병사의 규모는 상당수에 해당한다.

26 군인들의 주택문제에 대하여 유승희, 〈17-18세기 한성부내 군병의 가대지급과 차입의 실

태〉, 《서울학연구》 36, 2009, 137-164pp 논문 참고.

27 《승정원일기》 727책 영조 7년(1731) 7월 18일 기유[기묘] ; 《영조실록》 30권, 영조 7년(1731) 7월 16일 정축 ; 《승정원일기》 727책, 영조 7년(1731) 7월 16일 정축 ; 《추관지(秋官志)》 제4편, 掌禁部 家舍 閭家奪入조.

28 정수환, 앞의 책, 311쪽.

29 태형은 100대까지이다. 100대를 넘어가면 장형으로 올라간다.

30 《대명률직해》 권5, 호율 전택 도매전택조.

31 《숙종실록》 64권, 숙종 45년(1719) 8월 29일 기사.

32 《승정원일기》 영조 즉위년 갑진(1724) 9월 28일 무진.

33 《승정원일기》 영조 즉위년 갑진(1724) 9월 28일 무진.

34 《승정원일기》 영조 즉위년(1724) 9월 29일 기사.

35 《숙종실록》 13권, 숙종 8년(1682) 11월 15일 무오.

36 《국역비변사등록》 82책 영조 3년(1727) 12월 8일.

37 《영조실록》 14권, 영조 3년(1727) 12월 3일 갑신.

38 《승정원일기》 영조 즉위년 (1724) 9월 28일 무진.

39 《영조실록》 82권, 영조 30년(1754) 7월 16일 계사.

40 《영조실록》 64권, 영조 22년(1746) 7월 4일 무술.

41 《영조실록》 82권, 영조 30년(1754) 7월 16일 계사.

42 《영조실록》 81권, 영조 30년(1754) 6월 29일 정축.

43 《영조실록》 82권, 영조 30년(1754) 7월 16일 계사.

44 《영조실록》 81권, 영조 30년(1754) 6월 27일 을해.

45 고위직일수록 불법사실에 대해 미리 자수했어야 당연한데, 원경하의 경우 조사과정에서 적발될 때까지 버텼다. 그래서 영조는 파직에 더하여 앞으로 벼슬살이 못하도록 조처했고, 박기채 또한 시종신(侍從臣)으로 자수하지 않았기 때문에 국경지역에 유배를 보냈다. 고위관료에 대한 법적용을 더욱 엄격히 하려 했다.(《영조실록》 81권, 영조 30년(1754) 6월 29일 정축)

46 《영조실록》 127권, 영조 52년(1776) 1월 21일 계사.

47 《영조실록》 82권, 영조 30년(1754) 8월 22일 기사.

48 박제가와 그의 어머니가 서울에서 이사 다닌 집에 대한 자세한 상황은 임용한, 《박제가, 욕망을 거세한 조선을 비웃다》, 역사의 아침, 2012, 23~28쪽 참조.

49 《승정원일기》 1195책, 영조 37년(1761) 7월 21일 정사.

50 《증보문헌비고》 권224, 職官考11, 五部조.

51 행정실무 담당관이 실제적으로 갖추어지는 것은 1792년(정조 16)에 이르러서였다. 도사를 영(令)으로, 봉사를 도사로 이름을 바꾸고 그 아래에 서원(書員) 4명, 사령(使令) 8명, 대청직(大廳直) 1명, 군사(軍士) 2명을 두었다. 이 시기에 비로소 실무를 할 수 있는 인원을 갖추고 담당업무를 배당할 수 있게 되었다.(《증보문헌비고》 권224, 職官考11, 五部조)

52 《비변사등록》 정조 15년(1791) 7월 17일.

53 《일성록》 정조 15년(1791) 7월 17일.

필자 소개

김백철
직책 계명대학교 인문국제학대학 사학과 교수
학력 부산대학교 사학과 문학사, 서울대학교 국사학과 문학석사·박사
주요 관심분야 조선시대 정치사상사 및 법사학
주요 경력 전북대학교 HK교수, 서울대학교 규장각한국학연구원 책임연구원, 한국고전번역원 번역위원
주요 논문 및 저서 《조선후기 영조의 탕평정치: 속대전의 편찬과 백성의 재인식》(2010), 《영조: 민국을 꿈꾼 탕평군주》(2011), 《두 얼굴의 영조: 18세기 탕평군주상의 재검토》(2014), 《박문수: 18세기 탕평관료의 이상과 현실》(2014), 《법치국가 조선의 탄생: 조선전기 국법체계 형성사》(2016), 《탕평시대 법치주의 유산: 조선후기 국법체계 재구축사》(2016) 등

김용흠
직책 연세대학교 국학연구원 연구교수
학력 문학박사(연세대학교)
주요 관심분야 조선후기 정치사, 사상사
주요 경력 연세대, 경희대, 강원대, 아주대 강사
주요 논문 및 저서 《朝鮮後期 政治史 硏究 I -仁祖代 政治論의 分化와 變通論》(혜안, 2006), 〈조선후기 노론 당론서와 당론의 특징-《형감(衡鑑)》을 중심으로〉《한국사상사학》 53, 2016), 〈중앙과 지방의 학술소통:다산학과 다산학단〉《다산과 현대》 8, 강진다산실학연구원, 2015)

김웅호
직책 서울역사편찬원 전임연구원
학력 문학박사(서울대학교)
주요 관심분야 조선시대 군제사, 제도사, 서울역사
주요 경력 서울학연구소 수석연구원, 서울대, 서울여대, 한림대 강사
주요 논문 및 저서 〈조선 초 都城 축조와 수도 境界 기능〉(2012), 〈조선후기 都城中心 방위전략의 정착과 漢江邊 관리〉(2005)

김인호
직책 광운대학교 인제니움학부대학 교수
학력 문학박사(연세대학교)
주요 관심분야 고려시대 지식인의 국가개혁론, 집단심성론, 조선전기 법제사
주요 경력 일본 히로시마대학교 객원연구원, 국민대 박사후 과정
주요 논문 및 저서 《고려후기 사대부의 경세론 연구》(1999), 《조선의 9급 관리들》(2011), 《경제육전과 육전체제의 성립》(2007, 공저)

노혜경

직책 호서대학교 창의교양학부 교수

학력 문학박사(한국사, 한국학중앙연구원)

주요 관심분야 조선후기 행정사·상업사·왕실사, 경영사

주요 경력 덕성여대 연구교수, 실학박물관 학예사, UCLA Postdoctoral Scholar, 한국학중앙연구원 장서각연구원, SERICEO '조선 르네상스 리더십' 강연 중

주요 논문 및 저서 《조선후기 수령 행정의 실제-황윤석의 《이재난고》를 중심으로》(2006), 《다산, 조선의 새 길을 열다》(2011, 공저), 〈영조 어제첩에 나타난 영조의 생애인식〉(2011), 〈영조어제해제 6〉(2012), 〈조선후기 사상의 대청무역 연결망과 정책의 변화〉(2013), 〈조선 후기 사상(私商)의 활동과 유통구조의 변화〉(2014), 〈조선후기 어염업의 경영방식 연구-국영, 관영, 민영론을 중심으로〉(2015), 《뇌물의 역사》(2015, 공저), 〈박문수의 기업적 생산체제와 기업가 정신에 대한 연구〉(2016)

박진훈

직책 명지대학교 인문대학 사학과 교수

학력 문학박사(연세대학교)

주요 관심분야 고려 및 조선 초기 사회사, 경제사, 생활사

주요 경력 국민대학교 한국학연구소 박사급연구원, UCLA 방문교수, 한국중세사학회 편집위원장

주요 논문 및 저서 〈고려전기 국왕 殯殿의 설치와 의례〉(2015), 〈고려시대 관인층의 장례기간〉(2016), 〈고려시대 관인층의 빈소 설치장소와 그 변화상〉(2016)

송웅섭

직책 서울대학교 규장각한국학연구원 책임연구원

학력 문학박사(서울대학교)

주요 관심분야 조선시대 정치사, 사상사

주요 경력 서울대 국사학과 강사, 서울시립대학교 국사학과 강사

주요 논문 및 저서 〈조선 성종대 公論政治의 형성〉(2011), 〈조선 전기 主論者의 등장에 대한 검토〉(2014), 〈조선 초기 公論의 개념에 대한 검토〉(2015)

이근호

직책 명지대학교 객원교수

학력 문학박사(국민대학교)

주요 관심분야 조선시대 정치사

주요 경력 한국학중앙연구원 장서각 전임연구원, 한국문화재재단 자문위원, 조선시대사학회 기획이사

주요 논문 및 저서 《북한산성의 역사와 문화유적》(2014, 공저), 《혜경궁과 그의 시대》(2015, 공저), 《조선후기 탕평파와 국정운영》(2016), 《경기청백리》(2016, 공저) 등

임용한

직책 KJ인문경영연구원 대표

학력 문학박사(경희대학교)

주요 관심분야 한국사, 법제사

주요 경력 충북대학교 연구교수, 경기도 문화재 전문위원

주요 논문 및 저서 《조선전기 수령제와 지방통치》, 《조선전기 관리등용제도 연구》, 《경제육전과 육전 체제의 성립》(공저)

정호훈

직책 서울대학교 규장각한국학연구원 교수

학력 문학박사(연세대학교)

주요 관심분야 조선의 정치와 사상, 책과 문화

주요 경력 연세대·시립대 강사, 연세대 국학연구원 연구교수

주요 논문 및 저서 《조선후기 정치사상연구》(2004), 《경민편 - 교화와 형벌의 이중주로 보는 조선》(2013), 《조선의 소학 - 주석과 번역》(2015), 《역주 선각》(2013)